2009
中国煤炭工业发展研究报告

中国煤炭工业协会　编

中国矿业大学出版社

图书在版编目（CIP）数据

2009中国煤炭工业发展研究报告/中国煤炭工业协会编．—徐州：中国矿业大学出版社，2010.2

ISBN 978-7-5646-0596-4

Ⅰ.2…　Ⅱ.中…　Ⅲ.煤炭工业－经济发展－研究报告－中国－2009　Ⅳ.F426.21

中国版本图书馆CIP数据核字(2010)第014982号

书　　名　2009中国煤炭工业发展研究报告
编　　者　中国煤炭工业协会
责任编辑　李士峰　刘社育　瓮立平
责任校对　冀小康　宋会娜
出版发行　中国矿业大学出版社
（江苏省徐州市解放南路　邮编221008）
营销热线　(0516)83885307　83884995
网　　址　http://www.cumtp.com　**E-mail**:cumtpvip@cumtp.com
印　　刷　北京兆成印刷有限责任公司
经　　销　新华书店
开　　本　787×1092　1/16
印　　张　25
字　　数　397千字
版次印次　2010年2月第1版　2010年2月第1次印刷
印　　数　1～2500册
定　　价　128.00元
（若图书出现印装质量问题，本社负责调换）

2009中国煤炭工业发展研究报告

编　委　会

编委会主任　王显政

副　主　任　濮洪九

编委会成员　赵岸青　刘彩英　许传播　王广德
　　　　　　姜智敏　孙之鹏　杨化彭

编写组组长　姜智敏

编写组成员　臧文贵　刘　峰　张　勇　陈　奇
　　　　　　王虹桥　解宏绪　王战军　杨显峰
　　　　　　郭　黎

主要执笔人　张　宏　孙春升　邹　琳　刘玉朋
　　　　　　徐　亮　高　峰

序

煤炭是我国重要的基础能源。我国煤炭资源的可靠性、供给的稳定性决定了煤炭工业在我国国民经济和社会发展中的重要地位与突出作用,决定了中国“煤为基础,多元发展”的能源发展方针。

新中国成立60年来,煤炭工业取得了辉煌的成就,为保证国民经济的平稳较快发展做出了巨大贡献。煤炭生产供应能力显著提高,煤炭生产力整体水平大幅提升,煤炭市场化改革取得突破性进展。随着煤炭行业市场化进程加快,宏观调控体系不断完善,煤炭法律制度建设积极推进,形成了以《煤炭法》、《矿产资源法》为主的煤炭法律法规体系;国务院出台了《关于促进煤炭工业健康发展的若干意见》;发布了我国第一部系统的《煤炭产业政策》,初步形成了与社会主义市场经济相适应的煤炭法律政策体系。煤炭科技从引进、消化和吸收国外先进技术到实现自主创新,逐步建立了以市场为导向、企业为主体、产学研相结合的煤炭科技创新体制和机制,取得了丰硕成果。2008年底,全国探明煤炭资源储量为1.2万亿t,累计生产煤炭459亿t,占我国能源生产总量的76%,占能源消费量的69%。全国煤炭产量由1949年的3 243万t,增加到1978年的6.18亿t,2008年达到了27.88亿t,2008年比1949年增长了85倍、比1978年增长了3.5倍。中国煤炭产量占世界总产量的42%左右,产量增量占世界的80%以上。全国年煤炭产量超过1 000万t的煤炭企业达到了43家,产量15.01亿t,占全国煤炭产量的53.84%,形成了较为稳定的煤炭供应保障能力。在国家相关产业政策支持下,13个大型煤炭基地建设步伐加快，煤炭生产能力已占全国总量的80%；已形成神华、中煤能源、大同煤矿3家亿吨级和4家5 000万吨级的大型煤炭企业；建成了年产120万t以上的大型煤矿469处，产量14.23亿t，产量达到全国的53.14%。多数大型现代化煤矿的主要经济技术指标已经达到了国际先进水平。

60年来，我国煤矿建设由政府投资到政府和社会共同投资，发生了巨大变化，煤炭产能建设速度大幅增长。“十五”期间和“十一五”前三年，全国煤炭采选业固定资产投资累计完成7 789亿元，是“八五”和“九五”期间全国煤炭固定资产投资总额的5.4倍；国家推行煤炭资源有偿使用，推进煤炭订货制度改革，按市场需求，供需双方自主协商定价机制稳步推进；建立煤炭成本完整化机制，初步建立了反映资源稀缺程度、反映市场供求关系、反映环境损害和煤矿安全的煤炭价格形成机制，促进了煤炭经济运行质量的稳步提高。2008年，全国规模以上煤炭企业盈利总额达到了2 100亿元。国家加大煤矿安全整治力度，煤矿安全投入大幅增加，安全技术装备水平不断提高。煤矿事故起数和死亡人数大幅下降。全国煤矿事故死亡人数由2002年的6 597人降到2008年的3 214人，下降51.28%；煤矿百万吨死亡率由2002年的4.94下降到2008年的1.18，下降76.11%；2009年前8个月，全国煤矿事故起数1 091起、死亡1 682人，同比分别下降了16.3%和20.3%，百万吨死亡率下降到0.922。

中国煤炭工业协会作为政府和企业的桥梁和纽带，努力为政府决策和行业、企业发展服务。在政府部门和广大会员单位以及其他社会组织的大力支持下，中国煤炭工业协会认真贯彻落实科学发展观，切实履行职责，加强调查研究，积极反映诉求，提出政策建议，开展咨询服务，推进科技进步，协助政府搞好宏观调控，为推进煤炭工业可持续发展做出了积极努力。

《2009中国煤炭工业发展研究报告》以翔实的数据和精细的研究为主，全面回顾和总结了新中国成立60年来煤炭工业改革发展所取得的辉煌成就，突出展示了煤炭地质、煤矿建设、煤炭生产、煤炭运输、煤炭加工转化、煤炭科技与教育、煤矿技术装备水平、煤炭安全生产、煤炭消费、煤炭价格、煤炭政策、煤炭行业经济运行等各个领域的巨大变化，系统地分析了我国煤炭产业政策变化与实施效果，以及结构调整的新形势。以2008年全年和2009年上半年煤炭行业的各项数据为基础，运用大量的数据详细地分析了这期间煤炭工业的发展态势、全行业应采取的有效措施，以及应对金融危机挑战取得的成绩、面临的主要矛盾和问题。报告在反映煤炭行业年度发展情况方面具有客观性、权威性和可读性，力求为行业内、外全面了解我国煤炭工业的发展提供一份重要的参考资料。

王显政

2009年10月·北京

目　录

第一篇　煤炭工业辉煌60年(回顾篇)

第二篇　运行篇

第三篇　政策篇

第四篇 企业篇

第一篇

煤炭工业辉煌60年（回顾篇）

第 1 章　中国煤炭工业发展综述

1.1　煤炭工业发展历程

我国煤炭开采历史悠久。新中国成立后,在党中央、国务院的正确领导下,我国煤炭工业在十分薄弱的基础上开始了艰难起步。特别是党的十一届三中全会以来,煤炭工业以邓小平理论、"三个代表"重要思想为指导,全面贯彻落实科学发展观,坚持走中国特色社会主义道路,坚持改革开放,推动科技进步,推进结构调整,增强企业活力,逐步构建资源采出率高、安全有保障、环境污染少、经济效益好、全面协调的新型煤炭工业体系,促进节约发展、清洁发展、安全发展,实现可持续发展,不断满足国民经济发展需要,走过了 60 年不平凡的历程。60 年来,大体经历了以下八个发展阶段。

第一阶段(1949～1952 年):新中国煤炭工业的开拓创业阶段

新中国成立前,全国煤矿大致分为两部分:一部分是具有一定规模的近代煤矿,数量不多,但产量占全国煤炭产量的 80%以上。抗日战争时期,这部分煤矿大多数被日本侵占,抗战胜利后,多为官僚资本家所有,少数有民族资本家成份;另一部分是数量很少的近代小煤矿和为数众多的土法开采的小煤窑,这部分煤矿主要为民族资本家或小业主所有。此外,解放区还开办了一些产量不多的小煤窑。

新中国成立后,人民政府对上述煤矿进行了接管和改造。对于日本侵略者、官僚资本家,包括少量民族资本家控制的近代煤矿,人民政府根据中国人民政治协商会议制定的《共同纲领》和国家政策予以没收,直接改造为全民所有制的国营企业,构成新中国煤炭工业主体。对于民族资本家控制的煤矿,人民政府根据对民族工商业利用、限制、改造的方针进行国营管理,在承认民族资本家所有权的基础上，先后依照"四马分肥"、"私股定息"的原则进行利益分配。这一时期，全国约有 24 座近代煤矿进行了公私合营。对于遍布全国各地的土法开采小煤窑，根据 1951 年颁布的《土法煤窑暂行处理办法》进行整顿后，多数被淘汰关停，少部分成为农业合作社经营集体煤矿或由专署、县人民政府投资经营的公私合营地方小矿。

经过三年恢复时期的接管、改造、整顿，全国煤矿按所有制划分，共有国营、公私合营、私营、个体手工业和合作社经营 5 种经济类型。1952 年按所有制划分的煤炭产量，国营占 80.7%，公私合营占 3.5%，私营煤矿占 11.2%，个体手工业煤矿占 4.5%，合作社经营煤矿占 0.13%。国营煤矿所占比例充分体现了社会主义公有制的主导地位。

在对旧中国煤矿进行接管和改造的同时，全国煤矿先后开展了废除封建把头制运动，广大煤矿企业开始实行民主管理，在党的领导下，各地煤矿纷纷建立煤矿工人工会组织。1949 年 2 月，燃料工业部和全国煤矿工人工会筹备委员会发布了《关于贯彻煤矿管理民主化的联合指示》，要求在全国国营、合营煤矿中，建立由煤矿职工民主选举的煤矿管理委员会和职工代表会议参加煤矿管理。1950 年 3 月，燃料工业部根据中华全国总工会常务委员会批准的中国煤矿工会代表会议的建议，发布了《关于全国煤矿废除把头制度的通令》，掀起了全国范围普遍反把头运动，彻底铲除了煤矿企业中封建势力的残余力量。同时，通过煤矿工人工会组织，实现煤矿工人当家作主，充分调动了煤矿工人的积极性，为煤炭工业快速恢复、发展生产创造了条件。

1949 年 11 月，燃料工业部召开了全国第一次煤矿会议，确定了在经济恢复时期，我国煤炭工业"以全面恢复为主，部分新建则以东北为重点，并以生产改革为全国煤矿工作的首要任务"的指导方针。会议决定，在我国推行长壁式采煤法，改进各项采煤工艺。东北煤矿管理局率先开展了生产改革，淘汰落后的残柱式和高落式开采工艺，应用长壁式采煤方法。1950 年 5 月，燃料工业部再次召开全国煤矿工作会议，通过了《关于国营煤矿全面推行新生产方法的决定》，指导全国煤矿生产改革的具体推进。

第一次全国煤矿工作会议，确立了我国煤炭工业"安全第一"的发展方针。1950 年 5 月，燃料工业部召开了煤矿负责干部会议，通过了《加强安全生产工作的决议》和《关于煤矿保安工作的决定》，将煤矿"安全第一"的方针正式写入文件。1951 年 4 月，燃料工业部召开第二次全国煤矿工作会议，进一步强调提高领导干部对安全负责的思想，明确提出建立由矿长、总工程师负责和各专业主管单位负责的安全责任制，进一步贯彻“安全第一”的方针。

为加强煤矿工人队伍建设，中央人民政府和全国总工会于1949年和1950年先后颁布了《关于劳资关系处理的暂行办法》、《关于私营工商业劳资双方订立集体合同的暂行办法》、《关于劳动争议解决程序的暂行规定》等“三大法规”，以及《关于在私营企业设立劳资协商会议的指示》、《关于救济失业工人的指示》等法规，为解决建国初期劳资关系、建立新的用工制度提供了政策依据。全国国营煤矿开始实行固定工为主、临时工为辅的新用工制度，并不断提高工人的福利待遇、增加福利设施、建立劳保制度，提高了工人的政治和经济地位，保障了职工队伍的稳定性，提高了职工队伍的技术水平，为迅速恢复生产发挥了重要作用。恢复时期，燃料工业部先后接管了淮南煤矿工业专科学校、焦作工学院等煤炭行业院校，同时，不断创办各类煤炭行业中等专业学校，不断扩大规模，增强师资力量，为我国煤炭行业培养了众多人才。同时，燃料工业部还通过选派全国煤矿干部、技术人员进行集中学习，请苏联专家授课等多种方式来培养和壮大设计工作技术力量。1952年10月，“煤矿设计公司”在北京成立，后改为设计管理局；同时，东北煤矿管理局设计处和抚顺矿务局设计处合并，组成沈阳煤矿设计公司；1952年12月，北京煤矿设计院成立，其后各地相继成立设计机构，煤矿设计队伍不断壮大。

在国民经济恢复时期，中共中央做出了“三年恢复，十年建设”的部署，国家开始编制发展国民经济的“一五”计划，煤炭工业也开始为“一五”计划进行准备。1951年10月，燃料工业部召开全国煤矿第一次基本建设会议，指出在积极进行原有矿井的恢复扩建工作的同时，应有步骤地开展新建矿井准备工作。根据会议指示，燃料工业部成立了修建司，并从各地抽调精干力量，组建了我国第一支煤矿建井队伍，各地区煤矿管理局成立了基本建设处，建立了施工管理制度，为“一五”计划大规模建设施工队伍准备了条件。同时，煤炭工业积极争取苏联援助，将25个项目列入到苏联援建计划之中，这25个项目成为“一五”期间煤炭工业建设中心。

通过接收、改造旧中国煤矿、实行民主化管理、建立主管部门、壮大煤矿专业队伍、改革生产工艺等一系列努力，三年恢复时期，我国煤矿工业取得长足发展。从1950到1952年，国家共投资3.33亿元，恢复矿井45处，对32处矿井进行了改扩建，全国国营煤矿已有83%恢复了生产。截至1950年，中央直属煤矿生产能力达到3 134万t，1951年提高到3 716万t，1952

年达到4 922万t,较1950年增加1 788万t。从1949年到1952年,全国煤矿生产能力由4 295万t增至7 161万t,提高66.7%。炼焦洗煤厂年处理原煤能力由1 460万t,提高到1 730万t,增加270万t。全国煤炭产量由1949年的3 243万t增加到1952年的6 649万t。经过三年恢复,煤炭工业对国民经济发展的保障能力不断提高。

第二阶段(1953～1957年):新中国煤炭工业体系初步建立阶段

1953～1957年,国家正处于实施发展国民经济"一五"计划时期。根据中共中央社会主义过渡时期总路线和总任务制定的"一五"计划,对煤炭工业的发展提出了要求:煤炭产量必须适应工业和运输业的需要,并兼顾居民需要;煤炭生产尽量接近消费地区;积极发展炼焦基地,适应冶金需要;充分发挥原有矿井潜力;推行机械化,提高劳动效率;贯彻执行大中小相结合方针,注意发展中小型矿井,以节约投资、缩短建井工期等。为保证国家计划的完成,煤炭工业部门经过分析研究,明确了迅速增产的主要途径,编制了煤炭工业的"一五"计划,明确了煤炭工业"一五"计划期间的发展方针:一是继续大力进行原有矿井的恢复和改建;二是对生产矿井进行生产技术改造;三是积极创造条件建设新矿井。

为实现煤炭工业"一五"计划发展任务,按照1953年11月中共中央批转燃料工业部《关于目前燃料工业情况及今后工作部署的报告》中"必须把地质勘探工作摆到首位,必须采取一切有效办法,迅速加强地质勘探力量,并做好基本建设工作"的指示要求,煤矿管理总局地质勘探处、地质勘探局先后成立。并建立了东北第一、第二,华北第一、第二,华东、中南、西南、西北8个地区性的煤田地质局和煤矿管理总局地质勘探局直属的地质勘探大队,地质勘探、施工队伍迅速发展壮大,并形成了统一的管理体系。1955年7月,煤炭工业部成立后,煤田地质勘探队伍进一步壮大,勘探设备逐步齐全配套。煤炭工业部在原地质勘探局的基础上组建了地质勘探总局,并积极组建了一批水文地质队、地质调查队、地形测量队、采样队、物理探矿队、煤质化验室等。1956年,在北京成立了煤田地质研究所。截至1957年底,全国煤田地质勘探队伍已发展到4万多人,从事煤田地质勘探的专业技术人员从建国初期的10多人发展到700多人。尽管煤田地质勘探队伍十分年轻,但在工作中却较好地处理了当前与长远、重点与一般等关系,合理调配力量,集中力量打歼灭战,较好地完成了"一五"期间的勘探任务。从1953年开始,煤田地质勘探队伍把主要力量集中在老矿区,如辽宁的阜新、抚顺、本溪等。截至1955年,共提交了133个井田的精查报告,“一五”期间,共探明煤炭储量257亿t,为计划要求的182%,保证了国家计划开工的建井项目对地质的要求。在实践中,广大勘探人员注重经验积累,不断创新勘探技术,创造出了边勘探、边整理原始资料、边修改勘探设计的“三边”等工作方法,既提高了勘探设计质量,又缩短了工期,提高了勘探工作效率。

“一五”计划开始后,随着煤矿基本建设大规模展开,煤矿设计工作迅速全面铺开,燃料工业部从多种渠道为煤矿设计机构延揽人才,专业设计机构和设计队伍迅速壮大。1953年,先后成立了重庆煤矿设计院、上海煤矿设计院;1954年,成立了武汉煤矿设计院和西安煤矿设计院;1956年,组建了北京选煤设计院、抚顺煤矿设计分院和开滦煤矿设计分院等。1955年7月,在原煤矿设计管理局基础上,成立了煤矿设计管理总局,基本建成了我国煤炭行业比较齐全的煤矿设计机构,适应了煤炭工业建设对设计工作的要求。“一五”期间,各设计院共完成各类设计文件537部,其中,总体设计20部,矿井设计227部,露天矿设计3部,选煤厂设计19部,机械厂设计15部,铁路设计34部,输变电设计34部。

“一五”期间,煤炭工业的建设任务十分艰巨。燃料工业部积极贯彻“把基本建设放在首要地位”的方针,抽调一大批干部和工人,支援基本建设。通过开办培训班等多种途径,快速培养机电安装等短缺技术人才,积极壮大煤矿基本建设队伍,完善基本建设工种。煤炭工业部成立后,组建了基本建设总局,统一领导煤炭工业系统的建筑安装企业,并管理工程项目施工的组织工作,形成了由基本建设总局、地区基本建设局、工程处三级组成的基建施工队伍体制,解决了当时大规模集中建设的迫切需求。在施工中,实行地质、设计、施工平行交叉作业,采用甲乙方承发包的方式组织施工,集中力量加快15个老矿区和10个新矿区的建设,开展劳动竞赛,大搞技术创新,从而使我国煤矿的建设速度大大加快。

“一五”期间,我国煤炭行业充分发掘了原有矿井的生产潜力。在已有矿井中,继续进行恢复和改扩建,开展全面技术改革,有计划、有步骤地推行机械化采煤,使原有煤矿的生产能力得到了巨大提升。“一五”计划期间,煤矿的生产力水平提高了4 600万t,增长83.9%。1957年,煤炭总产量达到9 433万t,原有矿井产量为7 468.1万t,占84%,而其中恢复和改扩建矿井产量达5 457万t,占61.7%。

“一五”期间,我国煤炭行业科研教育事业发展迅速。1953年初,成立了抚顺矿务局安全研究所，这是我国第一所煤炭专业科研机构。1956 年，该研究所改为抚顺煤矿科学研究院。1956 年 3 月，成立了以煤炭开发研究为主的多种类型科研机构——唐山煤炭科学研究院。1957 年 5 月 18 日，成立了煤炭工业部煤炭科学研究院。同期，我国煤炭教育事业快速发展，先后新建了燃料工业部干部学校以及济南、太原、平顶山、萍乡、石家庄 5 所煤矿学校，北京、郑州两所煤田地质学校。在发展专业高等院校同时，各地兴建了大批煤炭中等专业学校及技校，培养了大批技术人才。截至 1957 年底，全国煤炭中等专业学校发展到 17 所，在校人数达到 16 622 人，较 1952 年的 6 740人增长 147%。

"一五"期间，我国通过建立统一的煤炭工业行政管理体制，健全计划管理体制，建立集中的干部和劳动工资管理体制，建立统一协调的经营管理体制，加强了对煤炭工业的领导。同时，在此阶段，我国煤炭工业的发展得到苏联的援助，共建成投产 5 个援建项目，并为我国带来了大量的先进技术和设备，为我国煤炭工业发展起到了重要帮助作用。

第三阶段(1958～1960 年)：新中国煤炭工业曲折发展阶段

1958 到 1960 年的"大跃进"运动，导致国民经济全面失调，工农业生产大幅下降。同样，"大跃进"也对我国煤炭工业的健康发展造成了冲击：矿井(露天矿)综合生产能力遭到严重破坏、生产建设浪费严重、矿井生产安全状况严重恶化……

尽管"大跃进"给包括煤炭工业在内的国民经济带来巨大的冲击，给我们留下了十分深刻的教训，但广大煤炭工业战线上的干部职工积极响应党和国家的号召，为加快煤炭工业发展，发扬艰苦奋斗、顽强拼搏的精神，在困难条件下仍取得了一定的成就。1958～1960 年，共生产煤炭 10 亿多吨，为工农业生产和人民生活提供了主要能源保障。在矿区建设方面，中南地区的平顶山、鹤壁、义马等矿，华东地区的淮北、肥城、丰城等矿区在此期间得到了重点建设，这些矿区经过继续建设，成为我国工业发达而又煤炭短缺的东部、南部地区的重要煤炭基地，为缓解煤炭资源跨区调运起到了重要帮助。在资源勘探方面，发现或探明了辽宁铁法、江苏丰沛、山东曲阜、吉林霍林河等一批隐伏煤田以及山东昌潍地区储量丰富的五图油页岩矿；在钻探工作中，东北 110 队创造出了塔上无人提引器、摆管器和拧管器三者配套使用，减轻了钻探工人劳动强度，提高了劳动效率；1958 年，在大面积普查的基础上，进行了煤炭资源分布预测研究，编制了我国第一幅《全国煤田预测图》；1961 年出版了《中国煤田地质学》,对我国在含煤地层划分、煤田分布规律、煤种分布等方面的煤田地质理论进行了研究;同时,出版了《快速建井》一书,总结了行之有效的技术和管理经验。在科技、教育、文化等方面,涌现出大批劳动模范和先进工作者,出席1959年10月全国群英会的煤炭工业先进集体、个人和特邀代表465人,为煤矿工人赢得了"特别能战斗"的崇高荣誉。

第四阶段(1961～1965年):新中国煤炭工业重新走上健康发展轨道阶段

为纠正"大跃进"的失误,克服国民经济发展中的困难,1961年1月,中共八届九中全会正式确定国民经济实行"调整、巩固、充实、提高"的"八字方针"。在"八字方针"指导下,煤炭工业进行了基本建设调整:大力压缩建设规模,缩短基本建设战线;压缩、停建了大批基本建设项目,集中力量进行老矿井的开拓延深和简易投产矿井的填平补齐工作。地质勘探部门复审了1958～1960年提交的474件地质报告,核实了储量。各设计单位加强设计管理,提高了设计文件的质量,对"大跃进"期间提交的设计文件,进行了大量的修改和补充。在缩短基本建设战线的同时,煤炭工业部调整了基本建设队伍,精简了直属建设单位113 400人,裁并了大量地质、设计和施工机构,为提高劳动生产率创造了条件。

在国家计委的统一部署下,煤炭产量任务不断降低,煤炭产量指标不断得到调整,煤炭工业部门的工作从被动转为主动;由于产量任务较为合理,煤炭工业部门大力开展开拓工作,合理化裁决比例,为煤炭工业长期产能提高创造了条件;同时,广大煤炭企业加强巷道维护、改善安全条件、加强企业管理和技术管理,煤炭生产能力得到恢复。

在进行生产调整的同时,煤炭行业开展了劳动工资的调整和改革。煤炭行业通过动员职工和家属回农村,大量精简人员;组织生产学习大队,精干生产"一线"队伍;贯彻按劳分配原则,恢复计件工资制度;改革用工制度,试行"亦工亦农"。通过调整,煤炭工业职工人数大量减少,直属煤矿原煤全员效率由1962年的0.655 t/工提高到1965年的0.863 t/工,提高31.8%。

在此阶段,我国调整了煤炭工业科技工作,制定了《煤炭科研工作二十条》,加强科研管理,推动了行业技术进步。坚持合理的采煤方法,采用经济合理的开采程序、开拓方式和采煤方法,提高煤炭资源采出率,不断提高采煤工作面装备水平,并成套推广了岩巷掘进先进经验,改革了煤矿支护方式,执行质量标准化,推行全矿井正规循环作业,煤炭生产效率和质量均有大幅提高。

1964 年 6 月，煤炭工业部确定了在国家统一安排下，积极主动进行煤炭工业的三线建设，以满足整个三线的用煤需求。为贯彻中央战略部署，配合四川攀枝花钢铁基地建设，煤炭工业部选择了贵州六枝、盘县、水城和四川渡口矿区作为大三线建设的重点。1965 年，国家建委批准成立了西南煤矿建设指挥部，领导贵州、云南两省煤管局和六枝、盘县、水城、渡口、芙蓉 5 个矿区指挥部，以及重庆煤矿设计研究院和水城煤矿设计院。通过从全国各地调入大批精干力量，大大加快了上述矿区的建设。1964 年，煤炭工业部将贺兰山煤田勘探列为当年重点工作之一，抽调大批勘探队伍，历时一年有余，提出了地质报告，确定了贺兰山煤田是西北三线最主要煤炭基地的战略地位。

第五阶段(1966～1976 年):新中国煤炭工业在动乱中艰难前进阶段

新中国煤炭工业经过 17 年曲折发展，奠定了坚实的物质基础，并积累了丰富的经验。但是，在"三五"计划开始的 1966 年，我国开始了"无产阶级文化大革命"(以下简称"文革")运动，国家各项事业经历了一场浩劫，煤炭工业遭到严重破坏。文革十年间，广大煤炭行业职工在动乱中艰难前进，克服重重困难，使多数煤矿恢复了生产，建设工程相继复工，生产建设取得了较大发展，为支撑艰难的国民经济起到了重要作用。

文革的最初三年(1966～1968)，受到红卫兵运动和"全国大串联"的冲击，1967、1968 两年，煤炭行业陷入混乱，煤炭产量连续两年大幅下滑。直至 1970 年，煤炭工业才扭转了混乱局面，恢复了生产，在困境中超额实现了"三五"计划指标。1971～1974 年，在燃料工业部的领导下，继续排除"左"倾路线的干扰，克服资金短缺困难，采取对老矿技术改造挖潜、改造发展小煤矿、狠抓开拓延深和设备维修等措施，使原部属及 1970 年下放煤矿始终维持在 2.4 亿 t 左右产量水平，加上地方煤矿，四年平均原煤产量 4.08 亿 t。四年间，煤矿建设方面同样取得了较好成绩，新增生产能力 6 216 万 t。1975～1976 年，我国煤炭工业坚持进行整顿，力求加快发展，为其后煤炭工业的发展打下了坚实的基础。

文革期间，广大煤矿职工排除干扰，艰苦奋斗，从实际出发，努力对西南煤炭基地、西部煤炭基地进行建设，并取得了显著成绩，1976 年，西南、西北地区原煤产量达到 8 951 万 t，是 1965 年的 2.7 倍。煤炭工业的大发展，保障了三线建设需要的煤炭，为三线地区建设战略后方基地创造了条件。同时,我国煤炭工业布局得到了明显改善,发挥了三线资源优势,缓解了两广、两湖地区缺煤的紧张局面。

1966年,为扭转“北煤南运”的不利局面,我国开展了大规模的江南煤炭资源勘探与开发。煤炭工业部从全国各地抽调了大批勘探队伍和设备,在湖南、江西大面积勘探煤炭资源,经过三年时间,提交了上百件各种地质资料,其中,包括50处可供建井、年生产能力701万t的最终地质报告和大量含煤远景区的普查资料。除湘赣煤田地质勘探外,江南其他省份都大力加强了煤田地质勘探工作。江南9省(区)1966～1975年的十年间,钻探进尺达755万m,占同期全国煤田地质钻探总进尺的39%;共用地质勘探经费4.6亿元,占全国煤田地质勘探经费的35.4%;探明储量71.99亿t。在开展勘探工作的同时,江南9省(区)充分发动群众,大搞煤矿建设。1966～1975年间,共开工建设新矿井400处,设计能力5 538万t,占同期全国煤炭新开工规模的28.8%;建成投产矿井290处,设计能力3 507万t,占同期全国煤炭新井投产规模的25.9%;基建投资共37.98亿元,占同期全国煤炭基建总投资的25.5%(不包括江苏、安徽的国家直属项目)。

由于我国大力建设江南煤炭基地,同期北方地区煤炭主产区发展较为缓慢,全国煤炭供需矛盾日益突出,煤炭缺口逐步增大。为此,1973年国家确定了煤炭工业建设战略北移的重大决策,并立即得到实施。从1973年起,先后从西南和江南地区调回了煤炭工业建设队伍共6万多人,加强华北、东北及苏、鲁、豫、皖等主要产煤地区的煤矿建设,并组建了淮南、淮北、兖州、邯郸4个煤炭建设指挥部和特殊凿井、建筑安装2个专业公司,并将煤矿基建工程兵扩编为4个支队,分别担任辽宁铁法、河南平顶山、山西古交以及开滦、枣庄、霍林河等几个矿区的建设任务。这是我国煤炭工业建设队伍的又一次战略性大转移,并取得了良好的效果。为扩大北方重点煤炭基地规模,我国还对霍林河、伊敏河、元宝山等一批新的重点基地进行了准备。

1969年,我国经济出现好转迹象,而“三五”、“四五”时期新建矿井投资不足,无法满足煤炭需求。1970年,煤炭工业部为应对新形势,提出了老矿挖潜、革新、改造的方针任务。开滦煤矿率先贯彻执行了这一方针。经过5年努力,1975年底,开滦煤矿实现了原煤、洗精煤双翻番的目标。当年开滦煤矿的原煤产量达到了2 563.8万t,较1970年增产900万t,较设计能力1 260万t翻一番。经过调研,1974年开始,燃料化学工业部及其后的煤炭工业部，均在全国大力推行老矿挖潜、革新、改造的方针，并取得显著成效。1975 年，全国原煤产量比上年增加 6 907 万 t，其中，靠老矿挖潜即增产 3 700 万 t。通过挖潜，不但提高了老矿的产量，而且提高了矿井综合生产能力，为以后持续增产创造了条件。

这一时期，我国经济增长，煤炭需求的大幅增加，促进了煤炭机械化开采工艺和技术的研发、推广和应用。1970 年，由山西省煤炭工业研究所和大同矿务局研制的 TZ－1 型垛式支架，配套使用 MLQ4－180 型单滚筒采煤机和 SWG－160 型刮板输送机组成的综合机械化采煤装备率先在大同矿务局煤峪口矿 8710 工作面开始工业性试验。此后，煤科总院、北京煤机厂、郑州煤机厂等与有关矿务局合作分别在阳泉矿务局、徐州矿务局、开滦矿务局、鹤壁矿务局、本溪矿务局进行了使用不同装备的综采工作面的工业性试验。通过这些工业性试验，取得了丰富的煤矿机械化开采经验，为进一步的攻关研究及引进国外设备提供了有益的借鉴。为了发展我国采煤机械化水平、提高工作面生产能力、提高煤炭产量、满足国民经济建设的需要，1973 年，国家引进了 43 套成套综采设备，分别在 14 个矿务局使用。这是煤炭系统第一次大量接触西方各种先进的回采设备，推动了我国科研、制造和使用单位对新技术、新装备的使用、消化和吸收。1975 年，全年综合机械化采煤比重达到 3.2%。1977 年，我国再次引进 100 套大型综采机械化装备，以提高综合机械化采煤水平，加快我国煤炭产业现代化进程。

截至 1977 年，我国煤炭工业取得了阶段性进展。煤炭行业固定资产投资、机械化水平、煤炭产量等指标较新中国成立之初有了巨大进步（见图 1－1、图 1－2）。

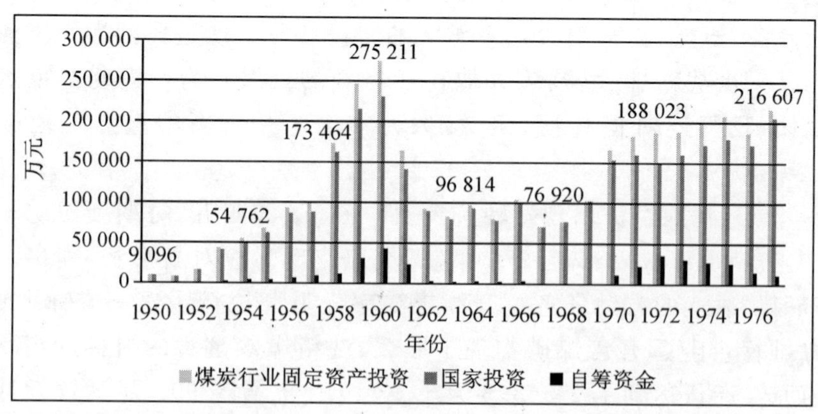

图 1－1　1950～1977 年我国煤炭行业历年固定资产投资

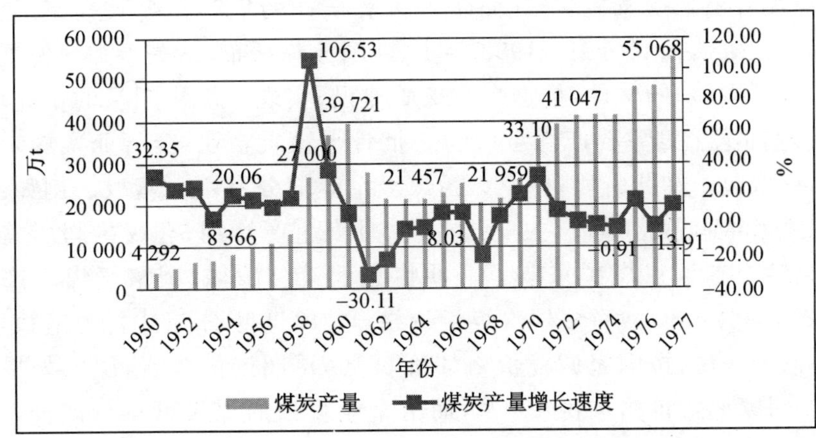

图 1—2 1950～1977 年我国历年煤炭产量及增长速度

第六阶段(1978～1992 年):新中国煤炭工业逐步深化改革、转换经营机制、加强煤矿基础工作阶段

党的十一届三中全会确定工作重点转移后,煤炭工业按照“发挥中央和地方两个积极性,大中小一起上”精神,大力发展煤炭生产,缓解了煤炭供求紧张局面。针对十年动乱造成的矿区与矿井接替脱节、后劲不足、安全欠账多、煤炭供应短缺等问题,贯彻“调整、改革、整顿、提高”的方针,集中实施行业调整,引进 100 套大型综采机械化装备,开工建设中外合资安太堡露天煤矿,全面开展企业整顿,恢复健全了各项规章制度。党的十二大后,为实现“煤炭一番保两番”的战略目标,积极探索发展煤炭工业的新路子,在生产经营、基本建设、工资分配、劳动用工、煤炭销售等方面进行了改革探索,1985 年起国家上划主要产煤省(区)一批骨干煤炭企业,全行业实施六年投入产出总承包和两年延续承包。配合总承包工作,实施了简政放权措施,赋予了企业一些经营自主权,实行多层次煤炭价格、提高维简费提取标准、降低煤炭产品税率和“农转非”、实行班中餐、提高井下工人入井津贴等政策,明确了煤炭生产、基本建设、多种经营三个主体,狠抓了安全、效率、现代化矿井建设“三件大事”,开展了质量标准化、企业升级等管理基础工作。同时,配套改革不断推进,企业转换经营机制,开展劳动、人事、分配三项制度改革。这一阶段,基本完成了煤炭工业调整和整顿任务,改革由单项、局部推进转入全面推行企业承包经营责任制,开始了新的改革探索,为提高煤炭生产力,全面改革发展奠定了基础。

1979～1980 年,煤炭工业开始了全面调整和整顿,加强了生产矿井的开拓掘进，发展了采掘机械化，完备了矿区和矿井的生产配套工程、安全技术措施工程和生活福利措施。1983年4月，国务院颁布了《关于加快发展乡镇煤矿的八项措施》的文件，推进乡镇煤矿建设，实现了煤炭产量的快速增加。1985年起国家上划主要产煤省（区）一批骨干煤炭企业，全行业实施六年投入产出总承包。在此阶段，国家赋予煤炭企业部分自主经营权。例如：企业有权按照当年承包指标，自主安排季度、月度生产计划；有权招聘所需人才等，同时对国有重点煤矿采取了一些优惠政策。例如：调整了煤炭产品税率，由8%降为3%；实行多层次煤炭价格，以1984年分配计划为基数，每年递增的包干产量，按国家调拨价格加价50%，再超产的煤炭，国家如果进行分配，按国家调拨价格加价100%，而由企业自销的煤炭可自行议价。改革了煤矿维简费的提取办法，由原来从成本中直接提取，改为以折旧费形式提取，提取标准由吨煤6元增加到7元。1987年，煤炭部制定了《统配煤矿和其他骨干企业深化改革的几点补充办法》，进一步落实了后三年承包任务和责任；增加了保证正常接续和固定资产完好的承包内容；规定企业内部可以实现多种承包形式；把竞争机制引入承包，竞争产生经营者；承包者的收入与经营效果挂钩等。

1991～1992年，延续两年承包，主要承包财务指标，重点落实盈亏包干指标，抑制亏损增加的局面。1992年实现了总承包以来的首次减亏。1992年7月，国家取消了计划外煤价限制，放开指导性计划煤炭及定向煤、超产煤的价格限制，出口煤、协作煤、集资煤全部实行市场调节，市场煤所占比重接近一半。

第七阶段（1993～2001年）：新中国煤炭工业政企分开、走向市场、改革脱困阶段

邓小平同志南方讲话和党的十四大以后，国务院做出了逐步放开煤价、取消补贴、把煤炭企业推向市场的重大决策，并出台了一系列扶持政策。围绕建立社会主义市场经济体制，国家改革了税收、投资、外贸、价格体制等，初步确立了企业的市场主体地位。煤炭工业坚持以经济效益为中心、以扭亏增盈为目标，进一步落实企业自主权，建立现代企业制度；实施以产定人、减员增效、下岗分流，转换企业经营机制；发放“三产贴息贷款”130亿元，支持发展多种经营；推进煤矿质量标准化，加快高产高效矿井建设；大力发扬艰苦奋斗精神，加强职工队伍建设，提高企业管理水平；颁布实施了《煤炭法》，推进行业社会保险制度和住房制度改革。随着煤炭产量增加、供大于求，煤炭行业一些深层次矛盾开始显现。

1993 年，国家放开了部分行业、部分地区的煤炭价格，市场调节比重达到 70%左右。1994 年 1 月，国家取消了统一的煤炭计划价格，除电煤实行政府指导价外，其他煤炭全部放开，由企业根据市场需要自主定价。煤炭价格的进一步开放，使得煤炭企业参与市场的程度更为深入，价格的调节作用进一步增强，对激励煤炭企业生产积极性起到重要作用。1995 年，煤炭业开始企业化改制试点。兖州、邢台、郑州、盘江、平顶山矿务局以及平朔煤矿等列入 100 个试点单位，我国煤炭企业开始了建立现代化企业制度的探索，为现代化煤炭企业的建立、为煤炭企业更好地参与市场化创造了条件。1997 年受亚洲金融危机和国内外市场变化的影响，煤炭市场严重供大于求，全行业陷入困境，煤炭企业经营十分困难。1998 年国务院改革煤炭管理体制，下放原煤炭部直接管理的国有重点煤矿，推进政企分开。加快煤炭行业改革和结构调整，相继实施关井压产、减人提效、改革改制以及支持企业上市融资，对非法开采、不具备基本安全生产条件的小煤矿予以关闭，对国有重点煤炭企业实施债转股，基本养老保险省级统筹，保障下岗职工基本生活，对资源枯竭、扭亏无望、资不抵债的矿井实施政策性破产，推行煤炭销售“三不政策”，扩大煤炭出口，改革煤矿安全监察管理体制等政策措施。自 2001 年下半年起，煤炭市场供求基本平衡，煤炭经济出现转机。这一阶段改革的重点是注重制度创新、机制转换，解决结构性矛盾等深层次问题。全国小煤矿数量由 1998 年的 8 万多个减少到 2001 年的 2.2 万个左右，累计关闭小煤矿数量占总数的 73%，提高了产业集中度，在一定程度上缓解了当时煤炭供大于求的矛盾。2001 年，全国原煤产量开始回升，当年完成产量 13.06 亿 t，较 1978 年增加 6.88 亿 t，增长 111.3%。1978～2001 年，全国煤炭产量年均增长 3.3%，见图 1－3。

第八阶段(2002～2008 年)：新中国煤炭工业经济恢复性增长、转变发展方式、构建新型煤炭工业体系阶段

为贯彻落实党的十六届三中全会《中共中央关于完善社会主义市场经济体制若干问题的决定》，国家进一步改革煤炭投资体制，煤矿审批制改为核准制，建立和完善国有资产监管体制，推行资源有偿使用制度，改革煤炭订货会制度，实施煤电价格联动，市场配置资源的基础性作用逐步发挥。2004 年，全国煤电油运出现紧张局面，煤炭需求大幅增加，煤炭产能快速增长。2005 年，国务院颁布《关于促进煤炭工业健康发展的若干意见》。煤炭

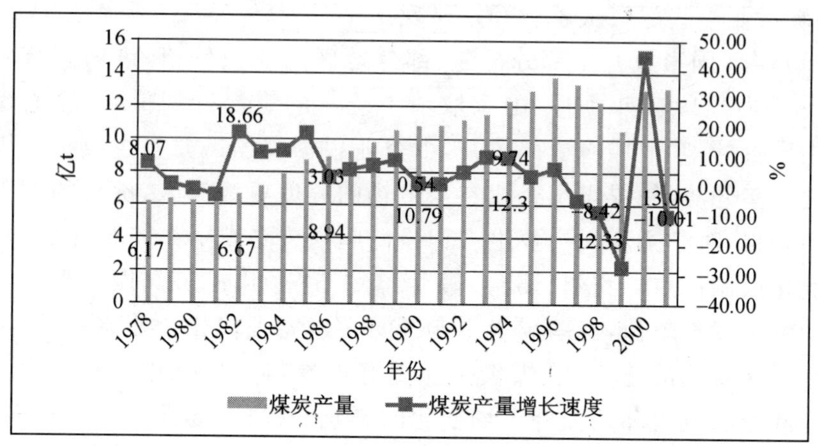

图 1－3　1978～2001 年我国煤炭产量及增速

工业贯彻落实《若干意见》和党的十七大精神，努力构建新型煤炭工业体系，转变经济发展方式。全面加强煤炭资源管理，推进矿业权制度改革，规范资源开发秩序。加快资源整合步伐，推进大型煤炭基地和大型煤炭企业集团建设，煤矿企业公司制改造、上市融资和资产重组步伐加快，资源开发主体趋于多元化。实施企业办社会职能分离、主辅分离和辅业改制，推进企业内部改革，完善法人治理结构和自我约束机制，企业管理不断加强。全面开展瓦斯治理和整顿关闭两个攻坚战，加快产业结构调整，促进煤炭安全生产形势好转。积极推进科技进步，逐步建立自主创新体系，一大批重大关键技术取得突破。大力发展与煤相关产业，推进节能减排，发展循环经济。开展山西煤炭工业可持续发展试点，逐步完善煤炭法规政策体系。建设和谐矿区，关注矿工生活，全面提高企业素质。战胜自然灾害，努力确保煤炭安全供应。组建国家能源局，进一步加强行业管理。这一阶段改革的重点是推进传统煤炭工业向现代煤炭工业的转变，推进煤炭经济发展方式的转变。

在国家推进煤炭市场化的相关政策措施指导下，煤炭市场价格大幅上升，有力地促进了全国煤炭采选业固定资产投资总额的快速增加。全国煤炭采选业固定资产投资总额从 2002 年的 111.9 亿元，快速增长到 2005 年的 1 144 亿元和 2008 年的 2 100.4 亿元(见图 1－4)。

全国国有重点煤矿原煤平均售价从 2002 年的 167.81 元/t 逐渐提高到 2005 年的 270.2 元/t，2008 年的 357.03 元/t(见图 1－5)。

全国煤炭产量由 2002 年的 14.15 亿 t 快速增加到 2005 年的 21.51 亿 t，2008 年的 27.88 亿 t(见图 1－6)。

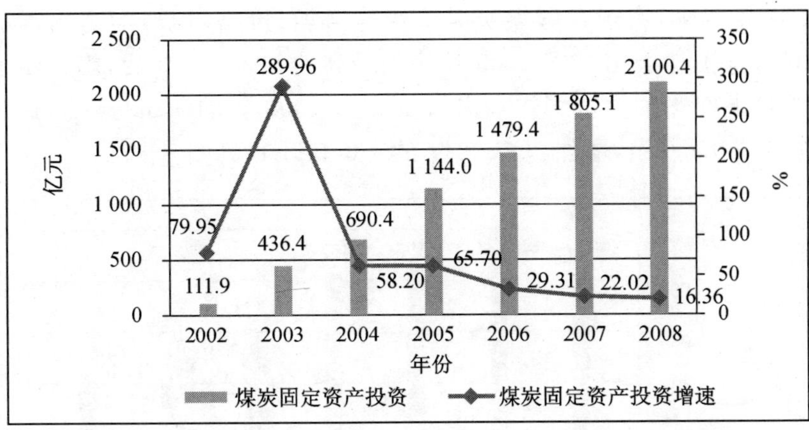

图 1—4　2002～2008 年我国历年煤炭固定资产投资增长趋势图

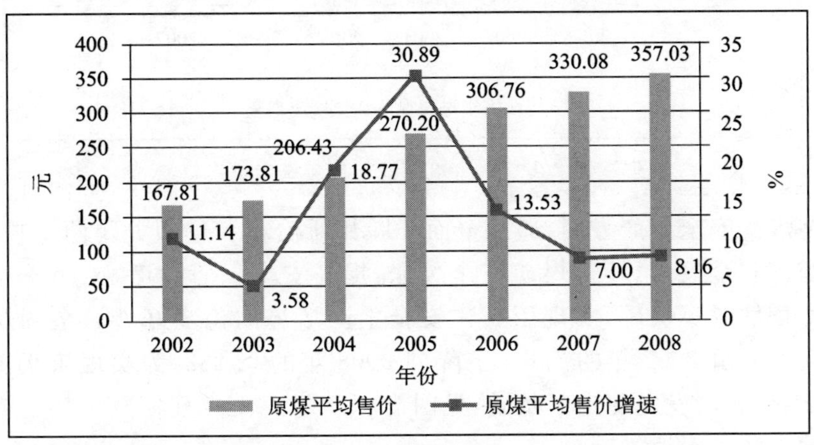

图 1—5　2002～2008 年我国历年原煤平均售价变化形势图

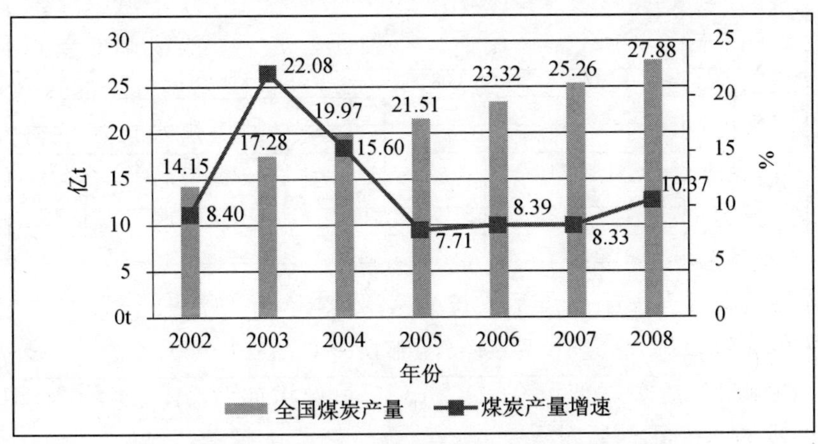

图 1—6　2002～2008 年我国历年煤炭产量变化形势图

2002 年以来，由于我国煤炭需求快速增加、价格增长，加之煤炭进出口政策调整，全国煤炭出口在 2003 年达到最高的 9 388 万 t 后，出口量逐年萎缩，进口量大幅增加。全国煤炭出口量降到 2008 年的 4 559 万 t，进口量由 2003 年的 1 076 万 t，增加到 2008 年的 4 040 万 t(见图 1－7)。

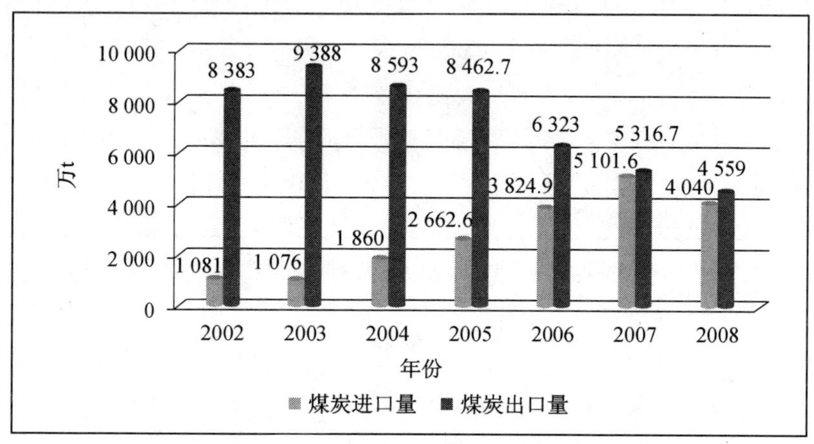

图 1－7　2002～2008 年我国历年煤炭进出口量

在煤矿安全生产方面，通过全面开展瓦斯治理和整顿关闭两个攻坚战，加大煤矿安全投入，补还煤矿安全欠账，提高安全保障程度，关闭不符合安全生产条件的小煤矿，实现了煤矿安全生产形势的稳步好转。全国煤矿百万吨死亡率由 2002 年的 4.64，下降到 2008 年的 1.182，为实现煤炭工业可持续发展、和谐发展奠定了基础，见图 1－8。

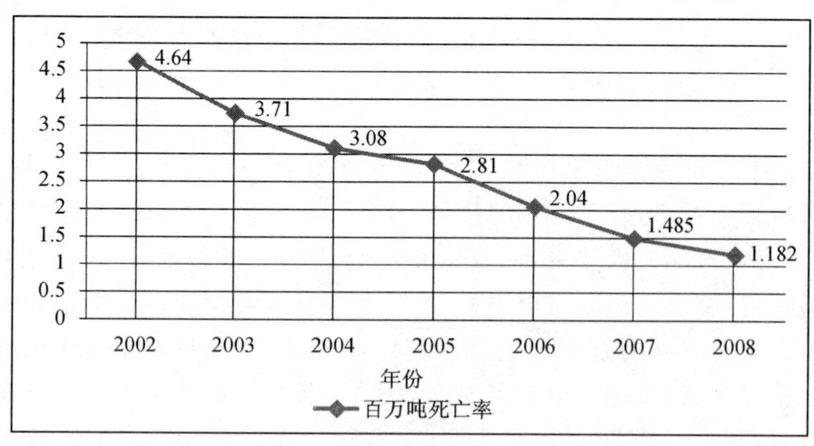

图 1－8　2002～2008 年我国煤矿百万吨死亡率变化

1.2　新中国60年煤炭工业取得的主要成就

新中国成立60年来，我国煤炭工业经过几代人的艰苦奋斗，不断开拓创新，锐意改革，取得了举世瞩目的成就。煤炭工业作为我国的能源基础，有力地保障了国家的能源安全，有力地支撑了国民经济和社会的快速发展。煤炭工业从百废待兴的旧中国艰难起步，从小到大、由弱到强，从落后的煤矿生产到建设大型现代化煤矿，大型煤炭基地建设初见成效，大型煤炭企业集团快速发展壮大，煤炭工业结构调整取得实质性进展，市场化改革稳步推进，经济运行质量大幅提高，煤矿安全生产形势稳步好转。

(1) 煤炭供给能力不断增强，满足了国民经济持续快速发展的需要。新中国成立以来，我国煤炭供应能力明显提高，特别是改革开放以来，煤炭产量快速增加。其间虽有过1997年以后约三年的总量过剩和2004年、2008年两年的紧平衡阶段，但从整体上看，煤炭生产已突破了长期供不应求，制约国民经济发展的瓶颈。至1996年，我国成为世界第一产煤大国，煤炭产量达到13.8亿t，比1949年增长了41.5倍，比1978年增长122.6%。“九五”后期，为适应国民经济需求变化和结构调整，煤炭生产实施总量调控，压缩过剩产能，保持了供求基本平衡。“十五”期间，煤炭产量由缓慢增长到快速超常增长继而转向平稳增长，年均增长12.41%。2008年原煤产量达到27.88亿t，比1978年的6.18亿t增长了3.5倍。煤炭采选业固定资产投资规模由“五五”时期的140.63亿元增加到“十五”时期的2 404.8亿元，“十一五”前三年剧增到5 364亿元。截至2008年底，全国探明煤炭资源储量1.2万亿t，累计生产煤炭459亿t，占我国能源生产总量的76%，占能源消费量的69%，为我国胜利实现现代化建设第一步、第二步目标提供了基础能源保障。

(2) 煤炭经济体制改革逐步深化，市场化程度和经济运行质量稳步提高。煤炭行业在经过了30年的计划经济体制后，随着我国改革开放的不断深入，煤炭供应能力大幅提高，煤炭市场化改革逐步深化，初步建立了反映资源稀缺程度、反映市场供求关系、反映环境损害和煤矿安全的煤炭价格形成机制。基本建立国有资产监督管理体制，政府对煤炭企业的干预逐步减少。改革煤炭投资体制，股权多元化、投资主体多元化日益发展。逐步放开煤炭价格，改革煤炭订货会制度，由市场决定煤炭产品价格的比重逐步提高。实行资源有偿使用，煤炭资源开发秩序逐渐改善。主辅分离、分离企业办社会职能逐步推进。煤炭行业协会和市场中介组织作用日益增强。煤炭企业完成了由改革开放前的生产制约向市场取向的重大转变，逐步建立和完善现代企业制度，大多数国有煤炭企业通过债转股、资产并购重组、改制上市等方式进行了公司制改造，企业改革不断深化。到2007年底，已有28家企业成功上市，直接融资1 521亿元。在改革开放过程中，全行业由长期亏损走向整体盈利，经济运行质量稳步提高。2008年规模以上煤炭企业实现利润2 100亿元，比2002年的84.8亿元增长了23倍多。

(3) 煤炭生产方式逐步转变，行业生产力水平显著提高。解放初，全国煤矿在原始落后生产方式的基础上，大力发展先进生产力，关闭淘汰落后生产力。1997年开始整顿关闭非法和不具备安全生产条件的煤矿，到2003年，全国煤矿数量由最高时的8万多处降到2万处左右。大中型煤矿采掘机械化程度大幅度提高，由改革开放初期的30%提高到86%；全员效率由每工不足1 t提高到4.599 t。建成了一批以神华、中煤、大同、兖矿、淮南等为代表的具有国际领先水平的现代化煤矿。截至2008年底，全国已建成年产120万t以上的大型煤矿469处，产量14.23亿t，这部分煤矿产量达到全国的53.14%。其中，建成千万吨大型现代化煤矿24处，产能3.3亿t，在建千万吨煤矿24处，设计产能3.2亿t。多数大型现代化煤矿的主要经济技术指标已经达到了国际先进水平，一些重大的煤炭共性技术、关键技术攻关取得重大进展。以合理集中生产为目标，适用各种地质条件下的高产高效开采技术基本成熟。适应我国复杂地质条件下的煤矿建井技术有了重大突破。装备制造业有了较大发展，适合各类煤层的高效开采成套技术装备，综采、综掘装备加工制造能力明显提高。煤矿灾害防治技术、监测监控技术和信息工程技术取得突破性进展，机械化开采、信息化管理技术被广泛推广应用，部分矿井及洗煤厂的主要生产、安全控制系统实现了自动化、智能化。洁净煤生产技术趋于成熟，煤炭气化、煤化工等技术取得重大进展。煤制油的核心技术攻关取得突破，煤炭间接液化技术完成了工业试验，直接液化技术开始向规模生产转化。煤炭高等教育、职业教育、职工培训、技能鉴定事业不断发展，对提高行业整体素质发挥了积极作用。

(4) 煤炭结构调整取得重大突破，经济发展方式开始转变。煤炭组织结构明显改善，大型煤炭基地建设步伐加快，一些区域性的大型煤炭企业集团相继组建，到2008年底，产量超过1 000万t的企业达到43家，煤炭产量15.01亿t，占全国煤炭总产量的53.84%；煤矿数量大幅减少，生产集中度不断提高,全国大中小煤矿产量比重调整至 50∶12∶38。产业结构不断优化,大中型煤炭企业积极发展煤电、煤电铝、煤化工、煤建材、煤焦化和煤气化等以煤为基础的优势产业,发展循环经济和环保产业,开展煤矿瓦斯、矿井水、煤矸石和沉陷区的综合利用并取得成效。山西焦煤、淮南矿业、平顶山、新汶、抚顺5个循环经济试点单位取得重大进展,第二批试点地区和企业循环经济开始起步,循环经济的发展推进了煤炭传统结构调整和产业升级。

(5) 煤矿安全形势趋于好转,瓦斯治理和关闭整顿工作取得明显成效。面对我国煤矿地质条件复杂、自然灾害多、开采难度大、事故多发等问题,从20世纪80年代开始,煤炭行业从发展采煤机械化,改革采煤工艺和技术,广泛开展了安全创水平活动入手,积极推进现代化矿井建设,煤矿安全生产条件逐步改善,百万吨死亡率逐年下降。进入21世纪,煤炭行业全面开展瓦斯治理和小煤矿关闭整顿两个攻坚战,落实安全责任,加大安全投入,推进技术创新,大力推行瓦斯防治"十二字方针",推进瓦斯抽采综合利用,努力确保安全生产。大中型煤矿广泛采用先进的生产技术装备和安全监测监控系统,安全基础工作不断加强,防灾、抗灾能力提高。通过整顿关闭工作,落后生产能力逐步被淘汰。全国煤矿重特大事故逐步减少,百万吨死亡率大幅下降。2008年,煤矿百万吨死亡率由1978年的9.44下降到1.18。其中,原国有重点煤矿百万吨死亡率由1978年的6.94下降到0.383,降低了18倍以上。

(6) 对外开放成绩显著,煤炭工业国际化进程加快。早在1978年前,煤炭行业就率先打破封闭式发展格局,开始引进国外先进的煤矿综采设备,改善煤矿技术装备。1984年,与美国西方石油公司合作建设安太堡露天煤矿。此后,引进国外先进技术和装备,利用逐步扩大的外资规模,相继建成了一大批骨干项目,加快了我国煤矿现代化步伐。进入国际资本市场,大量引入国外资本,伊电B股、兖州煤业、中国神华、中煤能源四家境外上市公司,募集外资382.83亿元。煤炭进口总量大幅度增长,逐步实现了进出口基本平衡,结构开始优化。煤机产品出口、技术和劳务输出、境外资源开发逐步增加,国际技术交流与合作在许多领域蓬勃开展,中国煤炭工业的国际影响力日益提高。

(7) 煤炭法制建设步伐加快,初步形成了市场引导、政府调控、依法管理的格局。改革开放以来,煤炭行业市场化进程加快,宏观调控体系不断完善，煤炭法律制度建设积极推进，形成了以《煤炭法》、《矿产资源法》为主的煤炭法律法规体系。2005年，国务院出台了《关于促进煤炭工业健康发展的若干意见》。2007年，《煤炭产业政策》发布，煤炭投资、价格、税收、贸易、资源有偿使用、市场准入、社会职能分离、主辅分离与辅业改制等政策逐步完善，资源节约、开采集约化和安全生产、促进洁净煤技术产业化发展、促进煤炭可持续发展、提高矿工生活质量等政策措施逐步实施，初步形成了与社会主义市场经济相适应的煤炭产业政策体系。

(8) 精神文明和企业文化建设不断加强，煤矿职工生活不断改善。在改革开放过程中，煤炭行业精神文明和企业文化建设蓬勃开展，煤矿企业更加重视市场，更加重视资源环境，更加重视安全生产，更加重视企业文化，更加重视职工生活，"四有职工"、"五好区队"、"六好班组"、评选劳模等评选树优活动蓬勃展开，职工艺术节、全煤运动会、寻找"感动中国的矿工"等活动丰富多彩，各类先进集体、先进个人不断涌现，队伍素质明显提高，在困难和自然灾害面前表现了煤矿职工特别能战斗、特别能奉献的精神风貌。在发展经济的同时，煤矿职工收入逐步增加，沉陷区治理、棚户区改造取得进展，一大批矿工乔迁新居，矿工生活质量有了新的提高。

1.3 煤炭工业60年发展基本经验

新中国成立60年来，特别是改革开放30年的生动实践，深化了社会各界对煤炭主体能源战略地位的认识，丰富了对资源性行业发展规律的认识，为继续推进煤炭工业又好又快发展积累了十分宝贵的经验。实践证明，改革开放是推动煤炭工业可持续发展的强大动力。要坚持和不断推进煤炭工业改革开放，就必须高举中国特色社会主义旗帜，以邓小平理论、"三个代表"重要思想为指导，全面贯彻落实科学发展观，坚持一切从实际出发，解放思想，实事求是，与时俱进，不断开拓创新。要从国情出发，制定符合社会主义市场经济要求、符合资源型行业发展规律的战略和一整套政策措施，并在实践中不断加以检验、丰富和完善，以推动煤炭工业与经济、社会、环境的协调发展。

第一，必须坚持解放思想，转变观念，与时俱进。解放思想是发展中国特色社会主义的一大法宝。改革开放三十年来，煤炭工业的每一项改革开放举措，每一次进步和发展，无一不是解放思想、转变观念、与时俱进的成果。无论是承包经营、转换机制、走向市场、公司制和股份制改革、组建大集团、企业上市,还是结构调整、关井压产、关闭破产、推进煤矿机械化、安全高效矿井建设、质量标准化等,都是以解放思想为先导的。没有思想的解放,观念的转变,任何事情都难以顺利进行。在未来煤炭工业的改革开放实践中,仍要继续坚持解放思想,转变观念,与时俱进,不断推动科学发展、和谐发展和创新发展。

第二,必须坚持大力发展先进生产力,不断推进煤炭生产规模化和现代化。要从根本上改变煤矿面貌,提升煤炭工业的整体素质,必须把建设创新型煤炭工业作为面向未来的重大战略选择,走新型煤炭工业化道路。转变经济发展方式,推进科技进步和自主创新,大力发展先进生产力,用高新技术和先进适用技术提升传统产业,实现煤炭基础研究、应用开发研究、高技术研究的重大突破。积极推进大型煤炭基地建设,加强安全高效矿井建设和小煤矿技术改造,构建煤基多元化产业体系,振兴煤矿装备制造业,优先发展煤炭教育,依靠科技进步和提高劳动者素质,实现煤炭工业的规模化和现代化。

第三,必须坚持科学发展,加强宏观调控,努力实现煤炭供求的基本平衡。我国生产力发展、煤炭生产消费分布不平衡等因素,增加了煤炭供应难度。实现煤炭安全有效供给,在发展思路上,必须从国民经济发展全局出发,统筹煤炭工业与相关产业协调发展,统筹煤炭开发与生态环境协调发展,统筹矿山经济与区域经济协调发展。在调控措施上,充分发挥市场配置资源基础性作用的同时,充分发挥政府宏观调控体系作用,综合运用经济、法律和必要的行政手段,实施有效的经济调节和市场监管,防止和避免大起大落。进一步完善社会组织广泛参与的管理体制。在保持国有经济控制力的前提下,推进大型煤炭企业集团建设,加快国有重点煤矿股份制改革和国有中小煤矿多种形式的改制步伐。加快煤炭市场化改革,建立和完善反映资源稀缺程度、市场供求关系和煤炭资源、煤矿安全、环境保护成本的煤炭产需双方自主衔接、自主订货制度和煤炭价格形成机制。积极推进主辅分离、辅业改制,分离办社会职能,不断完善现代企业制度。不断健全煤炭养老、医疗、失业、工伤保险制度,完善煤炭社会保障体系。

第四,必须坚持节约发展,大力发展循环经济。节约发展是人类社会发展的必然选择,必须把节约资源作为转变发展方式、优化结构的突破口和抓手,不断提高能源效率。坚持资源开发与节约并重、节约优先,注重生产过程中的节约,努力提高资源回收率。用节约资源的消费理念引导消费方式变革，逐步形成文明、节约的行为模式，努力降低资源消耗。坚持以煤为本，综合经营，搞好煤炭深加工和精加工，延长产业链，实现资源的深度开发和综合利用。高度重视与煤共伴生资源的开发利用，大力发展循环经济，实现“减量化、资源化、再利用”，走资源节约型的发展道路。

第五，必须坚持清洁发展，促进煤炭工业可持续发展。生态环境已经成为煤炭工业发展的硬约束，实现煤炭的清洁生产和清洁燃烧，是煤炭工业可持续发展的长远大计。必须把保护环境放在战略高度，落实到煤炭建设、生产、流通、消费等各个环节，积极推进清洁生产、绿色消费，有效控制煤炭生产和使用过程中对环境的污染。落实“谁开发、谁保护，谁污染、谁治理，谁损坏、谁恢复”的生态环境保护机制，实行煤炭主体工程与环保设施“三同时”制度，建立矿区生态环境恢复补偿机制，完善财税体制，健全业绩评价考核体系，从体制、机制和制度上保障人与自然的和谐，实现可持续发展。

第六，必须坚持安全发展，努力保障煤矿安全生产。安全生产是煤矿的永恒主题，在整个改革发展的进程中，必须始终高度重视、切实抓紧抓好煤矿安全生产工作。坚持把以人为本、保护生命贯穿于煤矿生产的全过程，认真落实安全生产法律法规，坚持“管理、装备、培训”并重，大力发展先进生产力，淘汰落后生产力，深入开展瓦斯治理，落实各级安全生产责任制，加大安全投入，强化安全监管，提高煤矿防灾抗灾能力，保障职工生命安全。必须突出企业在安全生产中的主体作用，以安全质量标准化建设为重点，打牢煤矿安全生产的基础，从根本上提高安全生产水平。

第七，必须坚持对外开放，积极参与国际经济合作和竞争。中国的发展离不开世界，世界的繁荣需要中国。面对经济全球化，煤炭工业必须放眼世界，以开阔的视野和宽广的胸怀积极参与国际合作与竞争，充分利用国际国内两个市场、两种资源。发挥我国比较优势，实施市场多元化战略，吸引外商投资开发利用煤炭资源，注重引进国外先进技术、管理经验和高素质人才，推动我国煤炭工业现代化。积极实施走出去战略，扩大煤炭技术和劳务输出，增加煤机产品出口，参与境外资源开发及其基础设施建设，在满足我国经济社会发展需求的同时，共同推动世界煤炭工业的发展。

第八，必须坚持以人为本，把提高队伍素质和职工生活质量放在重要位置。依靠谁和为了谁，是煤炭工业改革发展的一个重大政治问题。无论任何时候，任何工作，都必须坚持党的宗旨，把“三个有利于”作为最高衡量标准，切实把职工群众的利益实现好、维护好、发展好。把职工群众的积极性引导好、保护好、发挥好，为改革发展赢得广泛可靠的群众基础和力量源泉。坚持把以人为本贯穿到改革开放全过程，把队伍建设作为百年大计，注重发挥人的积极性，建设适应新型煤炭工业化发展的产业大军。努力增加职工收入，切实改善矿工工作环境、劳动保护、住房、医疗、子女就业条件，完善职工文化体育娱乐设施，提高职工生活质量。

1.4　煤炭工业改革发展展望

党的十七大为我国经济社会发展描绘了新的宏伟蓝图，在新的历史起点上，高举中国特色社会主义旗帜，坚持走中国特色社会主义道路，煤炭工业面临着新的历史性机遇。国民经济又好又快发展，为煤炭工业提供了广阔的发展空间。党中央、国务院对发展煤炭工业的重视，全社会对煤炭是我国主要能源的认同，国家经济体制日益完善，能源发展战略更加明确，为煤炭工业发展提供了制度保障和有利的发展环境。丰富的煤炭资源、日益成熟的开采技术和不断提高的装备制造能力，为煤炭工业发展提供了基础保障。区域经济的日益协调发展，小城镇和新农村建设步伐加快，为煤炭工业发展注入了新的活力。建设生态文明，基本形成节约能源资源和保护生态环境的产业结构、增长方式、消费模式，对煤炭工业发展提出了新的要求。节约发展、清洁发展、安全发展、实现可持续发展，已经成为行业共识，为煤炭工业发展提供了思想保证。

在看到煤炭工作面临新的历史机遇的同时，我们也应清醒地看到煤炭工业发展面临着严峻的挑战。主要表现在，影响行业健康发展的体制和机制障碍依然存在，转变发展方式的任务很重；行业生产力总体水平低，结构不合理的问题仍十分突出；煤矿安全生产基础还比较薄弱，有效防范重特大事故的能力不足；煤炭市场化改革的任务还很艰巨，煤炭企业投资风险增加；大型煤炭企业历史遗留问题多、社会负担重等问题尚未根本解决，煤炭成本完整化任务繁重；煤炭需求快速增长与资源环境压力加大的矛盾愈来愈突出，行业节能减排任务艰巨；全国煤炭产运需衔接能力仍存在瓶颈制约，自然灾害问题凸显等。

1.4.1　煤炭工业今后一个时期改革发展目标

煤炭工业今后一个时期改革发展目标为：适应全面建设小康社会的要求，健全完善与社会主义市场经济体制相适应，与我国煤炭资源特点相符合，更加合理、更加高效、更加开放的煤炭工业体系。煤炭产量适度有序增长,科技创新能力明显增强,大中型煤矿采掘机械化程度达到世界先进水平,安全状况根本好转,行业综合实力显著增强。加快大型煤炭基地建设,发展一批跨地区、跨行业、跨所有制、跨国经营,具有国际竞争力的特大型现代化煤炭企业和企业集团,大中型煤炭企业普遍建立规范的现代企业制度,煤炭深加工和综合利用实现产业化,产业结构、产品结构和组织结构得到优化完善。资源节约型、环境友好型矿区建设取得重大进展,逐步走上文明发展道路,煤炭工业可持续发展能力显著增强。煤炭职工队伍综合素质明显提高,劳动力资源优势得到充分发挥。职工工作和生活环境明显改善,职工平均收入达到全国产业工人平均水平以上,家庭财产普遍增加,过上更加殷实富足的生活。

1.4.2 煤炭工业改革发展的主要任务

在全面建设小康社会、发展中国特色社会主义的伟大实践中,煤炭工业面临的主要任务是,以邓小平理论和“三个代表”重要思想为指导,深入贯彻落实科学发展观,落实国务院关于促进煤炭工业健康发展的若干意见,转变经济发展方式,构建新型煤炭工业体系,走资源利用率高、安全有保障、经济效益好、环境污染少和可持续的煤炭工业发展道路,为国民经济又好又快发展提供安全可靠的基础能源保障。

(1) 转变经济发展方式,实现经济结构优化升级。继续推进煤炭经济结构的战略性调整,实现发展方式的转变。以煤炭工业现代化为方向,推进大型煤炭基地建设,加快培育和发展大集团,建设大型现代化煤矿,淘汰落后生产能力,提高煤炭安全保障能力。实施整顿关闭、整合资源战略,促进煤炭产业结构升级,实现以煤为主的多元产业协调发展。加强煤炭产业基础设施建设,构建协调发展的煤炭物流管理体系,提高我国煤炭供应效率。不断完善企业经济运行机制,切实由数量、速度型发展转到提高内涵发展质量上来,努力形成“低投入、低消耗、低排放、高效率”的经济发展方式。

(2) 推进煤炭科技进步,建设创新型煤炭工业。把煤炭科技和教育放在优先发展位置,建立创新发展的政策和激励机制,推进煤炭技术原始创新、自主创新和引进、吸收、消化再创新。加快培育以企业为主体、以市场为导向、产学研结合的煤炭技术创新体系,引导和支持大专院校、科研院所等创新要素向优势企业集聚,促进科研成果向现实生产力转化。加快煤炭工业信息化,提高煤炭资源管理、生产管理、安全管理和企业经营管理的现代化水平。坚持引进和培养相结合,努力造就一大批煤炭科技领军人才,培育和发展煤炭创新文化,营造煤炭工业自主创新的环境。

(3) 重视资源节约和综合利用,提高可持续发展能力。转变资源观念,推广应用先进适用技术、装备和开采工艺,提高煤炭资源采出率。按照高效、清洁、充分利用的原则,开展煤矸石、煤泥、煤层气、矿井排放水以及与煤共伴生资源的综合开发利用。鼓励瓦斯抽采利用,变害为利,促进煤层气产业化发展。按照就近利用的原则,发展与资源总量相匹配的低热值煤发电、建材等,鼓励对废弃物进行资源化利用、无害化处理,大力发展循环经济。构建节能型产业体系,严格限制高耗能、高耗材、高耗水产业发展。进一步落实节能目标责任制和评价考核体系,建立企业节能新机制,实施能效标识管理,降低能源消耗。

(4) 促进煤炭与环境协调发展,积极构建和谐矿区。高度重视煤炭的清洁生产和利用,并作为环境保护的重点,积极防治生态破坏和环境污染。坚持合理有序开发资源,限制开采高硫高灰分煤炭,禁止开采含放射性和砷等有毒有害物质超过规定标准的煤炭。积极发展洁净煤技术,鼓励实施煤炭洗选、加工转化、洁净燃烧、烟气净化等技术。积极推进煤炭节能减排,推广先进的节能减排技术工艺。建立煤矿生态环境恢复治理机制,加强采煤沉陷治理和利用,维护矿区生态环境。加强煤炭需求供应管理,建立有利于环境保护的煤炭资源利用体系,坚持按煤炭品种、用途实行对路消费,鼓励煤炭用户使用洁净煤产品,逐步禁止直接使用原煤。

(5) 强化煤矿安全生产,提高煤矿安全保障程度。坚持把保护生命放在首位,继续采取切实有效措施,坚决遏制重特大安全事故频发势头。进一步加大煤矿瓦斯治理和综合利用力度,依法整顿关闭不具备安全生产条件的小煤矿。进一步加强煤矿安全基础理论研究,重点突破煤矿瓦斯、水害、冲击地压等灾害的防治技术。加大煤矿安全技术装备投入,完善煤矿标准化体系,深化隐患排查治理。推进煤矿安全监测监控自动化,提高煤矿灾害预警、预报和防灾、抗灾能力。加强安全教育与技术培训,提高煤矿全员安全生产意识和能力。加大煤炭资源整合与小煤矿技术改造力度,努力提高机械化开采比重。进一步落实安全生产责任制,严格安全生产执法,严肃责任追究制度,促进安全生产状况的稳定好转。

(6) 完善基础保证体系,促进煤炭工业健康发展。完善政府管理和市场运作相结合的资源配置机制,加强煤炭资源的调查、规划和管理,加大勘探投入,增加资源后备储量,完善资源有偿使用制度。推进煤矿装备制造业的结构调整，形成一批拥有自主知识产权、核心竞争力强的煤矿装备制造企业和企业集团，增强技术研发能力，推进重大装备国产化。完善煤炭工业教育体系，合理配置教育资源，鼓励大中专毕业生到煤炭行业工作，保证煤炭工业人才需求。加强煤矿基础设施建设，推进煤矿质量标准化、生产机械化、系统自动化，切实改善作业环境。加强煤矿劳保用品的研发，提高劳动保护水平。加强煤矿各类社会保险事业，维护煤矿职工合法权益。努力增加职工收入，不断提高职工生活质量。

(7) 坚持依法办矿，健全煤炭法规政策调控体系。健全以《煤炭法》为基础的法律法规体系，完善《煤炭法》等相关配套法规，制定资源勘察、开发、特殊稀缺煤种和重要煤种保护、矿区保护等法规。建立健全煤矿安全法规体系，加强煤矿安全执法队伍建设，强化安全执法监察，构建安全生产长效机制。进一步落实《煤炭产业政策》，建立公平竞争、规范有序的市场经济秩序。建立健全煤炭社会保障体系，加快分离企业办社会职能，切实减轻企业负担。完善反映市场供求关系、资源稀缺程度、环境损害成本的生产要素和资源价格形成机制。充分发挥行业协会等在行业统计、技术服务、市场开发、信息咨询等方面的作用，为政府制定法规、政策提供依据，为企业提供优质服务。

(8) 实施国际化战略，不断拓展煤炭对外开放空间。加强与国际煤炭领域的交流与合作，引进国际先进的技术装备和管理方法，提高我国煤炭工业的整体生产力水平。积极参与境外煤炭资源开发与贸易，增加我国煤炭市场与国际市场的融合度，提高煤炭工业对外开放水平。加快培育和发展跨国经营的大型煤炭企业集团和具有国际竞争力的知名品牌，支持有条件的企业对外直接投资和跨国经营，鼓励企业按照国际惯例和市场经济原则，参与国际能源合作，参与境外能源基础设施建设，稳步发展能源工程技术服务合作，提高煤炭工业在国际市场上的竞争力和影响力。

第2章 煤炭工业改革与发展

新中国成立以来,党和政府高度重视煤炭行业,运用各种政策、法规等手段帮助煤炭行业发展壮大。在党和政府的关心和领导下,我国煤炭工业取得了举世瞩目的伟大成就。煤炭经济体制由计划经济转变为市场经济,产业结构得到显著优化,现代化企业制度逐步完善,投融资机制进一步开放,投融资渠道大幅拓宽,投资主体更加多元化,对外交流不断深入,对世界能源市场的影响越来越强。

2.1 煤炭管理体制沿革

1949年10月1日,中华人民共和国宣告成立。新中国成立后,国家设立了燃料工业部,负责管理煤炭、石油和电力工业,下设煤矿管理总局,直接管理华北地区的国营煤矿企业和华东地区的部分国营煤矿企业。东北人民政府下设煤矿管理局,管理东北地区的国营煤矿企业。华东、中南、西南、西北军政委员会工业部下设煤矿管理局,管理所属地区的国营煤矿企业。各省(市、自治区)及其以下各级人民政府的工业部门,管理各级地方煤矿企业。1950年6月,煤矿管理总局设地质勘探室,负责全国煤田地质调查和煤田钻探等地质勘探事项。

第一个五年计划初期,国家撤销了各大行政区的建制。燃料工业部在华北、东北、华东、中南、西南和西北六个地区设置了煤矿管理局,直接由燃料工业部煤矿管理总局领导,负责管理所在地区的国营煤矿企业。与此同时,煤矿管理局在原地质勘探室的基础上设立了地质勘测处,各大区煤矿管理局相继设立了地质处。1953年6月,煤矿管理总局为加强对全国煤田地质勘探工作的统一领导,在地质勘测处的基础上,又筹建了煤矿管理总局地质勘探局。1954 年,华北煤矿管理局撤销,河北地区的国营煤矿企业由煤矿管理总局直接管理;山西新成立太原煤矿管理局,负责管理省内的国营煤矿企业。根据煤田地质勘探事业发展的需要,同年春天,各大区煤矿管理局先后建立了煤田地质勘探分局。1954 年 4～9 月,根据形势的发展,又先后在勘探分局的基础上建立了华北、华东、中南、西南、西北五个大区煤田地质勘探局和东北煤田第一地质勘探局及东北煤田第二地质勘探局。

1955 年 7 月,第一届全国人民代表大会第二次会议决定撤销燃料工业部,分别成立石油工业部、电力工业部和煤炭工业部,煤矿管理总局随之撤销。东北、华东、中南、西南、西北五个大区煤矿管理局分别改名为沈阳、济南、武汉、重庆、西安煤矿管理局,其管辖的煤矿企业不变,太原煤矿管理局仍保持原来建制,统归煤炭工业部直接领导。为了加强对各专业部门的领导,煤炭工业部成立后,分别建立了地质勘探总局、设计总局和基建总局,并明确各大区已建立的煤田地质勘探局是煤炭工业部地质勘探总局派出该地的直属管理机构。

“文革”十年动乱期间,煤炭工业管理体制受到严重破坏。1967 年 8 月,煤炭工业部和部属企业进驻军代表,实行军事管制。煤炭工业部机关成立了文革筹备小组,下设生产、基建、计划、办事四个组,负责领导整个煤炭工业的“抓革命、促生产”工作。

1970 年 1 月,国家撤销了煤炭工业部,将煤炭、石油、化工三个部合并成燃料化学工业部。部内设煤炭生产组、煤炭基建开发组,负责管理煤炭的生产和建设(包括地质勘探),其余司局合并到综合业务组,分管原来三个部的有关业务。在这期间,除个别单位外,煤炭企事业单位已全部下放。大多数省(自治区)相继建立了燃料化学工业局或工业局,作为省(自治区)革命委员会的职能机构,负责管理煤炭等国营工业企业。

1975 年 1 月,国家决定撤销燃料化学工业部,重新成立煤炭工业部,并将以前下放给地方管理的煤炭企事业单位陆续收归煤炭工业部领导。煤田地质局随之更名为煤炭工业部地质局,各省(自治区)煤田地质勘探公司相应逐步建立起来。

“文革”结束后,为了扭转十年动乱给工业管理造成的混乱局面,从 1977 年开始,我国对工业管理体制进行了局部调整。在调整过程中,一些关系国民经济全局的大型骨干煤炭企业陆续收回中央管理,实行以煤炭工业部为主的双重领导体制。到 1985 年,由煤炭工业部直属的派出管理机构有:东北内蒙古煤炭工业联合公司、重庆煤炭工业公司和河北、山西、河南、陕西、山东、贵州、四川煤炭工业管理局,它们代表煤炭工业部管理所在地区的煤炭企事业单位。其他省(自治区)的煤炭工业管理部门则是同级人民政府的职能机构,管理本省(自治区)的煤炭企事业单位,同煤炭工业部是业务领导关系。

1988年4月,根据国务院机构改革方案,成立了由煤炭、石油、核工业部的全部和水利电力部的部分政府职能组成的能源部,再次撤销了煤炭工业部;组建中国统配煤矿总公司,负责管理统配煤矿和原煤炭工业部所属企事业单位(不含东北内蒙古煤炭工业联合公司所属部分),实行计划单列,由能源部归口管理。总公司下设中国煤田地质局,负责管理关内各省(市、自治区)的煤田地质勘探单位。保留东北内蒙古煤炭工业联合公司,负责管理东北三省和内蒙古东部三盟(哲里木盟、兴安盟、呼伦贝尔盟)一市(赤峰市)的煤炭企事业单位,归口能源部领导。该公司下设煤田地质局,管理所在地区的煤田地质勘探单位。原煤炭工业部下设的中国地方煤矿联合经营开发公司转归能源部归口管理,并协助能源部对全国地方煤矿实行行业管理。至此,煤炭工业形成了多头管理体制,失去了统一规划、统一开发、统一管理的职能。

1993年3月,第八届全国人民代表大会第一次会议决定撤销能源部和中国统配煤矿总公司,再次组建煤炭工业部。东北内蒙古煤炭工业联合公司和中国地方煤矿联合经营开发公司转归煤炭工业部实行归口管理。中国煤田地质局更名为中国煤田地质总局,对全国煤田地质勘探单位进行统一管理。

1994年3月,煤炭工业部决定撤销东北内蒙古煤炭工业联合公司,分别成立辽宁、吉林、黑龙江、内蒙古煤炭工业管理局,同该省(自治区)的煤炭工业厅(局)为一套机构两块牌子,实行以煤炭工业部为主的双重领导,统一管理各自境内的煤炭企事业单位。此后,一些有统配煤矿的省(自治区)陆续照此成立了双重领导的省级煤炭工业管理机构;没有统配煤矿的组建起了以省政府领导为主的煤炭工业厅。

1998年3月,第九届全国人大第一次会议批准国务院机构改革方案,决定不再保留中华人民共和国煤炭工业部,在国家经贸委下设主管煤炭行业的国家煤炭工业局;原煤炭工业部直属和直接管理的94家国有重点煤矿下放地方管理。为适应煤炭市场化改革的需要,中国煤炭工业协会成立,承担了联系政府和煤炭企业的桥梁和纽带责任。

2000年1月,国家安全生产监督管理总局正式成立。

2000年3月,撤销国家煤炭工业局,有关行政职能并入国家经贸委。

2003年3月,国家经贸委撤销,在国家发改委下设能源局,负责制定我国煤炭工业中长期发展政策。

经过历次变革,目前我国煤炭行业形成了多头管理的格局,各主要管理部门管理职责见表2—1。

表2—1 当前我国煤炭主管部门主要职责

政府主管部门	主要职能
国家发展和改革委员会	(1)研究煤炭产业安全问题并提出宏观调控政策建议,组织煤炭的紧急调度和交通运输协调,组织制定和调整煤炭临时价格政策和重要收费标准,依法查处价格违法行为和价格垄断行为等。 (2)规划重大煤炭建设项目和生产力布局,拟订煤炭固定资产投资总规模和投资结构的调控目标、政策及措施,衔接平衡需要安排中央政府投资和涉及重大建设项目的专项规划;审批、核准、审核煤矿重大建设项目、重大外资项目、境外煤炭资源开发类重大投资项目和大额用汇投资项目。 (3)组织编制大煤炭基地建设规划并协调实施和进行监测评估。 (4)承担煤炭总量平衡和宏观调控的责任,编制煤炭进出口总量计划并监督执行,根据经济运行情况对进出口总量计划进行调整,拟订国家煤炭储备规划,负责组织国家煤炭的收储、动用、轮换和管理。 (5)综合协调煤炭行业节能减排工作,组织拟订煤炭行业发展循环经济、全社会煤炭资源节约和综合利用规划及政策措施并协调实施。
财政部	(1)拟订财税发展战略、规划、政策和改革方案并组织实施,分析预测宏观经济形势,参与制定各项宏观经济政策,提出运用财税政策实施宏观调控和综合平衡社会财力的建议,拟订中央与地方、国家与企业的分配政策,完善鼓励公益事业发展的财税政策。 (2)起草财政、财务、会计管理的法律、行政法规草案,制定部门规章,组织涉外财政、债务等的国际谈判并草签有关协议、协定。 (3)承担中央各项财政收支管理的责任。负责编制年度中央预决算草案并组织执行。受国务院委托,向全国人民代表大会报告中央、地方预算及其执行情况,向全国人大常委会报告决算。组织制订经费开支标准、定额,负责审核批复部门(单位)的年度预决算。完善转移支付制度。 (4)负责政府非税收入管理,负责政府性基金管理,按规定管理行政事业性收费。管理财政票据。 (5)组织制定国库管理制度、国库集中收付制度,指导和监督中央国库业务,按规定开展国库现金管理工作。负责制定政府采购制度并监督管理。 (6)负责组织起草税收法律、行政法规草案及实施细则和税收政策调整方案,参加涉外税收谈判,签订涉外税收协议、协定草案,制定国际税收协议和协定范本,研究提出关税和进口税收政策,拟订关税谈判方案,参加有关关税谈判,研究提出征收特别关税的建议,承担国务院关税税则委员会的具体工作。 (7)负责审核和汇总编制全国国有资本经营预决算草案,制定国有资本经营预算的制度和办法,收取中央本级企业国有资本收益,制定并组织实施企业财务制度,按规定管理金融类企业国有资产,参与拟订企业国有资产管理相关制度,按规定管理资产评估工作。

续表 2－1

政府主管部门	主要职能
财政部	(8) 负责办理和监督中央财政的经济发展支出、中央政府性投资项目的财政拨款，参与拟订中央建设投资的有关政策，制定基本建设财务制度，负责有关政策性补贴和专项储备资金财政管理工作。 (9) 会同有关部门管理中央财政社会保障和就业及医疗卫生支出，会同有关部门拟订社会保障资金(基金)的财务管理制度，编制中央社会保障预决算草案。 (10) 负责管理全国的会计工作，监督和规范会计行为，制定并组织实施国家统一的会计制度，指导和监督注册会计师和会计师事务所的业务，指导和管理社会审计。 (11) 监督检查财税法规、政策的执行情况，反映财政收支管理中的重大问题，负责管理财政监察专员办事处。
国土资源部	(1) 承担保护与合理利用土地资源、煤炭资源的责任。组织编制煤炭资源、煤炭地质勘查和煤炭地质环境等规划以及煤炭地质灾害防治、煤炭矿山环境保护等其他有关的专项规划并监督检查规划执行情况；参与报国务院审批的涉及土地、矿产的相关规划的审核。 (2) 依法保护土地资源、煤炭矿产资源所有者和使用者的合法权益，组织承办和调处重大权属纠纷，指导土地确权，承担各类土地登记资料的收集、整理、共享和汇交管理，提供社会查询服务。 (3) 指导煤炭采空区土地复垦和耕地开发的监督工作。组织实施土地用途管制、农用地转用和土地征收征用，承担报国务院审批的各类用地的审核、报批工作。 (4) 依法管理煤炭矿业权的审批登记发证和转让审批登记，规范和监管煤炭矿业权市场，组织对煤炭矿业权人勘查、开采活动进行监督管理，规范和监管国土资源相关社会中介组织和行为，依法查处违法行为。 (5) 管理煤炭地质勘查行业和煤炭资源储量，组织实施全国煤炭地质调查评价、煤炭资源勘查，管理中央级煤炭地质勘查项目，组织实施国家重大煤炭地质勘查专项，管理煤炭地质勘查资质、煤炭地质资料、煤炭地质勘查成果，统一管理中央公益性煤炭地质调查和战略性煤炭勘查工作。 (6) 组织实施煤炭矿山地质环境保护，指导应急处置，组织、协调、指导和监督地质灾害防治工作，制订并组织实施重大地质灾害等国土资源突发事件应急预案。 (7) 依法征收煤炭资源收益，规范、监督资金使用，拟订土地、煤炭矿产资源参与经济调控的政策措施。依法组织土地、煤炭矿产资源专项收入的征管，配合有关部门拟订收益分配制度。参与管理土地、煤炭资源性资产。 (8) 拟订对外合作勘查、开采煤炭资源政策并组织实施，组织协调境外煤炭资源勘查，参与开发工作，依法审批煤炭资源对外合作区块，监督对外合作勘查开采行为。
环境保护部	(1) 负责建立健全环境保护基本制度。拟订并组织实施国家环境保护政策、规划，起草法律法规草案，制定部门规章。组织编制环境功能区划，组织制定各类环境保护标准、基准和技术规范，组织拟订并监督实施重点区域、流域污染防治规划和饮用水水源地环境保护规划，按国家要求会同有关部门拟订重点海域污染防治规划，参与制订国家主体功能区划。 (2) 负责重大环境问题的统筹协调和监督管理。牵头协调重特大环境污染事故和生态破坏事件的调查处理，指导协调地方政府重特大突发环境事件的应急、预警工作，协调解决有关跨区域环境污染纠纷，统筹协调国家重点流域、区域、海域污染防治工作，指导、协调和监督海洋环境保护工作。 (3) 承担落实国家减排目标责任。组织制定主要污染物排放总量控制和排污许可证制度并监督实施，提出实施总量控制的污染物名称和控制指标，督查、督办、核查各地污染物减排任务完成情况，实施环境保护目标责任制、总量减排考核并公布考核结果。

续表 2-1

政府主管部门	主要职能
环境保护部	(4) 负责提出环境保护领域固定资产投资规模和方向、国家财政性资金安排意见,按国务院规定权限,审批、核准国家规划内和年度计划规模内固定资产投资项目,并配合有关部门做好组织实施和监督工作。参与指导和推动循环经济和环保产业发展,参与应对气候变化工作。 (5) 承担从源头上预防、控制环境污染和环境破坏的责任。受国务院委托对重大经济和技术政策、发展规划以及重大经济开发计划进行环境影响评价,对涉及环境保护的法律法规草案提出有关环境影响方面的意见,按国家规定审批重大开发建设区域、项目环境影响评价文件。 (6) 负责环境污染防治的监督管理。制定水体、大气、土壤、噪声、光、恶臭、固体废物、化学品、机动车等的污染防治管理制度并组织实施,会同有关部门监督管理饮用水水源地环境保护工作,组织指导城镇和农村的环境综合整治工作。 (7) 指导、协调、监督生态保护工作。拟订生态保护规划,组织评估生态环境质量状况,监督对生态环境有影响的自然资源开发利用活动、重要生态环境建设和生态破坏恢复工作。指导、协调、监督各种类型的自然保护区、风景名胜区、森林公园的环境保护工作,协调和监督野生动植物保护、湿地环境保护、荒漠化防治工作。协调指导农村生态环境保护,监督生物技术环境安全,牵头生物物种(含遗传资源)工作,组织协调生物多样性保护。 (8) 负责环境监测和信息发布。制定环境监测制度和规范,组织实施环境质量监测和污染源监督性监测。组织对环境质量状况进行调查评估、预测预警,组织建设和管理国家环境监测网和全国环境信息网,建立和实行环境质量公告制度,统一发布国家环境综合性报告和重大环境信息。 (9) 开展环境保护科技工作,组织环境保护重大科学研究和技术工程示范,推动环境技术管理体系建设。
商务部	(1) 拟订国内外贸易和国际经济合作的发展战略、政策,起草国内外贸易、外商投资、对外投资和对外经济合作的法律法规草案。 (2) 承担牵头协调整顿和规范市场经济秩序工作的责任,拟订规范市场运行、流通秩序的政策,推动商务领域信用建设,指导商业信用销售,建立市场诚信公共服务平台,按有关规定对特殊流通行业进行监督管理。 (3) 负责制定进出口商品、加工贸易管理办法和进出口管理商品、技术目录,拟订促进外贸增长方式转变的政策措施,组织实施重要工业品、原材料和重要农产品进出口总量计划,会同有关部门协调大宗进出口商品,指导贸易促进活动和外贸促进体系建设。 (4) 拟订并执行对外技术贸易、出口管制以及鼓励技术和成套设备进出口的贸易政策,推进进出口贸易标准化工作,依法监督技术引进、设备进口、国家限制出口技术的工作,依法颁发防扩散等与国家安全相关的进出口许可证件。 (5) 宏观指导全国外商投资工作,拟订外商投资政策和改革方案并组织实施,依法核准外商投资企业的设立及变更事项,依法核准重大外商投资项目的合同章程及法律特别规定的重大变更事项,依法监督检查外商投资企业执行有关法律法规规章、合同章程的情况并协调解决有关问题,指导投资促进及外商投资企业审批工作,规范对外招商引资活动,指导国家级经济技术开发区、苏州工业园区、边境经济合作区的有关工作。 (6) 负责对外经济合作工作,拟订并执行对外经济合作政策,依法管理和监督对外承包工程、对外劳务合作等,制定中国公民出境就业管理政策,负责牵头外派劳务和境外就业人员的权益保护工作,拟订境外投资的管理办法和具体政策,依法核准境内企业对外投资开办企业(金融企业除外)。 (7) 依法对经营者集中行为进行反垄断审查,指导企业在国外的反垄断应诉工作,开展多双边竞争政策交流与合作。

续表 2－1

政府主管部门	主要职能
国务院国有资产监督管理委员会	(1) 根据国务院授权,依照《中华人民共和国公司法》等法律和行政法规履行出资人职责,监管中央所属煤炭企业的国有资产。 (2) 承担监督所监管中央所属煤炭企业国有资产保值增值的责任。建立和完善国有资产保值增值指标体系,制订考核标准,通过统计、稽核对所监管中央所属煤炭企业国有资产的保值增值情况进行监管,负责所监管中央所属煤炭企业工资分配管理工作,制定所监管中央所属煤炭企业负责人收入分配政策并组织实施。 (3) 指导推进国有煤炭企业改革和重组,推进国有煤炭企业的现代企业制度建设,完善公司治理结构。 (4) 通过法定程序对所监管煤炭企业负责人进行任免、考核并根据其经营业绩进行奖惩,建立符合社会主义市场经济体制和现代企业制度要求的选人、用人机制,完善经营者激励和约束制度。 (5) 按照有关规定,代表国务院向所监管煤炭企业派出监事会,负责监事会的日常管理工作。 (6) 负责组织所监管煤炭企业上交国有资本收益,参与制定国有资本经营预算有关管理制度和办法,按照有关规定负责国有资本经营预决算编制和执行等工作。 (7) 按照出资人职责,负责督促检查所监管煤炭企业贯彻落实国家安全生产方针政策及有关法律法规、标准等工作。
国家安全生产监督管理总局	(1) 组织起草安全生产综合性法律法规草案,拟订安全生产政策和规划,指导协调全国安全生产工作,分析和预测全国安全生产形势,发布全国安全生产信息,协调解决安全生产中的重大问题。 (2) 承担国家安全生产综合监督管理责任,依法行使综合监督管理职权,指导协调、监督检查国务院有关部门和各省、自治区、直辖市人民政府安全生产工作,监督考核并通报安全生产控制指标执行情况,监督事故查处和责任追究落实情况。 (3) 承担工矿商贸行业安全生产监督管理责任,按照分级、属地原则,依法监督检查工矿商贸生产经营单位贯彻执行安全生产法律法规情况及其安全生产条件和有关设备(特种设备除外)、材料、劳动防护用品的安全生产管理工作,负责监督管理中央管理的工矿商贸企业安全生产工作。 (4) 制定和发布工矿商贸行业安全生产规章、标准和规程并组织实施,监督检查重大危险源监控和重大事故隐患排查治理工作,依法查处不具备安全生产条件的工矿商贸生产经营单位。 (5) 负责组织国务院安全生产大检查和专项督查,根据国务院授权,依法组织特别重大事故调查处理和办理结案工作,监督事故查处和责任追究落实情况。 (6) 负责组织指挥和协调安全生产应急救援工作,综合管理全国生产安全伤亡事故和安全生产行政执法统计分析工作。 (7) 负责综合监督管理煤矿安全监察工作,拟订煤炭行业管理中涉及安全生产的重大政策,按规定制定煤炭行业规范和标准,指导煤炭企业安全标准化、相关科技发展和煤矿整顿关闭工作,对重大煤炭建设项目提出意见,会同有关部门审核煤矿安全技术改造和瓦斯综合治理与利用项目。 (8) 负责监督检查职责范围内新建、改建、扩建工程项目的安全设施与主体工程同时设计、同时施工、同时投产使用情况。 (9) 指导协调全国安全生产检测检验工作,监督管理安全生产社会中介机构和安全评价工作,监督和指导注册安全工程师执业资格考试和注册管理工作。 (10) 指导协调和监督全国安全生产行政执法工作。 (11) 组织拟订安全生产科技规划,指导协调安全生产重大科学技术研究和推广工作。 (12) 组织开展安全生产方面的国际交流与合作。

续表 2－1

政府主管部门	主要职能
国家能源局	(1) 对煤炭发展战略提出建议，拟订煤炭行业发展规划、产业政策并组织实施，起草有关煤炭法律法规草案和规章，推进煤炭行业体制改革，拟订有关改革方案，协调煤炭行业发展和改革中的重大问题，组织制定煤炭行业标准，监测煤炭行业发展情况，衔接煤炭生产建设和供需平衡。 (2) 负责煤炭行业节能和资源综合利用，组织推进煤炭行业重大设备研发，指导煤炭科技进步、成套设备的引进消化创新，组织协调相关重大示范工程和推广应用新产品、新技术、新设备。 (3) 按国务院规定权限，审批、核准、审核国家规划内和年度计划规模内煤炭行业固定资产投资项目。 (4) 负责煤炭预测预警，发布煤炭信息，参与煤炭行业运行调节和应急保障。 (5) 牵头开展煤炭国际合作，与外国能源主管部门和国际能源组织谈判并签订协议，协调境外煤炭开发利用工作，按规定权限核准或审核煤炭境外重大投资项目。 (6) 参与制定与煤炭相关的资源、财税、环保及应对气候变化等政策，提出煤炭价格调整和进出口总量建议。
国家煤矿安全监察局	(1) 拟订煤矿安全生产政策，参与起草有关煤矿安全生产的法律法规草案，拟订相关规章、规程、安全标准，按规定拟订煤炭行业规范和标准，提出煤矿安全生产规划。 (2) 承担国家煤矿安全监察责任，检查指导地方政府煤矿安全监督管理工作。对地方政府贯彻落实煤矿安全生产法律法规、标准，煤矿整顿关闭，煤矿安全监督检查执法，煤矿安全生产专项整治、事故隐患整改及复查，煤矿事故责任人的责任追究落实等情况进行监督检查，并向地方政府及其有关部门提出意见和建议。 (3) 承担煤矿安全生产准入监督管理责任，依法组织实施煤矿安全生产准入制度，指导和管理煤矿有关资格证的考核颁发工作并监督检查，指导和监督相关安全培训工作。 (4) 承担煤矿作业场所职业卫生监督检查责任，负责职业卫生安全许可证的颁发管理工作，监督检查煤矿作业场所职业卫生情况，组织查处煤矿职业危害事故和违法违规行为。 (5) 负责对煤矿企业安全生产实施重点监察、专项监察和定期监察，依法监察煤矿企业贯彻执行安全生产法律法规情况及其安全生产条件、设备设施安全情况，对煤矿违法违规行为依法做出现场处理或实施行政处罚。 (6) 负责发布全国煤矿安全生产信息，统计分析全国煤矿生产安全事故与职业危害情况，组织或参与煤矿生产安全事故调查处理，监督事故查处的落实情况。 (7) 负责煤炭重大建设项目安全核准工作，组织煤矿建设工程安全设施的设计审查和竣工验收，查处不符合安全生产标准的煤矿企业。 (8) 负责组织指导和协调煤矿事故应急救援工作。 (9) 指导煤矿安全生产科研工作，组织对煤矿使用的设备、材料、仪器仪表的安全监察工作。 (10) 指导煤炭企业安全基础管理工作，会同有关部门指导和监督煤矿生产能力核定和煤矿整顿关闭工作，对煤矿安全技术改造和瓦斯综合治理与利用项目提出审核意见。

2.2　煤炭行业结构调整

长期以来,煤炭一直占据我国一次能源的主体地位,支撑着经济社会的不断发展。但是,由于煤炭生产力总体水平低,煤矿井型规模小、煤矿数量多,产业集中度低、市场竞争力不强,产业结构单一、行业发展能力不足等问题十分突出。同时,调整煤炭工业结构、促进产业升级与满足全国煤炭需求快速增长的需要之间的矛盾,一直困扰着煤炭工业健康发展,这也是煤炭工业结构调整进展比较缓慢的重要原因。近年来,我国加大了煤炭行业的结构调整力度,提高了煤炭行业准入门槛,大量压缩了小煤矿数量,加强了安全管理。特别是主要产煤省区政府通过加大煤炭资源整合力度,推进煤炭企业兼并重组,建设高产高效矿井,培育大型煤炭企业集团,发展与煤相关产业,煤炭行业结构调整取得了显著成效。

2.2.1　煤矿数量大幅减少,平均单井产量大幅提高

改革开放以前,我国煤炭生产力水平低,大量煤矿仍然采取原始落后的采煤方法,煤矿井型规模很难扩大,只能维持小规模生产。1952年,全国共有年产3万t以上的国有煤矿299处,产量7 161万t,平均单井产量23.95万t/a。到1978年,全国国有煤矿数量增加到2 263处,产量46 428万t,平均单井产量只有20.52万t/a,全国煤炭生产仍然是以小煤矿为主体。改革开放以后,为缓解煤炭供应不足的压力,在相关政策措施的支持下,国家提出了“国家、集体、个人一齐上,大、中、小煤矿一起搞”的发展方针,全国乡镇煤矿出现了发展高潮。1978年,全国乡镇煤矿产量只有9 532万t,占全国煤炭总产量的15.4%,1988年快速增加到3.52亿t,1995年达到了6.59亿t,占全国煤炭总产量的48.4%。据统计,全国乡镇煤矿数量从1982年的1.6万多处,快速增加到1987年的7.9万处,平均每年以78.15%的速度上升,而平均单井产量由1982年的0.9万t/a,下降到1987年的0.41万t/a,其中,1984年乡镇煤矿平均单井产量只有0.36万t。1988年,全国煤矿数量达到了6.5万处,平均单井规模只有1.52万t/a。其中,国有煤矿2 326处,产量63 397万t,平均单井规模27.26万t/a;乡镇煤矿6.3万多处,产量35 154万t,平均单井规模只有0.56万t/a。乡镇煤矿平均单井产量只有国有煤矿的近五十分之一。

应该说当时的“国家、集体、个人一齐上,大、中、小煤矿一起搞”的发展方针缓解了当时煤炭供应紧张的局面,但对煤炭工业的健康发展造成很大

不良影响,党和政府很快意识到这一问题,并采取有力措施加以纠正。1986年,煤炭工业部提出抓好三件大事的要求,即"安全创水平、原煤工效上1 t、建设一批现代化矿井",简称"煤矿安全生产三大战役",首次提出在我国建设现代化矿井的概念。"七五"期间,我国先后建成106座以"安全好、用人少、质量优、职工生活有所改善"为主要标志的现代化矿井。

1992年,煤炭工业部提出"建设高产高效矿井,是加快煤炭工业现代化建设"的重要战略决策,首次提出在全国建设高产高效矿井的新概念。高产高效矿井建设在邢台矿务局东庞矿、兖州矿务局南屯矿等12个煤矿试点,开展减头减面、减人提效、最终实现一井一面集中生产。1994年,煤炭工业部制定出《建设高产高效矿井暂行管理办法》,从建立健全法规和规章制度上对高产高效矿井建设给以保障。1995年,煤炭工业部党组做出《关于加快高产高效矿井建设的决定》,提出"用5年时间,在全国建成100处高产高效矿井,原煤生产人员效率平均提高2 t/工,减少人员30万人"的规划目标。

1998年,国家管理体制改革,中国煤炭工业协会承担起指导全国高产高效矿井建设的工作。2002年,中国煤炭工业协会提出《建设高产高效矿井暂行管理办法》修改说明,并于2007年颁布新的《煤炭工业安全高效矿井(露天)评审办法》,继续推动科技创新和管理创新。

在加快推进大型现代化煤矿建设的同时,我国煤炭工业通过提高煤矿建设标准,加大煤矿安全生产管理,淘汰了一大批不符合安全生产条件的小煤矿。特别是2001年以来,通过开展煤矿安全整治工作,全国煤矿数量大幅减少,煤矿平均单井规模大幅提高。截至2005年6月,全国共有生产煤矿(矿井)个数24 813处 。按矿井井型规模划分,其中,井型规模在120万 t/a以上的大型矿井285处,占全国煤矿(矿井)总数的1.2%,矿井核定生产能力84 317万 t,占全国矿井总核定生产能力的37.3%;井型规模在30~120万 t/a(含120万 t/a)的中型矿井473处,占矿井总数的1.9%,矿井核定能力31 649万 t/a,占全国矿井总核定生产能力的13.9%;井型规模在9~30万 t/a(含30万 t/a)的矿井1 986处,占全国矿井总数的8%,矿井核定生产能力34 921万 t,占全国矿井总核定生产能力的15.4%;井型规模在3~9万 t/a(含9万 t/a)的矿井6 340处,占全国矿井总数的25.5%,矿井核定能力38 934万 t,占全国矿井总核定生产能力的17.2%;井型规模小于3万 t(含3万 t/a)的矿井15 729处,占矿井总数的63.4%,核定能力36 610万 t,占全国矿井总核定生产能力的16.1%(见表2-2、表2-3和图

2—1)。

表 2－2　　全国煤矿数量与井型规模统计表

按规模分类	矿井数量(处)	占全国总数比例(%)	2005 年核定生产能力(万 t/a)	占全国生产能力比例(%)
＞120	285	1.2	84 317	37.3
30～120	473	1.9	31 649	13.9
9～30	1 986	8	34 921	15.4
3～9	6 340	25.5	38 934	17.2
＜3	15 729	63.4	36 610	16.2
合计	24 813	100.0	226 431	100.0

表 2－3　　全国煤矿数量、产量、平均规模变化趋势表

年份	国有煤矿			乡镇煤矿		
	数量(处)	产量(万 t)	平均规模(万 t)	数量(处)	产量(万 t)	平均规模(万 t)
1958	529	14 050	26.56	32 000	1 000	0.03
1978	2 263	46 428	20.52	17 800	9 532	0.54
1982	2 208	51 540	23.34	16 000	14 607	0.91
1988	2 326	63 397	27.26	63 000	35 154	0.56
2002	1 648	98 180	59.58	12 734	43 351	3.40
2005	1 733	131 581	75.93	16 741	83 551	4.99

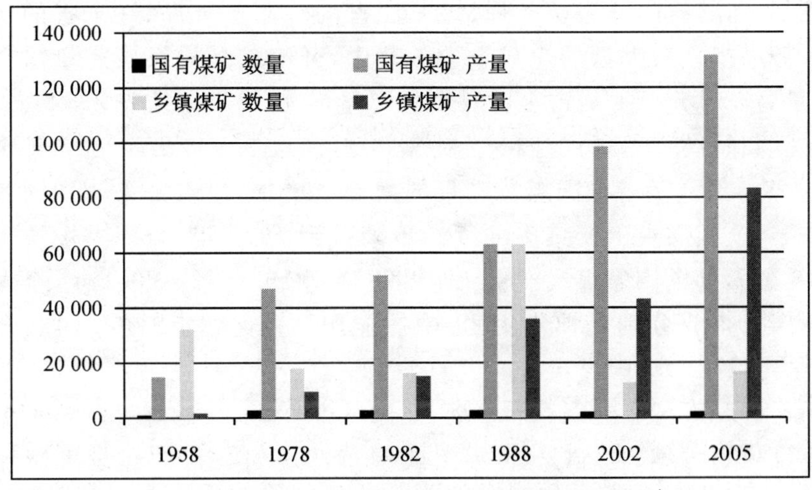

图 2—1　全国煤矿数量、产量变化趋势

2005年下半年以来，按照全国人大提出、国务院确定的“三年解决小煤矿问题”的总体部署，国家有关部门进一步加大了小煤矿的关闭整顿工作。根据国家安全生产监督管理总局2008年1月12日发布的数据显示，从2005年8月打响关闭小煤矿“攻坚战”以来，全国累计关闭小煤矿11 155处，淘汰煤炭落后产能约2.5亿t，其中，2008年全年关停小煤矿1 054处，全国煤矿数量进一步减少。2008年下半年以来，山西省开展了新一轮煤炭资源整合与企业兼并重组政策，经过资源整合与企业重组，山西省煤矿数量将由2 600处下降到1 000处。山西省煤炭资源整合与兼并重组工作对全国产生了重要的示范作用，推动了全国煤炭资源的整合与企业兼并重组工作，为我国进一步加快煤炭生产结构调整探索出了一条新路。

据初步统计，到2008年底，全国共有各类生产煤矿1.8万处，生产煤炭27.88亿t，平均单井产量126.63万t/a。其中，安全高效矿井(露天)292处，产量完成8.6亿t，平均单井产量294.52万t/a。在大型煤矿中，已建成年产量120万t以上的大型煤矿469处，设计生产规模14.23亿t，占当年全国煤炭总产量的53.14%；已建成年产量超过1 000万t的特大型煤矿24处，产量3.2亿t；还有正在建设和规划建设的千万吨级煤矿24处，设计生产能力3.3亿t。随着全国大型现代化煤矿建设速度加快，煤矿平均单井规模大幅提高，煤矿数量大幅减少，煤炭生产集中度显著上升。

2.2.2　煤炭组织结构不断优化，企业发展活力增强

新中国成立初期，我国煤炭产业主要集中在东北、河北等老煤炭生产基地。例如：河北省的开滦矿务局、黑龙江省的鸡西矿务局、辽宁省的抚顺和阜新矿务局都是较大型的煤矿企业。其中，开滦矿务局煤炭产量居全国之首，产量为334.5万t/a，占全国煤炭总产量的10.31%(见表2－4)。开滦、鸡西、抚顺和阜新矿务局前四家企业煤炭总产量968.5万t，占当年全国总产量的29.9%。随着全国煤炭产量的大幅度增加，煤炭开采范围向各主要矿区扩展，全国煤炭生产集中度逐渐下降。到1978年，全国煤炭产量达到了6.18亿t，而前四家煤炭产量比重却下降到15.88%。2001年，全国煤炭产量前四家企业分别是神华集团、中煤能源集团、大同煤矿集团和开滦集团，产量比重仅占全国煤炭总产量的11.3%。

为促进煤炭行业健康有序发展，我国从2003年开始着手制定大型煤炭基地建设规划方案，并于2004年正式颁布，“规划”指出“建设大型煤炭基地，培育大型煤炭企业集团是加强煤炭工业宏观调控的重大举措”。2005年

6月30日，国务院发布了《关于促进煤炭工业健康发展的若干意见》，提出我国煤炭行业发展应"以建设大型煤炭基地、培育大型煤炭企业和企业集团为主线"的发展思路。在一系列政策措施的指导和支持下，部分主要产煤大省积极推进省内煤炭企业兼并重组，构建起一批大型煤炭企业集团，煤炭产业集中度显著提高。

表2－4　　1949、1978、2001、2008年全国煤炭生产集中度

年份	全国产量(万 t/a)	全国煤炭产量前四家企业(万 t/a)					集中度(%)
1949	3 243	开滦	鸡西	抚顺	阜新	小计	29.9
		334.5	240.8	204.7	188.5	968.5	
1978	61 786	大同	开滦	平顶山	阜新	小计	11.64
		2 303	2 150	1 373.8	1 360.1	7 186.9	
2001	130 559	神华集团	兖州	大同	开滦	小计	11.3
		5 432.99	3 608.99	3 502.3	2 233.82	14 778.1	
2008	279 300	神华集团	中煤能源	山西焦煤	山西大同	小计	19.5
		28 125	11 411	8 029	6 891	54 456	

2002年以后，随着煤炭市场需求上升，煤炭企业盈利能力提高，煤炭企业兼并重组与大型化发展进入了快速发展时期。2003年，中国神华集团在接收兼并了内蒙古"西五局"(乌达、海勃湾、金峰、万利和包头矿务局)的基础上，提出了煤炭生产超亿吨的生产规划目标，并开始探索通过兼并重组、实施煤电化路港航一体化发展战略，打开了我国煤炭企业大型化发展的新局面；2004年，神华集团成功对宁夏自治区宁煤集团实施了并购，重组了宁煤集团。之后，又先后兼并了新疆乌鲁木齐矿务局，组建了神华新疆煤业集团；2007年，成功兼并了内蒙古扎赉诺尔煤炭集团。到2008年底，中国神华集团原煤产销量达到了2.81亿t，在全国煤炭产量比重中超过了10%，并跃升为世界最大的煤炭生产供应商。

在神华集团发展模式的影响带动下，一些主要产煤省市也相应加快了区域内的煤炭企业重组工作。2004年，陕西省对原省属煤炭企业和煤炭运销企业进行重组，成立了陕西省煤炭化工集团公司；黑龙江省通过对原鸡西、双鸭山、鹤岗和七台河四个国有煤矿企业进行重组，成立了龙煤集团。之后的几年间，全国煤炭企业兼并重组势头快速发展，江西省、福建省、重庆市、四川省和湖南省等都相继组建了省级煤炭企业集团公司。

2004年3月16日，霍林河煤业公司与中电投集团公司签订《资产重组

协议》。中电投集团公司重组霍林河煤业公司，霍林河煤业公司以剥离后的净资产为基础，占重组后霍煤集团出资比例的 49%，中电投集团公司以货币出资，占重组后霍煤集团出资比例的 51%。重组后，中电投集团公司成为霍煤集团的控股股东。2008 年 1 月 15 日，该公司向国家工商行政管理总局申请变更企业名称，变更后的企业名称为“中电投蒙东能源集团有限责任公司”。

2004 年 12 月 5 日，开滦(集团)有限责任公司与大唐国际发电股份有限公司合资组建了“河北蔚州能源开发有限公司筹备处”。蔚县煤田是河北省惟一没有大规模开发的整装煤田，保有储量 14.93 亿 t，主要由开滦集团蔚州矿业公司开发经营。蔚州矿区煤电路综合开发项目符合国家能源开发产业政策，是河北省实施煤电联营、一体化开发模式的一次尝试。该项目总投资 160 亿元，建成后，煤炭生产规模达每年 1 000 万 t，电厂装机容量 240 万 kW，标准铁路 220 km。项目引入大唐公司整合煤炭资源，利用先进技术开发煤炭，有利于蔚州煤矿最大限度地实现经济效益和社会效益。双方合作后，可以充分发挥就地建设电厂，燃料运距短，发电成本低，竞争能力强等优势。开滦集团与大唐国际合作为开滦转型发展奠定了基础。

2006 年 5 月 27 日，山东鲁能集团公司签署重组大雁矿业集团公司、建设大型能源重化工基地投资合作框架协议。山东鲁能集团重组后，将以大雁矿区及周边地区矿产资源为基础，以煤、电、化等产业为龙头，延伸产业链，提高资源开发利用效率和产品附加值，建设年产原煤 4 000 万 t 以上、发电装机容量 660 万 kW 以上、年产甲醇 200 万 t 并向下游产品及相关产业延伸的大雁能源重化工基地、鄂温克煤电一体化基地和矿石冶炼深加工基地等三个产业基地，成为国内一流的煤、电、化、冶、运综合发展的大型企业集团。

2008 年，河北省在 2006 年组建金能集团的基础上，与峰峰煤业集团重组，成立了冀中能源集团，使河北省的煤炭企业最终形成了北部开滦集团与南部冀中能源集团南北各一家大型企业的发展形势。

根据山西省煤炭资源整合与企业兼并重组规划目标，山西省最终煤炭生产企业形成 4 个年生产能力亿吨级的特大型煤炭集团，3 个年生产能力 5 000 万吨级以上的大型煤炭企业集团，11 个年生产能力 1 000 万吨级以上的大型煤炭企业集团，72 个 300 万吨级左右的地方集团公司；央企(不包括中煤)及省外大企业办矿 46 处；全省办矿企业由 2 200 多个减少到近

130个。

1949、1978、2001、2008四年我国煤炭产业产量前四名之和占全国煤炭产量比重对比见表2－4。

2.2.3 以煤炭为主的多元产业格局初步形成

煤炭产业属于资源开采性产业,产业发展受资源条件制约。资源开采条件好、区域经济地理环境优、资源品种稀缺的地区与相对条件差的地区产业发展差异巨大。但即使资源条件优良的地区,无论资源储量有多大,也必然会随着开采时间的延长而逐渐枯竭。因此,煤炭产业发展必须走以煤为基础,延长产业链条,发展多元产业,才能实现持续发展。更为重要的,延长煤炭产业链条,也是提高产品附加值,增加产业发展活力的重要基础。从我国煤炭产业发展历史看,在长期的计划经济时期,国家对各产业实行条块管理体制,存在严重的行业壁垒,阻碍了相关产业间的融合发展。随着我国社会主义市场经济体制不断完善和发展,计划经济体制下的行业壁垒被逐渐打破,企业逐渐成为市场投资的主体,煤炭企业以煤为主的多元化产业得到了快速发展,同时,煤炭市场好转,价格上升,企业利润大幅增加,也为煤炭行业投资相关产业,发展下游产品提供了物质基础。初步统计,2008年煤炭行业100强企业总营业收入为14 192.77亿元,其中,煤炭产业的主营业务收入12 574.02亿元,占88.6%;非煤产业收入5 170.06亿元,占36.43%。一些大型煤炭企业集团非煤产业收入超过了50%(见表2－5)。

表2－5 2008年非煤产业收入超过50%的19家煤炭企业情况表 单位:万元

序号	企业名称	企业营业总收入	煤炭产业收入	非煤产业收入	非煤收入比重(%)
1	山东泰丰矿业集团	407 802	68 239	339 563	83.27
2	浙江长广集团	97 635	89 875	81 210	83.18
3	中电投蒙东能源集团	1 731 471	1 699 180	1 318 302	76.14
4	华能呼伦贝尔能源公司	523 453	498 246	391 737	74.84
5	神火集团	1 606 158	1 438 474	1 199 389	74.67
6	新汶矿业集团	3 287 262	2 997 525	2 416 597	73.51
7	福建省煤炭工业集团	898 834	875 032	615 796	68.51
8	龙口矿业集团	548 167	175 959	372 208	67.90
9	抚顺矿业集团	624 343	208 232	416 111	66.65
10	河南煤业化工集团	8 211 530	8 086 915	4 974 441	60.58

续表 2-5

序号	企业名称	企业营业总收入	煤炭产业收入	非煤产业收入	非煤收入比重(%)
11	开滦集团	3 344 674	3 242 950	2 009 815	60.09
12	晋城无烟煤矿业集团	4 455 018	3 886 948	2 570 229	57.69
13	平煤神马能源化工集团	6 813 417	6 459 013	3 861 623	56.68
14	徐州矿务集团	1 856 560	1 634 026	981 524	52.87
15	阳泉煤业集团	3 436 799	1 643 633	1 793 146	52.17
16	山东宏河矿业集团	132 854	63 790	69 064	51.98
17	山西省襄垣煤矿	316 008	151 814	164 194	51.96
18	重庆市能源投资集团	1 237 827	1 194 905	631 108	50.99
19	北京京煤集团	930 584	876 608	467 346	50.22

从2008年煤炭行业企业多元产业发展情况分析，煤炭企业非煤产业收入占企业总营业收入50%以上的有19家，非煤产业收入超过80%的有山东泰丰矿业集团和浙江长广集团，其非煤产业产值分别达到了83.27%和83.18%；超过70%的有中电投蒙东能源集团、华能呼伦贝尔能源公司、河南神火集团和新汶矿业集团。

在煤炭企业多元化发展模式中，多数企业采取的是产业链的纵向延伸，如煤电、煤焦化、煤电铝、煤建材等。例如：中国神华集团，虽然非煤产业产值只占企业总营业收入的27.83%，但其非煤产业收入达到了400.82亿元。目前已拥有包括神东集团、宁夏煤业集团在内14个大型煤炭公司，54个煤矿，拥有总运营里程达1 512 km的铁路，总吞吐量达到1.3亿t的黄骅港和天津港煤炭码头，拥有总装机容量2 200万kW机组的电厂，成为全国装机规模第六位的大型发电企业。

2.3 煤炭企业改革

我国煤炭企业改革主要指国有重点煤炭企业产权制度的改革。在长期的计划经济时期，我国主要是从消灭私有制的理论基础出发，建立和发展公有制经济，并按照前苏联模式建立起大量的全民所有制企业。这些企业名义上都属于国家，实际运营中产权归属不清，职责不明，企业职工吃“大锅饭”的现象十分严重。改革开放后，在探索公有制和市场经济相结合的多种有效实现形式上，围绕所有制和产权制度，煤炭企业开始走上了持续的改革发展之路。

2.3.1　国有企业改革的阶段性特征

改革开放以来,我国企业改革大致可以划分为以下三个阶段:

第一阶段:以放权让利、承包经营为特征(1979～1992 年)。这一阶段的国有企业改革主要是针对高度集中的计划经济的弊端,实行让利、经营承包等为主要内容的改革措施,产权制度改革仍处于酝酿和探索阶段。20 世纪 80 年代初,国有企业改革仍然不能触及所有制,只能改革经营方式,采取了下放和扩大企业经营权,实施了多种形式的经营承包责任制。从 1985 年开始,原中央财政煤炭企业实施投入产出总承包,主要是对企业承包煤炭产量、盈亏和工资,并下放了维简资金管理,开始改善企业内部经营机制。1991 年,中央明确提出深化国有企业改革,实行经营权与所有权分离,转变国有企业的经营机制,并且制定了《关于国有企业转换经营机制的条例》。从 1993 年开始对国有煤炭企业逐步放开煤炭价格,促进企业成为市场主体。推行了煤炭生产、多种经营、后勤服务分线管理,进一步改善企业内部经营机制,逐步实施企业公司制改革。

第二阶段:以建立产权多元化的现代企业制度为特征(1993～2002 年)。1993 年,《公司法》以法律的形式肯定了公司是企业的组织形式,肯定了股份制、股份合作制,我国的改革进入了产权多元化发展阶段。党的十四届三中全会《关于建立社会主义市场经济体制的若干问题的决定》,提出了国有企业必须进行制度创新,即深化国有企业改革,必须解决深层次问题,着力进行制度创新,建立现代企业制度。1997 年,党的十五大明确提出建立现代企业制度是国有企业改革的方向,并明确公司制、股份制是企业的一种组织形式。1999 年,党的十五届五中全会《关于国有企业改革若干问题的决定》提出了"国有资产有进有退,有所为有所不为"的理论,要求除少数必须由国家垄断经营的企业,其他企业要积极发展多元投资主体的公司,实现产权多元化。

第三阶段:以建立现代产权制度为特征(2003 年以后)。2003 年开始,国有企业改革进入了深化产权制度改革阶段。党的十六届三中全会《关于完善社会主义市场经济体制若干问题的决定》明确提出,建立"归属清晰、责权明确、保护严格、流转顺畅"的现代产权制度,完善了基本经济制度的重要基础,国有企业产权制度改革推进取得实质性突破。这一阶段也是全面深化产权制度改革的重要过程。

在推进国有企业改革过程中,我国政府有关部门配套出台了一系列国有企业改革的具体政策和措施。主要包括国有企业资产评估、定价和处置政策，主辅分离、辅业改制政策、改制企业职工安置和经济补偿政策，经营者和员工持股政策，资源枯竭煤矿关闭破产政策和债转股政策。1995年，河南省郑州矿务局改制并组建郑州煤电股份公司，成为煤炭企业第一个上市公司。1998年，中央财政煤炭企业大多下放地方管理，推进了政企分开，并逐步实施了债转股、关闭破产、辅业分离改制和移交企业办社会职能等政策，促进了企业制度创新。

2.3.2 煤炭企业改革成效

在国家相关政策的引导和支持下，国有煤炭企业为适应社会主义市场经济发展需要，采取了多种形式进行企业产权制度改革，并取得了积极进展。国有大中型煤炭企业大多数实施了公司制改革，部分企业整体改制或主业分拆为上市公司，大型煤炭企业集团建设也取得了较大进展。通过实施关闭破产与资产重组，促进了企业的结构调整。

(1) 国有大中型煤炭企业产权多元化的公司制改革取得较大进展。截至2003年底，原国有重点94家中央财政煤炭企业中绝大多数企业改制为公司制企业，并有10家企业成功实施了关闭破产。在75家大型煤炭企业中，有68家改制为公司制或集团公司制企业，这些公司制企业在集团层面的产权结构大多是国有独资的，煤炭主业公司通过债转股、上市和引入战略投资者，多半企业实现了产权多元化。截至2007年底，全国原中央财政煤炭企业已经全部实施了公司改造，并基本上按照现代企业制度要求，建立和完善了企业法人治理结构。

(2) 推进了企业整体改制或主业分拆上市融资进程。按照党的十六届三中全会“要大力推进资本市场的改革开放和稳定发展，建立多层次的资本市场体系，完善资本市场结构，丰富资本市场产品”的要求，各地煤炭企业加快了资本运作进程，同时，各级政府也为煤炭企业扩大融资规模，提高融资效率，拓展融资渠道，提供了政策支持，这一切为煤炭企业发展提供了战略机遇。自1996年通宝能源募股上市后，我国煤炭企业已先后有29家公司31支股票上市。一方面，煤炭企业上市进入资本市场后，基本上形成了我国证券市场上一个重要的基础产业板块，即煤炭板块；另一方面，煤炭上市公司通过资本市场融资，投入了一大批新的资源开发项目，发展了一大批与煤相关产业，企业结构发生了巨大变化。

(3) 建立和发展了以产权为纽带的大型煤炭企业集团。煤炭企业产权制度改革，为构建跨地区、跨行业、跨所有制的大型企业集团奠定了基础。

2001年,由原山西省西山矿务局、汾西矿务局和霍州矿务局三家大型企业联合组建的山西焦煤集团公司正式营业;2002年,大同煤矿集团出资收购了原轩岗矿务局资产,之后,又收购了增子坊煤矿和南坡煤矿,使大同煤矿集团生产规模快速扩大;2002年底,在原石炭井、石嘴山、宁武和宁夏煤炭进出口公司的基础上组建了集人、财、物和产、运、销一体化经营的宁夏煤业集团公司,2004年,神华集团又以出资51%的比例,收购重组了宁夏煤业集团公司,形成了神华宁夏煤业集团公司。2003年,陕西省政府将省属的10个大型煤炭企业、3个骨干煤业化工企业和两个机械制造企业合并在一起,组建了陕西煤业化工集团有限责任公司,2004年6月正式营业;2003年底,山西省将原大同煤矿集团公司和大同、朔州、忻州三市主要煤炭生产企业和销售企业重组为新的大同煤矿集团公司,煤炭产量再次大幅增加;2005年底,河北邢台矿业集团与邯郸矿业集团联合,组建了金牛能源集团,2008年6月,金牛能源集团又与峰峰矿业集团联合,组建了河北冀中能源集团,2009年6月,河北省政府又将中国最大的制药企业——华北制药厂与冀中能源集团重组,由冀中能源对华北制药厂进行重组,成功地进行了远距离跨行业的兼并重组。

(4) 通过关闭破产实施国有资本退出,减轻了企业的经营压力。我国20世纪五六十年代建设的一批大型煤矿及六七十年代建设的一批中小型煤矿,经过长期开采,逐渐进入资源枯竭、企业萎缩的高峰期。原中央财政煤炭企业充分利用国家对资源枯竭煤矿关闭破产的优惠政策,对资源枯竭、高硫高灰、扭亏无望的煤矿企业争取纳入国家国有企业关闭破产计划,实施关闭破产工作。截至2004年8月,国家先后下达国有煤矿企业关闭破产项目188个,涉及职工164万人,其中,在职职工106万人,离退休职工58万人,核销银行呆坏账145亿元,每年消灭亏损额49亿元;已终结破产程序的60户,当时还有正在进行破产操作的103户。财政部对127户破产企业拨补了破产费用394亿元。另外还有136户煤炭企业正在向国家申报关闭破产。实施关闭破产后,利用有效资产和职工安置费用进行重组,企业大多数运行情况良好。

(5) 煤炭企业改革促进了综合竞争力的提升。煤炭企业经过了10多年艰苦的改革发展过程,为我国煤炭行业的快速发展奠定了坚实基础,同时,也为煤炭企业做大做强,培育和发展具有国际竞争力的大型煤炭企业集团创造了条件。如中国神华集团公司通过一系列的兼并重组,企业快速发展壮大,综合实力大幅度提升,已经成为世界上最大的煤炭生产和供应商。资产总额从 2004 年的 1 394 亿元快速增加到 2008 年 4 111 亿元，增长了 195%；销售收入由 448 亿元增加到 1 406 亿元，增长了 214%。在企业兼并重组过程中，不仅仅是兼并主体企业得到了快速发展，被兼并企业通过主体企业加大投资、加大人才引进和加强管理，企业同样得到了快速发展。

2.4 煤炭价格市场化改革

煤炭是我国重要的能源物资，煤炭的价格涉及国民经济的各种方面，也与居民生活密切关联。所以，在长期的计划经济时期，煤炭价格都是由政府决定，煤炭企业不仅无权确定价格，而且，国有重点煤炭企业也没有产品销售权，产品销售流向完全执行政府有关部门的指令。直到 1978 年改革开放以后，随着市场经济的不断完善和发展，国家对煤炭价格逐渐有条件地放开，逐步增加了企业的定价权。自 1978 年以来，我国煤炭价格改革与演变大体经历了以下几个阶段：

第一阶段（1978～1993 年）。20 世纪 80 年代以后，在经济体制改革的推动下，我国煤炭价格管理逐步向市场化过渡。1979～1992 年，我国煤炭行业开始引入市场机制，初期以价格调整为主，后期以价格有条件放开为主。1984 年 10 月，经国务院批准，凡未纳入计划的乡镇煤矿放开价格管制自行销售。1984 年 11 月 28 日，国家进一步批准地方煤矿计划外生产的煤炭可以自销，自销煤炭可以随行就市，自定价格，议价出售。实际上局部出现了价格双轨制，即以政府定价和市场调节为价格形成机制的两种价格。1985 年，为缓解煤炭行业亏损局面，统配煤矿进行调价，开始扩大地区差价，调整煤炭品种比价，煤炭平均价格由每吨 27.78 元调到 32.44 元，其中，原煤售价每吨由 23.81 元调到 26.86 元。从 1986 年起，指令性煤炭价格由国家颁布的统一的出厂价格和在此基础上统一的加价幅度两部分组成。1987 年，增加了指导性计划形式，即对超核定能力、超计划生产的煤炭实行了加价、议价政策。

1992 年，国家放开统配矿新投产矿井达产期内生产的煤炭出厂价格，实行市场调节，同时，放开了国家控制的定向煤价格，取消了计划外煤炭最高限价。煤炭价格改革进入正式实施阶段，实行了多种煤炭价格形式，即国家指令性计划价格、国家指导性的超产加价和地区差价价格、不纳入国家计划的自销煤炭市场协议价格。

从 1978 年至 1992 年间我国煤炭价格的变化趋势看，总体上呈现了逐年上升的形势。国有重点煤矿企业煤炭价格由 1975 年的 16.48 元/t,逐渐提高到 1980 年的 21.33 元/t,再到 1990 年的 43.85 元/t,1992 年上升到 90.67 元/t。其中,1985 年和 1990 年间,由于小煤矿快速发展,小煤矿产量比重大幅增加,并以成本优势、灵活的市场机制优势参与下游产业煤炭用户的竞争,国有煤炭成本高于市场价格,国有煤炭企业处于成本倒挂亏损的经营局面(见图 2—2)。

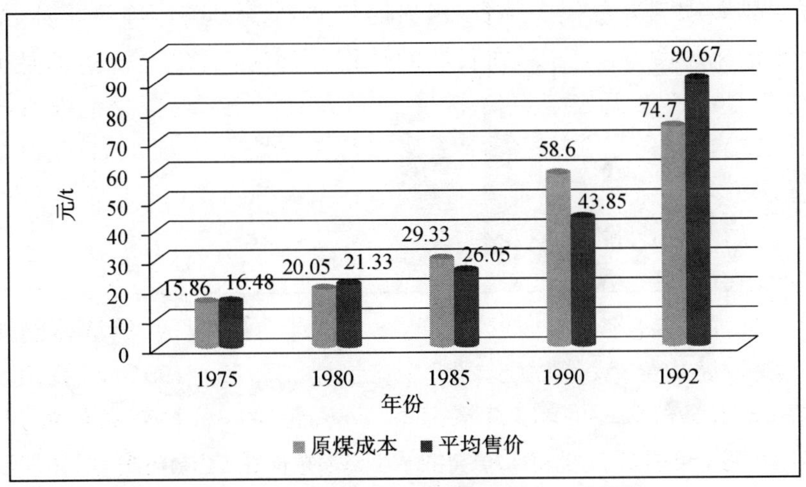

图 2—2　1992 年前我国煤炭价格变化趋势

1978～2001 年,全国煤炭价格在波动中实现了小幅增长。2001 年原煤平均售价 150.99 元,较 1980 年增加 129.66 元,增长 7.1 倍,年均增长9.8%(见图 2—3)。

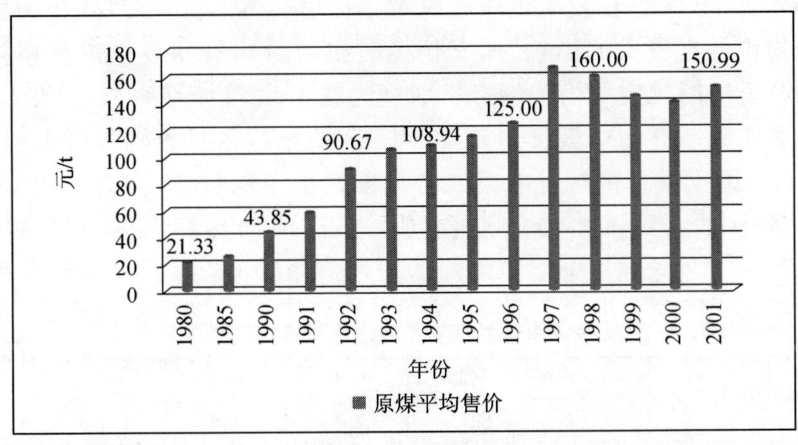

图 2—3　1980～2001 年我国历年原煤平均售价

第二阶段(1993～2005年)。从1993年至2005年,煤炭价格改革进入新阶段,基本确立了市场发现价格机制。1994年1月,国家放开了除电煤以外的市场煤价格,同时取消中央财政对统配煤矿的补贴,煤炭生产企业拥有了充分的经营权和定价权,这标志着煤炭企业开始向市场经济过渡。1996年,国家开始对电煤实行国家指导价格:在1995年煤炭实际结算价格基础上,全年平均电煤每吨最高提价额为8元。1997年起,电煤继续执行国家指导价格(见图2—4)。

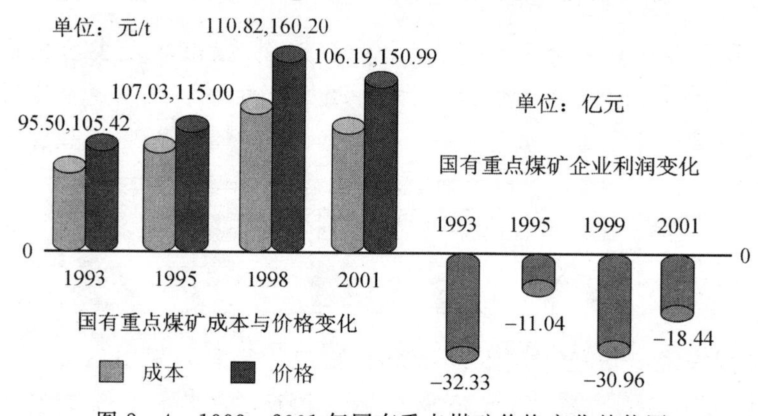

图2—4 1993～2001年国有重点煤矿价格变化趋势图

这一时期,国有重点煤矿价格出现了逐年上升趋势,国有重点煤矿平均价格由1993年的105.42元/t上升到1998年的160.20元/t。但随着亚洲金融危机影响,加之小煤矿产量大幅增加,1998年以后出现了煤炭价格回落,到2001年国有重点煤矿价格下降到150.99元/t。

2002年,国家停止发布电煤政府指导价格。然而,由于煤炭作为基础能源对于物价具有较大的影响,国家仍不时出台价格管制政策进行调控。如国家发改委当时规定对尚未签订长期合同的电煤,2005年的车板价以2004年9月底实际结算的车板价为基础,在8%的幅度内进行浮动、协商。直到2005年底,国家正式宣布对电煤价格不再直接干预价格,但由于历史原因,全国市场平均煤炭价格与重点合同电煤价格仍然存在着较大差距,见表2—6。

表2—6 1993～2006年全国煤炭市场平均价格与电煤价格变化情况表 单位:元

年份	1993	1994	1995	1996	1997	1998	1999
市场煤	113.7	126.8	140.4	165	177	173.9	145.7

续表 2-6

电煤	95.1	101	106	143	155	155	152
差价	18.6	25.8	34.4	22	22	18.9	−6.3
年份	2000	2001	2002	2003	2004	2005	2006
市场煤	139.3	167	182	178.61	206.43	270.2	303.5
电煤	149	151	160	145.3	162.5	212.8	218
差价	−9.7	16	22	33.3	43.9	57.4	85.5

第三阶段(2006年至今)。煤炭资源有偿使用,市场发现价格机制初步建立。2005年6月,国务院出台了《国务院关于促进煤炭工业健康发展的若干意见》,明确提出了进一步完善矿业权有偿使用制度,逐步形成矿业权价款市场发现机制,实现矿业权资产化管理。深化煤炭流通体制改革,改革电煤价格形成机制,运用经济手段和必要的行业法规,合理调整煤炭企业与发电企业的利益关系。

2006年,财政部、国土资源部、国家发展改革委联合向国务院提交了《关于深化煤炭资源有偿使用制度改革试点的实施方案》,提出从2006年起,选择山西、内蒙古、陕西、黑龙江、安徽、山东、河南、贵州8个煤炭主产省(区)进行煤炭资源有偿使用制度改革试点工作。试点方案中提出了五点措施:

(1) 严格实行煤炭资源探矿权、采矿权有偿取得制度。规定试点省(区)出让新设煤炭资源探矿权、采矿权,除特别规定的以外,一律以招标、拍卖、挂牌等市场竞争方式有偿取得。中央和地方收取的矿业权价款收入,统一按中央财政20%、地方财政80%的比例分成。按照"取之于矿、用之于矿"的原则,中央分成部分主要用于补充中央地质勘查基金(周转金);地方分成部分除用于国有企业和国有地勘单位矿产资源勘查外,也可以用于解决国有老矿山企业的各种历史包袱问题。

(2) 将煤炭资源勘查作为中央财政地质勘查基金(周转金)支持的重点。从2006年起,中央财政建立地质勘查基金(周转金),其来源主要包括:中央财政预算安排资金(含从中央所得的矿产资源补偿费和探矿权、采矿权价款划入部分);矿山企业和地勘单位应缴纳的探矿权、采矿权价款以折股形式上缴的股权以及股权红利、股权变现收入等。

(3) 建立煤矿矿山环境治理和生态恢复责任机制。试点省(区)煤矿企业应依据矿井服务年限或剩余服务年限,按煤炭销售收入的一定比例,分年预提矿山环境治理恢复保证金,并列入成本,按照"企业所有、专款专用、政府监督"的原则管理。对此前遗留的煤矿环境治理问题，试点省（区）要制定矿区环境治理和生态恢复规划，按照企业和政府共同负担的原则加大投入力度。对不属于企业职责或责任人已经灭失的煤矿环境问题，以地方政府为主，根据财力区分重点逐步解决。

（4）合理调整煤炭资源税费政策。由财政部会同有关部门研究进一步调整煤炭资源税税额。同时，在充分考虑资源有效利用率的基础上，研究改革煤炭资源税的计征办法。由财政部会同国土资源部、发展改革委研究调整矿产资源补偿费费率，探索建立矿产资源补偿费浮动费率制度；适当调整煤炭资源探矿权、采矿权使用费收费标准，建立和完善探矿权、采矿权使用费的动态调整机制。各类煤矿企业要按有关规定足额提取煤矿生产安全费用和维简费，确保煤矿安全技术改造资金来源。

（5）加强煤炭资源开发管理和宏观调控。由国土资源部会同发展改革委等部门进一步整顿和规范矿产资源开发秩序。发展改革委会同国土资源部等部门研究制订煤炭资源开发准入标准，促进煤矿企业改组、改制，鼓励大煤矿兼并、收购中小煤矿，走规模化、集约化经营道路，推进资源开发方式的转变，提高煤炭资源利用效率。国土资源部组织编制煤炭勘查规划和探矿权、采矿权设置方案，组织开展国家规划矿区煤炭资源普查和必要的详查。同时，加强对地方煤炭资源规划的协调指导。国土资源部会同财政部、发展改革委等部门研究加强煤炭资源探矿权、采矿权一级市场管理的有关措施，探索建立国家煤炭等矿产地储备制度。同时，进一步规范煤炭等资源探矿权、采矿权交易市场，促进煤炭等矿业权有序流动和公开、公平、公正交易。

2006 年 9 月，国务院印发了《关于同意深化煤炭资源有偿使用制度改革试点实施方案的批复》（国函[2006]102 号），原则同意《关于深化煤炭资源有偿使用制度改革试点的实施方案》。要求：试点工作要以深化煤炭资源探矿权、采矿权有偿取得和建立煤炭资源勘查、开发合理成本负担制度为核心，加大对煤炭资源勘查的支持力度，完善煤炭资源税费政策，加强煤炭资源开发管理和宏观调控，促进煤炭资源合理有序开发，不断提高煤炭资源采出率。各试点省（区）人民政府要根据试点工作的统一部署，加强领导，精心组织，结合本地区实际制订具体方案，积极稳妥地推进试点工作。国务院有关部门要加强指导，密切配合，抓紧出台各项配套政策和措施，及时研究解决试点工作中遇到的各种问题。

2006年11月16日,国务院召开了深化煤炭资源有偿使用制度改革试点工作电视电话会议,中共中央政治局委员、国务院副总理曾培炎出席会议并作重要讲话。他强调,煤炭是我国最主要的能源矿产资源,在煤炭领域率先推行资源有偿使用制度改革的试点,具有较强的示范性,对于全面建立资源有偿使用制度至关重要。推行资源的有偿使用,就是要改变无偿或廉价使用资源的状况,建立起能够反映资源稀缺程度、市场供求关系和环境治理成本的价格形成机制,促进矿产资源的节约和集约利用。要深化煤炭资源有偿使用制度改革,落实矿业权有偿取得制度,建立健全矿山环境治理、生态恢复和安全生产责任机制,合理调整资源税费政策,加强资源开发管理和宏观调控,促进煤炭资源合理有序开发和可持续利用。

2006年12月27日,国家发展改革委组织召开了煤炭产运需视频会议,取代了延续50多年由政府主导的煤炭订货方式。并提出要逐渐建立反映资源稀缺程度、市场供需关系、环境保护和煤矿安全的煤炭价格形成机制。

2007年,国家发改委下发了《关于做好2007年跨省区煤炭产运需衔接工作的通知》,进一步确定了坚持煤炭价格市场改革方向,由供需双方企业根据市场供求关系协商确定价格。至此,我国的煤炭价格形成机制发生了质的变化,即由政府定价转变为市场形成价格,煤炭价格改革取得了突破性进展,开始逐步走向市场化。

2.5　煤炭行业投融资

新中国成立以来,我国煤炭行业投资经历了由国家投资到企业融资的重大转变,同时行业间投资壁垒被打破,企业多元化进入了快速发展阶段。

在计划经济时期,煤矿建设由政府统一投资,煤矿建设和生产所需物资由国家统一供应。由于投资主体限定为国家,企业无需自行筹集建设资金。

改革开放初期,煤炭工业实施积极的对外开放政策,引进国外先进设备和技术,提高了国有煤矿的整体技术装备水平,推动了煤矿现代化建设。为了缓解国民经济高速发展过程中长期存在的煤炭"瓶颈"制约问题,在"有水快流"思想导向下,国家实行了"两个一起上"("大、中、小煤矿一起上,国家、集体、个人一起上")的煤炭产业政策,以调动地方特别是农民办矿的积极性。

国家在支持全国乡镇煤矿发展的同时,为了调动国有煤炭企业和职工的积极性,从1985年开始,对原国有重点煤矿、国有地方煤矿实行了投入产出总承包，以后又多次延续财务承包。

在我国放开煤炭行业投资限制，多渠道吸引资金进入煤炭行业政策的刺激下，我国煤炭行业投资主体日渐多元化，社会资本与国家投资相比较所占比重越来越高(见图 2—5)。

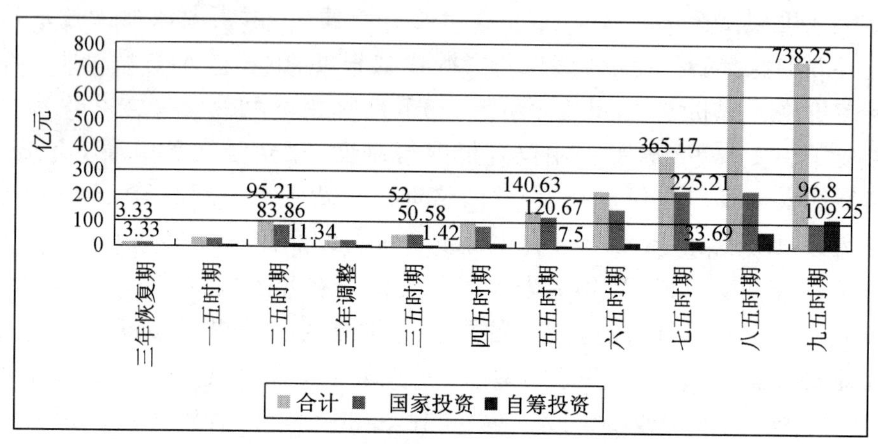

图 2—5　不同时期我国煤炭行业投资

新中国成立以来，国有煤矿特别是国有重点煤矿融资渠道发展主要经历了4 个阶段：

(1) 1949～1985 年，由中央及地方政府财政拨款。

(2) 1985～1994 年，国家贷款、建设银行贷款和国际金融机构软贷款。1988 年，国家成立能源、交通等五大国际投资公司，将国家预算内用于企业经营性项目投资的资金作为"经营性资金"，由国家投资公司负责放贷和回收。

(3) 1994～1999 年，实行优惠的国家开发银行贷款，标志着国家用预算内资金投资进行煤炭工业基础建设的方式从制度上结束了。

(4) 1999 年以后，不再有优惠的国家开发银行贷款，且通过自筹资金、银行贷款和股票上市、发债等途径为煤矿建设筹集资金。

2004 年，国务院发布了《国务院关于投资体制改革的决定》，提出了深化投资体制改革的指导思想，即按照完善社会主义市场经济体制的要求，在国家宏观调控下充分发挥市场配置资源的基础性作用，确立企业在投资活动中的主体地位，规范政府投资行为，保护投资者的合法权益，营造有利于各类投资主体公平、有序竞争的市场环境，促进生产要素的合理流动和有效配置，优化投资结构，提高投资效益，推动经济协调发展和社会全面进步。确定的改革目标是:改革政府对企业投资的管理制度,按照“谁投资、谁决策、谁收益、谁承担风险”的原则,落实企业投资自主权;合理界定政府投资职能,提高投资决策的科学化、民主化水平,建立投资决策责任追究制度;进一步拓宽项目融资渠道,发展多种融资方式;培育规范的投资中介服务组织,加强行业自律,促进公平竞争;健全投资宏观调控体系,改进调控方式,完善调控手段;加快投资领域的立法进程;加强投资监管,维护规范的投资和建设市场秩序。通过深化改革和扩大开放,最终建立起市场引导投资、企业自主决策、银行独立审贷、融资方式多样、中介服务规范、宏观调控有效的新型投资体制。

在具体措施上,一是改革项目审批制度,落实企业投资自主权。彻底改革现行不分投资主体、不分资金来源、不分项目性质,一律按投资规模大小分别由各级政府及有关部门审批的企业投资管理办法。对于企业不使用政府投资建设的项目,一律不再实行审批制,区别不同情况实行核准制和备案制。其中,政府仅对重大项目和限制类项目从维护社会公共利益角度进行核准,其他项目无论规模大小,均改为备案制,项目的市场前景、经济效益、资金来源和产品技术方案等均由企业自主决策、自担风险,并依法办理环境保护、土地使用、资源利用、安全生产、城市规划等许可手续和减免税确认手续。对于企业使用政府补助、转贷、贴息投资建设的项目,政府只审批资金申请报告。二是规范政府核准制。严格限定实行政府核准制的范围,并根据变化的情况适时调整。《政府核准的投资项目目录》(简称《目录》)由国务院投资主管部门会同有关部门研究提出,报国务院批准后实施。企业投资建设实行核准制的项目,仅需向政府提交项目申请报告,不再经过批准项目建议书、可行性研究报告和开工报告的程序。政府对企业提交的项目申请报告,主要从维护经济安全、合理开发利用资源、保护生态环境、优化重大布局、保障公共利益、防止出现垄断等方面进行核准。对于外商投资项目,政府还要从市场准入、资本项目管理等方面进行核准。政府有关部门负责制定严格规范的核准制度,明确核准的范围、内容、申报程序和办理时限,并向社会公布,提高办事效率,增强透明度。三是健全备案制。对于《目录》以外的企业投资项目,实行备案制,除国家另有规定外,由企业按照属地原则向地方政府投资主管部门备案。四是扩大大型企业集团的投资决策权。基本建立现代企业制度的特大型企业集团,投资建设《目录》内的项目,可以按项目单独申报核准,也可编制中长期发展建设规划,规划经国务院或国务院投资主管部门批准后，规划中属于《目录》内的项目不再另行申报核准，只须办理备案手续。企业集团要及时向国务院有关部门报告规划执行和项目建设情况。五是鼓励社会投资。放宽社会资本的投资领域，允许社会资本进入法律法规未禁入的基础设施、公用事业及其他行业和领域。逐步理顺公共产品价格，通过注入资本金、贷款贴息、税收优惠等措施，鼓励和引导社会资本以独资、合资、合作、联营、项目融资等方式，参与经营性的公益事业、基础设施项目建设。对于涉及国家垄断资源开发利用、需要统一规划布局的项目，政府在确定建设规划后，可向社会公开招标选定项目业主。鼓励和支持有条件的各种所有制企业进行境外投资。六是进一步拓宽企业投资项目的融资渠道。允许各类企业以股权融资方式筹集投资资金，逐步建立起多种募集方式相互补充的多层次资本市场。经国务院投资主管部门和证券监管机构批准，选择一些收益稳定的基础设施项目进行试点，通过公开发行股票、可转换债券等方式筹集建设资金。在严格防范风险的前提下，改革企业债券发行管理制度，扩大企业债券发行规模，增加企业债券品种。按照市场化原则改进和完善银行的固定资产贷款审批和相应的风险管理制度，运用银团贷款、融资租赁、项目融资、财务顾问等多种业务方式，支持项目建设。允许各种所有制企业按照有关规定申请使用国外贷款。制定相关法规，组织建立中小企业融资和信用担保体系，鼓励银行和各类合格担保机构对项目融资的担保方式进行研究创新，采取多种形式增强担保机构资本实力，推动设立中小企业投资公司，建立和完善创业投资机制。规范发展各类投资基金。鼓励和促进保险资金间接投资基础设施和重点建设工程项目。

在企业投资管理方面，提出要完善投资宏观调控体系，加强和改进投资信息、统计工作，改进投资宏观调控方式。综合运用经济的、法律的和必要的行政手段，对全社会投资进行以间接调控方式为主的有效调控。国务院有关部门要依据国民经济和社会发展中长期规划，编制教育、科技、卫生、交通、能源、农业、林业、水利、生态建设、环境保护、战略资源开发等重要领域的发展建设规划，包括必要的专项发展建设规划，明确发展的指导思想、战略目标、总体布局和主要建设项目等。制定并适时调整国家固定资产投资指导目录、外商投资产业指导目录，明确国家鼓励、限制和禁止投资的项目。建立投资信息发布制度，及时发布政府对投资的调控目标、主要调控政策、重点行业投资状况和发展趋势等信息，引导全社会投资活动。建立科学的行业准入制度，规范重点行业的环保标准、安全标准、能耗水耗标准和产品技术、质量标准,防止低水平重复建设。

从总体上看,改革开放后,随着煤炭行业企业自主经营权的不断扩大,以及企业生存的外部环境的深入及我国经济步入市场化、国际化发展阶段,煤炭企业融资渠道不断得到拓展。改革开放后,煤炭行业实行承包阶段时,煤炭企业的融资渠道主要有银行贷款、集体资本、民间借债等形式。

近年来,我国金融市场的不断完善,以及煤炭企业公司制改造的完成,为煤炭企业进行上市融资创造了条件。众多实力雄厚的煤炭企业选择上市发行公司股票、债券,充分利用境内、境外金融资本,为自身的战略扩张提供帮助。

截至2008年底,全国煤炭企业上市公司共有28家、共发行31支股票。其中,兖州煤业、中国神华、中煤能源三家企业同时在境外和上海交易所上市。

2000年底以前上市的公司有10家,分别是:数码测绘(600700)、山西焦化(600740)、通宝能源(600780)、伊泰B股(900948)、郑州煤电(600121)、兖州煤业(600188)、兰花科创(600123)、神火股份(000933)、金牛能源(000937)和国际实业(000159)。2000年以后上市的企业18家。其中,兖州煤业(600188)、中国神华(601088)、中煤能源(01898)分别在境内、外上市。31支股票共募集资金1 535.226亿元。

在煤炭类31支股票中,在境外上市的有4支,分别是:伊泰B股(900948)、兖州煤业(01171－HK)、中国神华(01088－HK)和中煤能源(01898－HK);在深圳交易所上市的有8支,分别是:神火股份(000933)、金牛能源(000937)、煤气化(000968)、西山煤电(000983)、靖远煤电(000552)、草原兴发(000780)和露天煤业(002128);在上海交易所上市的有19家,分别是:数码测绘(600700)、山西焦化(600740)、通宝能源(600780)、郑州煤电(600121)、兰花科创(600123)、兖州煤业(600188)、盘江股份(600395)、上海能源(600508)、安源股份(600397)、天地科技(600582)、国阳新能(600348)、开滦股份(600997)、恒源煤电(600971)、平煤天安(601666)、潞安环能(601699)、大同煤业(601001)、国投新集(601918)、中国神华(601088)和中煤能源(601898)(见表2—7)。

表 2－7 境外上市公司煤炭板块一览表

单位:发行数量(亿股),发行价(元),募集资金(亿元)

序号	名称	股票代码	上市公司名称	上市时间	上市公司地点	发行数量	发行价	募集资金	备注
1	伊电 B 股	900948	内蒙古伊泰煤炭股份有限公司	1997 年 8 月 8 日	中国 B 股	1. 66	0.407 元	0.81	
2	兖州煤业	600188	兖州煤业股份有限公司	1998 年 7 月 1 日	美国	19.584	3.37 元	10.20	发行时间汇率
3	中国神华	1088	中国神华能源股份有限公司	2005 年 6 月 15 日	香港	30.63	7.5 港元	239.51	1:1.042 6
4	中煤能源	1898	中国中煤能源股份有限公司	2006 年 12 月 19 日	香港	32.46	4.05 港元	132.31	1:1.006 43
							合计	382.83	

深市煤炭板块上市公司一览表

单位:发行数量(亿股),发行价(元),募集资金(亿元)

序号	名称	股票代码	上市公司名称	上市时间	上市公司地点	发行数量	发行价	募集资金	备注
1	神火股份	000933	河南神火煤电股份有限公司	1999 年 8 月 31 日	深圳股票交易所	0.70	7.50	5.25	
			配股时间	2002 年 6 月 18 日		0.21	13.60	2.90	
2	金牛能源	000937	河北金牛能源股份有限公司	1999 年 9 月 9 日	深圳股票交易所	1.00	7.83	7.83	
3	煤气化	000968	山西太原煤气化股份有限公司	2000 年 6 月 22 日	深圳股票交易所	1.50	4.60	6.90	
4	西山煤电	000983	山西西山煤电股份有限公司	2000 年 7 月 26 日	深圳股票交易所	2.88	6.49	18.69	
5	国际实业	000159	新疆国际实业股份有限公司	2000 年 9 月 26 日	深圳股票交易所	0.7	5.88	4.116	
6	靖远煤电	000552	甘肃靖远煤电股份有限公司	2005 年 6 月	深圳股票交易所	4.00	2.47	9.88	
7	草原兴发	000780	内蒙古平庄煤业(集团)有限公司	2007 年 3 月 16 日	深圳股票交易所	0.40	5.65	2.26	
8	露天煤业	002128	内蒙古霍林河露天煤业股份有限公司	2007 年 4 月 11 日	深圳股票交易所	0.78	9.80	7.64	
							总计	65.466	

沪市煤炭板块上市公司一览表

单位:发行数量(亿股),发行价(元),募集资金(亿元)

序号	名称	股票代码	上市公司名称	上市时间	上市公司地点	发行数量	发行价	募集资金	备注
1	数码测绘	600700	陕西煤航数码测绘有限公司	1996 年 4 月 30 日	上海交易所	0.198	1.50	0.30	被置换
			配股时间	1998 年 4 月 7 日		0.153	3.60	0.55	

续表 2-7

序号	名称	股票代码	上市公司名称	上市时间	上市公司地点	发行数量	发行价	募集资金	备注
			配股时间	2000年12月29日		0.130	12.00	1.56	
2	山西焦化	600740	山西焦化股份有限公司	1996年8月8日	上海交易所	0.250	6.00	1.50	
			配股时间	1998年6月		0.256	4.00	1.02	
			配股时间	2000年12月		0.213	8.50	1.81	
3	通宝能源	600780	山西通宝能源股份有限公司	1996年12月5日	上海交易所	0.250	4.76	1.19	
			配股时间	1999年9月21日		0.235	6.80	1.60	
4	郑州煤电	600121	郑州煤电股份有限公司	1998年1月7日	上海交易所	0.800	5.50	4.40	
5	兰花科创	600123	山西兰花科技创业股份有限公司	1998年12月17日	上海交易所	0.800	4.12	3.30	
			配股时间	2000年11月2日		0.263	10.08	2.65	
6	兖州煤业	600188	兖州煤业股份有限公司	1998年7月1日	上海交易所	0.800	3.37	2.70	
7	盘江股份	600395	贵州盘江精煤股份有限公司	2001年5月31日	上海交易所	1.200	6.00	7.20	
8	上海能源	600508	上海大屯能源股份有限公司	2001年8月29日	上海交易所	1.100	9.00	9.90	
9	安源股份	600397	安源实业股份有限公司	2002年7月2日	上海交易所	0.800	5.99	4.79	
10	天地科技	600582	天地科技股份有限公司	2002年5月15日	上海交易所	0.250	12.48	3.12	
11	国阳新能	600348	山西阳泉煤电股份有限公司	2003年8月21日	上海交易所	1.500	8.20	12.30	
12	开滦股份	600997	开滦精煤股份有限公司	2004年6月2日	上海交易所	1.500	7.00	10.50	
13	恒源煤电	600971	恒源煤电股份有限公司	2004年8月17日	上海交易所	0.440	9.99	4.40	
14	平煤天安	601666	平顶山天安煤业股份有限公司	2006年11月23日	上海交易所	3.700	8.16	30.19	
15	潞安环能	601699	潞安环保能源开发股份有限公司	2006年9月22日	上海交易所	1.800	11.00	19.80	
16	大同煤业	601001	大同煤业股份有限公司	2006年6月23日	上海交易所	2.800	6.76	18.93	
17	国投新集	601918	国投新集能源股份有限公司	2007年12月19日	上海交易所	3.52	5.88	20.70	
18	中国神华	601088	中国神华能源股份有限公司	2007年10月9日	上海交易所	18.00	36.99	665.82	
19	中煤能源	601898	中国中煤能源股份有限公司	2008年2月1日	上海交易所	15.25	16.83	256.71	

第 3 章 煤田地质与资源储量

新中国成立后，我国地质工作者发扬艰苦奋斗精神，在科学理论的指导下，踏遍千山万水，掌握了大量一手资料，新发现了一大批煤田，为摸清我国煤炭资源"家底"建立了不朽功勋。

3.1 煤田地质工作进展

煤田地质勘探是开发利用煤炭资源不可或缺的首要环节，翔实的煤田地质勘探资料是矿井设计、投资、建设以及产权转让的基础。

我国政府历来高度重视煤田地质勘探工作，投入了大量人力、物力、财力不断对我国的煤炭资源进行详细勘查，并取得了丰硕的成果（见表 3－1）。新中国成立以来，我国煤田地质工作经历了以下几个主要发展阶段：

表 3－1 我国煤田地质勘探主要指标

年份	探明煤炭储量（万 t）		机械岩心钻探（万 m）	平均开动钻机（台）	年末职工人数（人）	地质钻探事业费（万元）
	合计	其中：供建井				
1950			4.9	10	315	19
1951			5.6	18	667	39
1952			19.9	51.5	3 323	292
1953	7.01	6.87	41.9	288.1	13 732	1 879
1954	27.63	26.79	64.5	431.8	20 436	3 785
1955	52.37	44.34	73.5	448.1	20 994	4 171
1956	70.08	49.11	112	541.5	40 168	7 807
1957	100.04	44	115	501.9	40 252	8 206

续表 3－1

年份	探明煤炭储量(万 t)		机械岩心钻探(万 m)	平均开动钻机(台)	年末职工人数(人)	地质钻探事业费(万元)
	合计	其中:供建井				
1958	619.31	39.08	207.9	561.1	48 552	10 115
1959	570.27	9.92	245.2	710.2	57 986	11 966
1960	337.17	46.78	267.9	811.1	66 745	13 694
1961	24.99	1.78	147.6	681	57 557	12 062
1962	47.35	11.28	89.8	420.8	37 419	7 777
1963	91.11	44.38	104.8	398.2	38 545	8 713
1964	53.93	46.4	117	409	40 509	9 866
1965	264.7	120.37	128.8	441.9	44 252	10 781
1966	200.75	129.12	179.6	441.1	48 555	11 357
1967	142.77	68.27	140.1	373.2	49 538	11 271
1968	363.47	15.99	84.3	286.1	48 559	8 750
1969	123.8	33.23	128.4	367.2	52 328	10 792
1970	1 178.38	40.68	194.5	472.4	58 440	11 548
1971	208.33	35.53	235.1	581	60 503	12 951
1972	168	47.92	235.2	611.1	61 780	14 117
1973	190.78	70.54	244.1	599.2	62 865	15 021
1974	142.39	31.36	239.3	619.6	67 547	16 405
1975	258.81	41.41	274.3	631.1	77 442	18 131
1976	267.78	33.29	300.7	674.2	79 490	20 352
1977	183.3	77.9	336.4	710.4	83 863	21 381
1978	250.59	87.13	351.6	782.4	92 716	24 857
1979	229	87.72	352	829	96 865	28 130
1980	293.9	48.07	291.5	777.2	97 872	30 854
1981	281.89	27.99	220.6	652.4	100 734	28 829
1982	797.01	42.15	219.1	654.1	101 326	30 055
1983	557.03	89.84	220.7	638.6	102 294	31 359
1984	209.85	52.73	226.4	654.7	101 589	34 489
1985	196.68	58.14	194.3	585.4	100 334	37 948
1986	507.42	52.57	143.8	474.9	97 903	42 240
1987	842.56	63.35	134	434.9	97 159	42 000

续表 3－1

年份	探明煤炭储量(万 t)		机械岩心钻探(万 m)	平均开动钻机(台)	年末职工人数(人)	地质钻探事业费(万元)
	合计	其中:供建井				
1988	148.24	80.59	132.9	433.7	96 534	44 800
1989	357.17	89.98	93.6	329.7	95 523	45 589
1990	199.31	65.13	117.6	353.7	94 332	50 048
1991	268.59	57.05	103.3	265	94 274	51 339
1992	194.5	53.9	115.2	316	76 295	58 162
1993	417.1	39.3	80.6	205	73 871	62 156
1994	176.7	55.7	40.8	99	77 972	82 801
1995			20.9	54	75 133	85 220
1996			25.2		73 363	95 823
1997			16		72 032	100 883
1998			36.9		68 920	108 318
1999			15.6		70 446	110 149
2000			48.3			
三年恢复期	3.35	3.35	30.4			350
一五时期	257.13	171.13	407			25 849
二五时期	1 599.09	108.85	958.3			55 614
三年调整	409.73	211.15	350.6			29 360
三五时期	2 009.17	287.29	726.9			53 718
四五时期	968.31	226.76	1 228			76 225
五五时期	1 224.57	334.11	1 632.2			125 574
六五时期	2 042.46	270.85	1 081.1			162 680
七五时期	2 054.7	351.62	621.9			94 332
八五时期			360.9			339 678
九五时期			142			

第一阶段(1949～1957年)。新中国成立之初,我国煤炭工业蓄势待发,亟需煤田地质勘测资料。通过借鉴苏联经验,我国建立了一支强大的煤田地质勘察工作队伍,为发展我国煤田地质勘察工作、保障煤炭工业发展创造了条件。

1950～1952年,在"以改建恢复为主,扩大井田范围,提高矿井生产能力,延长矿井寿命"的煤矿基本建设方针指导下,我国煤田地质勘察人员对我国28个老矿区进行了深入地质勘查,帮助煤炭行业实现了迅速恢复与发展。

第一个五年计划期间,全国投入4万煤田地质职工,开动600多台钻机,完成机械岩心钻探407万m,在83个新、老矿区内进行了地质勘查,保证对老炼焦煤基地的改建、扩建,很好地服务了我国基础工业特别是钢铁工业的发展(见图3－1)。同时,我国煤田地质勘查队伍认真贯彻"在综合平衡中稳步前进"的经济建设方针,积极开展了煤炭资源普查,共勘探了353个勘探区或井田,提交了普、详、精查地质报告335件,探明煤炭储量达257亿t,其中炼焦煤162.70亿t,既保障了钢铁冶炼所需炼焦煤基地建设,同时为煤炭工业建设开辟了新的发展前景。

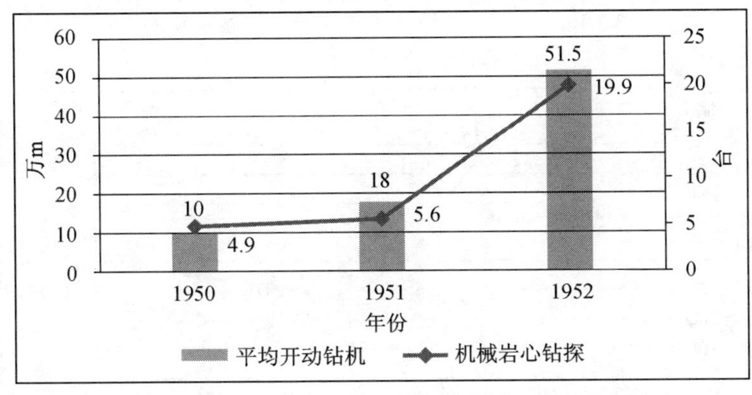

图3－1　1950～1952年我国历年平均开动钻机台数及机械岩心钻探量

第二阶段(1958～1965年)。在我国"二五"计划期间,我国煤田地质勘查工作迅猛发展。职工队伍迅速扩大,最高的1960年达到66 745人,钻探装备大幅增加,勘查力量广泛分布在除西藏、台湾以外的全国各地。开辟了65个新勘查区,在全国131个新老矿区进行了勘查工作。1958～1959年,我国完成了首次全国性的煤田预测,编制了1/200万的中国煤田地质图、全国煤田预测图及各省、区的大比例尺煤田预测图件,预测全国煤炭资源总量为93 779×10^8 t。

1964年,煤炭工业部明确指出"地质勘探部门要集中力量在豫西、徐州、长治、贺兰山地区进行四大会战,按质、按量、按时提出地质报告"。随即,煤炭勘探系统在此四个重点区域展开会战,为我国煤炭产业逐步向南、向西移动打下了基础。

在 1958～1965 年的 8 年里，共完成机械岩心钻探工程量 1 308.9 万 m，获得煤炭储量 2 008.8 亿 t(见图 3－2、图 3－3)。

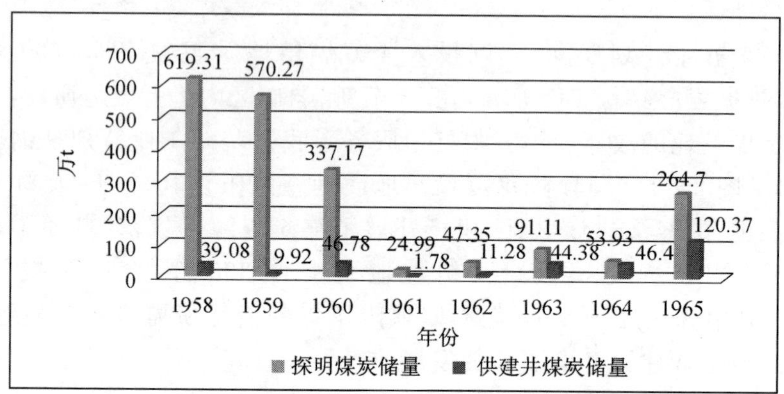

图 3－2　1958～1965 年我国历年探明煤炭储量及供建井量

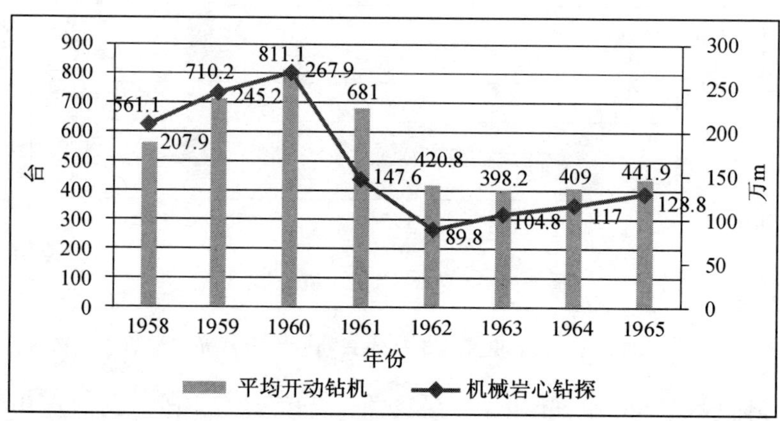

图 3－3　1958～1965 年我国历年平均开动钻机数及机械岩心钻探

第三阶段(1966～1976 年)。1966 年开始的“文化大革命”使全国煤田地质勘查系统受到强大冲击，生产秩序被打乱，勘查效率和质量急剧下降。但是，在如此恶劣的环境下，我国勘查事业同样取得进展。在第三个五年计划期间，全国煤田地质勘查系统共完成钻探工程量 7 268 940 m，获得煤炭资源储量 2 009.18 亿 t。

1966～1975 年中共中央发出了“扭转北煤南运”的号召。1966 年开始，全国煤炭工业及所属的煤田地质勘探系统，遵照中共中央的指示，大力贯彻执行了“扭转北煤南运”和“集中力量实行歼灭战”的方针，在南方进行了煤田地质勘探大会战。大批勘查队伍南调，获得不少煤炭资源储量，并发现了一些新煤田。比较著名的勘探会战有河北的邯(郸)邢(台)煤田勘探会战，吉林的霍林河煤田勘探会战，黑龙江的伊敏煤田勘探会战，辽宁的元宝山煤田勘探会战，河南的永夏煤田勘探会战，江苏与安徽的徐淮煤田勘探会战等。

1975 年后，煤炭勘探工作开始在整顿中前进。1975 年，全国煤田钻探工程量达到了 274 万 m，比 1974 年提高 20%，探明资源储量 257 亿 t。至此，“四五”期间共探明各类资源储量 967.21 亿 t。到 1975 年底，全国煤炭系统累计探明各类煤炭储量已达到 5 246.6 亿 t(另有地质部系统探明的 401.8 亿 t)。1976 年提交资源储量达 260 亿 t，为年计划的 169%。1966～1976 年，我国历年平均开动勘探钻机、机械岩心钻探量见图 3－4，我国历年探明煤炭储量见图 3－5。

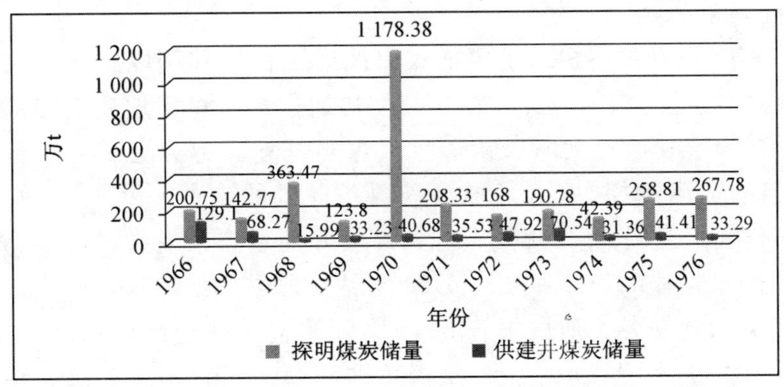

图 3－4　1966～1976 年我国历年煤炭探明储量及供建井量

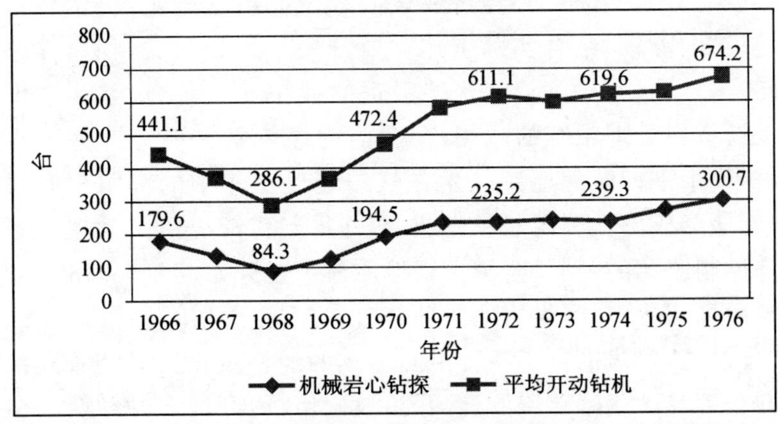

图 3－5　1966～1976 年我国历年机械岩心钻探及平均开动钻机数

这一时期恢复的煤田地质勘查机构，对当时全国煤田地质勘查工作的统一领导起到了重要作用。煤田地质勘查机构提出的煤田综合勘探技术，加强了地质、物探、钻探的配合，为以后煤田综合勘查体系的形成奠定了基础。由于"文化大革命"给煤田地质工作造成巨大影响，煤田地质勘查工作暴露出较多问题。如煤田地质勘查工作管理上的散乱问题不断暴露出来，工程质量低劣，1975 年 1～9 月，平均煤心采取率仅为 61%，未能达到 75% 的国家标准。虽然会战工作取得了一定效果，但是资源浪费严重。

第四阶段（1977～1997 年）。1977～1997 年，我国煤田地质勘查事业进入高速发展阶段。在 1978 年煤田地质勘查工作方针的指导下，煤炭工业部地质局集中优势兵力，开展了 12 个大型矿区的地质勘探工作，确保了重点矿区资源保障，仅八大煤炭基地的勘探就投入了百万米的钻探工作量，获得可供建井储量 20 亿 t。

1979 年，地勘部门提出了要把煤田地质工作转移到以提交优质地质报告为中心的轨道上来的方针。在"六五"初期进行了煤田地质战略部署的第一次调整，为了确保五大露天矿等重点煤炭基地和部分老矿区深部挖潜的急需项目的资源勘探，压缩了煤炭资源条件差的南方一些省、区的勘查规模，一部分队伍北调，充实煤炭资源条件较好的重点开发省、区的勘查工作。"五五"期间，全国共完成钻孔 36 618 个、钻探总进尺 1 629 万 m，甲乙级孔率平均为 70%，提交各类地质报告 554 件，探明资源储量约 806.65 亿 t。"六五"期间，共完成钻孔 24 831 个、钻探总进尺 1 080 万 m，甲乙级孔率平均达 91%，提交各类地质报告 654 件，探明资源储量约 1 100.17 亿 t。"六五"期间，煤炭勘探部门认真贯彻"经济建设必须依靠科学进步，科学技术必须面向经济建设"的方针，结合实际工作需要开展了科技攻关，积极推广应用新技术、新工艺。在物探方面，从国外引进的数字地震仪、数字测井仪和数字电法仪及其资料处理系统的应用，使我国物探装备水平初步达到了国际 20 世纪 80 年代水平。航测遥感技术在煤田地质工作中的应用也取得了很大进展，航测地形成图在国内居领先地位，并得到广泛应用。"六五"后期，随着城市经济体制改革的开展，全国煤田地质改革也开始起步。1985 年初，煤炭工业部地质局与各省、区煤田地质勘查公司签定了 1985～1987 年三年承包协议；各公司、队普遍推行了各种不同形式的经济责任制。随着经济体制改革的展开和第二次战略部署调整，开拓地质市场，开展多种经营已引起煤田地质勘探部门的普遍重视。

“七五”期间，由于加强了地质基础工作，强化了技术管理，认真贯彻各项规范、规程，严格执行各种行之有效的规章制度，各项勘探工程质量大幅度提高。煤心采取率由1985年的86.6%上升到1989年的89.8%。钻探特甲级孔率由1985年的64.8%上升到1989年的82.3%。这一时期提交各类地质报告558件，提交工业储量351.5亿t，完成国家计划的146%；提交新增资源储量561.1亿t，完成国家计划的112%。提交了统配煤矿“七五”期间45对对口建设矿井所需要的全部精查地质报告，完成了统配煤矿“七五”期间47对矿井改扩建所需的地质报告和其他地质报告。不仅保证了煤炭工业生产建设的需要，而且扩大了新的煤炭资源，为煤炭工业的发展做出了新贡献。

“八五”期间，是煤田地质基础理论不断丰富和发展的重要时期，煤炭勘查以增加煤炭精查储量为重点，加快大中型矿井和前期准备矿区的勘探工作为重点。“八五”期间共提交各类地质报告400余件，其中主要地质报告46件，探明煤炭新增资源储量260亿t，详查、普查资源量1 065亿t，精查储量217亿t。新发现煤产地12处。提交地下水储量96.54万m^3/d。满足了煤炭工业“八五”及“九五”初期对资源的需求。

第五阶段(世纪之交的煤田地质勘查时期)。20世纪90年代以来，我国煤田地质勘查体制发生了重大变革，20世纪50年代以来逐渐形成的“中国煤田地质总局—地区煤田地质局—煤田勘查队”的三级垂直管理体制被打破。1998年，按照国发[1998]21号、22号文件精神，将原所属的21个省市区煤田地质局和7所院校实行属地化管理；2001年，按照国办[2001]2号文件要求，将中国煤田地质总局及其所属的省区煤田地质局、专业局和在京单位交由中央管理，并更名为中国煤田地质总局。

受管理体制转变影响，“九五”时期我国煤田地质工作进展缓慢。“九五”期间新增探明煤炭储量161亿t，为“七五”时期的25%，为“八五”时期的76%；精查储量43亿t，为“七五”时期的11%，为“八五”时期的15%；详查资源储量为170亿t，为“七五”时期的24%，为“八五”时期的34%；普查资源量为215亿t，为“八五”时期的37%。“九五”钻探工程量74万m，为“七五”时期的13%，“八五”时期的23%。煤田勘查和煤炭资源储量已不能满足煤炭工业建设和发展的需要。

进入21世纪，在市场经济体制引导下，我国煤田地质重点放在煤炭资源大调查项目、矿产资源补偿费地质勘查项目和中央财政补助地质勘查项目工作上。同时，煤炭企业也加大了煤田地质勘查投入，为煤田地质勘查工作提供了动力。2002 年颁布了《煤、泥炭地质勘查规范》DZ/T0215－2002，为煤田地质勘查各阶段的设计编制、勘查施工、地质研究、地质报告编制和审批等提供了依据。

3.2　煤炭资源储量及分布

3.2.1　煤炭资源分布

我国煤炭资源分布广泛，全国大部分省市区都有煤炭资源。聚煤作用从震旦纪到第四纪均有发生。早石炭世、晚石炭世、早二叠世、晚二叠世、晚三叠世、早中侏罗世、早白垩世及第三纪是我国的 8 个主要聚煤期，与全球的主要聚煤期具有一致性，其中重要聚煤期为晚石炭世一早二叠世、晚二叠世、早中侏罗世和早白垩世。含煤岩系分布面积广泛，分布面积达 80 多万 km^2，晚石炭世一早二叠世含煤岩系主要分布于贺兰山以东、阴山以南和秦岭—大别山以北的华北盆地；晚二叠世含煤岩系主要分布于华南盆地，富煤带分布于云贵川接壤地区；早中侏罗世含煤岩系主要分布于新疆、鄂尔多斯等西北地区；早白垩世含煤岩系主要分布于东北断陷盆地群。截至 2007 年底，全国已查明煤炭资源量 1.18 万亿 t，其中基础储量 3 200 多亿 t，资源量 8 500 多亿 t。在基础储量中，储量约 1 800 亿 t。

根据煤炭资源聚集和赋存规律、地区经济发展水平和煤炭供需状况，我国煤炭资源分布主要划分为东部调入带、中部供给带和西部自给带。从煤炭资源地理分布看，秦岭—大别山以北保有全国煤炭资源储量的 90%，且集中分布在晋陕蒙三省（区），三省（区）储量占北方区的 65%。秦岭—大别山以南仅保有全国储量的 10%，且集中分布在贵州省和云南省，两省储量占南方区的 77%。我国经济最发达的十省市（北京、辽宁、天津、河北、山东、江苏、上海、浙江、福建、广东）仅保有全国资源储量的 5%。二是煤炭资源与水资源呈逆向分布。我国淡水资源较贫乏，全国年均水资源总量 2 804 亿 m^3，人均占有量仅相当于世界人均占有量的 1/4。我国水资源分布极不均衡，秦岭—大别山以北地区，面积约占全国 50% 左右，而年均水资源总量仅 600.8 亿 m^3，只占全国的 21.4%；太行山以西煤炭资源富集区年均水资源总量为 45.1 亿 m^3，仅占全国的 1.6%。西部及北部地区水资源极其短缺，严重制约着煤炭资源的开发。三是生态环境严重制约煤炭资源的开发。我国生态环境同气候条件密切相关，秦岭—大别山以北地区大部分为大陆性干旱、半干旱气候带,尤其是大兴安岭和太行山以西地区,年降雨量大部分在400 mm以下,气候干旱少雨,土地荒漠化十分严重,沙漠化面积大。黄土高原地区沟壑纵横、水土流失十分严重,泥石流、滑坡等地质灾害频繁,植被覆盖率低,生态环境十分脆弱。而这一地区却集中着我国近90%的煤炭资源,恶劣的生态环境成为制约这一地区煤炭开发的重要因素。

3.2.2 煤质特征

我国煤类齐全,煤质优良。煤类从褐煤到无烟煤均有分布,原煤灰分和硫分低,发热量高,工业用途广泛。我国煤炭以低灰和低中灰煤为主,占65%以上。其中,特低灰、低灰煤(灰分<10%)占21.6%;低中灰煤(灰分>10%～20%)占43.9%;中灰煤(灰分>20%～30%)占32.7%;中高和高灰煤占1.8%。

我国特低硫—低硫煤占56.07%,低中硫—中硫煤占32.96%,中高硫煤占8.77%,特高硫煤占3.2%。发热量是动力用煤质量的主要指标。按空气干燥基高位发热量(Qgr.ad)分级,我国91.8%的煤属中高热值煤,低热值和中低热值煤较少,仅占2.3%,主要为东北地区和云南的褐煤。

虽然我国煤类齐全,但优质炼焦用煤和无烟煤稀缺,地区间煤种分布不平衡。褐煤主要分布于内蒙古东部、黑龙江东部和云南东部等地。成煤时代主要为早白垩世、第三纪。

低变质烟煤(长焰煤、不黏煤、弱黏煤、1/2中黏煤)主要分布于我国新疆、陕西、内蒙古、宁夏等省区,甘肃、辽宁等省低变质烟煤也比较丰富。成煤时代以早、中侏罗世为主,其次为早白垩世、石炭二叠纪。低变质烟煤煤质优良,是优质动力用煤,有的煤还是生产水煤浆和煤炭液化原料。

中变质烟煤(气煤、气肥煤、肥煤、1/3焦煤、焦煤和瘦煤)主要分布于华北石炭二叠纪和华南二叠纪含煤地层中。中变质烟煤主要用于炼焦,我国肥煤、焦煤和瘦煤等主要炼焦配煤少,仅占全国保有资源储量的15%,优质炼焦用煤则更加短缺。

高变质煤(贫煤、无烟煤)主要分布于山西、贵州和四川南部等地区,主要赋存于石炭二叠系含煤地层中,大多硫份较高,优质无烟煤比较缺乏。

我国东部地区及中南地区煤炭资源总体缺乏,炼焦用煤则更为短缺,西部地区炼焦用煤也比较稀缺。煤类分布的不均衡,与需求分布不匹配,加剧了区域间煤炭运输压力。

第4章　煤炭产业布局

我国煤炭资源分布广泛，祖国大陆地区除天津、上海、西藏等少数省市外，均有稳定的煤炭出产。1949年，煤炭工业重心主要集中在东部地区（东北三省、北京、河北、山东、江苏、浙江、福建和广东等10个主要产煤省市），其产量为2 153万t，占全国煤炭产量的66.4%。其中，辽宁省煤炭产量达到544万t，居全国各省市煤炭产量之首。当年，中部地区（山西、河南、安徽、湖南、湖北等省）的煤炭产量为679万t，占全国煤炭产量的比重为21%，西部地区（内蒙古、宁夏、甘肃、青海、四川、云南、贵州和广西等省区）煤炭产量为411万t，仅占全国产量的12.7%（见图4－1、图4－2）。

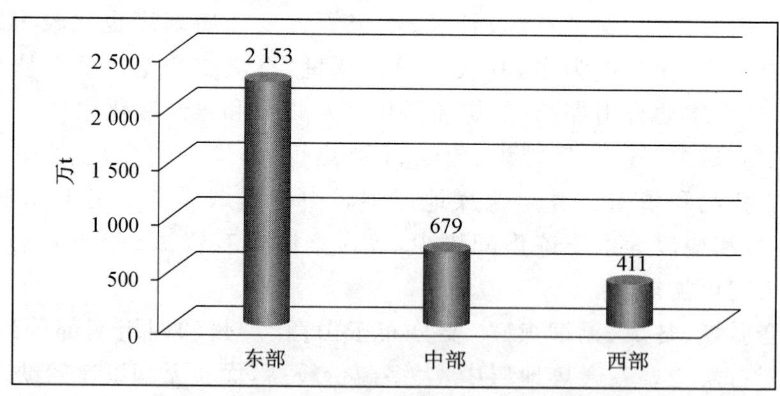

图4－1　1949年我国东部、中部及西部煤炭产量

新中国成立60年来，随着我国经济社会的发展，煤炭需求大幅增加，各主要产煤地区煤炭产量均快速增加，煤炭产业重心逐步向中部、西部地区转移。1978年，东部地区煤炭产量达到了26 052.2万t，较1949年增长11.1

倍;东部地区煤炭产量占全国煤炭产量的比例下降到 42%,较 1949 年减少了 25 个百分点。同年,中部地区煤炭产量增至 22 561.8 万 t,较 1949 年增长 32.2 倍;中部地区煤炭产量占全国煤炭产量比重增长到 37%,较 1949 年增加了 16 个百分点;西部地区煤炭产量达到 13 256.2 万 t,较 1949 年增长约 31.7 倍,增长速度明显快于东部地区;西部地区煤炭产量占全国煤炭产量比例也升至 21%(见图 4—3、图 4—4)。

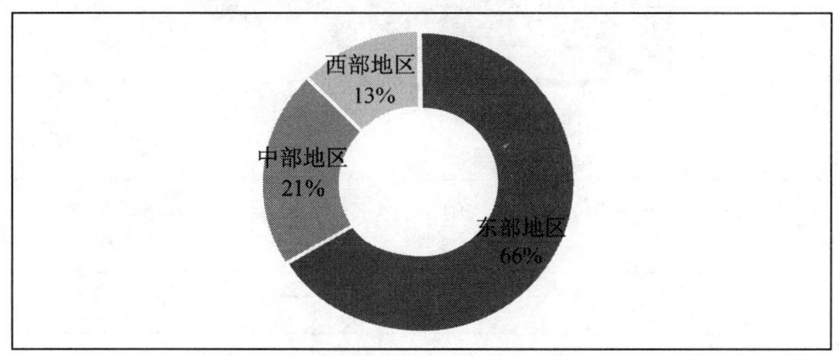

图 4—2　1949 年我国东部、中部和西部地区煤炭产量比重

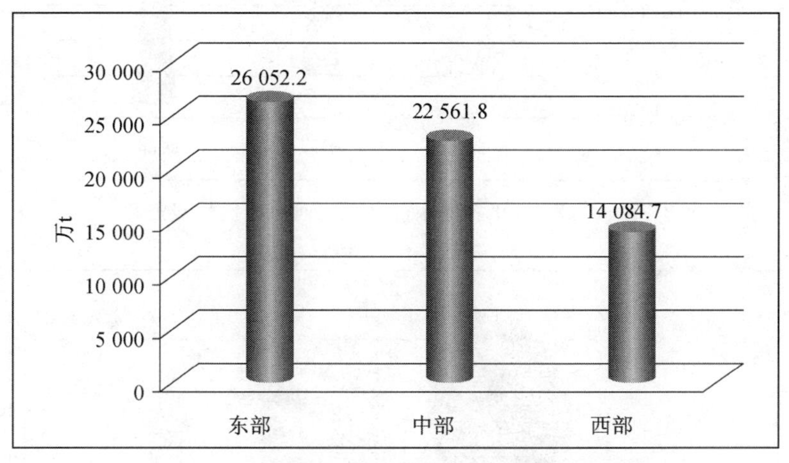

图 4—3　1978 年我国东部、中部、西部地区煤炭产量

我国中西部地区煤炭资源丰富,开采条件优良,随着煤炭生产逐渐西移,中西部地区逐渐成为煤炭开发建设的重心。2008 年,我国西部地区产煤达到了 117 130.8 万 t,占全国煤炭产量的 43%,首次超越中部地区,成为全国煤炭主要供应地和重要商品煤调出地区;中部地区煤炭产量为 107 390.3 万 t,占全国产量的 40%;东部地区煤炭产量为 46 589.4 万 t,占

全国煤炭产量的17%，东部地区煤炭产量比重继续下降（见图4－5、图4－6）。

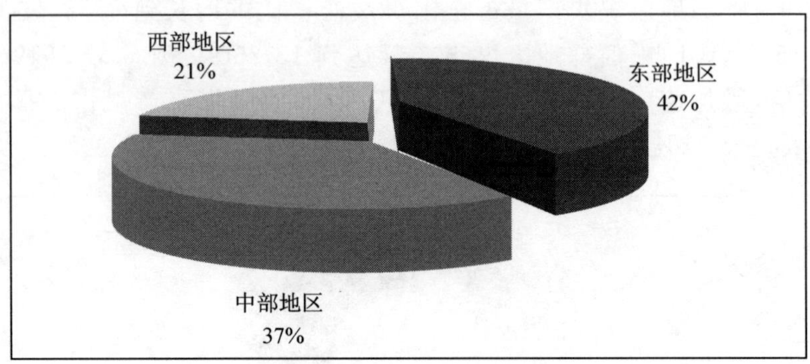

图 4－4 1978 年我国东部、中部、西部煤炭产量占全国产量比例

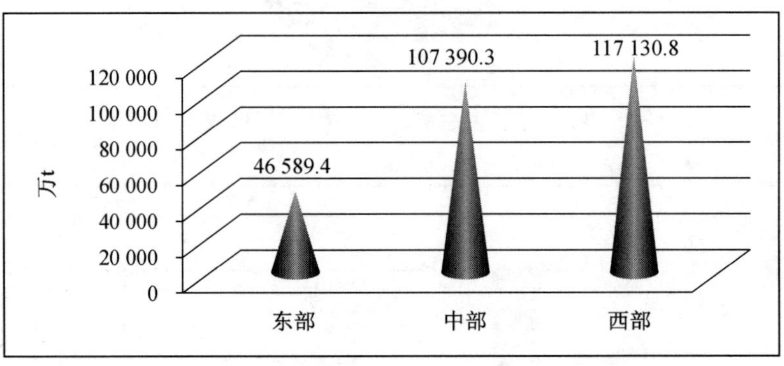

图 4－5 2008 年我国东部、中部、西部地区煤炭产量

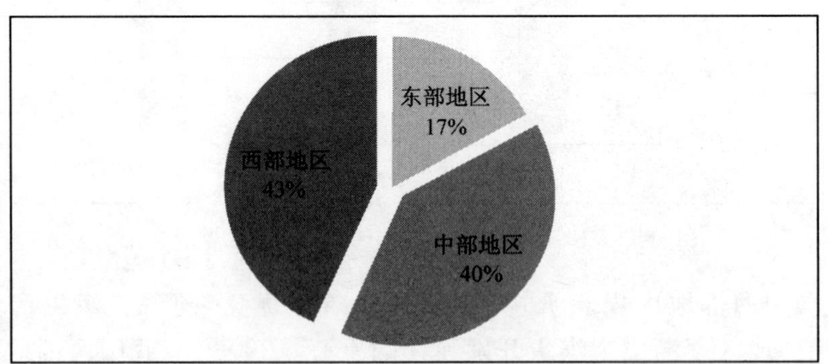

图 4－6 2008 年我国东部、中部、西部地区煤炭产量占全国产量比例

新中国成立 60 年来，我国东部、中部、西部地区煤炭产量占全国总产量比重变化见图 4－7。

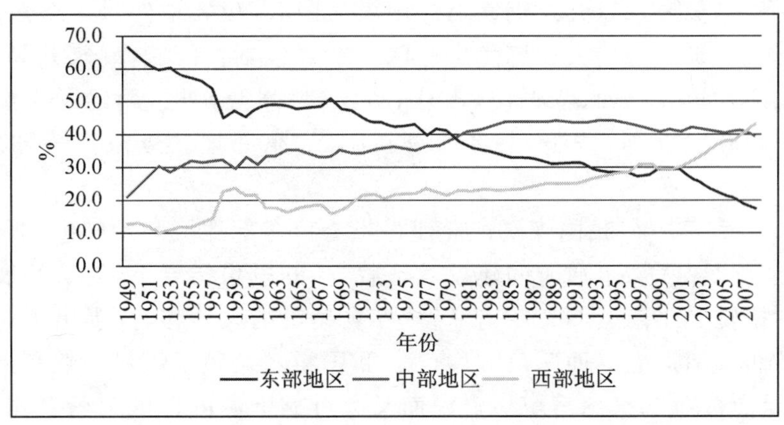

图 4—7 1949～2007 年我国东部、中部和西部煤炭产量比重变化趋势

4.1 东部地区

我国东部地区经济社会较发达，是新中国重要的工业发源地，也是早期煤炭主要产区。

1949 年，全国煤炭产业主要集中在东部地区。其中，辽宁省产量为 544 万 t，居全国之首，占东部地区产量的 25％，1949～1961 年间，除 1957、1958 两年外，辽宁省煤炭产量一直居全国首位。东部地区的天津、上海、海南、浙江、福建 5 个省市则没有煤炭生产(见图 4—8)。

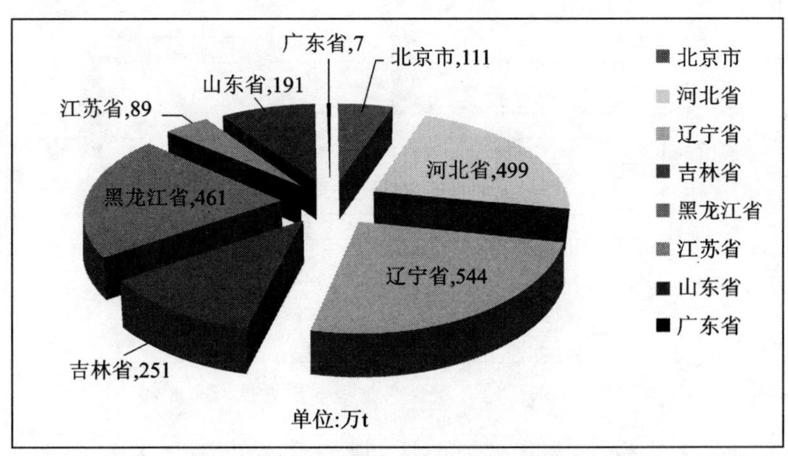

图 4—8 1949 年东部地区各省市煤炭产量

1953～1957 年，我国制定实施了第一个五年计划，为满足当时国民经济

发展需要，煤炭产业以开发钢铁冶炼用煤为中心，极大地促进了炼焦煤矿区的生产建设，扩建了一大批炼焦煤矿区。主要包括：开滦、峰峰、井陉、抚顺、本溪、北票、通化、鸡西、双鸭山、枣庄、新汶、徐州等矿区；新建了兴隆矿区。这期间，新开发邯郸、铁法、七台河等新矿区，东部地区煤炭产量随之大幅提高。

1966～1970 年，我国煤炭产业建设重心由东部地区开始向中、西部地区转移，在"立足战争，争取时间建设战略后方"的思想指导下，先后开展了"大三线"、"扭转北煤南运"和"江南 9 省"煤炭建设的大转移，并提出了"大干三年，扭转北煤南运的局面"。1971 年后，我国重新调整了煤炭产业布局规划，将建设重点放到未来急需煤炭资源而又有可靠资源的地区。东部地区的山东、河北、辽宁等省均在重点建设范围内。兖州、铁法、开滦、龙口、珲春等矿区得到了重点建设。

由于我国东部地区煤炭生产基础条件好，靠近煤炭消费地区，为尽快增加煤炭产量，保障煤炭供应，国家将大量的煤炭建设投资集中在东部地区，且投资额度成倍翻升。其中，"二五"计划期间共投资完成 432 596 万元，是"一五"计划期间的 2 倍。"四五"计划时期，东部煤炭采选业基本建设投资再次得到加强，投资完成额升高至 396 156 万元，较"三五"计划时期增长超 2 倍（见图 4－9）。

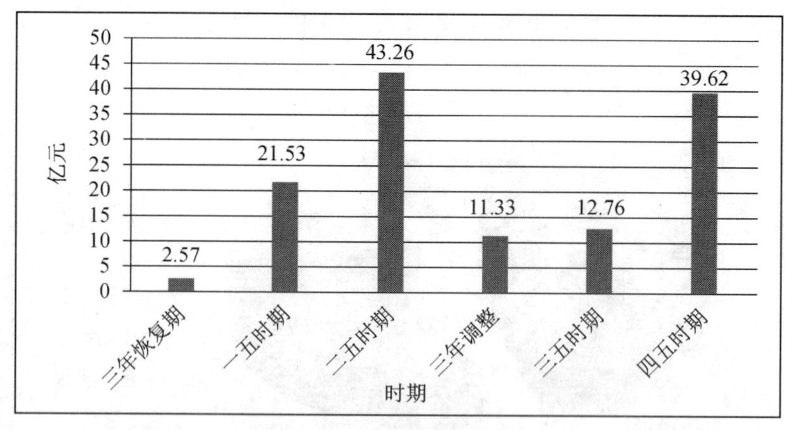

图 4－9　东部地区煤炭产业基本建设投资完成额

随着国家大量投资建设东部矿区，煤炭产量也随之大幅增加，由 1949 年的 2 155 万 t 快速增长到 1957 年的 7 009.8 万 t，年均最高产量增速达到 35.8%（见图 4－10）。随后，在经历了"大跃进"期间煤炭产量的大幅回落后,呈现平稳增长态势。1977年,东部地区产量达到21 930.7万t,较1949年增长了917.6%。由于这一时期中西部地区煤炭产量也出现了较快增长,东部地区在全国煤炭产量中所占比重呈下降趋势(见图4－11)。

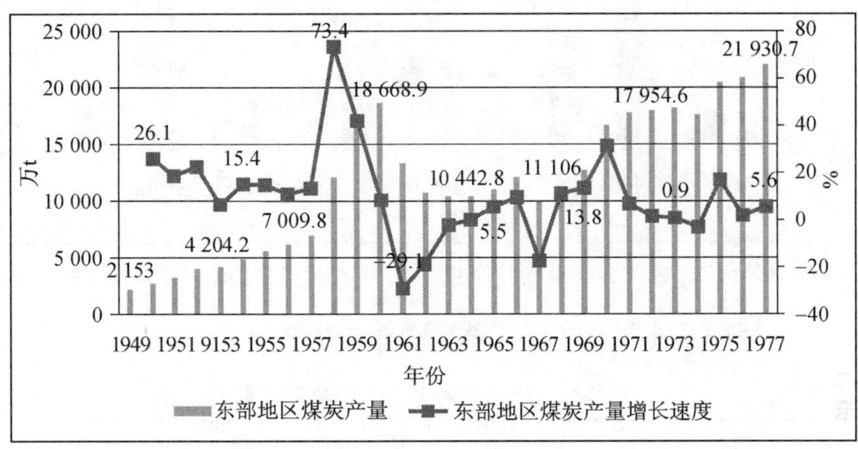

图4－10　1949～1977年我国东部地区煤炭产量及其增长速度

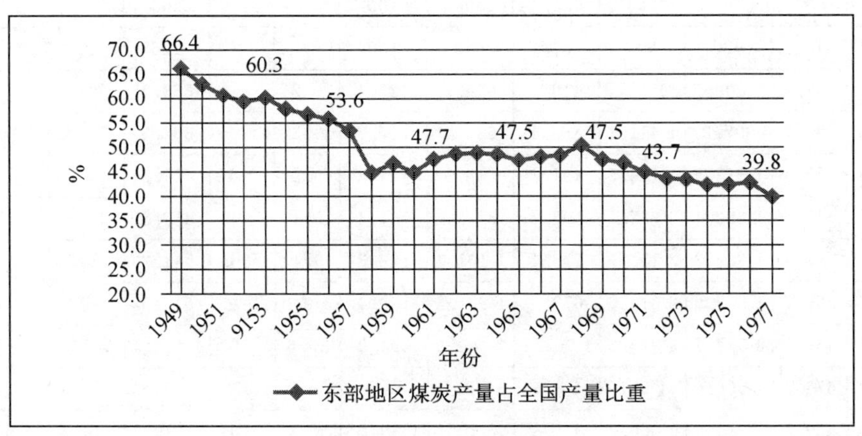

图4－11　1949～1977年我国东部地区煤炭产量占全国产量比例变化

在东部地区各主要产煤省中,辽宁、河北、黑龙江、吉林和山东等一直占居重要位置。其中,1951年,河北省成为东部地区第一产煤大省,山东省在东部地区煤炭产量比重由8.87%跃升到17.41%。浙江省、福建省分别于1952、1953年实现了煤炭生产的从无到有。江苏省煤炭产量由1949年的89万t,增加到1977年的1 408.4万t,增长近15倍;广东省煤炭产量也由1949年的7万t,大幅增长到1977年的1 022.2万t,增长了146倍多。东部各产煤省市 1949、1977 年产量占东部地区产量的比重见图 4－12。

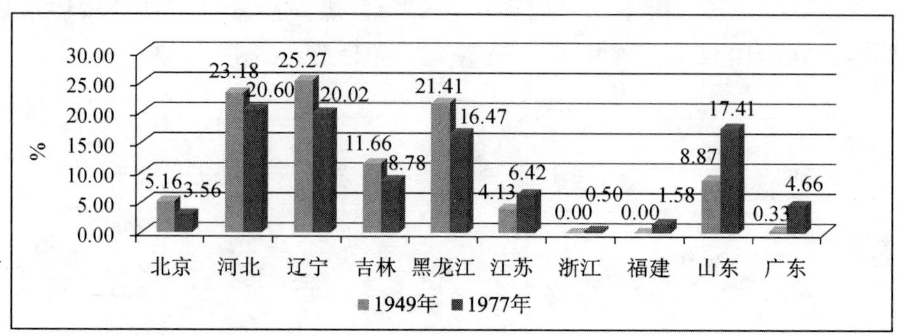

图 4－12　东部各产煤省市 1949、1977 年产量占东部地区产量比重

1949～1977 年东部各产煤省煤炭产量见表 4－1。

表 4－1　　1949～1977 年东部各产煤省煤炭产量　　单位:万 t

年份	北京	河北	辽宁	吉林	黑龙江	江苏	浙江	福建	山东	广东	合计
1949	111	499	544	251	461	89			191	7	2 153
1950	104	685	755	293	506	100			260	12	2 715
1951	184	920	903	339	487	100			276	15	3 224
1952	232.4	1 009.6	1 177	419.5	614.7	120.4	0.2		366.1	11.7	3 951.6
1953	189.7	997.2	1 411.1	449.4	661.4	117.2	0.2	1	362.6	14.4	4 204.2
1954	178.3	1 172.9	1 746.5	451.1	718.9	144.2	0.2	2.1	411.3	25.3	4 850.8
1955	197	1 282.1	2 032.1	506.7	872.7	161.4	5.1	2.2	479.8	40.3	5 579.4
1956	191.8	1 362.2	2 181.9	576.4	1 101.1	162.3	5.4	8.1	541.2	55.2	6 185.6
1957	255.7	1 527.9	2 310.6	679.3	1 326.2	189.4	9	8.2	616.5	87	7 009.8
1958	459.5	2 527.1	3 875.3	1 001.1	2 149.9	354.9	20.6	51	1 373.4	339.2	12 152
1959	673.8	3 608.4	4 951	1 376	3 114.4	540	20.3	93	2 304.3	571.9	17 253.1
1960	839.4	4 144	5 060.7	1 508	3 135	560.2	60.9	121	2 699.2	540.5	18 668.9
1961	781.4	2 963.6	3 307.5	1 291.9	2 145.2	524.2	52.5	77.2	1 791.9	309.5	13 244.9
1962	652.9	2 510.3	2 374.6	1 051.7	1 915.2	462.7	29.8	55.7	1 457.6	201.6	10 712.1
1963	632.9	2 323.1	2 283.1	1 021.5	1 941.5	455.4	33.3	49.1	1 544.6	159.8	10 444.3
1964	568.6	2 355	2 265.8	989.9	1 985.1	456.7	26.2	47.9	1 596.2	151.4	10 442.8
1965	529	2 492.3	2 433.6	1 027.5	2 052.3	488.7	32.2	60.2	1 743.9	156.8	11 016.5
1966	517.8	2 550.1	3 049.3	1 139	2 128.4	528.4	38.7	75.1	1 924.5	153.4	12 104.7
1967	428	2 318	2 233	939	1 585	406	35	34	1 846	161	9 985

续表 4－1

年份	北京	河北	辽宁	吉林	黑龙江	江苏	浙江	福建	山东	广东	合计
1968	457	2 820	2 470	986	1 868	249	39	21	2 030	166	11 106
1969	532	3 082	3 416	1 145	2 426	178	47	60	1 531	224	12 641
1970	625	3 571	4 238.6	1 411.3	2 820.3	699.2	221.7	110	2 405.4	518.7	16 621.2
1971	681.2	3 874.2	4 240.9	1 530.3	2 661	978.7	171.9	164.1	2 643.6	712	17 657.9
1972	693.8	3 994.8	4 248.4	1 546.1	2 617.2	1 093.5	134.7	209.6	2 790.7	625.8	17 954.6
1973	710.5	4 253.6	4 131.5	1 568.3	2 734.3	1 182.8	103.2	244.8	2 570.3	609.3	18 108.6
1974	737.1	4 629.2	4 402.4	1 610.7	2 880.4	888.3	46	248.9	1 430.5	626.8	17 500.3
1975	751.3	5 196.8	4 422.2	1 720.5	3 214.2	1 143.7	49.3	280.7	2 851.1	782.5	20 412.3
1976	748.3	4 374.4	4 490.6	1 800.5	3 450.4	1 310.9	68.5	293.6	3 336	894.8	20 768
1977	780.8	4 518	4 389.5	1 925.2	3 611.8	1 408.4	109.3	346.4	3 819.1	1 022.2	21 930.7

1978～2001 年，东部地区煤炭产业保持了稳定发展态势。在此期间，东部原有矿区得到了不同程度的改扩建，主要包括：北京、峰峰、开滦、本溪、阜新、北票、通化、辽源、鸡西、鹤岗、抚顺、徐州、淄博、新汶、枣庄等。1978 年的东部地区煤炭产业布局见图 4－13。

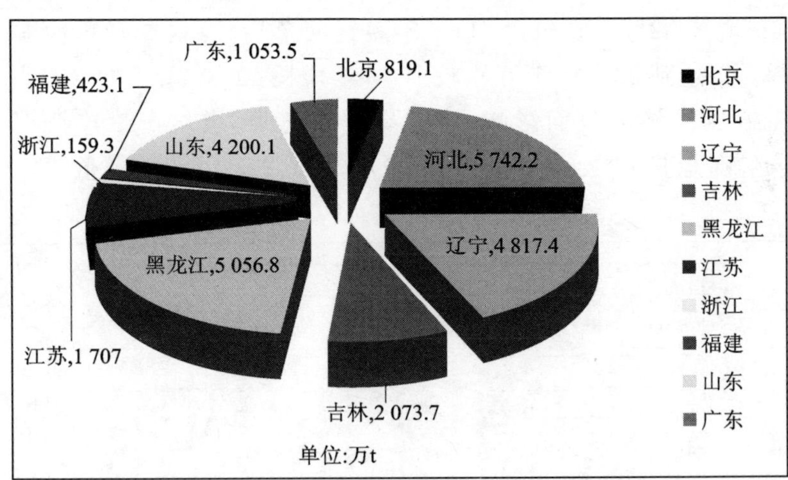

图 4－13　1978 年我国东部地区各产煤省产量

为实现东部地区煤炭产业的稳步发展，国家继续加大该地区的煤炭产业基本建设投资，投资总额从“五五”计划至“九五”计划稳定增长。其中，“九五”计划期间共完成 2 631 836 万元，较“五五”计划期间增长 289%。由于同期中部、西部煤炭工业基本建设投入增幅更高，东部煤炭产业基本建设投资完成额占全国煤炭基本建设投资完成额的比重减少：由“五五”时期的48.1%，下滑至“八五”时期的30.5%（见图4—14）。

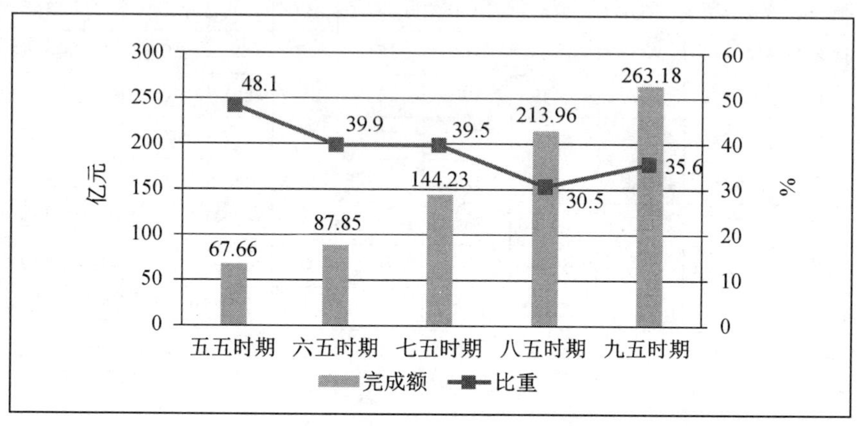

图4—14　我国东部地区煤炭产业基本建设投资总额及其比重变化

1978年，东部地区煤炭产量完成26 052.2万t，1981年产量降低到22 350.5万t，降幅为14.2%。随后，煤炭产量开始了新一轮上升，1982～1992年连续11年实现产量增长。1992年，煤炭产量达到了34 384.7万t，较1978年增长32%。在经过1993年短暂回落后，煤炭产量再次实现连续增长：1996年达到38 904.1万t，较1978年增长49.3%。1997年后，亚洲金融危机对我国经济的负面影响，使煤炭需求下降，煤炭产量连续下滑。到2000年，东部地区煤炭产量为29 112.9万t，较1996年降低25.2%（见图4—15）。

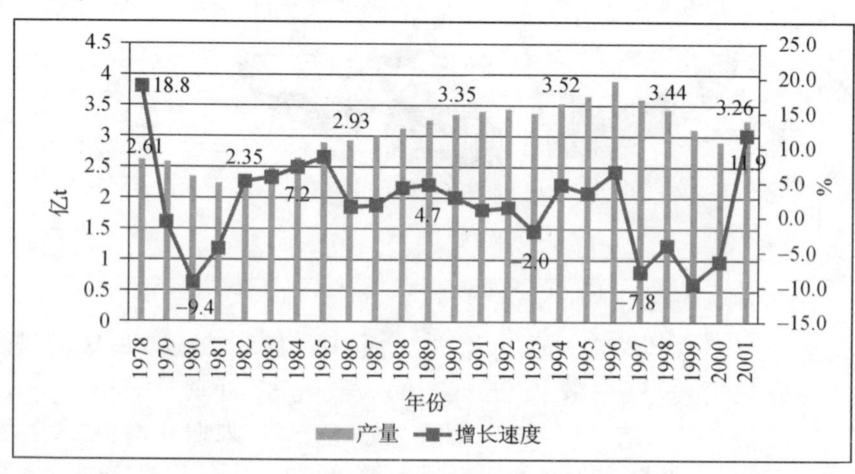

图4—15　1978～2001年东部地区历年煤炭产量

由于改革开放以来全国煤炭产业布局进一步调整，中、西部地区煤炭开采规模大幅增加，东部地区煤炭产量在全国煤炭生产中所占比例继续下降。1978 年，东部地区煤炭产量占全国的比重为 41.6%，2001 年则下滑至 29.5%，降低了 12.1 个百分点。其中，1997 年东部煤炭产量仅占全国煤炭产量的 27%。受资源开采条件影响，浙江、广东两省煤炭产量下降明显(见图 4—16)。

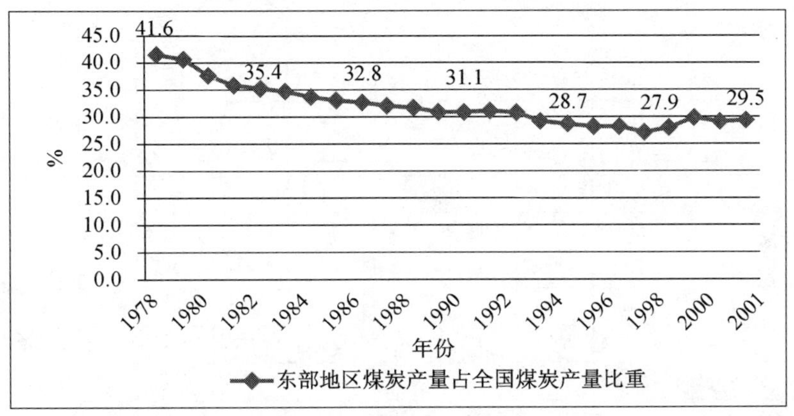

图 4—16　1978～2001 年东部地区煤炭产量占全国煤炭产量比重

1997 年，广东省政府八届 112 次常务会议决定，用五到六年的时间，将省属煤炭生产矿井全部关闭或转制处理，国有经济成分将从广东省属煤炭企业中退出。2001 年仅生产煤炭 246.1 万 t，较 1978 年下降 76.6%。

浙江省 1978～1992 年煤炭产量维持在 150 万 t 左右。到 2001 年，浙江全省煤炭产量仅为 73.6 万 t，较 1978 年减少 53.8%。

江苏、福建、山东三省煤炭产量自 1978 年到 2001 年整体保持了波动上升趋势。1992 年，山东省跃升东部地区最大的产煤省，全省煤炭产量达到了 6 350 万 t，2001 年突破了亿吨大关，达到了 10 897 万 t。而北京、河北、辽宁、吉林、黑龙江等省市煤炭产量则逐渐下降(见表 4—2、图 4—17)。

表 4－2　　1978～2001 年东部各省煤炭产量　　单位:万 t

年份	北京	河北	辽宁	吉林	黑龙江	江苏	浙江	福建	山东	海南	广东	合计
1978	819.1	5 742.2	4 817.4	2 073.7	5 056.8	1 707	159.3	423.1	4 200.1		1 053.5	26 052.2
1979	813.3	5 841	4 681.1	2 138.7	4 647	1 725.7	168.7	479	4 438.1		934.3	25 866.9
1980	791.5	5 353	3 732.8	1 806.8	4 245.6	1 815.5	143.1	462.7	4 290.5		803.9	23 445.4
1981	789.8	5 235.2	3 370.1	1 807.1	4 173.8	1 571.5	132.5	416.5	4 130.5		723.5	22 350.5

续表 4-2

年份	北京	河北	辽宁	吉林	黑龙江	江苏	浙江	福建	山东	海南	广东	合计
1982	811.3	5 351.1	3 609.5	1 893.2	4 568.6	1 609.8	140.3	440.2	4 256.9		812.7	23 493.6
1983	840.5	5 554.9	3 766.2	1 981.9	5 047.4	1 697.1	146	524.3	4 385.1		879	24 822.4
1984	884.3	5 629.5	4 300.4	2 136.7	5 716.5	1 800.5	148.7	575.9	4 562.5		843.8	26 598.8
1985	977.3	6 085.8	4 591.3	2 311.8	6 246.2	2 193.8	150.6	606.5	4 922.3		812.2	28 897.8
1986	917.2	6 283.8	4 447	2 132.9	6 596	2 182.5	147.7	678.5	5 099.8		857.3	29 342.7
1987	899.8	6 342.6	4 318.6	2 108.7	6 821	2 235	144.3	787.2	5 317.8		873.6	29 848.6
1988	902.7	6 386.6	4 599.1	2 227.9	7 171	2 331.8	143	864.4	5 559.2	1.4	927.9	31 115
1989	1 016.6	6 323.8	4 981.2	2 438.5	7 616.5	2 446.1	143.7	944.8	5 694.9	0.4	981.6	32 588.1
1990	1 002.7	6 190.7	5 101.5	2 610.2	8 263.5	2 408	137	925.4	5 995.4	1.3	889.7	33 525.4
1991	993.5	6 142.8	5 234.5	2 558.8	8 514	2 470.5	139.2	857.2	6 053.9	1.5	933.1	33 899
1992	1 015.2	6 259	5 394.6	2 503.5	8 395.1	2 457.8	143.9	909.7	6 350.1	1.6	954.2	34 384.7
1993	1 051.9	6 339.7	5 258.5	2 423.9	7 226.9	2 505.5	138.6	982.6	6 802.6	1.5	951.5	33 683.2
1994	1 006.7	6 470.9	5 505.6	2 424	7 517.5	2 503.4	132.2	977.4	7 785	1.5	918.6	35 242.8
1995	995.4	7 054.7	5 249.3	2 379.3	7 851	2 549.2	112.7	860	8 384.2	1.5	1 069.4	36 506.7
1996	1 001.3	7 409.1	6 040.6	2 575.6	8 147.4	2 606.5	122.7	1 168	8 949.4	1.6	881.9	38 904.1
1997	980.3	6 785.6	4 841.6	2 409.9	7 547.2	2 477.8	114.9	7 81.8	9 094.4	1.5	839.9	35 874.9
1998	953.9	5 636.7	5 643.8	2 122.5	7 090.3	2 481.3	109.3	727.2	8 976.9		681.6	34 423.5
1999	765.4	5 496.8	4 733.2	1 825.5	6 230	2 425.1	90.6	577.1	8 474.3		487.1	31 105.1
2000	678.5	5 438.5	4 405.3	1 654.5	5 438.5	2 505.5	71.7	459.9	8 038.6		421.9	29 112.9
2001	831.9	5 421.4	4 374.2	1 532.5	5 660.9	2 489.7	73.6	1063.3	10 897.3		246.1	32 590.9

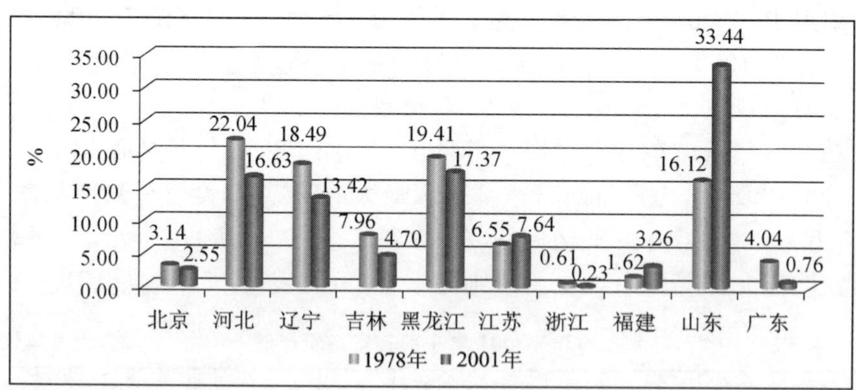

图 4—17 东部各省市 1978、2001 年产量占东部地区煤炭产量比重对比

2002 年以后，随着新一轮宏观经济增长周期的到来，我国煤炭产业发展迅速，东部地区煤炭产量呈现了稳步增加态势。煤炭产量由 2002 年的 37 525.4 万 t增长到 2004 年的 46 274.5 万 t，增幅达 23.3%。2005 年以后，

煤炭产量出现波动，在 2006 年达到最高的 47 532 万 t 之后，受资源储量、开采条件等多方面因素影响，产量波幅下滑。至 2008 年，煤炭产量回落至 46 589.4 万 t。与此同时，东部地区煤炭产量占全国的比重出现了持续下降(见图 4－18、图 4－19)。

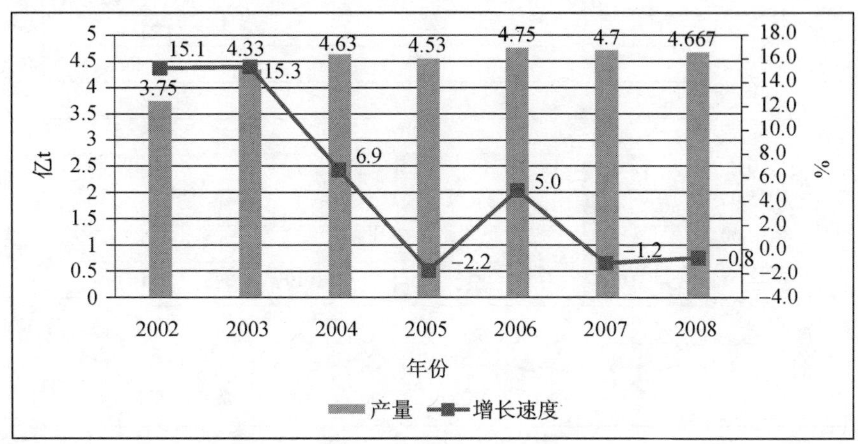

图 4－18　2002～2008 年东部地区煤炭产量

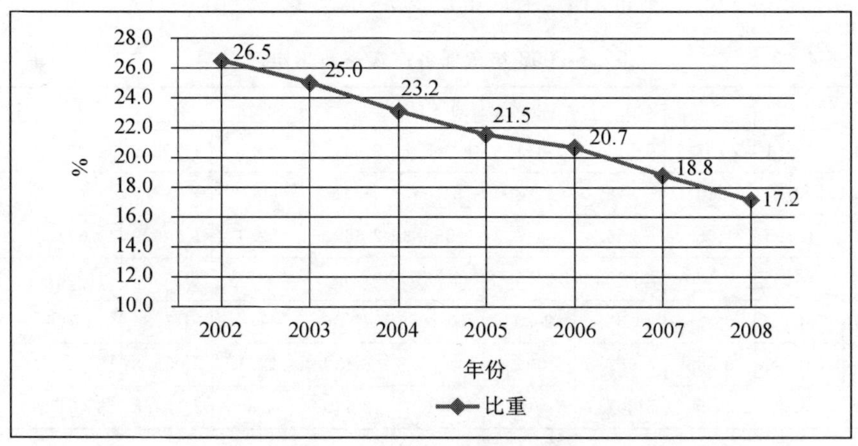

图 4－19　2002～2008 年东部地区煤炭产量占全国煤炭产量比重

在东部地区各主要产煤省中，2006 年，广东省全部退出了煤炭产业，关闭了省内所有煤矿。浙江省煤炭产量继续保持下降态势，到 2008 年，全省煤炭产量只有 13 万 t。

2004 年，北京市的煤炭产量在达到了历史最高的 1 108.5 万 t 之后，从建设资源节约和环境友好型社会，创建和谐宜居的首都环境考虑，关闭了大量的小煤矿,并停止审批新的煤矿建设项目,煤炭产量逐年下滑。2008 年,北京市煤炭产量下降至 553.9 万 t,较 2004 年下降 50%。

2002、2008 年东部各产煤省市煤炭产量占东部地区煤炭总产量的比重对比见图 4—20。

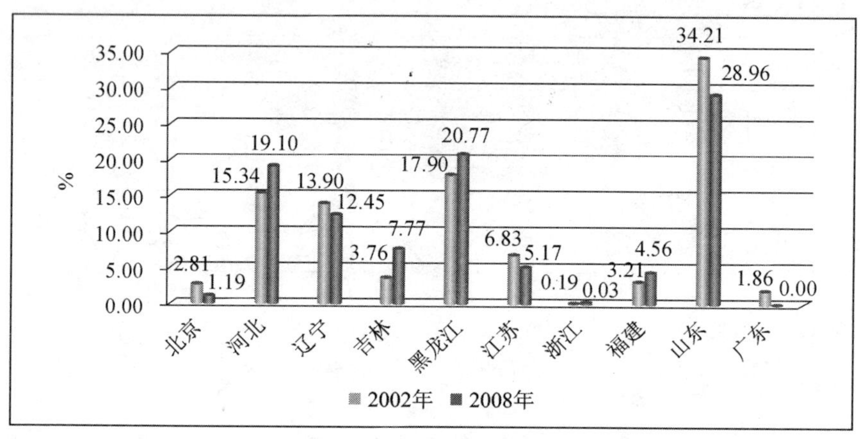

图 4—20　2002、2008 年东部各省市煤炭产量占东部总产量比重变化趋势

2002～2008 年东部各产煤省市煤炭产量见表 4—3。

表 4—3　2002～2008 年东部各产煤省市煤炭产量　单位:万 t

年份	北京	河北	辽宁	吉林	黑龙江	江苏	浙江	福建	山东	广东
2002	1 054.1	5 757.7	5 215.5	1 411.6	6 715.7	2 561.2	70.9	1 203.9	12 836.5	698.3
2003	993.3	6 910.2	5 848.1	2 230	8 105	2 731.5	69.2	1 347.3	14 471.3	566.4
2004	1 108.5	7 458.5	6 756.4	2 577.2	9 368.3	2 660.5	52.1	1 506.9	14 077.5	708.6
2005	749	8 180	6 382	2 658	9 737	2 592	37	1 534	13 087	304
2006	686	8 728	6 618	2 706	10 282	2 936	15	1 773	13 788	0
2007	652.7	8 663	5 962.6	3 001.3	10 466.5	2 457	12.1	2 085.8	13 656.6	—
2008	553.87	8 900	5 801.7	3 618.7	9 676.1	2 410	13	2 124.8	13 491.2	—

4.2　中部地区

1949 年,我国中部地区六个主要产煤地区的煤炭产量为 679 万 t,占全国煤炭总产量的 20.9%。其中,山西省煤炭产量为 304 万 t,占中部地区产量的44.8%。河南、安徽两省煤炭产量分别为 115 万 t 和 114 万 t,占中部地区总产量的 16.9%和 16.8%(见图 4—21)。

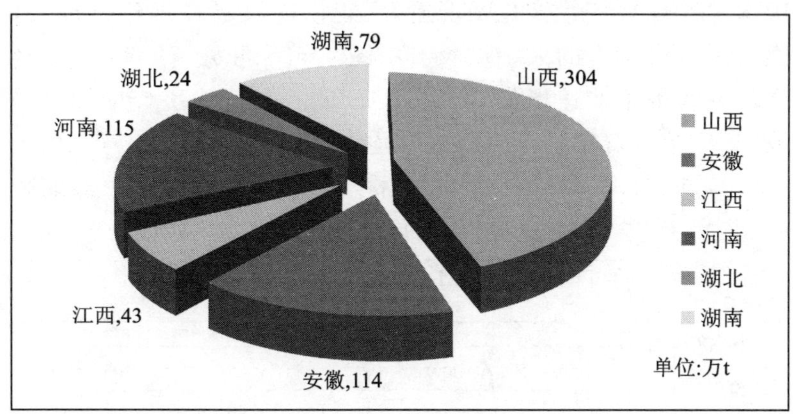

图 4－21　1949 年中部各产煤省煤炭产量分布

第一个五年计划期间,中部地区重点煤炭建设项目主要是淮南、萍乡等老炼焦煤矿区的改建、扩建,以及对汾西、轩岗、西山、潞安、霍县、涟邵等新矿区的开发建设。

从整体上看,1949～1977 年间,国家加大了对中部地区煤炭建设投资规模,其中,"一五"时期,煤矿建设投资完成 99 517 万元,"二五"时期进一步扩大投资规模,达到了 298 426 万元,较"一五"时期增加了近 1 倍,年均完成投资 59 685.2 万元。"三五"和"四五"期间,国家持续对中部地区的煤矿建设投入,加大煤炭产能建设,提高重点矿区的煤炭产量。"三五"计划期间,煤炭基本建设投资完成 143 260 万元,年均完成 28 652 万元;"四五"计划期间,完成投资总额 254 638 万元,较"三五"计划时期增长 77.7%(见图 4－22)。

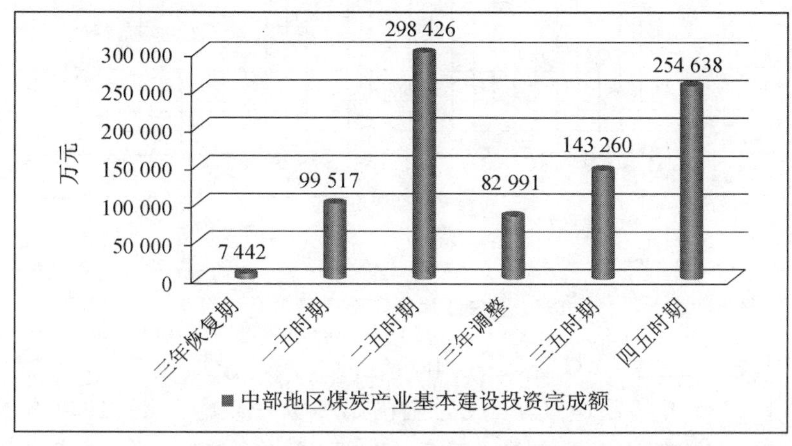

图 4－22　改革开放前中部地区煤炭基本建设投资完成情况

从中部地区煤炭产量变化情况看，大规模的煤炭基本建设投入，促进了中部地区煤炭生产能力的大幅增长。由图 4－23 可见，1949～1977 年，中部地区煤炭产量实现了快速增长，产量由 1949 年的 679 万 t 快速增长到 1960 年的 13 855.8 万 t，增长了 19 倍多，年均增长 31.5%。1977 年，煤炭产量达到 20 207 万 t，较 1949 年增长超 28 倍，年均增长 28.8%。中部地区煤炭产量占全国煤炭总产量的比重由 1949 年的 20.9%，增长到 1977 年的 36.69%，提高 15.8 个百分点（见图 4－24）。

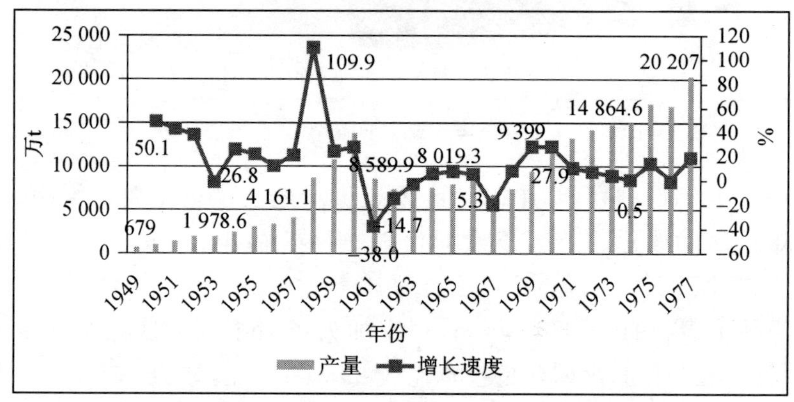

图 4－23　1949～1977 年中部地区煤炭产量

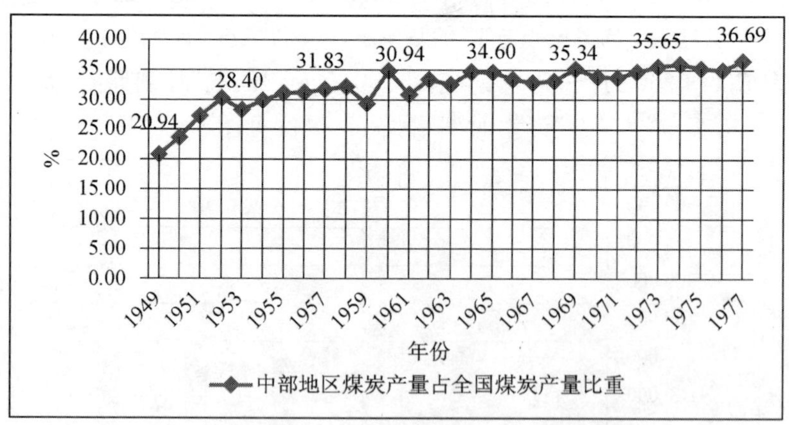

图 4－24　1949～1977 年中部地区煤炭产量占全国煤炭总产量比重

在中部地区主要产煤省区中，山西省的煤炭产量增速快，占区域产量的比重大，1957 年开始超越辽宁，成为全国第一大产煤。1949、1977 年中部各省煤炭产量占中部地区总产量的比重（见图 4－25）。1949～1977 年中部各省煤炭产量见表 4－4。

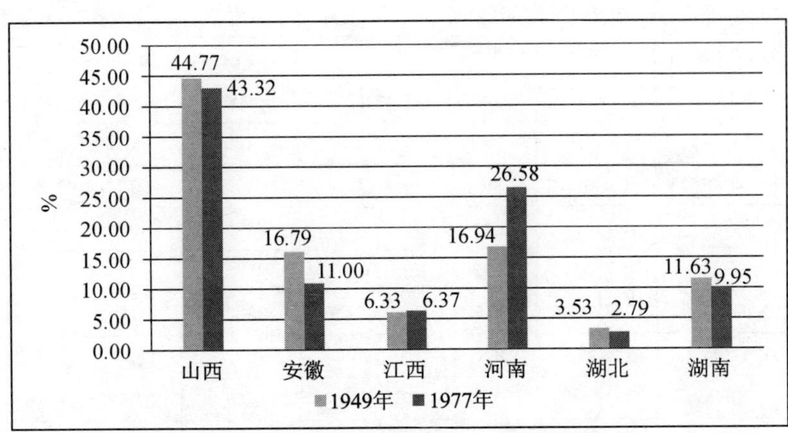

图 4－25　1949、1977 年中部各省煤炭产量占中部地区总产量比重

表 4－4　　1949～1977 年中部各省煤炭产量　　单位:万 t

年份	山西省	安徽省	江西省	河南省	湖北省	湖南省	合计
1949	304	114	43	115	24	79	679
1950	440	172	73	200	34	100	1 019
1951	675	202	106	274	38	161	1 456
1952	1 087	259.2	117	330.8	41.5	178	2 013.5
1953	1 023.8	240.3	111.4	372.1	36.9	194.1	1 978.6
1954	1 397.2	288.7	119.8	431.1	45.9	227	2 509.7
1955	1 807.4	331.7	144.3	478.1	56.6	249.3	3 067.4
1956	1 939.9	372.9	205.1	533.4	65.3	324.9	3 441.5
1957	2 367.7	502.4	264.9	611.2	73.8	341.1	4 161.1
1958	4 049.8	866.7	682	1 733.3	287.7	1 112.8	8 732.3
1959	4 355	1 613.9	828.5	2 700	245.8	1 100	10 843.2
1960	4 412.6	1 846.3	850	3 531	2 161.9	1 054	13 855.8
1961	3 258.2	1 638.2	607.6	2 242	163.8	680.1	8 589.9
1962	3 179.8	1 395.9	418.3	1 654	126.1	549.1	7 323.2
1963	3 465.8	1 223.9	41	1 689.2	125.3	544.2	7 089.4
1964	3 596.7	1 168	388.6	1 661	114.9	525.2	7 454.4
1965	3 926.8	1 147.6	394.9	1 902.9	117.2	529.9	8 019.3
1966	3 927.6	1 188.5	401.5	2 221.4	112.8	596	8 447.8

续表 4－4

年份	山西省	安徽省	江西省	河南省	湖北省	湖南省	合计
1967	3 386	654	288	1 787	112	540	6 767
1968	3 664	834	423	1 917	85	406	7 329
1969	4 532	1 219	566	2 397	129	556	9 399
1970	5 298	1 544.2	897.5	2 912.9	263.1	1 103.8	12 019.5
1971	5 561.5	1 718.6	1 027.9	3 200	350.5	1 393.2	13 251.7
1972	5 993.7	1 764.7	902.3	3 652	355.2	1 599.6	14 267.5
1973	6 397.5	1 816.1	1 028	3 624.5	332.5	1 666	14 864.6
1974	6 795.5	1 458.9	952.4	3 903	339.6	1 492.5	14 941.9
1975	7 541.1	1 925.9	1 037.7	4 322.7	436	1 842.5	17 105.9
1976	7 720.3	2 082	1 098.6	3 676.4	465.4	1 885.2	16 927.9
1977	8 753.6	2 222.4	1 286.2	5 370.9	564.3	2 009.6	20 207

1978年改革开放以后，国家重点加大了中部地区的山西和安徽两省的煤炭产能建设，煤炭建设投资大幅增加。投资总额在“五五”计划时期的464 604万元基础上，不断增加，“八五”计划时期，中部地区煤炭建设投资达2 668 612万元，占全国煤炭建设投资总额的38.1%。“九五”计划时期中部地区煤炭基本建设投资有所下降，所占比重也相应降低（见图4－26）。

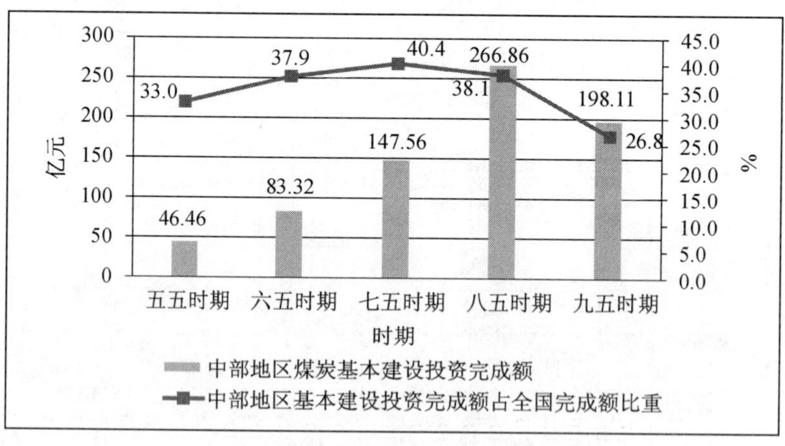

图4－26　中部煤炭产业基本建设投资

随着中部省区煤炭建设投资的不断加大，中部省区煤炭产量也大幅增加。中部六省区煤炭产量由1978年的2.26亿t增加到1996年的

5.94亿t,增长了1.62倍。其中,山西省煤炭产量由9 825万t增加到34 946万t,增加了2.56倍;河南省煤炭产量由5 844万t增加到10 780万t,增加了84%。1996年以后,中部地区煤炭产量出现了下滑趋势,至2000年达最低点41 305万t,2001年开始进入了新一轮的产量增长周期(见图4－27)。

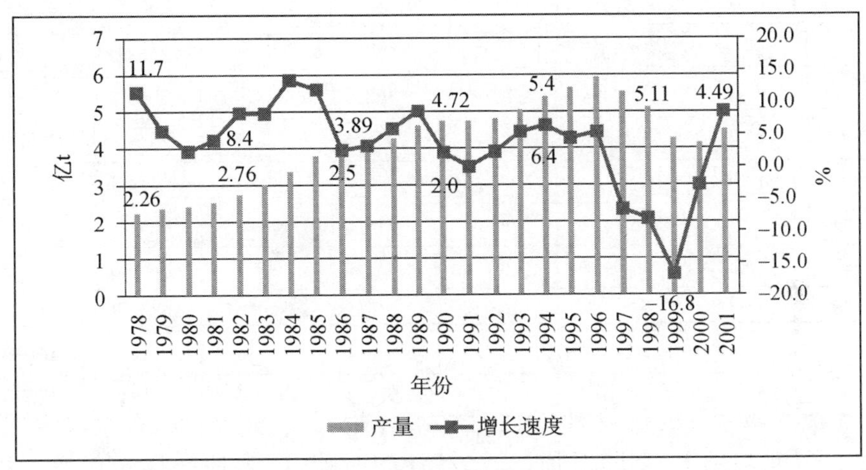

图4－27 1978～2001年中部地区煤炭产量及增长速度

1978～2001年中部地区煤炭产量占全国煤炭产量比重变化见图4－28,1978～2001年中部各省煤炭产量见表4－5。

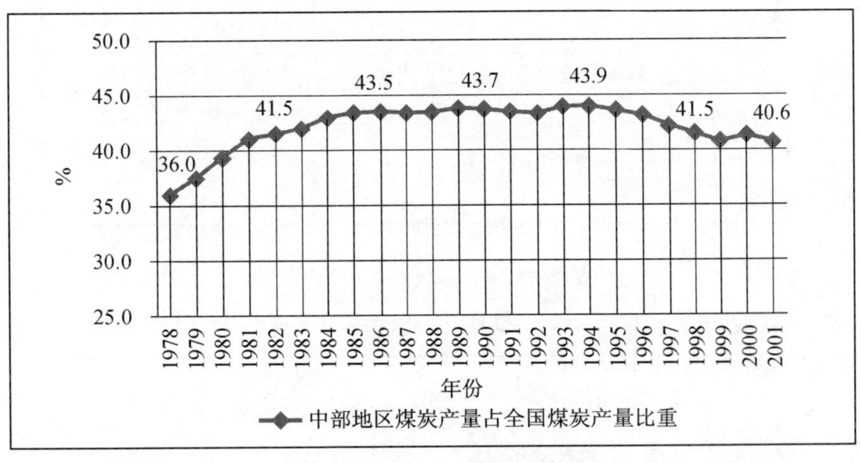

图4－28 1978～2001年中部地区煤炭产量占全国产量比重变化

表 4－5 1978～2001年中部各省煤炭产量 单位:万 t

年份	山西省	安徽省	江西省	河南省	湖北省	湖南省	合计
1978	9 824.9	2 453.3	1 595.3	5 844.5	643.5	2 200.3	22 561.8
1979	10 893.5	2 477.9	1 562	5 837.9	458.9	2 587.4	23 817.6
1980	12 103.4	2 411.4	1 491	5 624.6	383.5	2 399.1	24 413
1981	13 254.6	2 382.9	1 553.2	5 825.2	434.1	1 994.1	25 444.1
1982	14 531.5	2 399	1 633.5	5 967.6	516.3	2 531	27 578.9
1983	15 918.3	2 524.4	1 707.7	6 402.1	624.7	2 668	29 845.2
1984	18 716.3	2 755.6	1 875	6 933.6	742.7	2 848.2	33 871.4
1985	21 417.7	2 905.1	1 938.2	7 856.9	886	2 944.8	37 948.7
1986	22 190.2	3 020.2	1 863.1	7 949.3	834.6	3 053.2	38 910.6
1987	23 093.7	2 884.3	1 967.8	8 062.2	849.1	3 360.1	40 217.2
1988	24 688.8	3 052.8	2 049.2	8 245.2	1 001.4	3 561.6	42 599
1989	27 501	3 115.7	2 063.3	8 858.1	1 038	3 690.4	46 266.5
1990	28 593.2	3 205.4	2 027.1	9 080.4	924.3	3 371	47 201.4
1991	28 857	3 080.3	2 123	8 972.6	810.4	3 314	47 157.3
1992	29 503.8	3 367.6	2 087.8	9 026.7	884.9	3 301	48 171.8
1993	30 656.5	3 612.8	2 104.2	9 278.9	986.7	4 074.8	50 713.9
1994	32 249.5	3 935.7	2 267.2	9 617.5	1 150.6	4 758.1	53 978.6
1995	33 176.3	4 321.7	2 333.2	10 181.1	1 436.9	4 952.9	56 402.1
1996	34 946	4 642.3	2 437.7	10 780.2	1 521	5 092.9	59 420.1
1997	33 037.5	4 768.8	2 064.4	10 028.4	1 517.1	4 023.3	55 439.5
1998	30 719.5	4 583.5	1 980.5	8 690.7	1 326.3	3 810.5	51 111
1999	24 609.8	4 667.9	1 720	8 002.4	910.9	2 618.8	42 529.8
2000	24 611.5	4 783.5	1 464	7 692.5	647.4	2 106.3	41 305.2
2001	26 893.8	5 401.4	1 518.8	8 326.1	555.4	2 205.5	44 901

2002年以后,中部六省区煤炭产业保持了较为稳定、持续的发展势头。煤炭产量在2002年58 920万t的基础上,快速增加到2008年的107 390万t,增长88.3%,年均增长10.5%(见图4－29)。

2002～2008年中部地区煤炭产量占全国煤炭产量比重变化见图4－30。2002～2008年中部各省煤炭产量见表4－6。

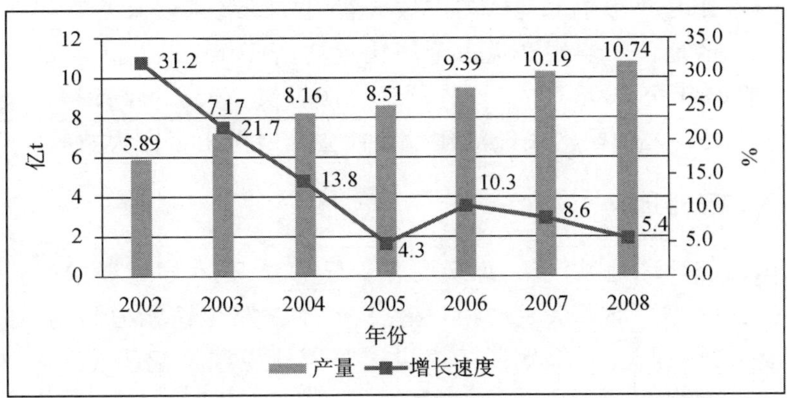

图 4－29　2002～2008 年中部地区煤炭产量及其增长速度

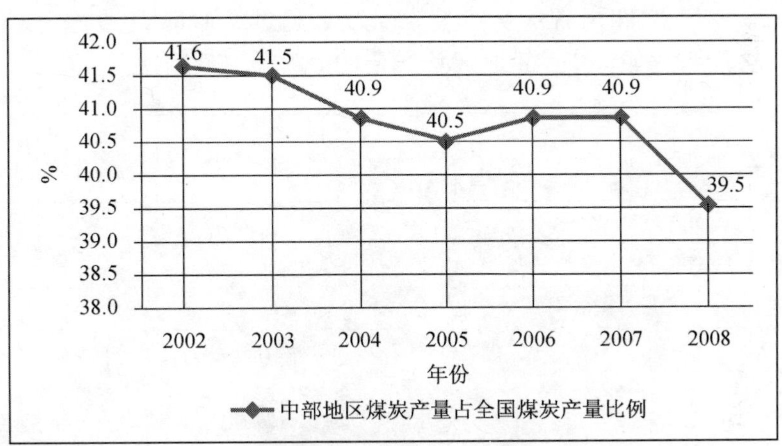

图 4－30　2002～2008 年中部地区煤炭产量占全国煤炭产量比重变化

表 4－6　　2002～2008 年中部各省煤炭产量　　单位:万 t

年份	山西省	安徽省	江西省	河南省	湖北省	湖南省	合计
2002	36 261.3	6 471.7	1 662.1	10 052	781.8	3 691.5	58 920.4
2003	44 951.9	7 099.5	1 821.4	12 634.2	799.9	4 377	71 683.9
2004	50 529.8	7 600.1	1 952.3	15 420.2	1 040.7	5 053.6	81 596.7
2005	54 310	7 839	2 050	14 957	1 050	4 907	85 113
2006	58 118	8 233	2 733	18 312	1 117	5 344	93 857
2007	64 000	9 369.8	2 703.2	19 287.2	1 106.8	5 414.9	101 881.9
2008	65 576.9	11 773.9	2 510	20 467.9	1 205.2	5 856.4	107 390.3

山西省作为我国中部地区的产煤大省，自 1962 年以来一直居于全国第一产煤大省的地位。煤炭产量占全国比重均高于 14%，最高达 26.6%。初步统计，1949 年至 2008 年，山西省累计生产煤炭 1 056 594 万 t，占全国煤炭总产量的 23%，为中国国民经济建设和社会发展做出了巨大贡献。

4.3 西部地区

我国西部地区地域广阔，煤炭资源十分丰富，是我国重要的煤炭供应和调出地区。由于西部经济发展相对落后，并受铁路运输能力制约，加之远离煤炭消费地区，因此，西部地区的煤炭资源大规模开发起步较晚。1949 年，西部地区的内蒙古、陕西、宁夏、甘肃、青海、云南、贵州、四川（包括目前的重庆）、广西和新疆 10 个省区煤炭总产量只有 411 万 t，仅占全国煤炭总产量的 12.1%。其中，四川省煤炭产量 211 万 t，超过了西部 10 个省区煤炭产量的一半，居产量之首，占西部地区总产量的 51.3%（见图 4－31）。

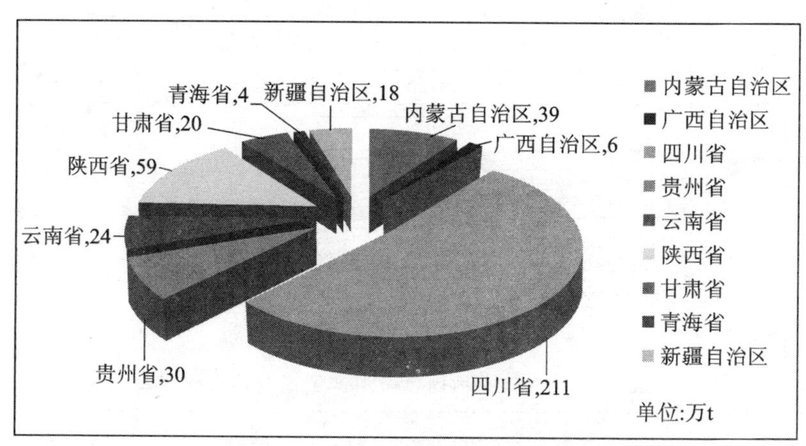

图 4－31　1949 年西部各产煤省煤炭产量

在我国第一个五年计划期间，为解决工业和居民生活用煤的需要，国家开始了部分重点矿区煤矿的扩建和改造，重点加大了当时的四川省（如今的重庆市）的南桐、天府、永荣等矿区的扩建和改造，并新建了内蒙古的包头、中梁山等矿区。

1966～1970 年间，随着我国大规模开始“大三线”建设，煤炭产业布局大规模向西、南逐步转移。全国煤矿建设的重点放在了西南的贵州、四川和西北部的宁夏、甘肃、内蒙西部和新疆东部的铁路沿线地区。

西部地区既是我国重要的资源和能源供应区，也是重要战略后方。国家从“大三线”建设开始,逐渐加大了对西部地区能源建设的投资规模。三年恢复时期,西部10个省区煤炭基本建设投资仅完成232万元,仅占全国煤炭基本建设投资总额的0.7%,之后,呈现逐年大幅增长态势。“二五”计划时期,西部地区煤炭基本建设投资完成总额达到204 383万元,较“一五”计划时期增加了4倍多,占全国煤炭基本建设投资总额的比重同步增长21.5%,提高了10.1个百分点。“三五”计划时期,国家再次加大了西部地区煤炭基本建设投资规模,实际完成投资总额243 313万元,占全国的比重达到了46.8%。持续大幅增加煤炭基本建设投资,取得了较好的效果,煤炭产量大幅增加。尤其是在1958～1960年间,西部10个省区的煤炭产量出现了快速、大幅增加。煤炭产量由1957年的1 902万t,快速增加到1958年的6 116万t,1959年的8 782万t和1960年的9 096万t,四年间,煤炭产量增加了3.78倍。随后,出现了大幅回落,到1962年,煤炭产量下降到3 919万t,较1960年下降了57%(见图4—32、图4—33)。

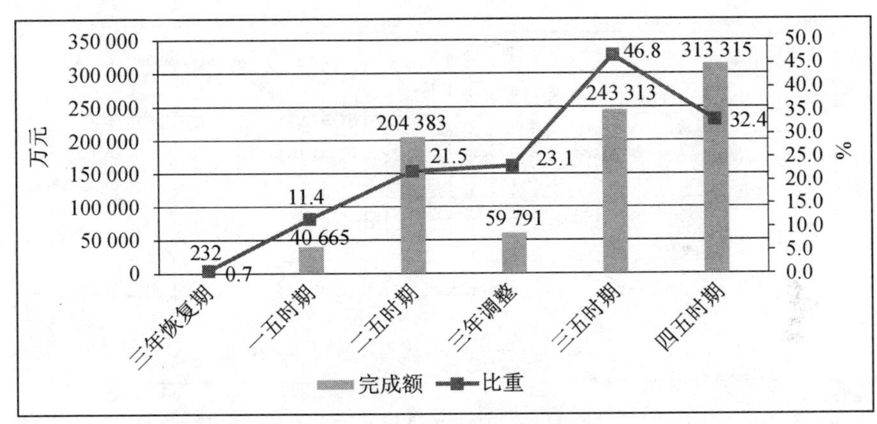

图4—32　1949～1977年西部煤炭产业基本建设投资完成额及其占全国完成额比重

据统计,新中国成立之初,西部地区煤炭产量主要集中在四川、内蒙古和陕西三省,煤炭产量占西部总产量比重达75.2%。至1977年,四川依然是西部煤炭产量的最高省份,占28.5%。

从西部10个省区煤炭产量变化情况分析,1949～1957年间,西部地区煤炭产量增长总体上较为平稳,增速在8.9%～35.8%之间。受“大跃进”影响,1958～1960年,煤炭产量实现了短期高速增长。1961～1964年,产量持续向下调整,之后,再次波动增长。1977年,西部地区煤炭产量达到了12 907.3万t,较1949年增长30多倍,年均增长13.1%(见图4—34)。

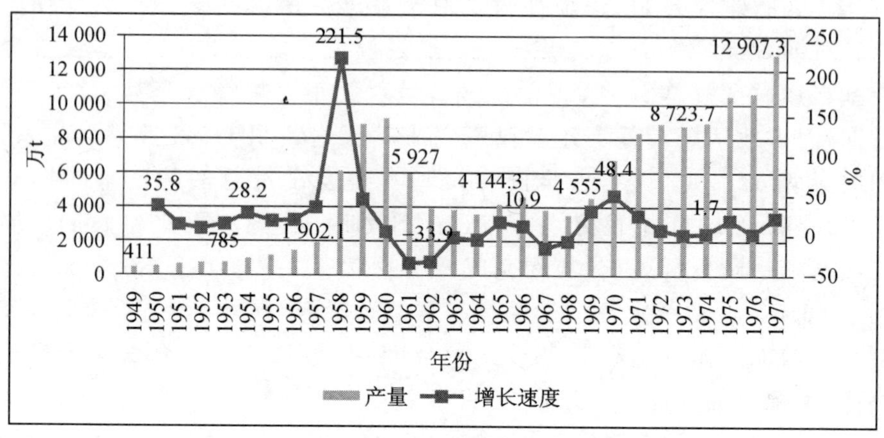

图 4－33　1949～1977 年西部地区历年煤炭产量

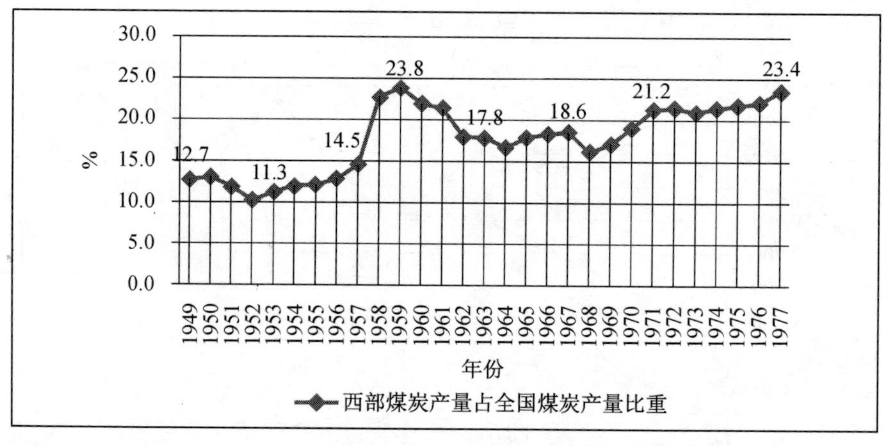

图 4－34　1949～1977 年西部煤炭占全国煤炭产量比重变化

从西部 10 个省区煤炭产量占全国总产量的比重变化情况看，由于西部地区，特别是西北地区煤炭资源开采条件好，产量增速大，拉动西部地区煤炭产量比重逐年增长。1952 年，西部 10 省区煤炭产量仅占全国总产量的 10.3%，1959 年达到了 23.8%，1960～1977 年，西部地区煤炭产量在全国所占比重虽有所变化，但一直保持在 20% 以上。1977 年达到 23.4%，接近 1959 年的最高水平。

1949～1977 年，西部 10 个省区中，四川省（包括现在的重庆市）煤炭产量一直占主导地位。1977 年，四川省煤炭产量达到 3 677.7 万 t，较 1949 年增长 16 倍多，年均增长 10.7%。云南省 1977 年煤炭产量达 1 350 万 t，较

1949 年增长 50 多倍，年均增长 15.5%(见图 4—35)。

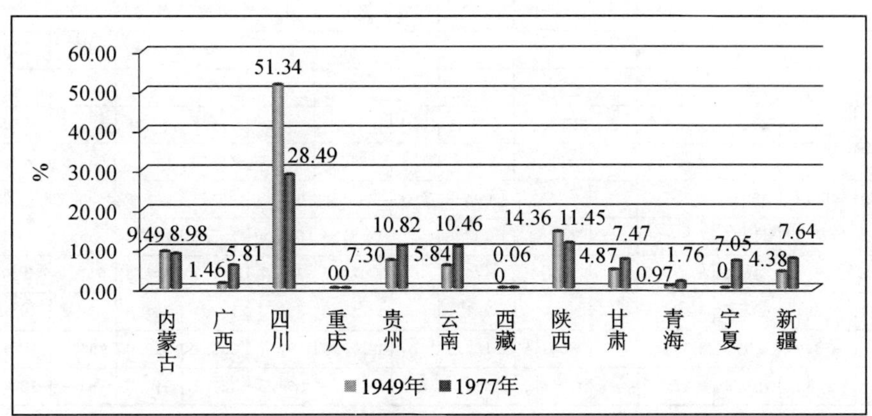

图 4—35　1949、1977 年西部各省市煤炭产量占西部总产量比重对比

1949～1977 年，西部各省市煤炭产量见表 4—7。

表 4—7　　1949～1977 年西部各省市煤炭产量　　单位：万 t

年份	内蒙古	广西	四川	重庆	贵州	云南	西藏	陕西	甘肃	青海	宁夏	新疆	合计
1949	39	6	211		30	24		59	20	4		18	411
1950	55	7	300		34	28		68	35	6		25	558
1951	65	8	329		37	28		88	39	7		27	628
1952	63.6	9	333.7		31.7	39.4		105.8	54.6	9.5		36.8	684.1
1953	65.2	9	424.3		45.7	41.1		114.1	54.2	11.6		19.8	785
1954	95.5	14.2	509.6		63.9	80		102.7	90	18.9		31.2	1 006
1955	136.1	25.3	539.7		53	108.9		119.8	110.7	26.2		63.1	1 182.8
1956	172	39.3	587.7		84	142.1		151.8	120.1	38.7		81.7	1 417.4
1957	216.5	52.2	772.8		137.6	192.2		180	189.7	48.2		112.9	1 902.1
1958	544.2	350	2 028.2		650	714.7		462.6	737	147.3	121.7	360	6 115.7
1959	824.5	363.8	3 500		880	970		568.9	740	212.2	256.7	466.6	8 782.7
1960	1187	340	3 800		700	903.3	7.1	626.3	560.1	193.6	305.4	473.2	9 096
1961	752.8	221	2 600		340.1	579.5	5.5	458.7	213.5	81.3	271.9	402.7	5 927
1962	598.7	90.2	1 295.6		294	400.9	3.8	419.9	185.2	59.5	266.3	305.6	3 919.7
1963	599.9	125.1	1 052.4		287.4	402.5	2.5	481.5	194.8	75	292.6	285.4	3 799.1
1964	562.6	123.4	1 001.4		245.8	418.6		409.6	180.4	64.4	257.1	296.1	3 559.4
1965	646.4	143	1 133.8		333	536.5	1.9	394.4	197.4	62.6	308.3	387	4 144.3
1966	744.1	173.8	1 372.2		293.1	494.5	3.3	422.3	208.7	65.7	353.1	463.6	4 594.4
1967	573	166	1 104		233	593		279	167	73	219	411	3 818

续表 4－7

年份	内蒙古	广西	四川	重庆	贵州	云南	西藏	陕西	甘肃	青海	宁夏	新疆	合计
1968	719	117	775		365	240		364	231	90	224	399	3 524
1969	408	220	1 281		236	801		483	303	95	339	389	4 555
1970	748.7	272.8	1 951.1		594.4	892.9	0.9	673.9	480	111.8	472.8	558.8	6 758.1
1971	830	392.7	2 521.7		802.3	1 036	1.3	821.6	611.5	118.3	552.1	632.7	8 320.2
1972	814.9	393	2 733.3		925.3	1 094.3	2.5	949.1	617.5	134	608.6	552.5	8 825
1973	794.4	413.3	2 556.6		687.2	1 138.6	4.3	1 081.5	648.4	152.9	690	556.5	8 723.7
1974	757.7	516.2	2 439.7		798.1	1 176.4	5	1 071.6	731.7	161.7	603.3	613.4	8 874.8
1975	765	605.5	3 086.3		1 105.1	1 291.5	6.3	1 140.8	838.2	182.7	767.9	716.2	10 505.5
1976	998.9	704.3	2 894.5		1 051.8	1 122.8	7	1 168.5	892.7	202.4	819.3	791.7	10 653.9
1977	1 158.7	749.9	3 677.7		1 396.5	1 350.1	7.7	1 478.4	964.6	227.7	910.5	985.5	12 907.3

改革开放以后，我国煤炭产业实施了“稳住东部、战略西移”的战略布局，在内蒙古建设了伊敏河、霍林河等露天煤矿。1984 年成立了“华能精煤公司”，开发陕北蒙南神府东胜煤田，为我国煤炭生产向中西部转移迈出了重要一步。1985～1990 年第七个五年计划时期，我国继续实施“稳住东部，逐步向中西部转移”的战略布局。西部地区的陕西、内蒙古西部，以及六盘水、芙蓉、攀枝花等地，实现了煤炭产量的稳步增长(见图 4－36、图 4－37)。

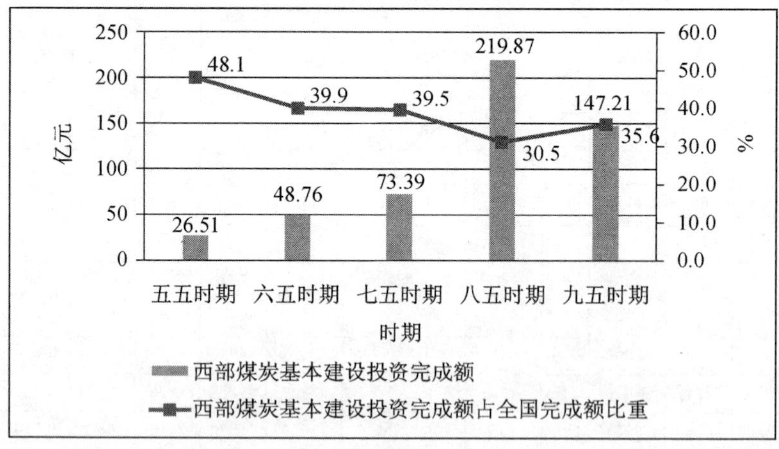

图 4－36　1978～2001 年西部煤炭基本建设投资总额及其比重变化

1978 年，西部 10 个省区煤炭产量完成 14 084.7 万 t，占全国煤炭产量的 22.79％。当时，四川省仍然保持了该地区煤炭生产第一的位置，占西部地区煤炭总产量的 26.94％。直到 1998 年，四川省(四川省与重庆市)的煤炭产量仍然居西部煤炭产量之首，为 7 738 万 t，当年内蒙古自治区的煤炭产量达到了 7 723 万 t,居西部地区第二位。1978～2001 年西部 10 个省区市煤炭产量见表 4－8。

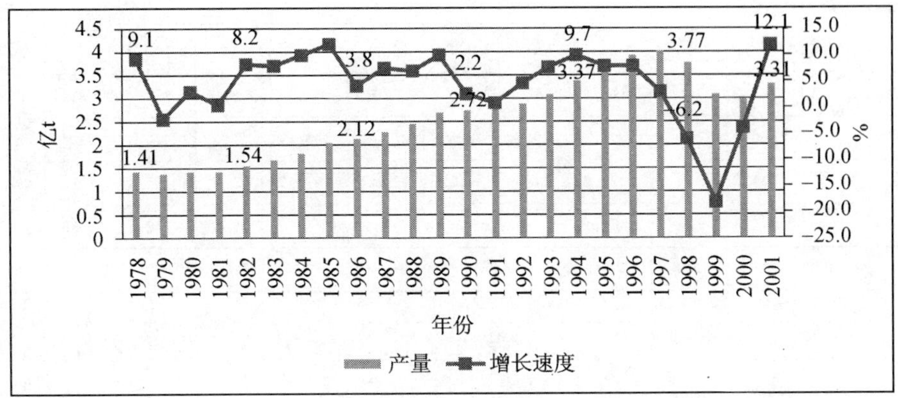

图 4－37　1978～2001 年西部地区历年煤炭产量

表 4－8　　1978～2001 年西部各省市煤炭产量　　单位:万 t

年份	1978	1979	1980	1981	1982	1983	1984	1985	1986	1987	1988	1989
内蒙古	1 301.9	1 261.1	2 210.1	2 178.7	2 381.4	2 486.8	2 739.6	3 203.9	3 291.8	3 410.1	3 734.4	4 382.4
广西	828.5	722.4	589.7	560.9	643.3	756.6	729.2	598.9	639.2	796.5	1 035.4	1 140.5
四川	3 793.9	3 838	3 898.2	3 939.8	4 111.3	4 433.3	4 968	5 557.7	5 689.7	6 132.5	6 707.2	7 135.1
重庆												
贵州	1 668.7	1 635.9	1 397.8	1 416.4	1 694.9	1 846.8	2 026.7	2 344.2	2 554.2	3 170.3	3 209.8	3 496
云南	1 484	1 351.7	1 174.3	1 189.8	1 334.3	1 409.5	1 536.3	1 638	1 700.1	1 945.9	2 054.5	2 181.2
西藏	8.7	5.9	2.4	2	2.1	2.7	2.5	3	1.9	0.6	0.6	0.7
陕西	1 665.6	1 781.2	1 791.9	1 844.6	2 017.7	2 228.9	2 417.4	2 693	2 861.1	2 855.7	2 765.4	3 149
甘肃	981.3	875	766.8	787.6	878	920.5	1 039.8	1 184.3	1 248.8	1 282.4	1 357.7	1 415.2
青海	249.7	215.8	215.4	190.9	207.1	218.8	239.8	276.7	272.2	274.3	267.7	301.7
宁夏	1 023.1	1 049.6	971.5	952	927.9	977.9	1 070.2	1 213.7	1 237.3	1 296.7	1 327.7	1 388.6
新疆	1 079.3	1 021.6	1 136.8	1 140.5	1 168.1	1 285.1	1 433.4	1 668.4	1 654.4	1 578.4	1 813.2	2 020.1
合计	14 084.7	13 758.2	14 154.9	14 203.2	15 366.1	16 566.9	18 202.9	20 381.8	21 150.7	22 743.4	24 273.6	26 610.5

年份	1990	1991	1992	1993	1994	1995	1996	1997	1998	1999	2000	2001
内蒙古	4 761.6	4 922.8	5 038.7	5 514.6	6 052.1	6 445.3	7 316.8	7 908.8	7 723	7 280.6	8 369.1	10 443.1
广西	979.4	992.9	1 093.4	1 196.1	1 174.9	1 233.2	1 252.3	1 097.4	996.7	794	704.6	593.2
四川	6 784.6	6 904	7 093.6	7 934.5	8 796.4	9 739	9 567.3	6 221.9	5 696.4	4 350.7	3 981.8	4 397.4
重庆								2 787.3	2 041.7	2 026.4	1 591.5	2 071.1
贵州	3 694.8	3 723.2	4 161.7	4 528.8	5 127.9	5 509.7	6 143.1	6 596.7	6 561	4 025.1	3 676.8	3 731.4
云南	2 227.2	2 193.7	2 378.9	2 401.6	2 597.2	2 788.8	3 071.9	3 296.7	3 102.9	2 663.6	2 182.3	2 426.5

续表 4－8

年份	1990	1991	1992	1993	1994	1995	1996	1997	1998	1999	2000	2001
西藏	0.9	0.9	0.7				1.1	1.1				
陕西	3 327.5	3 289.5	3 423.2	3 363	3 631.8	3 957.4	4 612.5	4 958.1	4 446.7	3 140.1	2 764.6	2 879.4
甘肃	1 564.1	1 543.2	1 542.4	1 806.6	2 065.2	2 208.6	2 220.6	2 296.5	2 316	1 891.8	1 632.7	1 819.1
青海	319.7	286.6	282.4	231.5	263.7	288	297.3	328.6	322.7	247.2	216	251.3
宁夏	1 443	1 403.2	1 379.1	1 371.5	1 388.9	1 446.6	1 615.7	1 699.7	1 583	1 531.1	1 581	1 635.7
新疆	2 100	2 111.6	2 204.5	2 392.2	2 633.3	2 693.2	2 986	3 021.4	2 926.9	2 778.2	2 799	2 819.6
合计	27 202.8	27 371.6	28 598.6	30 740.4	33 731.4	36 309.8	39 084.6	40 214.2	37 717	30 728.8	29 499.4	33 067.8

2002 年以来，西部 10 省区市煤炭产量持续上升。2008 年，西部煤炭产量达到 117 130.8 万 t，较 2002 年增长 162.3%，年均增长 17.4%（见图 4－38）。2002～2008 年，西部煤炭产量占全国煤炭总产量比重变化见图4－39。

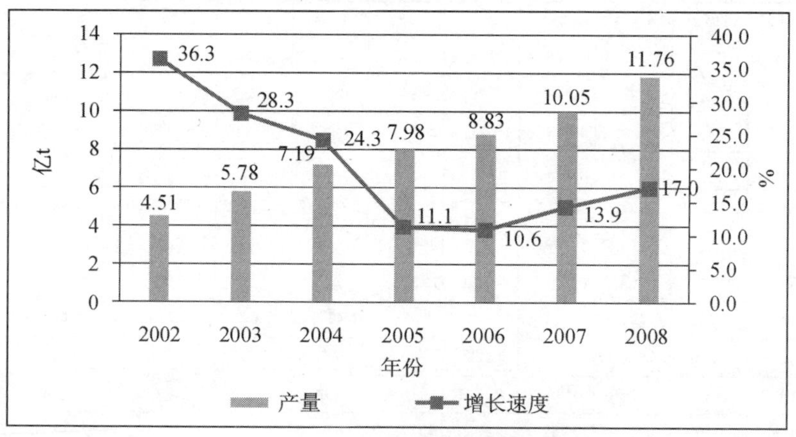

图 4－38　2002～2008 年西部煤炭产量

2002～2008 年间，西部地区煤炭产量占全国煤炭总产量比重持续增长，由 31.9%快速增加到 43.3%，增长了 11.4 个百分点。2008 年，内蒙古、云南、青海三省煤炭产量在西部总产量中所占比重较 2002 年有所提高，分别增长 13、0.4、0.5 个百分点；内蒙古自治区煤炭产量占西部总产量比重高达 40.19%（见图 4－40）。2002～2008 年西部各产煤省市煤炭产量见表 4－9。

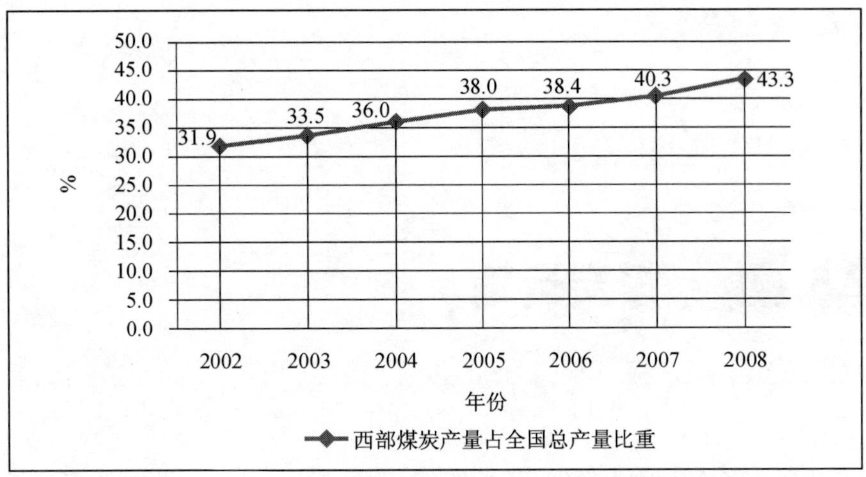

图 4－39　2002～2008 年西部煤炭产量占全国总产量比重变化

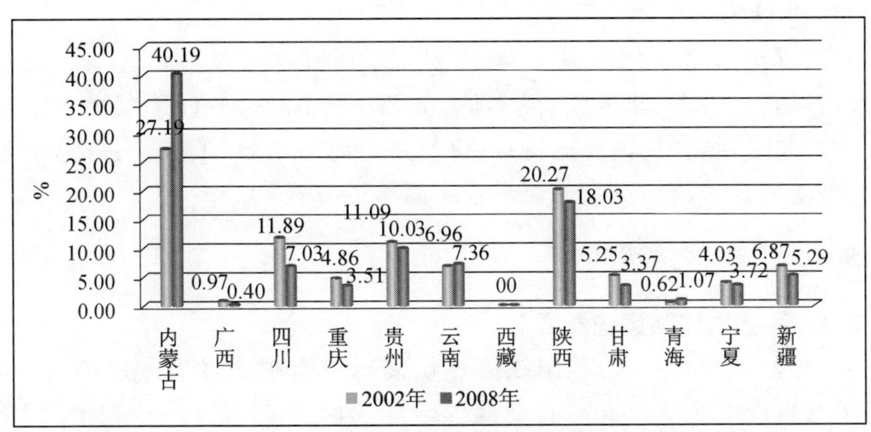

图 4－40　2002、2008 两年西部各省市煤炭产量占西部总产量比重

表 4－9　2002～2008 年西部各产煤省市煤炭产量　单位:万 t

年份	内蒙古	广西	四川	重庆	贵州	云南	陕西	甘肃	青海	宁夏	新疆	合计
2002	12 256.5	436.8	5 359.6	2 191.3	5 001.1	3 139	9 136.7	2 365.5	281.5	1 818.2	3 098.7	45 084.9
2003	15 042.1	444.5	7 262	2 502.1	7 802.5	4 187.7	11 612	2 922.6	378	2 194.8	3 482.9	57 831.2
2004	20 313.4	576.9	8 448.6	3 423.2	9 756.6	5 391.9	13 282.3	3 502.2	470.9	2 509.2	4 188.9	71 864.1
2005	24 140	616	8 093	3 311	10 615	6 475	15 490	3 950	559	2 654	3 938	79 841
2006	27 549	540	8 062	3 818	11 817	7 339	17 098	3 828	639	3 275	4 300	88 265
2007	35 218.3	640.3	9 557.7	4 203.5	10 865.2	7 755.2	18 809.5	3 985.9	640.3	3 906.3	4 910.4	100 492.6
2008	47 269.7	472.7	8 261.8	4 132.4	11 798.5	8 657.4	21 200	3 960	1 260	4 370	6 221	117 603.5

第5章　煤炭运输

我国煤炭资源“西多东少、北多南少”的格局，决定了“西煤东运、北煤南调”的运输体系。这一格局和运输体系，对全国煤炭运输和煤炭有效供应保障带来了巨大挑战。

我国煤炭运输主要依靠铁路、公路、沿海和内河等水路运输。长期以来，铁路以其运力大、速度快、成本低、能耗小等优势，一直是煤炭的主要运输方式。同时，结合我国海运特点，将铁路与海运结合，形成了目前的“西煤下海，路港结合，联合转运”的煤炭长距离输送方式。

5.1　煤炭铁路运输

5.1.1　我国铁路运输发展

新中国成立60年来，我国铁路建设实现了跨越式发展。1949年，全国铁路运营里程仅2.2万km，且受战乱影响，约有一半处于瘫痪状态，全年货运量只有5 589万t。在修复旧铁路的基础上，我国以沟通西南、西北为重点，修建了大量铁路干线和铁路中转枢纽。到1978年，全国铁路营业里程增加到5.2万km，较1949年增长了1.4倍。其中，复线7 630 km，电气化铁路1 030 km。

改革开放以后，为满足经济社会快速发展的需要，我国铁路建设进入了快速发展时期。2008年，全国铁路运营里程已达8万km，较1949年增加5.8万km，增长3.6倍(见图5—1)。

伴随我国铁路营运里程的大幅延长和铁路、机车技术的不断进步，我国铁路货运能力突飞猛进。1978年，铁路货运量完成110 119万t，较1949年增长19.7倍。2000年后，铁路货运量保持了稳定快速的增长势头，至2008

年,铁路货运量增加至 328 734 万 t,较 1978 年增长 198.5%,是 1949 年的 58.8 倍(见图 5－2)。

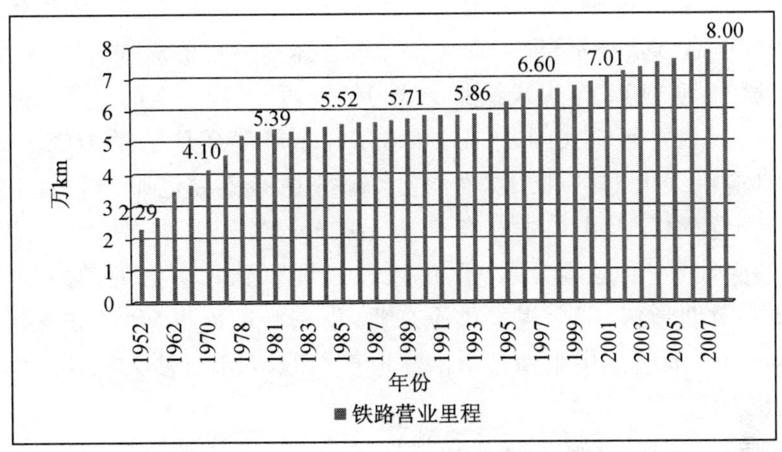

图 5－1　1952～2008 年我国铁路营业里程变化

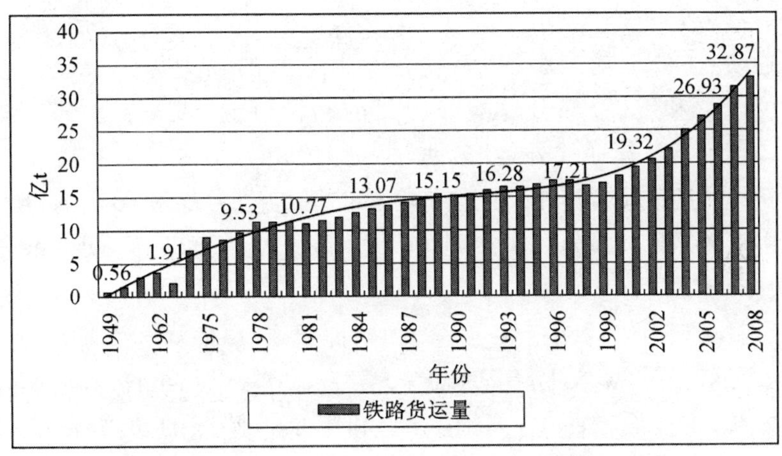

图 5－2　1949～2008 年我国铁路货运量变化

5.1.2　铁路煤炭运输基本情况

5.1.2.1　煤炭铁路运输网

我国的主要煤炭铁路通道是指“三西”煤外运通道、出关运煤通道和向华东地区调运煤炭的铁路运输通道。

1.“三西”煤炭外运通道

“三西”主要包括山西、陕西和内蒙古西部,煤炭外运铁路分为北路、中路和南路三个主要通道。“三西”能源基地煤炭外运通路的建设一直是铁路建设的重点。经过“九五”、“十五”时期的发展，“三西”煤炭外运量(含宁夏)，已从1995年的2.2亿t增加到2007年的6.9亿t左右，增长了2倍多。

(1) 北通路。北通路主要运输晋北、陕北和神东煤炭生产基地至京津冀、东北、华东地区以及至秦皇岛、京唐、天津、黄骅等港口的煤炭。其中，大秦、丰沙大、京原、集通、朔黄等煤炭铁路干线，是“三西”煤炭外运的主要通路。

大秦线：主要运输大同、平朔、准格尔和东胜等矿区的动力煤和无烟煤，除少量供应沿线大电厂和出关外，绝大部分在秦皇岛港下水，供应东北、华东和东南沿海电厂及出口。2007年大秦线外运“三西”煤炭28 775万t。

丰沙大线：主要运输大同、平朔、准格尔和东胜等矿区的动力煤，部分供应京、津和冀北地区，部分煤炭供应东北、华东等地区电厂，部分煤炭至天津港和京唐港下水运往华东和东南沿海电厂。2007年丰沙大线外运“三西”煤炭2 814万t。

京原线：主要运输轩岗和西山矿区的动力煤、气煤和无烟煤，部分供应京津和冀北地区，部分煤炭在天津港下水供应东北、华东等地区电厂。2007年，京原线外运“三西”煤炭1 221万t。

集通线：主要运输东胜、乌海和石嘴山矿区的动力煤，大部分供应辽宁和吉林的电厂和钢厂，部分煤炭经锦州港和营口港下水供应华东和中南沿海电厂。2007年，集通线外运“三西”煤炭1 090万t。

朔黄线：主要运输神木、东胜和榆林矿区的动力煤和无烟煤，除少量供应沿线电厂外，绝大部分在黄骅港和天津港下水。2007年，朔黄线外运“三西”煤炭13 275万t。

(2) 中通路。中通路主要包括石太和邯长线，以焦煤和无烟煤外运为主，主要运输晋东、晋中煤炭生产基地至华东、中南地区以及至青岛港的煤炭。

石太线：主要运输西山、离柳、汾阳和阳泉等矿区的动力煤，气煤、肥煤和无烟煤，除部分供应河北南部电厂外，大部分供应山东和江苏等地电厂、煤气厂和化肥厂。2007年，石太线外运“三西”煤炭7 002万t。

邯长线：主要运输潞安和阳泉矿区的动力煤，部分供应河北南部电厂，部分供应山东电厂。2007年，邯长线外运“三西”煤炭473万t。

(3) 南通路。南通路主要包括太焦、侯月、陇海、西康和宁西线，以焦煤、肥煤和无烟煤外运为主，主要运输陕北、晋中、神东、黄陇和宁东煤炭生产基地至中南、华东地区以及至日照、连云港等港口的煤炭。

太焦线：主要运输西山沿线潞安、晋城等矿区的动力煤和无烟煤，部分供应河南、山东和江苏等地电厂和钢厂,部分至日照港下水至中南沿海电厂。2007年,太焦线外运“三西”煤炭5 040万t。

侯月线:主要运输乡宁和晋城矿区的无烟煤和经侯西铁路转运韩城、澄合和蒲白的动力煤,部分供应湖北、安徽和江苏等地电厂和钢厂,部分至日照港下水供应华东和中南沿海电厂。2007年,侯月线外运“三西”煤炭7 442万t。

陇海线:主要运输神府、榆木、黄陵、彬长、蒲白和石嘴山等矿区的动力煤,部分供应湖北和湖南电厂,部分供应江苏、安徽、江西等地电厂和钢厂。2007年,陇海线外运“三西”煤炭1 118万t。

西康线:主要运输黄陵、彬长、蒲白和澄合矿区的动力煤,部分供应湖北电厂,煤炭进入川渝地区。2007年,西康线外运“三西”煤炭144万t。

宁西线:主要运输神府、榆林、黄陵、彬长和蒲白等矿区的动力煤,供应中南、华东地区电厂,2007年,宁西线外运“三西”煤炭709万t。

2. 出关运煤通道

出关煤炭铁路运输通道主要包括京沈、京通和京承(锦承)三条线路。1985～1997年出关煤运量一直保持在2 000万t以上,之后由于经济结构调整等因素的影响,呈下降趋势,2000年已降到1 545万t,2002年仅为1 217万t。近几年,随着东北地区煤炭需求增长,出关煤运量逐渐回升,2005年为1 677万t,2007年达到2 190万t。

3. 南北干线煤炭运输通道

南北干线煤炭铁路运输通道主要包括京广、京九、京沪及焦柳线。2006年通过孟庙口、王楼口、符离口及部营口共南下煤炭8 285万t,2007年达到9 763万t。目前四大干线能力利用率均在90%以上。

我国煤炭铁路运输格局见图5－3。

5.1.2.2　铁路煤炭运量

我国铁路煤炭运量一直占全国煤炭运输总量的60%以上,煤炭运输量占铁路货运总量的40%以上。随着我国铁路建设事业的发展,铁路运输煤炭的能力、运输量也在同步增长。1985年,国家铁路运输煤炭51 856万t,日均煤炭装车量为25 333车。2007年,日均煤炭装车量50 811车,较1985年增长100.6%。2008年,全年铁路运输煤炭134 477万t,较1985年增长159.3%,日均装车量55 116车,较1985年增长117.6%。1985～2008年,我国国家铁路运输煤炭量占全国铁路货运总量的比例保持在40%左右波动，平均为 39.91%（见图 5－4、图 5－5 和图 5－6）。

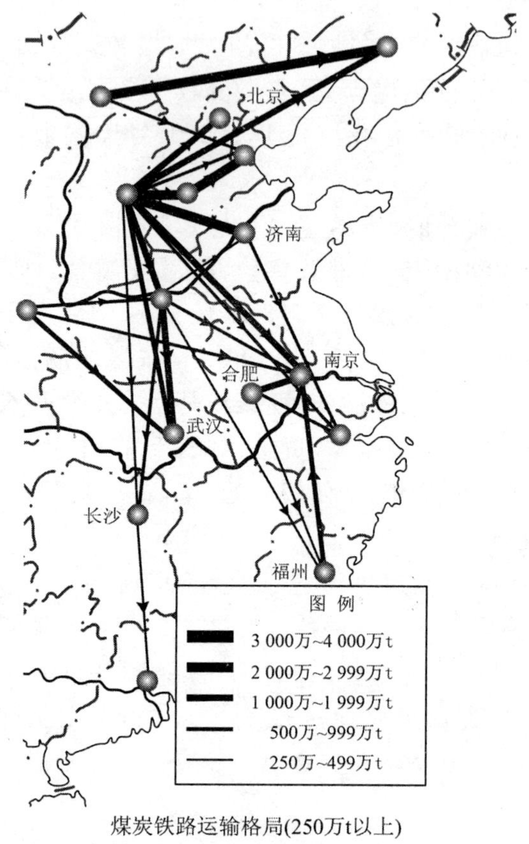

图 5－3　煤炭铁路运输格局

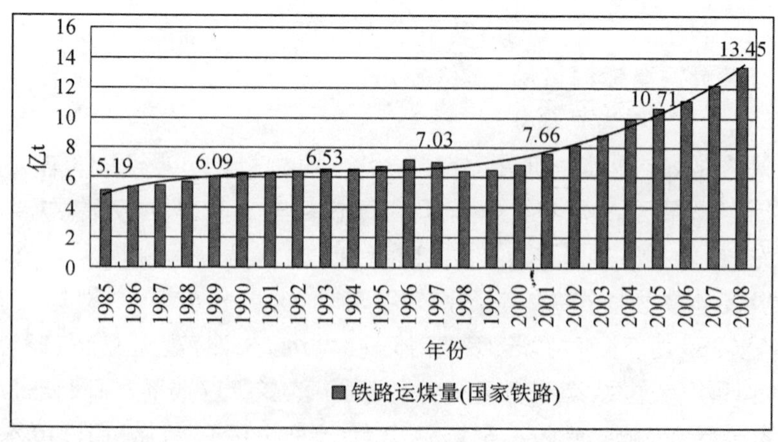

图 5－4　1985～2008 年我国国家铁路运煤量

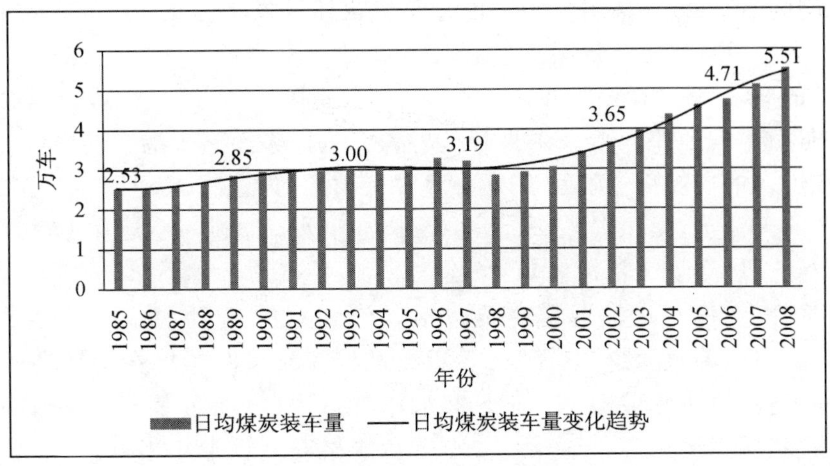

图 5－5 1985～2008 年我国日均煤炭装车量

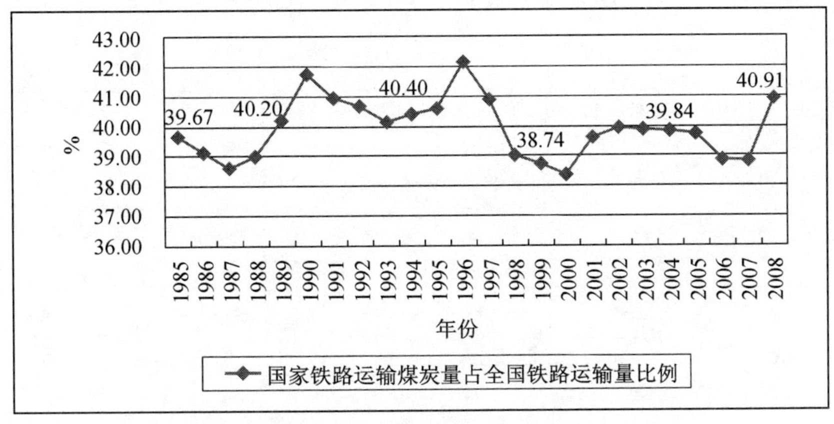

图 5－6 1985～2008 年我国铁路运煤量占比变化

5.2 煤炭水路运输

煤炭水路运输是我国煤炭由北向南的主要运输方式,因其运力强,运费低而具有很强竞争力。随着我国港口建设进程的加快,以及航运船舶的不断增多,我国煤炭水路运输量大幅攀升。

5.2.1 水路煤炭运输基本情况

山西、内蒙古、陕西的煤炭主要通过北方的天津、秦皇岛、黄骅港下水,其中,山西和内蒙古的煤炭主要通过天津港和秦皇岛港下水,陕西的煤炭主要通过天津港和黄骅港下水。另外,山东的煤炭主要通过日照港下水转运。

在煤炭海运下水量中，北方七港占全国外贸发运量的97.78%，内贸发货量的82.30%。尤其是秦皇岛、天津、黄骅和京唐港四港合计占全部一次下水量的94.7%。在南方接卸港中，浙江主要接卸来自秦皇岛、天津港两个港口的煤炭，福建主要接卸来自秦皇岛、天津、黄骅港三个港口的煤炭。

在煤炭的“铁路一海运”联运体系中，山西、内蒙古、陕西的煤炭在环渤海地区的天津港、秦皇岛港、黄骅港、京唐港下水，通过海运运往上海、江苏、浙江、福建、广东五个沿海省市。

我国内河煤炭运输通道主要包括长江和京杭运河，主要是将来自晋、冀、豫、皖、鲁、苏及海进江(河)的煤炭经过长江或运河的煤炭中转港或主要支流港中转后，用轮驳船运往华东和沿江(河)用户，从而形成了我国水上煤炭运输“北煤南运”、“西煤东运”的水上运输格局。近十年来，通过对北方大型煤炭装船港和南方煤炭接卸港的大规模建设，以及大型运煤船队的发展，煤炭水上运输能力有了很大的提高。2007年，全国内河运煤量达2.44亿t(见图5—7)。

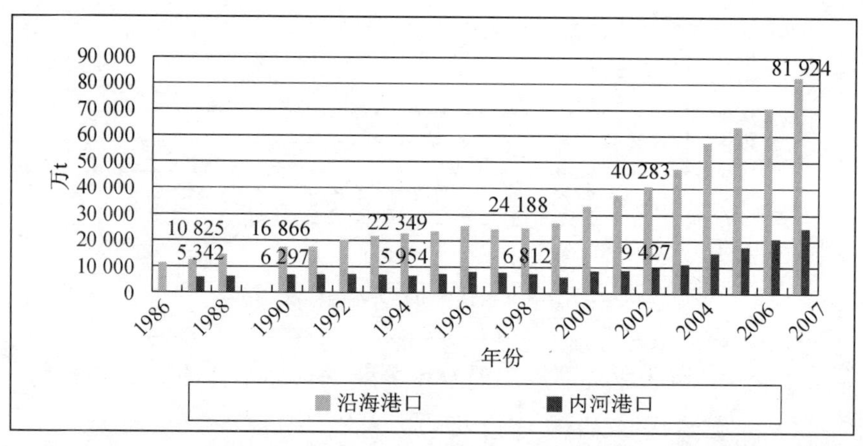

图5—7 1986～2007年我国沿海、内河港口历年煤炭吞吐量

承担我国煤炭海运的主要下水港包括：秦皇岛港、天津港、黄骅港、京津港、青岛港、日照港、连云港，即北方七港。北方七港年煤炭下水量占沿海煤炭总下水量的一半以上。内河煤炭下水港主要有长江四港，即南京港、武汉港、芜湖港、枝江港，还有京杭运河上的徐州港和珠江水系的贵州港。

煤炭主要接卸港包括：华东地区的上海港、宁波港，华南地区的广州港。内河有长江和运河上江阴港、南通港、镇江港、杭州港和马鞍山港。

“铁水联运”是北煤南运的主要方式，因此海运能力在煤炭运输系统中的重要性仅次于铁路。与铁路运输相比,由于各地港口和运输船队建设已经实施市场化的经营管理模式,煤炭海运能力和港口建设增长迅猛。近年来,沿海港口煤炭一次下水量平均年增速达到了15.6%,煤炭下水量由2000年的1.89亿t,增长至2007年的4.5亿t。

目前,水路运输承运的煤炭主要来源于三个地区:一是"三西"地区煤炭经铁路、公路到北方沿海港口,中转至华东、华南沿海地区和出口国外;二是山西南部、河南、安徽、山东及贵州的煤炭由铁路、公路运至长江、大运河中转到华东地区;三是贵州有少量煤炭经长江运往广东地区。

5.2.2 主要煤炭港口建设情况

5.2.2.1 秦皇岛港

秦皇岛港是我国乃至世界上最大的煤炭输出港,它以大秦铁路为依托,将山西、内蒙、陕西、宁夏、河北等地煤炭通过海运方式源源不断地输送到我国东南沿海能源缺乏省市。该港拥有先进的煤炭装卸设备和自动化流水线,有1万～15万吨级煤炭专用泊位21个,其装卸煤炭最大通过能力为6 000 t/h,煤炭堆场堆存能力1 000万t,具有集疏运能力强且运输便捷、经济等特点。近年来,秦皇岛港抓住煤炭需求旺盛、大秦线扩能等机遇,不断提高运输能力、加快发展,煤炭吞吐量呈现快速增长态势,2008年完成煤炭吞吐量2.14亿t。

5.2.2.2 天津港

天津港地处渤海湾西端,位于海河下游及其出海口处,是环渤海中与华北、西北等内陆地区距离最短的港口,是首都北京的海上门户,也是亚欧大陆桥最近的东端起点。拥有各类泊位140余个,其中公共泊位76个;拥有万吨级以上泊位55个,其中20万吨级泊位一个,10万吨级泊位两个,7万吨级和5万吨级泊位共11个。公共泊位岸线总长14.5 km。2008年,天津港煤炭吞吐量完成8 060万t。货物吞吐量在全国沿海港口排名中位居第四位,吞吐量在中国北方居第一位,跻身世界港口20强。

5.2.2.3 黄骅港

地处渤海湾中南部,毗邻京津,是我国主要煤炭输出港之一,是河北省南部沿海的地区性重要港口,在环渤海地区、京津冀都市圈和河北省沿海地区经济社会发展中占有重要位置。黄骅港是应我国"北煤南运"煤炭运输大通道建设而发展起来的。黄骅港始建于20世纪80年代中期,1997年,神华集团煤码头一期工程开工。截至目前,黄骅港现有生产性泊位13个(万吨级以上泊位 9 个),设计年通过能力 6 715 万 t。其中,煤炭年通过能力 6 570 万 t,2007 年继续对进港航道浚深,底标高将达到－13 m,并将建设一条万吨级空载船进港航道,双向航道年通过能力将超过 1.2 亿 t。2008 年完成煤炭吞吐量 7 803 万 t。

5.2.2.4　日照港

日照港是伴随着我国改革开放成长起来的新兴沿海港口,1982 年正式开工建设,1986 年投产运营,是我国重点发展的沿海 25 个主要港口之一。现拥有日照、岚山两大港区,32 个生产泊位,设计年通过能力超过 5 000 万 t。港口装卸以煤炭、铁矿石、集装箱、粮食、液体化工及油品等十大主导货种为主。连接港口的坪岚铁路向西经新乡、侯马、西安直达新疆的阿拉山口,形成平行陇海线,与京沪、京九、京广、焦枝、同蒲铁路相交的纵横交错的铁路网络,把日照港与华东、中原、西北广大地区连接在一起。

日照港现有日照东港区、日照中港区、日照西港区、岚山、岚山北港区五大港区,共有生产性泊位 28 个,设计通过能力 4 132 万 t。拥有生产泊位 19 个,其中 12.5 万 t 煤炭专用泊位 2 个,万吨级以上泊位 11 个;岚山港区拥有生产泊位 7 个,万吨级以上泊位 4 个;日照西港区拥有万吨级生产泊位 2 个。港区拥有国内吃水最深的 15 万吨级煤炭专用泊位 2 个,码头前沿水深－17 m;拥有 5 万吨级煤炭专用泊位 1 个。以上三个泊位设计年吞吐能力 3 500 万 t,煤炭堆存能力为 350 万 t。正在进行的煤炭系统改造完成后,煤炭年通过能力将达到 4 500 万 t。2008 年,日照港完成煤炭吞吐量 1 434 万 t,港口实际吞吐量突破 1 亿 t。

5.2.2.5　唐山港

唐山港由京唐港和曹妃甸港两大港区构成,其中京唐港位于唐山市东南 80 km 处的唐山海港开发区境内,渤海湾北岸。陆上距北京市 230 km,海上距上海港 669 海里,距香港 1 360 海里,运输环境良好。其中,铁路总长 77.3 km,年运输能力 1 200 万 t 的滦港铁路(滦县－京唐港)与国铁干线京山线、京秦线接轨。公路有:唐山－港口 90 km 唐港公路、港口－滦县 70 km 滦港公路、环渤海公路,三条高等级公路与 205、102、107 国道相接。经过十几年建设,形成了一号、二号两个港池,建成散杂、件杂、多用途、集装箱、煤炭专用、水泥专用、液化石油气专用等各种功能的 1.5 万～5.0 万吨级泊位 17 个,综合通过能力 2 500 万 t 以上,最大通航能力可乘潮进出 7 万 t 船舶。

曹妃甸港位于渤海湾西岸,地处唐山市滦南县曹妃甸岛,毗邻京津冀城市群,北距唐山60 km,西距北京210 km、天津110 km,东距秦皇岛150 km。岛前西南及南侧距岸600 m处即为渤海湾主潮流通道的深槽海域,岛前500 m,水深为20～30 m,且25 m水深水域直通渤海海峡,是渤海湾中惟一不需开挖航道和港池、不需疏浚维护即可建设大型深水港的天然港址。2008年,唐山港货物吞吐量达到了1.07亿t,其中,京唐港区吞吐量7 491万t,曹妃甸港区吞吐量3 199.7万t。

5.2.2.6　青岛港

青岛港是具有113年历史的国家特大型港口,全国512户重点国有企业之一。由青岛老港区、黄岛油港区、前湾新港区三大港区组成。拥有码头15座,泊位73个,其中,营运码头13座,营运泊位49个。万吨级以上泊位32个,可停靠5万吨级船舶的泊位6个,可停靠5万吨级船舶的泊位6个,可停靠10万吨级船舶的泊位6个,可停靠30万吨级船舶的泊位2个。2008年,青岛港货物吞吐量达到了3.0亿t,其中从青岛港进口上岸的铁矿石和原油量跃居全国之首。

青岛港主要从事集装箱、煤炭、原油、铁矿、粮食等各类进出口货物的装卸服务和国际国内客运服务。与世界上130多个国家和地区的450多个港口有贸易往来。是太平洋西海岸重要的国际贸易口岸和海上运输枢纽。其中,煤炭装卸泊位共有三个:拥有两个装船专用泊位,泊位长度566 m,前沿水深14.1 m,可满足10万吨级船舶靠泊作业。拥有单机装船能力为4 500 t/h的装船机两台。其他主要设备有:堆/取料机一台、取料机两台、输送皮带总长度9.5 km及高精度自动计量装置等。整套设备采用微机控制,自动化作业。还有一个20万吨级的矿石卸船泊位,可兼作卸煤,泊位长420 m,拥有3台桥式抓斗卸船机,最大起重量62 t、外伸距44 m;卸船能力为1 200 t/h。拥有翻车机两台,螺旋卸车机两台,卸车能力7 600 t/h,堆场堆存能力200万t,对不同的煤种、不同货主的煤炭单堆单放。

5.2.2.7　连云港港

连云港港位于太平洋西海岸、中国黄海之滨,与韩国、日本等国家主要港口相距在500海里的近洋扇面内。现为江苏最大海港、苏北和中西部最经济便捷出海口、新亚欧大陆桥东桥头堡,是我国沿海主枢纽港和能源外运的重要口岸之一,是以腹地内集装箱运输为主并承担亚欧大陆间国际集装箱水陆联运的重要中转港口,集商贸、仓储、保税、信息等服务于一体的综合性大型沿海商港。拥有生产性泊位30个,其中万吨级以上泊位25个,包括煤炭、集装箱、木材、粮食、危险品等专业码头，泊位岸线 6 273 m，年设计吞吐能力 2 265 万 t；目前已形成老港区、庙岭港区、墟沟港区三大港区，已经成为一个初具规模，大中小泊位配套，散杂货、集装箱并举，运输功能齐全，内外贸兼顾，以外贸运输为主的综合性国际贸易运输枢纽港。2008 年，连云港货物吞吐量首次超过 1.0 亿 t，集装箱运输突破 300 万标箱。

近年来，北方七个主要煤炭港口吞吐能力快速增加，2007 年较 2005 年实际煤炭吞吐能力增加 13 685 万 t，增长 37.97%（见表 5－1）。其中，秦皇岛港实际煤炭转运能力由 2005 年的 12 865 万 t 增加到 2007 年的 18 000 万 t，增长 39.92%；唐山港由 2 100 万 t 增加到 4 100 万 t，增长 95.24%。根据港口扩建规划，到 2010 年，北方七个主要煤炭转运港口泊位数将由 2007 年的 54 个增加到 59 个，煤炭转运能力由 49 725 万 t 增加到 56 725 万 t，增长14.08%。

表 5－1　　北方七港煤炭转运能力与扩建计划表

年份		2005	2006	2007		2010	
项目		实际能力（万 t）	实际能力（万 t）	泊位数（个）	实际能力（万 t）	泊位数（个）	计划能力（万 t）
合计		36 040	41 640	54	49 725	59	56 725
秦皇岛港		12 865	17 600	18	18 000	18	18 000
唐山港	京唐	2 100	2 800	9	4 100	9	4 100
	曹妃甸					5	5 000
天津港		6 894	5 986	10	9 450	10	9 450
黄骅港		6 689	8 036	7	10 000	7	12 000
青岛港		1 500	1 500	3	2 200	3	2 200
日照港		2 600	1 750	4	2 000	4	4 500
连云港		1 475	1 475	3	1 475	3	1 475

5.2.3　煤炭港口转运发展趋势

“十一五”期间，增产煤炭主要来自于“三西”地区和西部其他地区，运煤铁路的扩能重心也集中在运输“三西”煤炭的各条通道上，随着大秦线、朔黄线、煤炭运输铁路大通道及公路设施的改造扩能，“三西”地区煤炭下海运量仍将有较大幅度的提高，港口建设将适应煤炭生产和铁路运输布局的需要，建设重点也将集中在北部海岸。

目前，北方港口煤炭装船泊位一般在 2 万～10 万吨级之间，而华东主要耗煤大户江苏、浙江、上海等地的煤炭接卸码头吨级较小,一般为1万～2万吨级,煤炭输出与输入港口设施不匹配,导致运煤船舶吨位普遍偏小,使北方港口出现煤炭周转速度慢、船舶压港现象。为此,国家有关部门计划在浙江、上海、广州、海南等地建设大型煤炭接卸港和中转基地,江苏、福建等省也提出建设大型煤炭中转配送基地的规划。国家将统筹安排大型煤炭接卸港建设,从根本上解决煤炭输出与输入港口之间的不匹配问题,提高海上通道的运输效率。

由于东南沿海地区长期以来一直是我国经济增长较快的地区,是我国煤炭消费重心地带。近两年来,沿海地区煤炭需求仍在相对较快增长,据中电联数据显示,2005年和2006年,江浙沪两省一市新增发电装机容量占全国比重分别达到36%和20%,2007年,华东地区新增发电装机容量占全国的比例为16.5%;与此同时,为应对铁矿石需要大量进口的发展趋势,我国钢铁产业布局也在向沿海地区转移;沿海地区城镇化、工业化发展较快,水泥、化工等高耗能产业发展很快。以上情况使沿海地区煤炭需求相对较快增长。与此相对应,港口内贸煤炭运输量也正在以两倍于铁路煤炭运输增速以上的速度增长。在此情况下,预计我国港口运行将保持快速发展态势,全国港口煤炭中转量增长不会低于15%。未来几年内,由北方沿海的秦皇岛港、唐山港(含曹妃甸港区)、天津港、黄骅港、青岛港、日照港、连云港等主要供应沿海地区的七大装船港的中转运煤能力将大幅增加,预计其转运能力将由2005年的3.6亿t增加到2010年的8.9亿t。

第6章 煤炭消费

新中国成立以来，我国经济结构由传统的农业化国家逐渐向工业化国家发展，第二产业逐渐成为拉动我国经济增长的主要力量，能源消费也主要集中在第二产业，其中，煤炭消费主要集中在电力、冶金、建材和化工四个行业，这四个行业的煤炭消费量占全国煤炭消费总量的80%以上。

6.1 煤炭消费量

从我国煤炭消费总量的变化情况分析，60年来经历了几次较大的周期性变化。1949～1953年，我国煤炭消费量由3 432万t快速增加到7 149万t，增长了两倍多；到1960年再次快速增长至39 701万t，年均增长27.8%。之后，全国煤炭消费量持续保持了较稳定的增长态势。至1996年，全国煤炭消费达到144 734万t。1996年以后，受亚洲金融危机等多重因素影响，煤炭消费量出现了下降态势，到2001年，全国煤炭消费总量降至13亿t，2002年恢复到14.55亿t。2008年，全国煤炭消费总量达到27.4亿t，较1949年增长79.8倍，年均增长7.7%(见图6－1)。

6.2 煤炭消费方式

新中国成立之初，我国煤炭主要用于工业生产及人民生活消耗。如1953年，我国工业生产消费煤炭4 030万t，占煤炭消费量的56.6%，主要用于发电、炼焦、铁路、冶金、合成氨、水泥等行业；居民生活用煤2 998万t，占当年煤炭消费量的42.1%。随着我国国民经济的发展，我国工业生产、生活用煤量均有增长，但煤炭消费比重却在不断发生着变化。

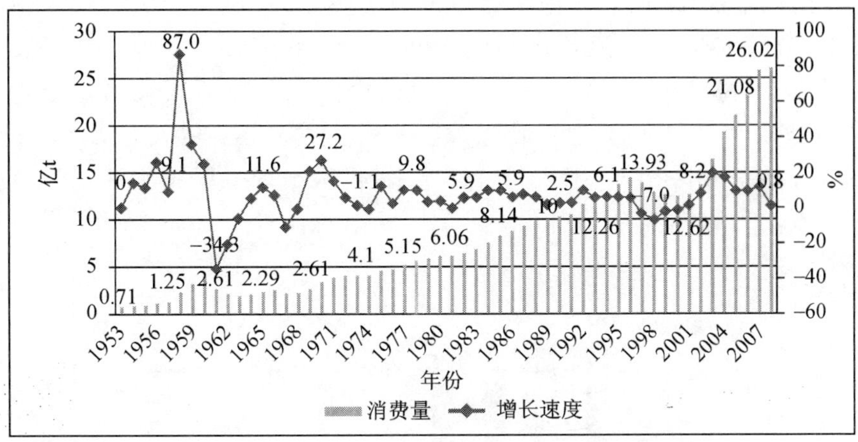

图 6—1　1953～2008 年我国国内历年煤炭消费量

1949～1978 年,随着我国工业的快速发展,特别是重化工业、高耗能产业的快速发展,工业生产领域的煤炭消费量大幅增加,所占比重逐年大幅度上升,而居民生活用煤比重则持续下降。到 1977 年,我国工业生产部门煤炭消费总量达到 51 353 万 t,占全国煤炭消费总量的 83.1%,较 1953 年增加 26.5 个百分点;居民生活耗煤 8 979 万 t,占煤炭消费总量的 14.5%,较 1953 年下降 27.6 个百分点(见图 6—2)。

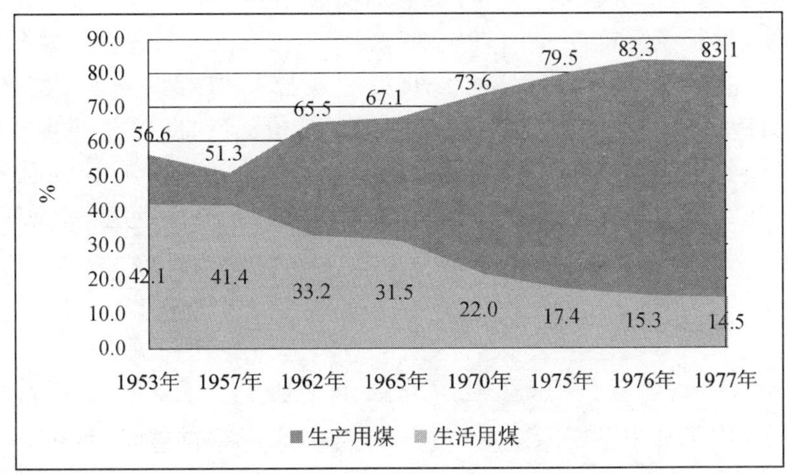

图 6—2　改革开放前我国工业生产与生活煤炭消费量变化趋势

改革开放以来,我国人民生活极大改善,生活内容丰富多彩,生活物资充足,生活消费不断升级,能源品种增多,石油、天然气和电力等优质清洁能源消费比重增加,居民生活用煤比重不断下降。1980 年,全国居民生活消费煤炭 11 574 万 t,之后,逐年增加到 1990 年的 16 699.7 万 t,达到了我国居民生活煤炭消费量的顶峰。1990 年以后,全国居民生活煤炭消费量呈下降趋势。2000 年,全国居民生活煤炭消费量下降到 7 907.2 万 t,减少了 52.65%;2002 年降至 7 602 万 t。近年来,再次出现了居民生活煤炭消费量增加趋势,2007 年,生活消费煤炭 8 100 万 t(见图 6—3)。

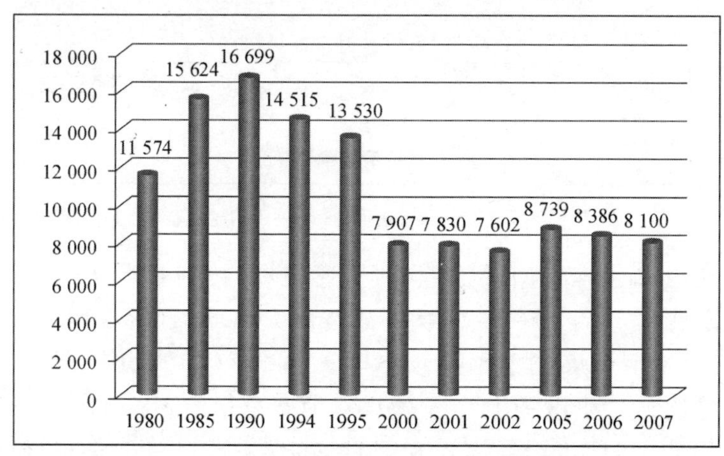

图 6—3 我国居民生活煤炭消费量变化趋势

从我国国民经济各主要部门煤炭消费发展趋势看,工业部门是煤炭消费的主要部门。2007 年,全国煤炭消费总量为 25.86 亿 t,其中,农林牧渔水利业消费煤炭 2 337.8 万 t,占 0.9%;工业部门消费煤炭 24.53 亿 t,占 94.86%;居民生活消费煤炭 8 100.6 万 t,占 3.13%(见图 6—4、图 6—5)。

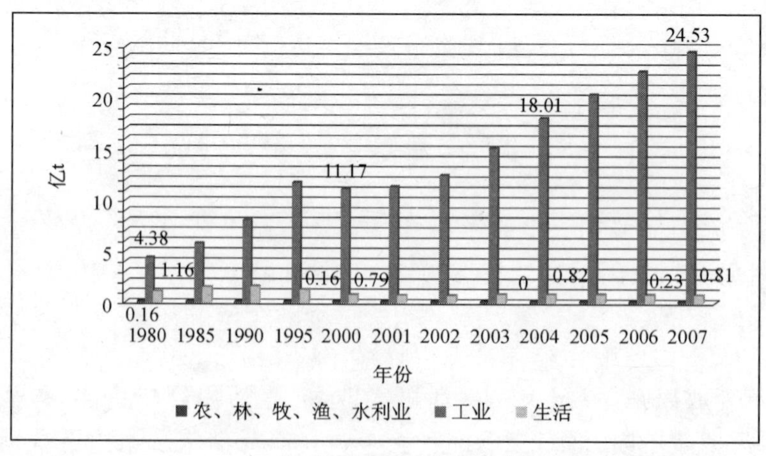

图 6—4 1980～2007 年我国国民经济主要部门煤炭消耗量变化

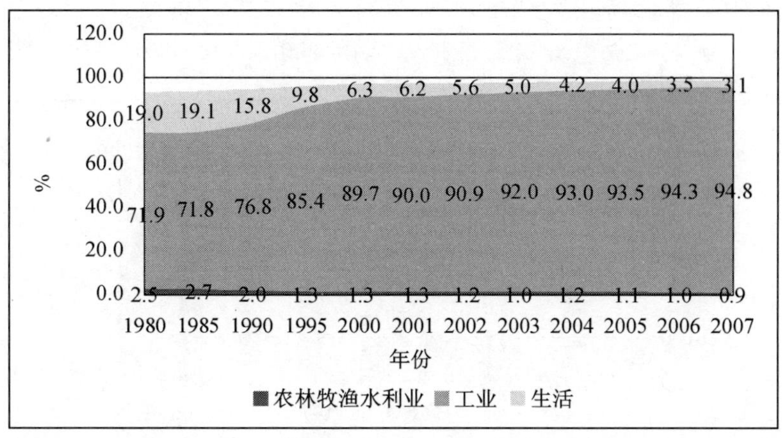

图 6－5　1980～2007 年我国国民经济各主要耗煤部门煤炭消耗比重变化

6.3　主要煤炭消费行业

6.3.1　电力产业

电力产业是国民经济和社会发展的重要支撑,也是工业现代化发展的基础。新中国成立以来的 60 年间,我国电力产业得到了快速发展。全国发电装机容量由 1949 年的 185 万 kW 快速增加到 1977 年的 5 145 万 kW,2007 年达到了 7.13 亿 kW,2008 年突破了 8.0 亿 kW,是解放初的 432 倍。电力产业的快速发展有力地拉动了全国煤炭消费量。

从我国电力产业发展的特点看,改革开放前,受多重因素影响,水电发展速度相对较快,在全国发电装机容量中的比重逐年提高。1952 年,全国发电装机总容量为 197 万 kW。其中,火电装机容量为 178 万 kW,占90.36%;水电装机容量只有 19 万 kW,占 9.64%。到 1977 年,全国发电装机容量达到了 5 145 万 kW 。其中,火电装机 3 569 万 kW ,占 49.93%,较 1952 年下降了 40.43 个百分点;水电装机容量达到了 1 576 万 kW,占30.57%,提高了 18.85 个百分点(见图 6—6、图 6—7)。

1978 年以后,我国火电和水电装机容量均呈快速增长,且火电装机所占比例不断提高。我国发电装机容量由 1978 年的 5 712 万 kW,增长到 1984 年的 8 012 万 kW。1985 年开始,我国发电装机容量开始进入高速增长阶段,1987 年,全国发电设备装机容量突破 1 亿 kW,以后连续 13 年每年新增发电生产能力均在 1 000 万 kW 以上。1999 年底,全国发电设备装机容量为 2.94 亿 kW。其中,火电 22 150 万 kW,占 75.3%。2008 年,全国基建新增生产能力依然保持较大规模，基建新增发电设备容量 9 051 万 kW，其中，水电 2 010 万 kW，火电 6 575 万 kW，风电 466 万 kW（见图 6—8、图 6—9）。

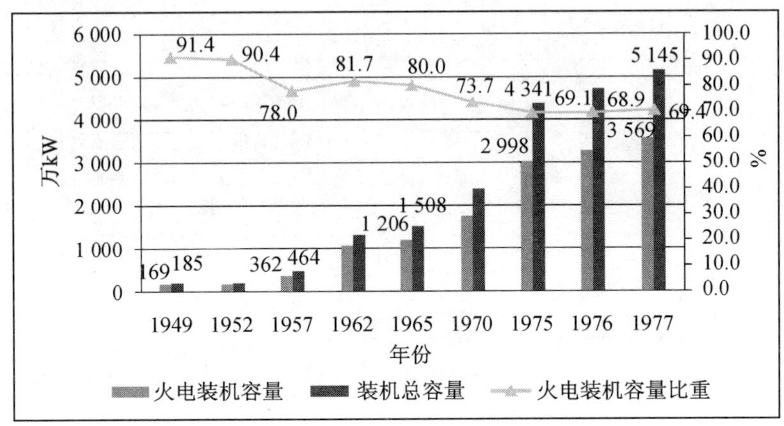

图 6—6　改革开放前我国火电装机容量及其比重变化

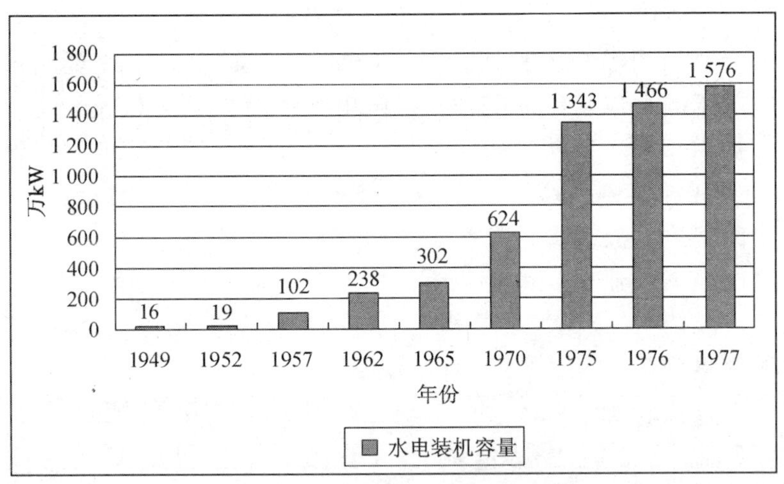

图 6—7　改革开放前我国水电装机容量变化

随着我国大型水力工程建设项目的顺利实施，水电装机容量大幅增加，特别是三峡工程等大型水电项目建设，水电装机快速增加。全国水电装机容量由 1979 年的 1 911 万 kW 快速增加到 2007 年的 14 823 万 kW，增长了约 675%（见图 6—10、图 6—11）。

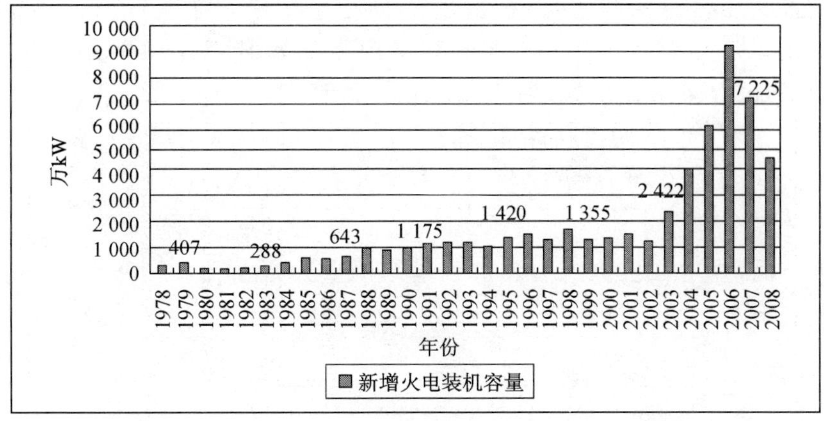

图 6－8 1978～2008 年全国新增火电装机容量趋势

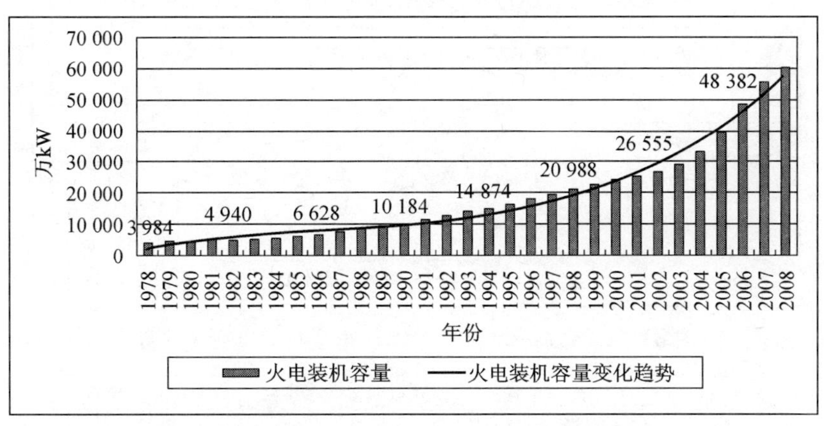

图 6－9 1978～2008 年全国历年火力发电装机容量变化趋势

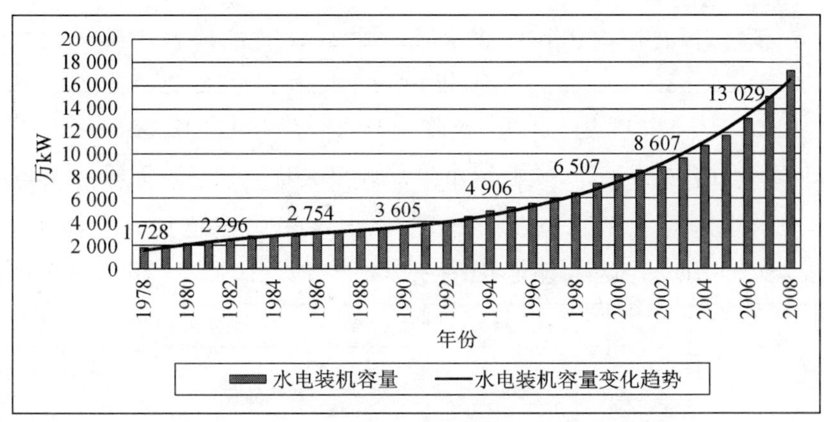

图 6－10 1978～2008 年全国水电装机发展趋势

虽然我国水电装机容量快速增长，但在全国电力总装机所占比重中仍处于逐年下降态势。1979 年；水电装机容量所占比重为 30.3%。1985 年后，火电装机容量增速加快，所占比例稳步增长，1992 年，火电装机容量比重达到了 75.6%，水电所占比重下降至 24.4%。2002 年以来，在经济高速发展的带动下，电力需求大幅增长，建设周期短、受自然条件制约较少的火电项目建设逐渐朝着机组大型化和现代化的方向发展，平均每年新增发电机组近亿千瓦，火电在全国电力装机容量的比重大幅上升。2008 年，火电装机容量占全国电力总装机容量的 75.9%（见图 6－11）。

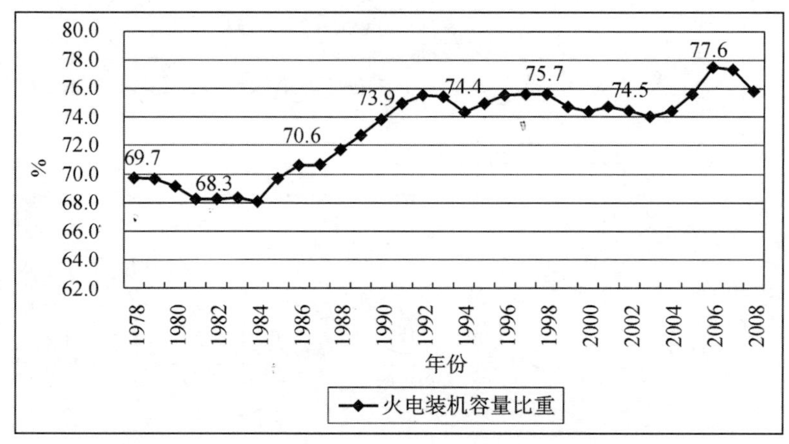

图 6－11　1978～2008 年全国火电装机比重变化趋势

火力发电的快速增长，直接拉动了煤炭消费量的增加。据统计，全国火力发电煤炭消费量由 1958 年的 1 968 万 t 增长至 1977 年的 9 031 万 t，年均增长 8.35%（见图 6－12）。

改革开放后，我国电力行业煤炭消费量呈现波动增长态势。1979 年全年发电耗煤 11 880 万 t，到 2004 年，全国电力耗煤接近 10 亿 t，达到了 99 391 万 t，25 年间，全国电力产业煤炭消费量年均增长 8.87%。自 2005 年以后，电力行业和供热煤炭消费量增速加快，由 2005 年的 109 112 万 t 增加到 2008 年的 13.4 亿 t，年均增长 7.09%（见表 6－1）。

表 6－1　　1978～2008 年火力发电耗煤量及其增速

年份	发电耗煤（万 t）	增速（%）	年份	发电耗煤（万 t）	增速（%）
1978	11 344	25.6	1994	40 053	8.7
1979	11 880	4.7	1995	44 440	11.0

续表 6－1

年份	发电耗煤(万 t)	增速(%)	年份	发电耗煤(万 t)	增速(%)
1980	12 296	3.5	1996	48 809	9.8
1981	12 381	0.7	1997	48 979	0.3
1982	13 427	8.4	1998	49 489	1.0
1983	14 311	6.6	1999	51 164	3.4
1984	16 207	13.2	2000	54 611	6.7
1985	17 496	8.0	2001	57 688	5.6
1986	19 592	12.0	2002	65 600	13.7
1987	22 196	13.3	2003	77 976	18.9
1988	25 155	13.3	2004	99 391	27.5
1989	27 537	9.5	2005	109 112	9.8
1990	29 688	7.8	2006	114 250	4.7
1991	33 020	11.2	2007	130 549	14.3
1992	33 459	1.3	2008	134 000	2.6
1993	36 831	10.1			

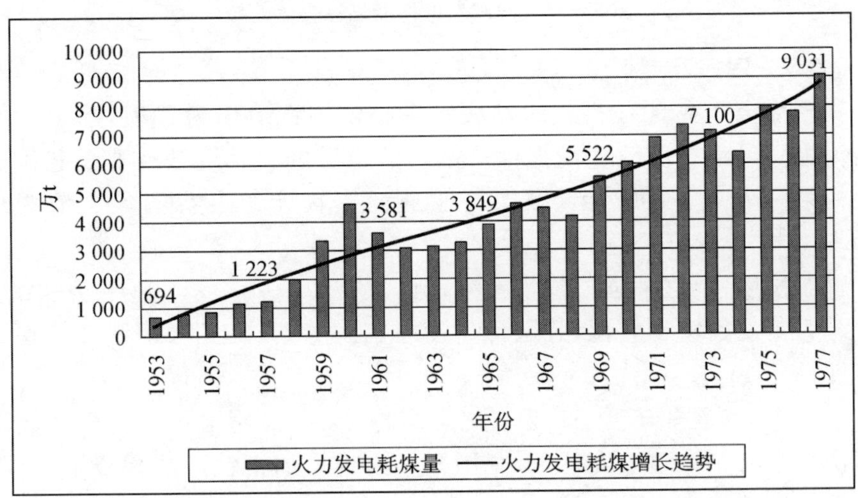

图 6－12　1953～1977 年全国火电煤炭消费量变化趋势

近年来，伴随我国大力推进可持续发展战略，清洁能源应用愈发广泛，水电、风电、太阳能发电等可再生能源发电以及核电在电力产业中所占比重逐渐增加。但是，受电力总量增长较快的影响，虽然火电比例在下降，但其耗煤量却逐年上升。随着煤炭清洁燃烧技术推广和应用，以及在国家相关政策措施指导下，电力行业淘汰了一大批能耗高、效率低的小机组，新建设项目均是高参数、单耗低、效率高的大型发电机组，全国电力平均发电单位煤耗大幅下降。据统计，2008 年，全国 6 000 kW 及以上电厂供电标准煤耗为 349 g/kW · h，与 1952 年的 727 g/kW · h 相比下降约 34.4%（见图 6－13）。

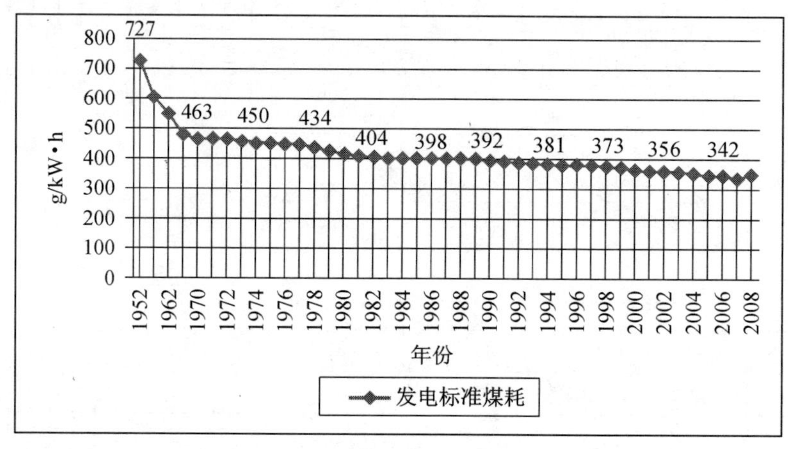

图 6－13　我国发电标准煤耗变化趋势

6.3.2　冶金产业

我国冶金产业具有悠久的发展历史。以钢铁冶炼为代表，冶金行业的发展为国民经济及国防建设提供了重要的物质资料。钢铁行业是我国焦炭消耗的第一大户。2007 年，钢铁行业消耗焦炭量约占我国焦炭消费总量的 86%。

解放初期，全国勉强能够恢复生产的只有 7 座高炉、12 座平炉、22 座小电炉。为实现国家工业化，我国优先发展钢铁等基础工业，钢铁产量快速增长（见图 6－14）。

1950 年，全国钢产量 61 万 t，之后，继续保持快速增长。在国家大力发展钢铁产业的相关政策支持下，全国开展大规模的钢铁产能建设，逐步形成了鞍钢、武钢、包钢等一批大型钢铁企业。1957 年，全国钢产量达到 535 万 t；1959 年，全国钢产量首次突破 1 000 万 t。1961～1962 年，受自然灾害等多种因素影响，我国钢铁产量出现短暂回落。1962 年，全国钢产量回落到667 万 t；到 1971 年，实现钢产量 2 132 万 t，首次突破 2 000 万 t（见图6－15）。

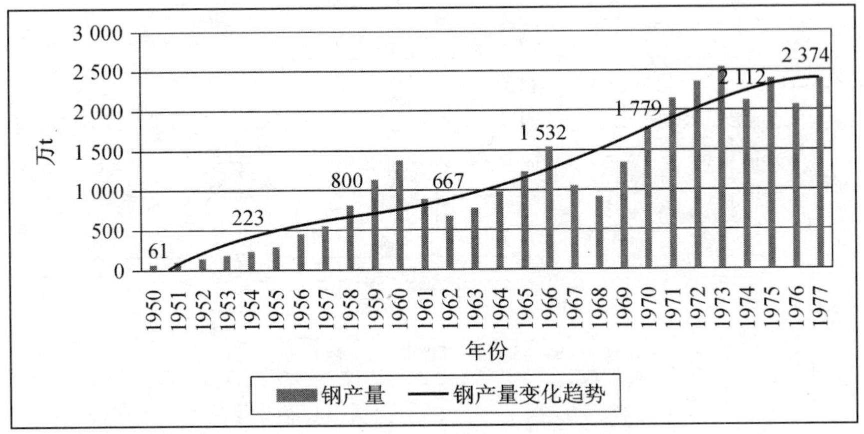

图 6－14 改革开放前我国历年钢产量

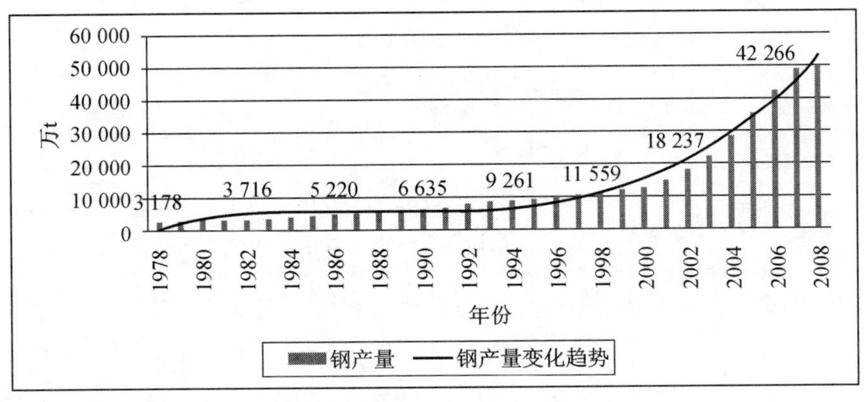

图 6－15 1978～2008 年全国历年钢产量

1978 年，我国钢产量首次突破 3 000 万 t；1996 年，钢产量首次突破 1 亿 t大关，达到了 10 124 万 t，较 1979 年增长 193.6%。2001～2007 年，我国钢产量保持高速增长，年增长率在 15%以上。2008 年，虽然受世界金融危机影响，我国钢产量有所回落，但全年仍实现钢产量 50 116 万 t。

冶金行业的煤炭消费主要集中冶炼用焦碳和部分燃烧用动力两方面，其中，冶金用焦碳既是冶金行业的燃料，更是冶炼过程中所必需的重要原料。改革开放前我国历年炼焦煤消费量见图 6－16。

改革开放前我国历年炼焦煤消耗占全国煤炭消费总量的比例见图6－17。

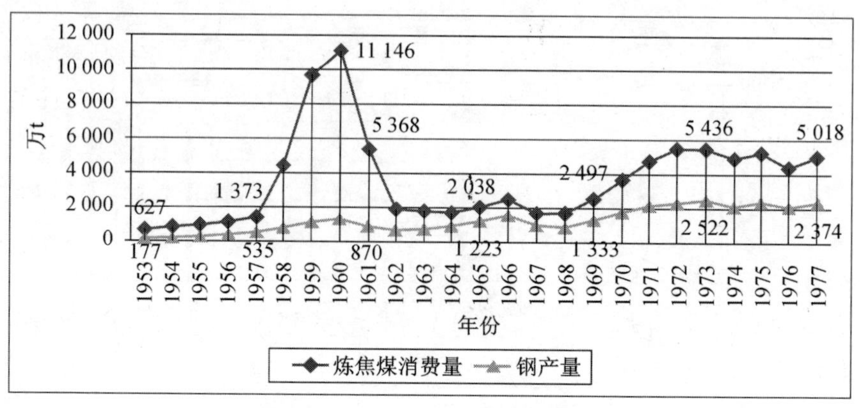

图 6－16　1953～1977 年我国炼焦煤消费量变化

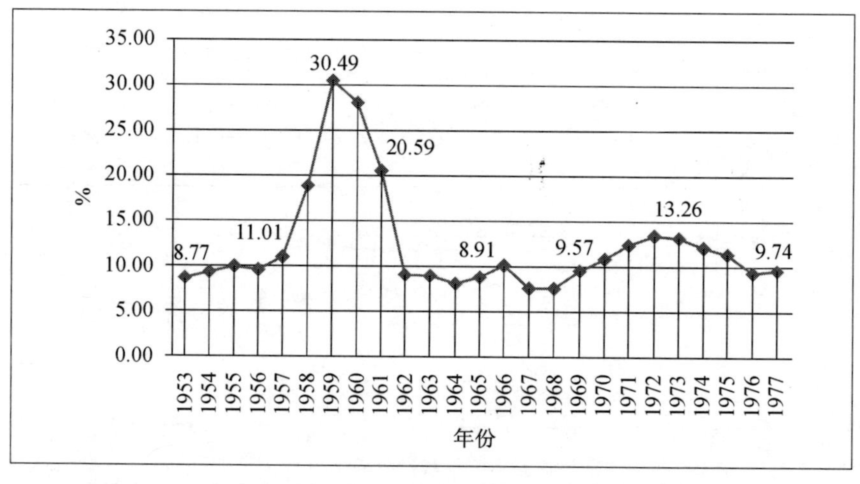

图 6－17　1953～1977 年全国炼焦煤消耗比重

从整体看，我国炼焦煤消费量与钢产量呈现同向波动趋势。当钢产量增长时，炼焦煤消费量同步增长；钢产量向下调整时，炼焦煤消费量同时下滑。

1958 年，受全国大炼钢铁运动的影响，钢铁产量快速提高。炼焦煤消费量巨幅攀升，由 4 413 万 t 跃升至 11 146 万 t，增幅约 152.6%。其原因主要在于“大跃进”期间，全社会大炼钢铁，生产技术水平低下，原材料利用效率过低，虽然消耗大量焦炭，钢产量并未实现相同规模增长。

1979 年，我国炼焦煤消费量为 6 178 万 t。受钢产量波动影响，1980～1981 年，炼焦煤消费量向下调整，降至 5 358 万 t。1988 年，炼焦煤消费量达到7 105万t,较1979年增长15%。1992年,我国炼焦煤消费量首次突破1亿t,达到11 282万t。1992～1997年,我国炼焦煤消费量均保持了较快增长。其中,1994、1995两年增速较快,分别达到15.3%和31.9%。1997年,全年炼焦煤消费量为19 297万t,创出历史新高,较1979年增长212.4%。1998～1999年,受亚洲金融危机及我国宏观经济结构调整影响,我国炼焦煤消费量出现下滑。1999年,炼焦煤消费量降至14 942万t。2000年后,我国炼焦煤消费量再次出现增长趋势。2003年,全年消费炼焦煤23 640万t,历史上首次突破2亿t。2007年,全国冶金行业煤炭消费量达到了4.17亿t(见表6—2)。

表6—2　　1978～2008年炼焦煤消费量及其增速

年份	炼焦煤消费量(万t)	增速(%)	年份	炼焦煤消费量(万t)	增速(%)
1978	5 930	18.2	1994	13 948	15.3
1979	6 178	4.2	1995	18 396	31.9
1980	5 934	—3.9	1996	18 456	0.3
1981	5 358	—9.7	1997	19 297	4.6
1982	5 497	2.6	1998	15 628	—19.0
1983	5 787	5.3	1999	14 942	—4.4
1984	6 079	5.0	2000	15 000	0.4
1985	6 352	4.5	2001	15 436	2.9
1986	6 736	6.0	2002	18 210	18.0
1987	7 066	4.9	2003	23 640	29.8
1988	7 105	0.6	2004	25 350	7.2
1989	9 631	35.6	2005	31 667	24.9
1990	7 992	—17.0	2006	37 450	18.3
1991	8 087	1.2	2007	41 559	11.0
1992	11 282	39.5			
1993	12 093	7.2			

6.3.3　建材产业

建筑材料工业的产品主要包括水泥、墙体材料、石灰、平板玻璃、建筑卫生陶瓷以及各种新型建筑材料和装修装饰材料等百余类,近2 000种产品。其中,水泥产业占建材行业煤炭消费总量的70%以上。

1949年,全国水泥产量仅为66万t。1950～1952年的3年间,全国总共有18个大中型水泥厂相继恢复生产，1952年水泥产量达到289万t，较1949年增长337.9%。1954年，全国生产水泥460万t。1955年，受水泥产业调整影响，产量降低至450万t。1960年，全国水泥产量达到了1 565万t。为适应全国经济发展的需要，在一些有条件的地区开工建设了一大批新的水泥厂，水泥产业布局得到了有效改善，缓解了水泥供应紧张的局面。全国平均水泥运输半径由1956年的854 km缩短到1980年的383 km，水泥供应效率大幅提高。1978年，全年水泥产量6 524万t，较1949年增长97倍(见图6—18)。

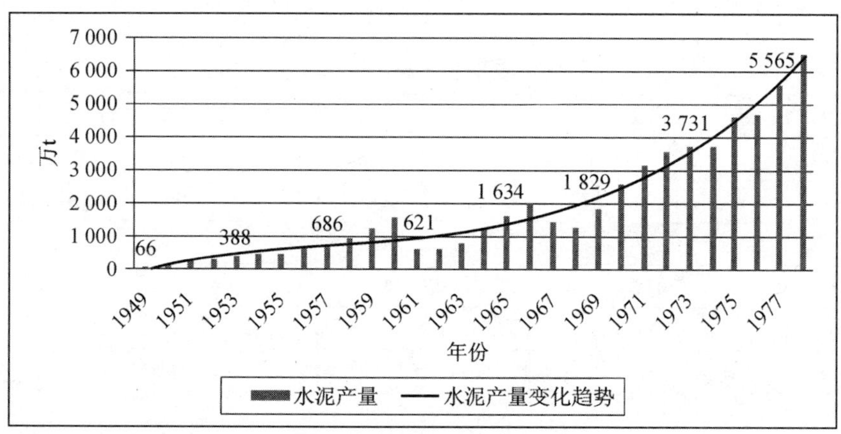

图6—18 1949～1978年全国全国水泥产量变化趋势

水泥产量的增加同样拉动了煤炭消费量的增长。1953～1962年，全国水泥产业煤炭消费量由1953年的94万t，增长至1962年的1 436万t，增长超过14倍(见图6—19)。

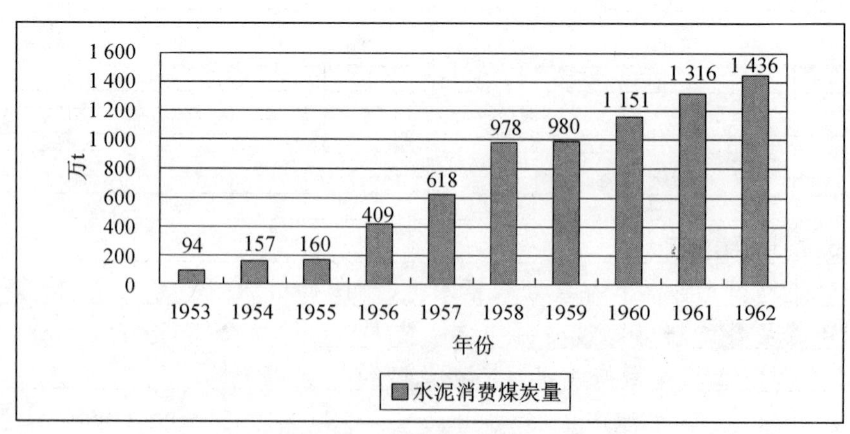

图6—19 1953～1962年我国历年水泥消费煤炭量

1979～1988 年,全国水泥产量增长明显,仅 1980、1981 两年增速低于 10%,其他年份增速均接近 15%,1985 年达到 18.6%。1990 年,全国水泥产量出现微量下滑,产量为 20 971 万 t。1991～2008 年,全国基础设施建设步伐加快,水泥产量保持高速增长。2008 年,全国水泥产量为 138 800 万 t,煤炭消费量达到了 3.47 亿 t(见表 6—3、表 6—4)。

表 6－3　　1978～2008 年水泥产量及其增速

年份	水泥产量(万 t)	水泥产量增速(%)	年份	水泥产量(万 t)	水泥产量增速(%)
1978	6 524	17.2	1994	42 119	15.9
1979	7 390	13.3	1995	47 591	13.0
1980	7 986	8.1	1996	49 212	3.4
1981	8 290	3.8	1997	51 276	4.2
1982	9 520	14.8	1998	52 706	2.8
1983	10 825	13.7	1999	56 105	6.4
1984	12 302	13.6	2000	59 319	5.7
1985	14 595	18.6	2001	66 104	11.4
1986	16 606	13.8	2002	72 535	9.7
1987	18 625	12.2	2003	86 271	18.9
1988	21 013	12.8	2004	97 300	12.8
1989	21 029	0.1	2005	106 885	9.9
1990	20 971	—0.3	2006	123 611	15.6
1991	25 261	20.5	2007	136 117	10.1
1992	30 822	22.0	2008	138 800	2.0
1993	36 333	17.9			

表 6－4　　1992～2008 年建材行业煤炭消费量及其增速

年份	耗煤量(万 t)	增速(%)	年份	耗煤量(万 t)	增速(%)
1992	19 104		2001	25 794	1.7
1993	21 779	14.0	2002	27 000	4.7
1994	24 510	12.5	2003	29 048	7.6
1995	26 046	6.3	2004	32 165	10.7
1996	25 948	—0.4	2005	33 789	5.0
1997	25 394	—2.1	2006	36 380	7.7

续表 6－4

年份	耗煤量(万 t)	增速(%)	年份	耗煤量(万 t)	增速(%)
1998	25 112	－1.1	2007	38 176	4.9
1999	25 183	0.3	2008	38 262	0.2
2000	25 370	0.7			

6.3.4 化工产业

化工产业的煤炭消费主要集中在以煤为原料生产的煤化工领域，包括煤制合成氨、冶金焦、煤制甲醇、煤制油等。20 世纪 30 年代，在世界化学工业中煤化工曾处于主导地位，被称为煤化工时代。60 年代后，由于石油化工的蓬勃兴起，全球煤化工发展进入低潮。20 世纪 70 年代，世界石油危机后，不少国家又重新开始研究煤化工新技术。我国是一个石油和天然气资源较少，而煤炭资源相对丰富的国家。随着石油资源的短缺和高油价时代的到来，利用先进的煤炭转化技术，发展现代煤化工产业，生产汽油、柴油和化工产品，不仅对化工行业调整产业结构、提升产业能级具有积极推动作用，更是 21 世纪减轻我国对石油进口依存度、减少环境污染、保障我国能源安全和经济可持续发展的战略举措。

我国是农业大国，合成氨是农用化肥的主要原料。新中国成立以来，煤头合成氨就成为我国煤化工的重要发展方向，并得到了较快发展。1953 年，我国合成氨消耗煤炭量仅 11 万 t，在农业生产的巨大需求拉动下，新建设了一大批化肥厂，产量随之快速增长，煤炭消费量大幅增加。1962 年，全国合成氨消耗煤炭达到 106 万 t，到 1970 年，合成氨耗煤增长至 535 万 t。1970～1975 年，合成氨耗煤增速加快，1975 年达到 2 327 万 t。1978 年，全国合成氨消耗煤炭 4 830 万 t，占当年全国煤炭消费量的 8.54%(见图 6－20)。

改革开放后，我国煤化工行业逐渐步入一个快速发展的新时期，逐步成为当今能源化工发展的热点。煤化工产业取得了较快发展，产量规模屡创新高。

1987～2008 年，我国甲醇产量大幅增加。1987 年，全国甲醇产量 52.7 万 t，2008 年增长到 1 117 万 t，增长超过 20 余倍。由于我国煤炭资源较为丰富，我国甲醇多以煤炭为原料，煤制甲醇约占全国甲醇产量的 78%。甲醇产量的增长扩大了煤炭需求(见图 6－21)。

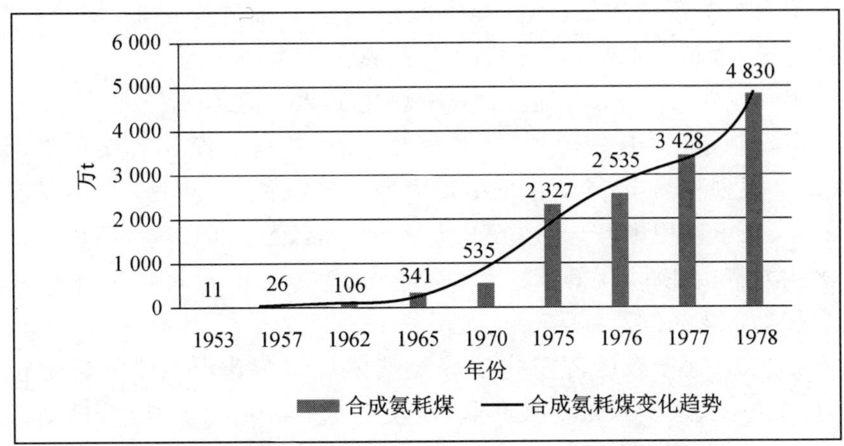

图 6－20　1953～1978 年全国合成氨煤炭消费量变化趋势

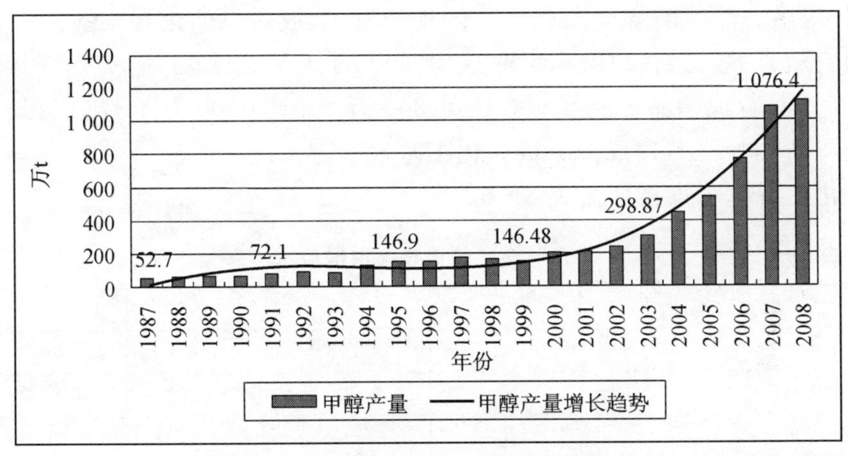

图 6－21　1987～2008 年我国甲醇产量

近年来,在国家能源政策和产业政策的宏观指导下,全国拥有煤炭资源的地区,如山西、内蒙、陕西、宁夏、安徽、河南、新疆、云南、贵州、山东等地发展煤化工的热情空前高涨。这些地区都从贯彻落实科学发展观的高度和发展循环经济的理念出发,纷纷做出要加快发展煤化工的战略决策,制定煤化工发展规划,将建设新型煤化工工程作为地方经济发展的战略方向。

2009 年,山西省制定了《加快发展具有山西优势的煤化工产业三年推进计划》,启动了“5565”工程,形成山西煤化工产业集群,打造山西煤化工品牌,实现山西煤化工产业的可持续发展。

内蒙古自治区提出依托煤炭产业优势，全力推进煤化工、煤液化、煤制油项目建设，延长产业链，建成我国重要的化工生产基地。2010 年，化工产业预计实现销售收入 1 300 亿元，其中煤化工 750 亿元。

河南省制定了“十一五”煤化工发展蓝图，规划建设 5 大煤化工产业基地，煤化工规划项目 72 个，重点发展甲醇、烯烃、醋酸、甲醛、二甲醚、尿素、三聚氰胺、二甲基甲酰胺、芳烃等九大主导产品。到 2010 年，煤化工产业煤炭转化能力将由 2004 年的 800 万 t 提高到 1 900 万 t，销售收入由 2004 年的 110 亿元增加到 600 亿元。

宁夏推出了《宁东能源重化工基地整体规划与建设纲要》，确定重点发展电力、煤化工、煤炭开采 3 大产业，建设宁东能源重化工基地，规划占地总面积 14.28 km^2，总投资 2 000 亿元。

陕西省陕北能源重化工基地打造 3 大产业链，规划建设 7 个产业区，实施煤、煤电、煤制油、煤化工产品一体化开发，形成煤电油化产业链。

安徽省规划到 2010 年，形成 3 000 万 t 原煤加工能力，其中焦炭 1 000 万 t、合成油品 100 万 t、合成氨 300 万 t、甲醇 200 万 t、烯烃等煤化工衍生产品 200 万 t，建成国家级煤化工基地。

化工行业耗煤指标见表 6－5。

表 6－5　　化工行业耗煤指标

指　　标	单位	2006 年	2007 年	2008 年
合成氨产量	Mt	49.38	52.84	56.35
煤头合成氨产量	Mt	3.520	38.00	40.70
吨氨耗煤量	t	2.397	2.409	2.421
化肥制造业煤炭消费量	Mt	86	92	99
基本化工原料业煤炭消费量	Mt	26	26	27
其他化工行业煤炭消费量	Mt	29	31	41
化工行业煤炭消费量合计	Mt	120	130	134

资料来源：中国煤炭运销协会信息中心

作为引领国内煤化工产业发展龙头的产品之一——煤制二甲醚，近年来投资呈现井喷之势。2002 年，我国二甲醚总生产能力仅 3.18 万 t/a，产量约 2 万 t；到 2006 年，生产能力超过 48 万 t/a，产量达到 32 万 t，年均增长分别达到 97%和 96%。2008 年底，我国共有二甲醚生产企业 57 家，产能合计约 620 万 t。2008 年下半年起受国际金融危机的影响，装置开工率下降，但

2008年产量仍达310万t,我国已经成为全球最大的二甲醚生产国(见表6—6)。

表6—6 1992～2008年化工行业耗煤量变化情况表

年份	耗煤量(万t)	增速(%)	年份	耗煤量(万t)	增速(%)
1992	5 471		2001	8 117	5.4
1993	5 689	4.0	2002	8 799	8.4
1994	6 325	11.2	2003	9 313	5.8
1995	7 131	12.7	2004	10 365	11.3
1996	7 703	8.0	2005	11 114	7.2
1997	7 408	−3.8	2006	12 027	8.2
1998	7 347	−0.8	2007	13 008	8.2
1999	7 479	1.8	2008	13 408	3.1
2000	7 700	3.0			

至2010年,我国建成和建设中的主要二甲醚生产装置,预计将新增二甲醚生产能力982万t/a,加上原有生产装置及规划项目,我国二甲醚生产能力将超过1 580万t/a。制合成气及天然气制合成气均可用于制造二甲醚,由于我国煤炭资源相对较丰富,因此我国二甲醚主要以煤炭为基础原料。二甲醚产业的快速发展,将加大化工行业煤炭消费量。

第 7 章 煤炭科技与教育

7.1 煤炭教育

新中国成立后，随着国家教育体制改革与院校合并，逐渐形成了比较完善的煤炭行业教育体系。形成了拥有 15 所大学、42 所中专、5 所煤管院、32 所职大、46 所职专、104 所技校、42 所培训中心、百余所党校和数以千计的厂矿职工学校，为煤矿企业培养和训练了大量高素质人才。

1998 年，原煤炭部撤销，此后原煤炭部部属院校管理体制发生了很大变化，对煤炭行业人才培养产生了较大影响。据统计，1999～2002 年，9 所原煤炭高校共毕业 37 931 人，到煤炭行业就业的只有 3 538 人，仅占 9.3%；其中，地矿类专业毕业生 1 454 人，到煤炭企业工作的不足 500 人。据不完全统计，2008 年，全国规模以上煤矿企业专业技术人员占员工总数的 11.7%，其中，有大专以上学历的占 3.4%，远低于全国各行业平均 10%的水平。国有重点煤矿一线主体专业技术人员缺口已高达 7 万人，96%的煤炭企业缺少机电专业工程技术人员，88%的煤炭企业缺少采矿专业工程技术人员，通风、地质、测量等专业工程技术人员更为紧缺。部分国有煤矿 1998 年以来未招聘到一名煤矿主体专业毕业的大学生，采矿、地质、通风、测量、机电等各类专业技术人员数量达不到最低需求量的一半。

随着煤炭部的撤销，原煤炭部部属院校转为教育部或地方政府管理，由于煤炭院校管理体制的变化，煤炭院校办学方向、专业结构等均发生了较大变化，地矿类专业招生人数逐年减少，且招生录取人数不足，专业开办成本提高，加之缺乏配套的倾斜政策，严重影响了高校开办地矿类专业的积极性。据统计，1998 年，原 15 所煤炭高校招生总数为 15 870 人，其中，地矿类

2 478 人，占招生总数的 15.6%；到 2005 年，共招生 55 598 人，其中地矿类 5 594 人，仅占招生总数的 10%。同时，煤炭院校毕业生到煤炭企业就业人数也大幅减少。1997 年前，煤炭高校约 70%的毕业生和 90%的地矿类专业毕业生到煤炭行业就业。2005 年，原 12 所煤炭高校共有毕业生 40 154 名，到煤炭企业就业的3 019 人，仅占 7.5%；地矿类专业毕业生 3 522 名，到煤炭企业就业的 831 人，仅占地矿类毕业生的 23.6%。煤炭高校地矿类专业的萎缩与迫切需要专业技术人才的煤炭工业形成了强烈反差。

近年来，在相关政策措施的支持下，采取面向煤炭行业“对口单招”政策、推动“订单式”人才培养、启动煤层气专业人才培养工程等措施扩大煤矿主体专业招生规模；完善奖、助学金政策，鼓励毕业生到煤矿就业；加强培养培训基地建设，发展职业教育；加强宣传引导，动员煤矿企业大力吸引人才，积极推进煤矿专业人才培养工作，取得了一定成效。通过协调指导，到目前为止，面向煤炭行业“对口单招”院校已从 2005 年的 4 所扩增到 16 所，有 20 所职业院校被列为煤炭行业技能紧缺型人才培养培训基地；每年通过普通招生方式招收煤矿主体专业学生规模已达 22 243 人，“对口单招”3 090 人，“订单式”人才培养 1 908 人；20 所被列入煤炭行业技能型紧缺人才培养培训基地的职业院校，每年招收煤矿主体专业学生规模已达 16 427 人。

据国家安全生产监督管理总局最新统计资料显示，2008 年，全国煤矿专业人才培养又取得了新进展，12 所原煤炭高校和 6 所高职院校煤矿主体专业共招生 27 241 人，同比增加 3 731 人，增长 15.9%，已连续三年保持 15%以上的增长率。全国煤矿主体专业招生规模已达到 43 668 人。

7.2 煤炭科技

我国煤炭开采自然条件相对较差，为尽快提高煤炭工业整体生产力水平，实现煤矿安全、高效生产，迫切需要在基础理论、应用科学、技术工艺和大型煤矿装备制造领域不断创新，解决煤炭资源开发、建设、生产和加工利用过程中的关键技术问题。我国政府高度重视煤炭行业科技发展，经过多年探索与努力，基本构建起一套“国家支撑、企业主导、科研院所协作或独立开发”的、适合我国煤炭行业科技发展的支撑体系。

为支撑煤炭行业科技进步，国家将许多涉及煤炭行业发展的重要科技攻关项目纳入到“863”、“973”等科技发展计划之中，由政府资助、扶持，创建了煤炭行业高等院校、科研院所等机构，专注于煤炭科技人才培养和基础科学的研究。同时,国家鼓励煤炭企业增加科研投入,成立企业国家级技术中心,从企业生产现实需求出发,推动行业科技发展。

60年来,通过长期的探索和实践,基本形成了煤炭行业产、学、研相结合的科技创新体系,投入大量人力、财力、物力,为煤炭行业科技进步提供了强有力的支撑,我国各时期煤炭科技投入(见图7—1)。煤炭行业取得了丰硕的科技成果,职工队伍素质得到逐步改善,行业生产技术和生产过程自动化水平、全员劳动效率大幅度提高,安全状况有了明显好转。

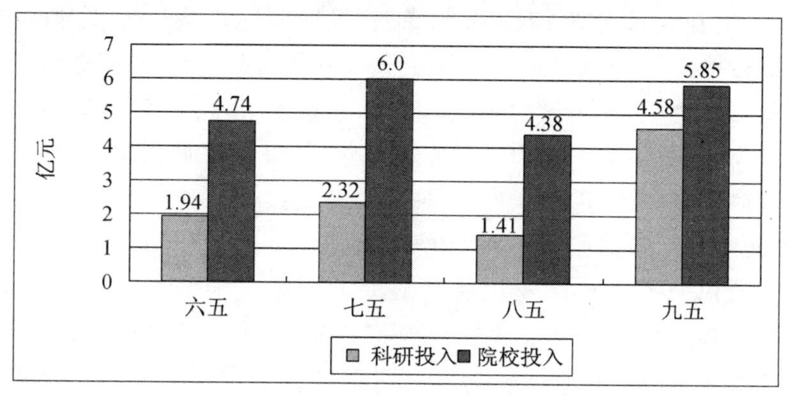

图7—1　我国各时期煤炭科技投入

1998年前,我国煤炭行业具有统一的行业主管部门,为执行国家科技方针政策,组织和领导煤炭行业科技研发提供了制度上的优势。通过行业主管部门的统一领导,实现了煤炭行业与国家科技部门的横向联合;由行业主管部门申请,将我国煤炭行业亟需解决的技术困难纳入到国家科技发展计划,在采煤方法、支护技术、安全技术、机电装备与技术,以及生产管理、操作规范、标准化等诸多领域,不断取得技术成果,成就巨大。

近年来,煤炭科技研究开发取得显著进展。在国家科技政策引导下,“863”、“973”和科技支撑计划、高技术产业化、重大装备国产化等项目中启动了一批煤炭行业发展急需的科学技术研究项目。煤炭资源勘探、煤矿安全、煤化工、矿区循环经济等领域基础理论研究深入开展,煤矿综采、综掘、煤化工等重大装备国产化关键技术取得突破,煤炭液化、煤化工多联产工艺研究和重大工程建设工作取得初步成果,煤矿自动化与信息网络系统得到推广应用,煤层气开发已取得进展,矿区循环经济示范工程取得成功经验,行业总体科技水平不断提高。煤炭产业正在依靠科学技术进步,走上安全、高效、洁净、集约化模式的新型工业化发展道路。

在推进煤炭科技进步的过程中，煤炭企业加大科技投入，紧密结合生产实践需要，加强与大专院校、科研单位联合攻关，取得了一大批显著科研成果，并逐步在煤炭科技创新体系中发挥了主导作用。近年来，煤炭工业科学技术取得了长足进步，科技进步对煤炭经济增长的贡献率达到30%左右。

随着煤炭经济形势的好转，煤炭企业进一步加大了科技投入。许多国有煤炭企业依靠技术创新，技术经济面貌明显改观。一些具有实力的大中型煤炭企业和企业集团也开始技术创新战略研究，加强技术创新体系的建设，企业技术创新能力有所增强，同时在技术中心建设上也取得了明显成效。1996年，大同矿务局建成煤炭行业第一家国家认定的企业技术中心，平顶山煤业(集团)公司、兖矿集团公司、大屯煤电(集团)公司、山西潞安煤矿集团公司、山西晋城煤业集团公司、阳泉煤业、郑州煤矿机械集团有限责任公司、淮北矿业集团，先后于1997～2008年建成经国家认定的技术中心。其后，盘江、淮南、邢台、铁法等一批国有大中型煤炭企业也建立起行之有效的技术创新机制，部分企业技术中心已经被认定为省级技术中心。近几年，兖矿集团、大屯煤电(集团)、邢台矿业(集团)、义马矿务局、开滦矿业(集团)、新汶矿业(集团)、神华集团等一批国有煤炭企业先后获得国家有关部委技术创新经费的支持，技术开发能力大幅度提高。

2006年，煤炭企业100强中的78家国资企业的研发经费总投入为75.89亿元，比2005年增长50.93%。同时，全行业装备技术水平和采掘机械化程度有了新的提高，高精度煤田地质勘探技术与数字化矿井地质保障系统得到了广泛推广与应用，东部地区厚冲积层建井技术、深井快速凿井技术迅速发展，大型成套煤矿机械制造技术取得了新的进展，促进了行业整体生产力水平的提高。原国有重点煤矿企业中，已有70多个高瓦斯和瓦斯突出矿井实现了瓦斯预抽及瓦斯监测监控系统联网，矿井抗灾能力不断提高。

我国各时期煤炭科技投入见图7—1。

通过建立以市场为导向、企业为主导、大专院校和科研单位共同参与的产、学、研一体化的煤炭科技创新机制，极大地推动了煤炭科技进步，解决了制约煤炭工业发展的重大技术难题，取得了丰硕的科技成果。2006～2008年，获得中国煤炭工业科学技术奖一等奖的项目50项，涉及煤炭资源勘探、煤矿生产、技术工艺和机械装备制造、煤矿安全监测监控与重大灾害治理等诸多方面。具体获奖项目见表7—1。

表 7－1 2006～2008 年我国煤炭工业科技一等奖

序号	成果名称	主要完成单位	获奖时间
1	特大井田前埋藏易自燃煤层防灭火关键技术研究	中国神华能源股份有限公司神东煤炭分公司 中国矿业大学	2006
2	高压磨料射流割缝防突技术研究及工程应用	平顶山煤业(集团)有限责任公司 中国矿业大学	2006
3	煤炭生产综合管理信息系统	平顶山煤业(集团)有限责任公司 中国矿业大学	2006
4	峰峰集团特大溃水灾害治理技术	峰峰集团有限公司 煤炭科学研究总院西安分院	2006
5	复杂底层条件下近 2 000 m 竖井施工技术创新研究	甘肃煤炭第一工程公司 西安科技大学	2006
6	煤矿区煤层气采前地面预抽	山西晋城无烟煤矿业集团有限责任公司	2006
7	基于 MG200/456－WD 型采煤机的薄煤层高产高效成套设备和开采工艺	天地科技股份有限公司上海分公司 天地科技股份有限公司开采事业部 四川华蓥山广能(集团)有限公司 大同煤矿集团有限责任公司 张家口煤矿机械有限公司	2006
8	矿井动力系统数字化控制与信息集成的研究及应用	中国矿业大学 枣庄矿业(集团)公司	2006
9	立井提升安全保护技术与装备	中国矿业大学、淮南矿业(集团)有限责任公司顾桥矿井建设项目部、淮北矿业集团煤业有限责任公司、徐州市工大三森科技有限公司	2006
10	适合“三下”及边角煤开采的短壁机械化采煤技术	山西潞安矿业集团有限责任公司、中国矿业大学、煤科总院太原分院	2006
11	工作面端头及顺槽超前液压支架与超前支护技术研究	兖矿集团有限公司 天地科技股份有限公司	2006
12	特厚表土中冻结法凿井技术研究	新汶矿业集团有限责任公司、中国矿业大学、煤炭工业部济南设计研究院、兖矿集团东华建设有限公司新陆冻结安装分公司、中国科学院寒区旱区环境与工程研究所冻土工程国家重点实验室、中煤第七十一工程处、淄博翔宇勘探工程有限公司	2006
13	煤与瓦斯突出区域预测的地质动力区划	辽宁工程技术大学、淮南矿业(集团)有限责任公司、煤炭科学研究总院抚顺分院、平顶山煤业(集团)公司、开滦(集团)有限责任公司	2006
14	煤直接液化高效催化剂	煤炭科学研究总院、神华集团有限责任公司	2006
15	高炉喷吹贫煤、贫瘦煤燃烧技术研究	山西潞安矿业(集团)有限责任公司、北京科技大学、天津天铁冶炼集团公司	2006

续表7-1

序号	成果名称	主要完成单位	获奖时间
16	平朔矿区露井联采建设与生产技术研究	中国中煤能源集团公司、平朔煤炭工业公司、煤炭工业西安设计研究院、中国矿业大学(北京)、天地科技股份有限公司开采事业部、中国煤矿工程机械装备集团公司、煤炭科学研究总院抚顺分院	2006
17	深部“三下”开采岩层移动与变形时空协调控制技术及其应用研究	峰峰集团有限公司、中国矿业大学(北京)、丰城矿务局、峰峰集团有限公司梧桐庄煤矿、煤炭科学研究总院北京开采研究所	2007
18	KJZ系列矿用隔爆兼本质安全型智能真空组合开关	常州联力自动化科技有限公司、中国神华能源股份有限公司、神东煤炭分公司	2007
19	提升机液压制动系统安全监护装置	河北金能邯郸矿业集团有限公司、中国矿业大学、徐州中矿科达机电有限公司、河北金能邯郸矿业集团云驾岭煤矿	2007
20	淮北矿区整体结构顶板特大动力突水水害查治试验研究	淮北矿业(集团)有限责任公司、中国矿业大学	2007
21	极软、突出、特厚、高瓦斯煤层安全高效开采技术研究	淮北矿业(集团)有限责任公司、中国矿业大学(北京)、煤炭科学研究总院重庆研究院、煤炭科学研究总院北京开采研究所、安徽理工大学	2007
22	煤与瓦斯突出矿井瓦斯灾害综合治理技术体系及应用研究	淮北矿业(集团)有限责任公司、中国矿业大学	2007
23	煤矿安全监控技术研究与标准研究制定	中国矿业大学(北京)、煤炭科学研究总院常州自动化研究所、平顶山煤业(集团)有限责任公司	2007
24	矿山地层冻结技术在地铁隧道关键节点施工中的应用研究	北京中煤矿山工程有限公司、上海申通集团有限公司、中国矿业大学	2007
25	深部与复杂困难巷道强力支护理论与技术研究	煤炭科学研究总院、新汶矿业集团有限责任公司、金川集团有限公司、潞安矿业(集团)有限责任公司、晋城无烟煤矿业集团有限责任公司、山东石横特殊钢有限公司、天津高力预一预应力钢绞线有限公司	2007
26	钢丝绳牵引带式输送机防爆四象限变频拖动及控制系统的研制与应用	平顶山煤业(集团)有限责任公司 唐山开诚电器有限责任公司	2007
27	煤矿矸石山自燃爆炸机理及综合治理技术研究	平顶山煤业(集团)有限责任公司 中国矿业大学 河南理工大学 煤炭科学研究总院杭州环境保护研究所	2007
28	矿井水控制处理利用回灌与生态环保五位一体优化结合综合技术研究	冀中能源峰峰集团有限公司梧桐庄矿 中国矿业大学(北京)	2008

续表 7－1

序号	成果名称	主要完成单位	获奖时间
29	中国煤炭地质综合勘查理论与技术新体系	中国煤炭地质总局 山东科技大学 中国矿业大学(北京) 中国煤炭地质总局航测遥感局	2008
30	新型高水速凝材料巷旁充填沿空留巷技术研究	冀中能源邯郸矿业集团有限公司 中国矿业大学 邯郸矿业集团陶一煤矿	2008
31	潞安矿区深部巷道及井筒硐室群支护加固技术研究	山西潞安环保能源开发股份有限公司 山西潞安集团余吾煤业有限责任公司 天地科技股份有限公司	2008
32	厚煤层高效全厚开采新技术开发——错层位巷道布置无煤柱综放技术研究	山西西山煤电股份有限公司 中国矿业大学(北京) 山西西山煤电股份有限公司 镇城底矿	2008
33	建筑物下综合机械化充填采煤技术	河北金牛能源股份有限公司 中国矿业大学 冀中能源峰峰集团有限公司	2008
34	特大型复杂矿床露天煤矿端帮靠帮开采方法及开拓运输系统优化设置	中国矿业大学 平朔煤炭工业公司 准格尔能源有限公司 霍林河露天煤业股份有限公司	2008
35	大倾角复杂特厚易燃煤层6.2 m大采高开采集成技术研究	神华宁夏煤业集团有限责任公司 西安科技大学	2008
36	京山铁路煤柱注浆减沉综放安全高效开采技术研究与应用	开滦(集团)有限责任公司 中国矿业大学(北京) 山东科技大学	2008
37	煤巷掘锚一体自动化快速掘进关键技术研究与实践	山西潞安环保能源开发股份有限公司王庄煤矿 山西潞安环保能源开发股份有限公司漳村煤矿 中国矿业大学 IMM国际煤机集团佳木斯煤矿机械股份有限公司 沈阳三一重型装备有限公司 潞安环保能源开发股份有限公司租赁站 约翰芬雷工程技术(北京)有限公司	2008
38	带式输送机新型可控启动与制动系统的研发与应用	山东科技大学	2008
39	MST大功率机械软启动传动系统研制	北京华丰达系统技术有限公司 淄博矿业集团有限责任公司许厂煤矿 中国矿业大学(北京)	2008
40	薄煤层综采自动化技术研究应用	冀中能源峰峰集团有限公司	2008

续表7－1

序号	成果名称	主要完成单位	获奖时间
41	矿井移动与应急通信技术与系统	中国矿业大学(北京) 中电广通股份有限公司 江苏三恒科技集团有限公司 煤炭科学研究总院常州自动化研究院	2008
42	沿空巷道喷涂隔风的复合浆体材料、制备系统及应用研究	河北金牛能源股份有限公司 中国矿业大学	2008
43	煤矿井下瓦斯含量直接测定方法	煤炭科学研究总院重庆研究院	2008
44	煤矿井下近水平千米瓦斯抽采孔随钻测量定向钻进技术与装备	煤炭科学研究总院西安研究院 陕西长武亭南煤业有限公司 陕西彬长大佛寺矿业有限公司 北京合康科技发展有限责任公司	2008
45	阜新矿区高瓦斯煤层冲击地压研究	辽宁工程技术大学 阜新矿业集团有限责任公司	2008
46	煤矿安全生产风险预控体系及控制技术	神华集团有限责任公司 中国矿业大学 中国矿业大学(北京) 国家安全生产监督管理总局研究中心 中国职业安全健康协会 中国安全生产科学研究院	2008
47	兖州矿区高硫煤洁净利用创新技术集成及工业化示范	兖矿集团有限公司 煤炭科学研究总院北京煤化工研究分院 水煤浆气化及煤化工国家工程研究中心 煤液化及煤化工国家重点实验室	2008
48	矿井回风源热泵系统及配套技术研究	河北金牛能源股份有限公司 中关村能源与安全科技园	2008
49	开滦集团公司自动化建设总体规划及实施应用	开滦(集团)有限责任公司 北京中矿信电科技股份有限公司	2008
50	煤炭产业政策研究	中国煤炭工业协会 中国矿业大学(北京)	2008

第8章 煤矿技术装备与机械化

随着科学技术的不断进步，世界主要煤炭生产国家的采煤机械化程度已达到相当高的水平，采煤机械化已成为煤矿现代化建设的核心。新中国成立以来，我国采煤机械化取得了长足发展，国有重点煤矿采煤机械化程度从1978年的32%提高到2008年的89%以上。采煤作业中的落煤、装煤、运煤、支护、放顶五大工序全部实现了机械化，特别是随着煤矿信息化技术的快速发展，引发了在矿井设计、开拓准备、生产系统以及组织管理等方面的巨大变革。

8.1 煤矿采煤机械化

采煤机械化程度是指机械化采煤工作面的产量占回采总产量的百分比，是表示现代化采煤技术的应用程度的一个重要指标。采煤机械化技术和装备水平的提高，可以大幅度增加工作面单产和效率，从而促进矿井集约化程度和煤矿生产效率的提高。此外，采煤机械化、自动化以及矿井集约化的发展，可以大大简化生产系统，为矿井安全监控水平的提高创造条件。同时，综合机械化技术可以有效地支护和控制顶板，极大地减少顶板事故的发生。

主要采煤国家历年机械化程度见表8－1。

表8－1 主要采煤国家历年机械化程度 单位：%

国家	项目＼年份	1950	1955	1960	1965	1970	1975	1980	1985	1990	1995	2000
中国	机采	—	3.06	9.46	8.23	18.43	27.78	37.06	44.98	65.1	71.58	73.43
	综采	—	—	—	—	—	3.2	13.16	22.46	35.47	46.66	56.73
美国	机采	69.4	84.6	86.3	89.2	97.4	99.7	—	99.0	99.9	—	100
	综采	—	—	—	—	2.1	3.1	7.7	17.4	27.1	—	50.6

续表8－1

国家	项目\年份	1950	1955	1960	1965	1970	1975	1980	1985	1990	1995	2000
英国	机采	3.8	11.1	37.5	75.0	92.3	93.5	94	99.5	99.8	100	100
	综采	—	1.24	4.0	—	79.9	92	92	99.0	99.8	100	100
德国	机采	2.6	8.74	39.58	79.3	92.65	97.9	99.2	99.5	99.8	100	100
	综采	—	—	1.4	8.0	37.3	80.8	96.8	99.5	96.0	100	100
俄罗斯	机采	15.7	33.0	48.8	67.9	85.0	94.0	96.1	97.0	96.0	98.0	99.3
	综采	—	—	1.6	—	25.2	52.5	67.4	73.1	78.6	87.8	—
波兰	机采	28.9	43.9	34.1	66.0	83.32	93.59	96.0	96.0	98.0	99.0	99.0
	综采	—	5.0	—	—	3.8	34.6	65.0	88.4	91.0	—	95.1

注：中国统计数据为国有重点煤矿；美国长壁工作面均为综合机械化开采；德国1991年前为联邦德国数；俄罗斯1991年前为前苏联数据

我国煤矿采煤机械化起步较晚。20世纪60年代，我国采煤机械化程度不到10个百分点。1992年，国有重点煤矿的采煤机械化程度达到了72.26％。但其后一段时间增加量很小，2001年为75.43％，其中综采机械化程度为50％(见图8－1)。最近几年，我国国有重点煤矿采煤机械化程度有了明显提高。2007年，国有重点煤矿采煤机械化程度达到了88.2％，其中，综采所占比例高达81.83％。

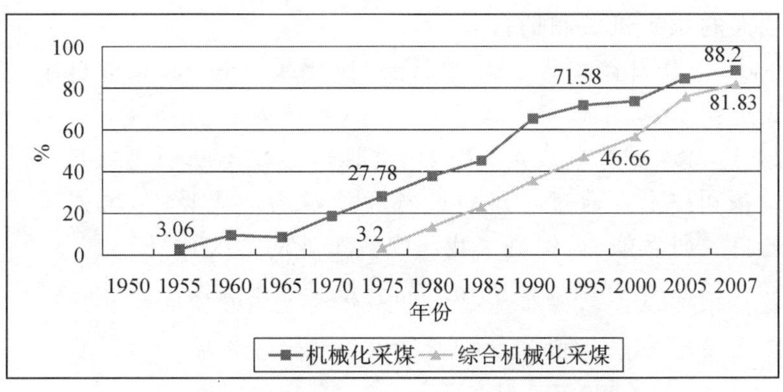

图8－1　国有重点煤矿机械化水平变化趋势

煤矿劳动生产率与采煤机械化紧密相关，国有重点煤矿劳动生产率变化见图8－2。

目前，全国除部分国有大矿之外，大多数国有地方煤矿和乡镇煤矿的机械化程度仍然很低。

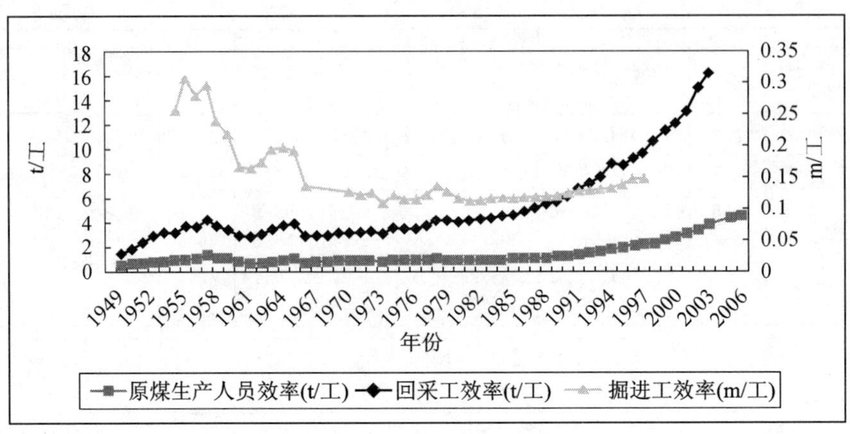

图 8－2　1950～2004 年国有重点煤矿劳动生产率

8.2　煤矿机械制造能力

8.2.1　煤矿生产技术装备

1950 年,煤机制造部门仅有旧中国遗留下来的张家口兵工修械厂和鸡西、淮南两个矿区修理厂,设备陈旧,生产能力低下,行业基础十分薄弱。历经几十年的努力,我国煤机制造行业取得了巨大发展,形成了门类齐全、生产能力强大的煤矿机械制造行业。

我国 1972 年开始引进、推广综合机械化采煤技术,通过自主研发及引进国际先进技术,综采设备不断推陈出新,技术水平突飞猛进。1978～1994 年,全国共进口煤矿综采设备 279 套。同时,也在不断引进掘进、提升、安全监测等设备和技术。通过对进口设备和技术的消化吸收,增强了我国煤机制造业的自主研发能力,促进了我国煤炭工业的现代化进程。

1980～2003 年全国煤矿机械产品产量见表 8－2。

表 8－2　　1980～2003 年全国煤矿机械产品产量

产品＼年份	1980	1985	1990	1995	2000	2001	2002	2003
采煤机(台)	105	393	315	143	100	127	172	218
掘进机(台)	—	8	45	14	51	100	116	198
刮板输送机(台)	2 350	5 794	5 071	1 879	631	882	1 420	3 539
皮带输送机(台)	—	—	—	—	247	366	369	651
支护设备(t)	47 420	95 808	83 184	46 022	52 684	91 400	129 237	190 387

续表 8-2

产品 \ 年份	1980	1985	1990	1995	2000	2001	2002	2003
液压支架(架)	396	5 212	4 199	2 551	2 352	4 949	6 651	10 181
煤矿专用仪表(台,套)	26 953	582 958	560 196	221 187	108 347	296 343	383 475	397 259
矿灯(千盏)	616	2 087	3 000	2 120	1 500	1 358	1 935	1 849
防爆电机(kW)	—	—	—	—	830 487	658 336	933 443	1 444 471
配件(千件)	17 570	16 180	10 330	9 150	6 884	1 919	1 647	12 303

数据来源:《新中国煤炭工业》

我国煤炭行业采掘机械化进程的加快,大大促进了煤机装备制造行业的发展与壮大。改革开放以来,我国煤炭装备制造业坚持走“引进、吸收与自主创新相结合”的道路,加快技术改造和创新步伐,努力提高国产煤炭装备的技术水平,有力地促进了我国煤炭产业发展,不断缩小与国际先进水平的差距。目前,已经形成较完整的产品体系,具有制造性能更可靠、指标更先进的综采和综掘技术装备的能力。

2006 年,全国重点煤炭机械制造企业已经发展到 109 家,固定资产合计 85.04 亿元,总产值达到了 289.97 亿元,销售收入 278 亿元,产量 125.52 万 t,职工人数 108 945 人。2006 年我国综采设备产量见表 8-3。

表 8-3　　2006 年我国综采技术装备产量

设备 \ 项目	产量(台,架)	生产企业数(个)
采煤机	483	11
重型刮板机	334	6
中型刮板机	443	9
刮板转载机	379	11
掘进机	641	10
液压支架	29 871	21

在引进、消化、吸收国外先进技术基础上,自主创新能力明显增强。在设备技术参数、设备自动化与成套程度等方面都有突破性进展。科技投入不断加大,占销售收入的比例也由 1.7%上升到了 2.4%。

在我国综采设备中,国产设备是主力军,占设备总数 90%以上,引进设备虽然数量不多,但在创造安全高效世界纪录方面却有出色表现(见表8-4)。

表 8－4　　引进和国产综采设备对比表

设备名称	引进设备总数	国产设备总数	引进设备比例(%)
采煤机	7种,128台	1 528台	8.3
液压支架	80套/10 149架	1 200套/144 000架	6.6/7.0
刮板机	8种,49台	1 600台	3.0

8.2.2　我国煤矿技术装备现状

近年来,随着我国煤炭市场好转,市场需求大幅增长,煤矿企业效益回升,特别是在国家科技创新体系逐步建立和完善,机械装备制造产业技术进步加快,以及提高煤矿建设标准,强化煤矿安全,建设安全高效矿井和大型现代化煤矿的相关政策措施指导下,煤矿机械制造企业、煤炭科研机构和煤矿企业通过广泛合作与联合攻关,极大地促进了适应我国煤炭资源开采特点的煤矿技术装备制造能力和水平的大幅提高,一大批先进的煤矿技术装备先后研制成功、投入生产应用,并且我国生产的成套煤矿技术装备开始出口到世界上主要产煤国家。

在矿井建设和巷道掘进技术方面,目前,我国已解决了近600 m厚松散冲积层的矿井建设难题,并达到国际领先水平。千米凿井技术和工艺取得了突破性进展,立井井筒施工速度达到每月230 m以上,创造了世界纪录。煤科总院建井分院"十五"科技攻关"600 m深厚冲积层特殊钻井法凿井技术研究",在国际上首次利用钻井法开凿厚冲积层矿井,穿过546.5 m冲积层,深度达582.8 m,达到世界先进水平。2007年,煤科总院技术开发专项"大直径煤矿风井反井钻井技术及装备"研制成功ZFY5.0/600(BMC 600)型反井钻机,2008年在晋煤王台铺煤矿采用一次钻扩成功一口深165 m,直径5 m的立井,为国内最大直径反井工程,成井速度每月270 m。下一步要重点研究竖井无人化、自动化施工技术及装备,岩石巷道遥控掘进技术及装备,大直径立井凿井装备。其中"十一五"科技支撑计划"深厚冲积层千米深井快速建井关键技术"2008年得到科技部批复并启动,项目针对深厚冲积层千米深井安全、快速建设的实际需要,拟解决1 000 m深厚冲积层下凿井、注浆等技术、装备及施工工艺,提高我国深厚冲积层深井建设技术水平。另外,随着矿井规模和工作面单产的进一步提高,高效率大断面重型掘进机研发需求强烈,且因成巷速度的需求,对掘锚一体化作业效率提出了更高要求,需在机载锚钻系统、机载临时支护系统、自动控制技术、综合除尘系统等方面开展研究。

在掘进技术与装备方面，目前已独立研制截割硬度80 MPa以下，截割功率160～220 kW的重型掘进机。主要机型有煤科总院太原分院EBJ(Z)系列、佳木斯煤机公司S系列和EBZ系列、三一重工和石家庄煤机公司EBZ系列型掘进机。其中，煤科总院太原分院生产的EBJ－120TP型掘进机2004年获得国家科技进步二等奖，目前单机销量已突破1 000台。掘进装备配合巷道锚杆锚索支护新技术，显著提高了巷道掘进施工的机械化水平。

在开采技术与装备方面，2008年12月，国内最大的交流变频电牵引采煤机通过了专家鉴定，总装机功率达2 210 kW，最大采高可达6.3 m，年生产能力800万t，可异地对设备实现远程智能监控。这标志着中国成功研制出了2 000 kW以上特大功率采煤机，结束了特大功率采煤机需要全部依赖进口的历史。下一步，要利用现代加工、智能控制技术和工况监测技术，重点研究开发适应于不同开采条件与方法的大功率、高可靠性的采煤装备，使厚煤层综采工作面年产能力达1 000万t以上，大型露天矿生产能力达到年产2 000万t以上，同时研究大倾角5～10 m厚煤层安全高效开采方法及成套技术与装备、自动化工作面成套技术与装备，使采煤装备更适合于各类复杂煤层的开采条件。此外，在短壁机械化开采技术与装备、辅助运输、薄煤层及难采煤层机械化开采方面均需加强科技攻关，实现煤炭工业的持续健康发展。

在厚煤层综放开采方面，"十五"期间，兖州兴隆庄"600万t综放工作面设备配套与技术研究"项目实现了最高日产24 047 t，平均采出率87.43%的最高水平，创造世界上综放开采单产、工效和采出率的最高记录，且"两柱式"综采放顶煤支架成功出口澳大利亚。潞安集团的屯留煤矿采用ZF7000/19.5/38支架准大采高综放开采最高日产达到了2.42万t，最高月产18.59万t，平均回收率达到90%。2005年，潞安王庄矿采用成套国产放顶煤装备，年产量达到608万t。2008年，平朔安家岭综放工作面创造了年产1 039万t、人员工效450 t/h的全国综放纪录。目前，配套全部国产装备综放工作面可实现年产600～800万t。

2009年11月，西安煤矿机械有限公司自行设计制造的MG1000/2550－GWD型交流电牵引采煤机研制成功，该机采用智能化控制，功率为2 550 kW，重150 t，采掘高度最高为7.1 m、每小时可采原煤6 000 t，预计年采原煤800～1 000万t。之前，国内特大型煤矿使用的年产超过800万t的采煤机都是进口产品，这款采煤机的研制成功，打破了国外对特大型采煤机的垄断。这台采煤机还可实现自动记忆调节采煤高度,远程自动化监控,采煤工作面"三机"(采煤机、支架、运输机)联动等功能,大大地提高了采煤效率。

在厚煤层综放开采技术与装备方面,由于只解决了 8 m 左右的厚煤层综放开采技术,单产水平相对大采高工作面还有一定差距,整体技术装备水平相对落后。"十一五"科技支撑计划"特厚煤层大采高综放开采成套技术与装备研发"项目,作为煤炭行业有史以来最大的项目,2008 年已得到科技部批复并启动,国拨资金达到 9 525 万,项目旨在研制出适合截割高度 2.8～5.5 m、采放高度 14～20 m 特厚煤层综放开采成套技术与装备,实现年产1 000 万 t,工作面回收率达到 85%以上。项目将于 2010 年 6 月底在大同塔山 8105 工作面进行工业性试验。此外,针对部分关键元部件的可靠性和国产化,还应重点开展基于记忆截割的采煤机自适应控制系统、综采工作面装备三机联动远程可视化控制技术、复杂难采煤层的高可靠性电液自动控制液压支架、刮板输送机软启动装置、带式输送机多电机功率平衡控制系统、大拉力自动张紧装置等方面的研发,从整体上提高设备的自主研发能力和可靠性。

在薄煤层开采方面,目前已研制出最低高度 0.67 m 的薄煤层液压支架,可以满足 1 m 左右薄煤层的开采,开发了适用于薄煤层的刮板输运机,基本满足了中硬以下薄煤层开采的需求。其中,大同煤矿集团公司采用天地上海分公司 MG200/450－WD 型采煤机,配套国产支架与运输机,于 2003 年,晋华宫矿实现了年产原煤 100 多万 t。枣庄煤业集团与辽源煤机厂等单位合作,采用 MG200－BW2 型采煤机配套 ZY2400/08/19 液压支架、SGZ630/220 输送机,于 2004 年创造了最高月产 8.4 万 t 的新纪录。2008 年 10 月,平顶山六矿采用 MGTY250/600－1.1D 采煤机、SGZ－764/500 刮板机、ZY5000－1.45/3.0D 液压支架等全部国产装备,实现了工作面无人跟机作业。

尽管我国煤机制造水平取得了长足发展,但与世界主要产煤国家相比,我国煤机装备制造技术与能力仍然存在较大差距,主要表现在以下两个方面:

(1) 在技术先进性方面。国外先进技术广泛采用阀控调速型液力偶合器、CST 可控软启动装置、变频调速电机,实现了功率平衡、监控保护;采用了对传动部件及配套整机运行工况的监控技术,实现了工况监测、故障诊断和自动控制。而我国在新型传动及保护技术的研发及应用方面只是刚刚起步，虽然大功率 1 000 kW 行星减速器完成了设计和样机试验，仍未广泛应用；刮板输送机运行工况在线监测监控系统刚刚推出，技术尚不成熟，整套设备自动控制尚未实现。

(2) 在使用可靠性方面。国外先进装备元部件制造质量高、使用事故率低，安全可靠。特别是刮板输送机的减速器、链轮、接连环等传动部件，国外输送机的使用可靠性和一次大修时间明显优于我国产品。而我国同类产品元部件制造质量及稳定性、一致性尚待提高。而在高强度钢板、耐磨钢板、链条钢等原材料和轴承、密封、液压元件等基础元件方面，目前还主要依靠进口来满足重型刮板输送机的设计需要。

8.2.3　煤炭工业重大技术装备出口状况

(1) 成套综采设备出口。2005 年，中国煤炭海外开发公司向俄罗斯南库兹巴斯出口一套放顶煤综采设备，这是我国首次出口成套综采设备，由西安、张家口、北京三家煤机厂配套。该成套设备奠定了我国成套设备出口的基础。

(2) 单机设备出口。主要出口到美国、俄罗斯、印度、土耳其、印尼、越南、朝鲜等国家。

(3) 知识产权出口。2005 年 5 月，兖矿集团放顶煤支架专利转让给德国 DBT 公司，这是我国煤炭设备首次知识产权出口。

8.2.4　煤炭洗选加工技术装备

利用煤炭洗选工艺，可以大幅提高煤炭燃烧效率，减少环境污染。

按选煤能力统计，我国国有重点和地方煤矿选煤工艺中，跳汰占 45%；重介占 39.5%；浮选占 9.5%；其他占 6%。若按选煤厂数量统计，重介选煤厂占 41.2%；跳汰占 41%；浮选占 12%；其他占 5.8%。

据相关资料，我国选煤厂现有主选设备约 2 400～3 000 余台，筛子 2 000～2 500余台，各类泵 5 000～6 000 余台。这些设备的研制年代从 20 世纪 50 年代到 90 年代不等。改革开放以来，我国在大型三产品重介质旋流器、微泡浮选柱、加压过滤机、精煤压滤机、在线测灰仪、高效浓缩机、强力齿式破碎机等选煤设备的研发领域取得了长足进步。但在 18 m^2 以上振动筛，直径 1 300 mm 以上的卧式振动离心机及大型破碎机等领域，由于国内尚未生产或者产品技术不过关，市场基本被国外产品所占领。我国选煤厂设备选用情况见表 8－5。

表 8－5 我国选煤厂选用设备情况

设备种类		设备名称	规格性能	备注
分选设备	跳汰机	复合脉动 X 系列跳汰机	最大跳汰面积 40 m^2 和 35 m^2，效率一般在 88%～90%	
		SKT 系列筛下空气室跳汰机	跳汰面积 6～35 m^2； 入料粒度 0～100 mm； 处理能力 10～20 t/m^2 · h	
		筛侧空气室跳汰机	主要有 LTG 型、LTW 型、BM 型和 CTW 型，入料粒度为 0～50 mm，处理能力 135～195 t/h	
		机械传动动筛跳汰机	处理能力为 40～60 t/m^2 · h，I 值为 0.093，数量效率＞95%。	德国产动筛跳汰机 I 值 0.09，数量效率＞93.45%。处理能力国际先进指标为 100 t/m^2 · h
		液压传动动筛跳汰机	处理能力为 40～60 t/m^2 · h，I 值为 0.095	
	浮选机	XJM－KS 型浮选机		
		机械式浮选机	XJM－S、XJX－T，单机处理能力最大为 450 m^3/h，单槽容积有 4 m^3，8 m^3，12 m^3，16 m^3	单机处理能力国际先进水平为 500 m^3/h
		FJC 喷射式浮选机	单机即可满足 1.5～2.0 Mt/a，处理能力选煤生产系统需要	
	浮选柱	FCMC 型旋流－静态微泡式	柱体高度 5.5～6 m，直径 1 m、2 m、3 m，浮选下限可达 50 μm	
		FXZ 型静态浮选柱	选柱直径 1～3 m，高度 6～9 m	
	重介质分选设备	重介质旋流器	分选末煤，下限可达 0.05 mm。单台处理量为 300～400 t/h，数量效率达 95%以上。	DSM 圆锥形；DWP 圆筒形；3GDMC 无压给料三产品重介旋流器
		重介质浅槽分选机	大于 6 mm 或 13 mm 的块煤	
		重介质斜轮分选机	大于 6 mm 或 13 mm 的块煤	
筛分设备		直线振动筛	ZKX、ZK 型	
		圆运动梯流棒条筛		
		复频振动筛		
		离心振动筛		
		弧形筛		
		强力抛射筛(博后筛)		

续表 8－5

设备种类		设备名称	规格性能	备注
脱水设备	离心机	卧式振动卸料离心机	直径一般为 1 000 mm,处理能力为 100 t/h;直径 1 300 mm 卧式振动卸料离心机处理能力可达到 300 t/h	直径 1 300 mm 为进口
		刮刀卸料离心机		
	压滤机	加压压滤机		
		精煤压滤机		
		圆盘加压过滤机		
		板框式过滤机		
	浓缩机	耙式浓缩机		
破碎设备	破碎机	强力齿辊破碎机	入料粒度最大 300 mm,破碎比一般为 7,处理能力不大于 300 t/h,破碎强度不大于 120 MPa,过分量在 20%～30%	国际先进水平入料粒度达 1 500 mm,处理能力为 4 000 t/h,破碎强度大于 200 MPa
		齿轮型碎煤机		澳大利亚
		DDC－Sizer 型破碎机		美国
		MMD 破碎筛分机	最大处理能力可达 1 400 t/h	英国
		卧式振动卸料破碎机	筛篮直径 1 000 mm,处理能力 100 t/h	国际先进水平筛篮直径为 1 300～1 500 mm,处理能力 300～500 t/h

选煤工业技术装备发展趋势,概括起来主要有以下几个方面:

(1) 在整体格局上仍保持厂型和设备合理大型化、系统简单化、全厂高度自动化的发展模式外,重点放在高效能单机设备开发利用上。在高效能单机设备开发中重点在于研制与脱硫降灰、提高煤质、减少环境污染有关的细粒和极细粒级煤的分选设备和工艺,以及以实现洗水闭路,降低产品水分为目的的煤泥水处理设备。

(2) 新建选煤厂采用的选煤工艺主要是以重介质分选槽和重介质旋流器为主要分选设备的重介选,其次是跳汰分选。建设选煤厂时,都非常注重考虑细粒煤和煤泥的分选回收,对于细粒煤的分选趋向于采用重介质旋流器、螺旋分选机和摇床。对于煤泥的分选趋向于采用浮选机、浮选柱。

(3) 近几年,模块式选煤厂在国内外得到了快速发展与应用。如近几年设计的模块式选煤厂的小时处理量可达 700 t。

(4) 在分选技术上,大直径重介质旋流器的开发与应用;重介质分选工艺在炼焦煤和动力煤分选中的应用；为简化流程，开发选用深度更大的各种分选设备如跳汰机、螺旋溜槽和新型的重介质分选机等是今后努力的方向。

（5）细粒煤和超细粒煤的分选工艺和设备是未来选煤技术研究的热点；还应进行煤泥的处理与合理利用技术的研究。

（6）现有选煤厂工艺的完善与调整；加强在线检测和自动化控制技术的应用，保证精煤产品质量，稳定生产，降低生产成本，同时减少煤炭的损失，提高选煤厂的整体操作和管理水平，以适应市场的需求。

第 9 章　煤矿安全与职业健康

煤炭工业的发展,保证并促进了国民经济的发展,煤炭安全生产为煤炭工业高速发展提供了有力保障,对社会的安定具有深远的影响。长期以来,煤炭生产事故及煤矿开采所引发的尘肺病等职业病给煤炭工业健康发展及整个社会安定和谐带来了较大的负面影响。我国政府高度重视煤矿安全及职工健康,不断出台各种政策,促进了我国煤矿安全水平及职工健康水平的不断提高。

9.1　煤矿安全

我国正规化开采煤炭已有 100 多年的历史,产能逐年增加。由于自然开采条件恶劣,行业机械化程度不高,行业安全技术水平落后,人员素质普遍不高等多种因素的影响,使我国煤炭生产安全形势较为严峻。煤矿伤亡事故起数与死亡人数约分别占全国工矿企业总数的 30%和 40%;一次死亡 10 人以上特大事故约占全国工矿企业点数的 80%。

同时,我国煤矿事故死亡人数也是世界主要采煤国中最高的。我国煤炭产量占全世界煤炭总产量的 31%,但死亡人数占全世界煤矿死亡人数的 79%。美国煤炭产量多年稳定在 10 亿 t/a 以上,但煤矿事故死亡人数每年仅 30 人左右。

新中国成立 60 年来,我国历年煤矿事故死亡人数见图 9－1。

目前,伴随着我国煤炭产业结构及技术条件的进步,我国煤炭安全生产的形势总体上有了巨大进步,尤其是国有重点煤矿,安全管理及安全技术水平逐年提高,百万吨死亡率已经控制在 1%以下。但是,我国的煤炭产业所有制结构多样,包括国有重点、国有地方、乡镇煤矿、个体煤矿等,安全程度差别较大。

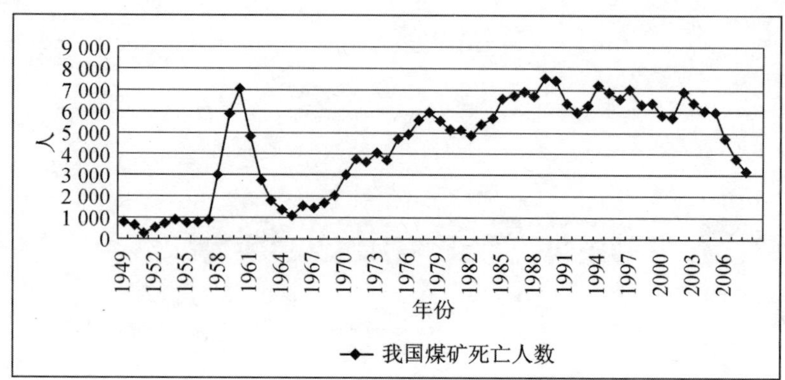

图 9－1　1949～2008 年我国历年煤矿死亡人数

近几年，我国通过加大对煤矿安全生产的监督管理，不断深化落实煤矿安全生产责任，开展瓦斯治理与小煤矿关闭整顿两个攻坚战，取得了良好的效果，煤矿重特大事故减少，煤矿百万吨死亡率大幅下降（由 2000 年的 5.71 下降到 2007 年的 1.49）。

2008 年，全国煤矿企业共发生事故 1954 起，死亡 3215 人，同比减少 467 人。其中，原国有重点煤矿共发生事故 287 起，死亡 454 人，百万吨死亡率 0.330；国有地方煤矿共发生事故 207 起，死亡 401 人，百万吨死亡率 1.162；乡镇煤矿共发生事故 1 460 起，死亡 2 360 人，百万吨死亡率 2.374。

我国历年煤矿百万吨死亡率见图 9－2。

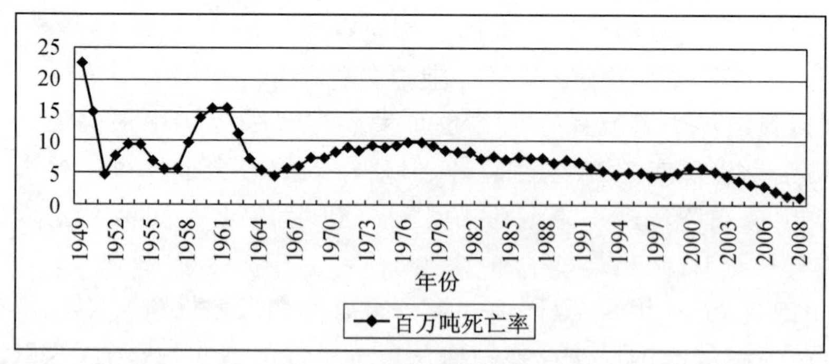

图 9－2　1949～2008 年我国煤矿百万吨死亡率变化

9.2　职业健康

9.2.1　煤矿职业病危害

尘肺病是危害矿工特别是煤矿工人健康最严重的职业病。由于肺内吸入大量粉尘,导致肺组织不断纤维化,进而导致全身性疾病。山西、陕西、河南、河北等产煤大省调查发现,尘肺病正在严重威胁着数十万煤矿工人的健康和生命,如不加强预防控制和治疗,将严重损害煤矿的生产力,甚至会造成大面积的社会问题。

在"煤都"大同,仅同煤集团中原大同矿务局所属各煤矿,已累计查出尘肺职业病患者10 082名,其中比较严重的二三期患者达2 500名;累计死于尘肺病的矿工达3 131名,2006年一年就死亡115名。

山西全省累计查出煤矿尘肺病患者3.6万名,占全省总人口的千分之一;此外,全省潜在的煤矿尘肺职业病患者多达8万余名。在陕西铜川矿务局,累计查出尘肺病患者4 000余名,平均每年死于尘肺病的达100多名。河北省峰峰矿务局已查出尘肺病患者达2 038名,其中40%以上已经死亡。北京市门头沟煤矿每年也有200多人死于尘肺病。

截至2002年底,全国累计检出各类尘肺病病人58万多名,现存活44万余名(不含社会患者)。2002年,尘肺病新增患者1.22万名,其中煤工尘肺和矽肺仍为主要病种,共占85.6%;发生于矿山的尘肺病患者占71.7%,煤炭系统的尘肺病患者占47.6%。据不完全统计,从20世纪50年代到现在,全国已有14万名矿工死于尘肺病。

9.2.2　煤矿职业病应对

据我国疾病预防控制中心职业病与中毒控制所首席专家李德鸿研究员测算,全国每年因尘肺病造成的直接经济损失达80亿元,间接损失达300～400亿元。而其中煤矿工人所遭受的伤害更为普遍。

几十年来,在党中央、国务院的领导下,经过各地和各部门的共同努力,我国职业病防治工作取得了较大进展,并逐步走上了规范化、法制化的轨道。但是,在经济发展的过程中,由于一些用人单位没有履行职业病防治责任,作业场所环境恶劣,卫生防护设施差,职业病危害问题日渐突出,在一些地方,尘肺、职业中毒等职业病危害严重,这不仅损害劳动者身体健康和生命安全,也影响经济发展和社会的和谐与稳定。

按照"三定"规定,卫生部负责职业卫生技术服务机构和建设项目职业病危害评价的监督管理，负责对用人单位职业健康监护制度落实情况的监督管理，规范职业病的诊断与鉴定等工作。各级卫生行政部门按照职责分工，建立完善职业病防治工作管理责任制和责任追究制，全面认真履行职责，落实到人，定期考核。建立完善职业病防治部门协调工作机制，加强信息沟通，加大联合执法力度，形成部门协同配合、齐抓共管的良好局面。对于因领导不力、疏于管理、有令不行、纵容包庇导致严重职业病危害事故发生的，要按照有关规定，严肃追究单位负责人、直接负责的主管人员和其他直接责任人员的责任；构成犯罪的，移送司法机关处理。

目前，国家煤矿安全监察局尘肺病康复中心（中国煤矿工人北戴河疗养院）等多家医院，已开展了大容量肺灌洗治疗尘肺病技术。专家们指出，肺灌洗技术只要数千元就能基本解除一名尘肺病患者的痛苦。

2003 年 10 月 31 日，经民政部批准，中国煤矿尘肺病治疗基金会（China Coal Miner Pneumoconiosis Treatment Foundation 简称 CMPF）正式登记注册。中国煤矿尘肺病治疗基金会由国家安全生产监督管理总局主管，其成立给广大煤矿工人带来了福音。在基金会起步阶段，国家和煤炭大省对基金会给予了一定的财力支持，对救治煤矿尘肺病工人起到了积极作用。

党和政府十分重视煤矿工人的身体健康状况，为了保护矿工的健康，曾在北戴河、大连等地为煤矿职工建立了 13 家疗养院。但是，近年来疗养工作基本停顿。鉴于目前煤矿尘肺病的严重状况，职工疗养制度应逐渐恢复。

第二篇

运　行　篇

2008 年,在努力克服特大自然灾害和国际金融危机冲击等不利影响下,国民经济保持较快发展,全国煤炭经济运行总体上保持了基本平稳、略有波动的态势。煤炭供需形势呈现区域供应紧张、紧平衡向基本平衡转变的市场格局,煤炭产运销量增加,价格高位浮动。进入 9 月份以后,受各种不利因素影响,煤炭供求关系出现转折,煤炭产量虽然继续保持增长态势但增幅回落,煤炭需求萎缩,库存快速上升,市场价格大幅回落,企业利润回落,应收账款急剧增加。总体来看,为能保证行业的健康发展,煤炭行业经济运行质量仍需继续提高。

2008 年,全国原煤产量完成 27.88 亿 t,同比增加 2.62 亿 t,增长 10.37%,其中,规模以上煤炭企业原煤产量 26.21 亿 t,同比增长 12.8%,占全国原煤产量的 94.01%;大型煤炭企业原煤产量 14.88 亿 t,同比增长 13.51%,占全国原煤产量的 53.37%。

2008 年,全国累计煤炭日均装车 55 101 车,同比增加 4 290 车,增长了 8.4%;全国(国有)铁路煤炭运量完成 13.4 亿 t,同比增加 1.24 亿 t,增长 10.2%。全国主要港口累计完成煤炭发运 5.09 亿 t,同比增加 4 607 万 t,增长了 9.9%。值得注意的是,部分月份出现了近几年来罕见的负增长局面。

2008 年,全国煤炭销量完成 26.02 亿 t,同比增加 1.72 亿 t,增长7.09%。

2008 年,全国煤炭社会库存 2.01 亿 t,比去年同期增加 5 196 万 t,同比增长 34.9%,比 11 月末增加 300 万 t,上升 1.51%;煤炭生产企业库存 5 092 万 t,比去年同期增加 1 175 万 t,同比增长 30.0%,比 11 月末增加 332 万 t,增长 6.97%;在主要用煤行业中,电力直供电厂煤炭库存为 4 332 万 t,比去年同期增加 2 062 万 t,同比增长 90.84%;主要煤炭中转港口存煤为 1 975 万 t,比去年同期增加 562 万 t,增长 39.77%,其中秦皇岛港口存煤 625.2 万 t,比去年同期增加 112.2 万 t,同比增长 21.87%。

2008 年,全国煤炭出口共完成 4 543 万 t,同比减少 774 万 t,下降 14.6%;进口煤炭 4 040 万 t,同比减少 1 062 万 t,下降 21%;累计煤净出口 503 万 t。

2008 年,全国规模以上煤炭企业主营业务收入为 15 315.15 亿元,同比增加 5 722.07 亿元,增长 59.64%。大型煤炭企业(集团)主营业务收入 10 672.44亿元,同比增加 3 523.83 亿元,增长 49.29%。

2008 年,全国规模以上煤炭企业补贴后实现利润总额 2 348.45 亿元,同比增加1 326.27亿元，增长129.75%。其中，大型煤炭企业(集团)补贴后实现利润总额1 223.59亿元，占全国规模以上利润总额的52.1%；同比增加477.77亿元，增长64.06%。2008年末，大型煤炭企业(集团)应收账款为684.74亿元，同比增加258.09亿元，增长60.49%。

2008年，煤炭开采及洗选业投资2 399.2亿元，同比增加594.15亿元，增长32.92%。

2008年，全国规模以上煤炭企业从业人员人数为502.38万人，同比增加38.69万人，增长8.34%。其中，大型煤炭企业从业人员295.73万人，同比增加3.55万人，增长1.22%；1～12月，大型煤炭企业在岗职工月平均工资为3 099.08元，比上年月平均工资增加671.58元，增长27.67%。

2008年，全国规模以上煤炭企业上缴增值税总额1 156.79亿元，同比增加454.47亿元，增长64.71%。其中，大型煤炭企业集团上交税金总额1 305.26亿元，同比增长55.91%；其中，应交增值税737.06亿元，同比增长50.03%。

2008年，全国规模以上煤炭企业成本费用利润率18.67%，同比提高6.18个百分点。其中，大型煤炭企业集团成本费用利润率13.19%，同比提高1.48个百分点。

2008年，全国规模以上煤炭企业达到9 212家，比2007年(7 537家)增加1 675家；年产量26.21亿t，占全国原煤产量的比重达到94.01%，比2007年提高了3个百分点，产业集中度进一步提高。

2008年，原国有重点煤矿开拓进尺完成139.72万m，同比增加4.35万m，上升3.21%。原国有重点煤矿回采工作面平均个数1 545个，同比增加50个，上升3.35%；回采工作面月均单产54 183 t，同比增加3 708 t，上升7.35%。原国有重点煤矿掘进工作面平均个数4 808个，同比增加149个，上升3.2%；掘进工作面月均单进146 m，同比减少7 m，下降4.57%。掘进工作面中含开拓工作面平均个数1 279个，同比增加42个，上升3.4%；开拓工作面月均单进90 m，同比减少1 m，下降1.3%；原国有重点煤矿开拓掘进率12.49 m/万t，同比减少1.03 m/万t，下降7.62%。

2008年，原国有重点煤矿洗精煤产率52.94%，同比下降0.26%；洗精煤灰分9.81%，同比上升0.2%；洗精煤水分10.32%，同比上升0.68%。

2008年，原国有重点煤矿原煤生产人员效率5.064 t/工，同比增加0.465 t/工，提高10.11%。

2008 年，全国煤矿企业生产事故 1 954 起，同比减少 467 起，下降 19.3%。其中，国有重点煤矿生产事故 287 起，同比减少 28 起，下降 8.9%；国有地方煤矿生产事故 207 起，同比减少 139 起，下降 40.2%；乡镇煤矿生产事故1 460起，同比减少 300 起，下降 17%。

2008 年，全国煤矿企业生产事故死亡 3 215 人，同比减少 571 人，下降 15.1%；其中原国有重点煤矿生产事故死亡 454 人，同比减少 21 人，下降 4.4%；国有地方煤矿生产事故死亡 401 人，同比减少 10 人，下降 2.4%；乡镇煤矿生产事故死亡 2 360 人，同比减少 540 人，下降 18.6%。

2008 年，煤炭生产百万吨死亡率 1.182，同比下降 0.303。其中，原国有重点煤矿煤炭生产百万吨死亡率 0.330，同比下降 0.053；原国有地方煤矿煤炭生产百万吨死亡率 1.162，同比下降 0.107；乡镇煤矿煤炭生产百万吨死亡率 2.374，同比下降 0.650。

从总体看，2008 年全国煤炭经济形势总体较好，主要得益于需求拉动导致市场供不应求等外部因素的影响，并不完全是行业自身经济增长方式转变的结果。企业效益增加，主要还是依靠产量提高和价格上升。从整体上看，煤炭行业发展的基础仍然十分薄弱，经济运行中的矛盾和问题仍十分突出。

一是煤炭企业之间、地区之间发展极不平衡。2008 年，虽然煤炭企业整体盈利水平大幅度提高，但是结构极其不合理，占全国规模以上煤炭企业总数不足 2%的企业利润占全行业利润总额的 65.7%，98%以上的煤炭企业仍然处于微利或亏损状态。

二是煤炭价格大幅波动。从年初开始，煤炭价格开始了连续 8 个月的持续上涨；9 月份以后出现下降，进入 11 月份，全国范围内的市场动力煤交易价格出现持续性、快速、大幅度回落，单月下跌幅度达到历史之最，至 12 月份，在煤矿减产和需求回升作用下，煤炭价格企稳回升。

三是煤炭企业成本增加，企业负担加重。2008 年以来，煤炭企业经营成本不断增加。其主要原因有三点：第一，钢材等主要原材料价格上涨，国家调整电力、成品油价格，煤炭开采和运输成本上升；第二，国家调高贷款利率，煤炭企业财务费用增长较快，固定资产投资成本增加；第三，国家和地方政府调整相关政策，政策性增支因素增加；国家提高办矿标准，推广先进适用技术和装备，煤矿安全成本增长；部分地方政府征收煤炭价格调节基金，调整矿井井下艰苦岗位津贴，煤炭企业调整提高职工工资，劳动力成本上升。例如,国土资源部在全国范围内提取矿山地质环境恢复治理保证金,建立矿山地质环境恢复治理保证金制度;一些地方政府征收煤炭价格调节基金。第四,煤矿搬迁、采煤沉陷赔偿等费用快速攀升。

四是收入增加但增幅减缓,应收账款大幅增加。从煤炭行业2008年全年的表现看,前8个月煤炭企业效益增加,但进入9月份后销售收入快速下滑,承兑汇票和应收账款大量增加。2008年,规模以上煤炭企业累计实现主营业务收入15 315.15亿元,同比增加5 722.07亿元,增幅为59.64%。随着煤炭需求减少、价格回落,收入增幅迅速减缓。2008年上半年,大型煤炭企业应收账款为491.2亿元,但下半年以来逐月上升,到年末应收账款已增至684.74亿元,同比增加258.09亿元,增长了60.49%。

五是煤矿产能过剩问题压力加大。据统计,2000～2008年,全国煤炭采选业固定资产投资总额8 138.21亿元,改造提升了一大批资源条件好、有发展潜力的煤矿,新建了一大批安全高效的现代化煤矿。据对国土资源部委托的大型煤矿矿井开发利用方案统计,2004年到2008年10月,全国新增大型矿井(含改扩建矿井)建设规模6.7亿t。新增煤炭产能在近两年内陆续释放,产能过剩压力进一步加大。

煤炭经济运行中出现的这些突出矛盾和问题,既有资源性行业发展客观条件制约的特殊性,也有行业生产力发展水平低、经济结构不合理的约束,更有体制和制度上的障碍,这些都是煤炭行业科学发展、可持续发展中深层次矛盾的反映和传导。

第 10 章　煤炭生产

10.1　全国煤炭生产概况

10.1.1　2008 年全国煤炭生产情况

2008 年，根据国家统计局统计数据，全国煤炭产量完成 27.88 亿 t，同比增加 2.62 亿 t，增长 10.37%。在全国 25 个产煤省（自治区、直辖市）中，有 17 个省区市增产，共计增产 2.82 亿 t。其中，内蒙古自治区煤炭产量增加 1.19 亿 t，同比增长 33.62%，占全国煤炭产量增量的 45.42%；陕西省产量增加 0.39 亿 t，同比增长 19.12%，占全国产量增量的 14.88%；山西省、安徽省产量增加 0.26 亿 t，同比分别增长 4.13%和 27.96%，占全国产量增量的 9.92%。2007～2008 年全国煤炭产量及变化见表 10－1，2007～2008 年全国主要产煤地区产量变化趋势见图 10－1。

表 10－1　　2007～2008 年全国煤炭产量统计表

	2007 年（亿 t）	2008 年（亿 t）	增量（亿 t）	增幅（%）
全国总计	25.26	27.88	2.62	10.37
北京市	0.06	0.06	0	0.00
河北省	0.87	0.79	－0.08	－9.20
山西省	6.30	6.56	0.26	4.13
内蒙古自治区	3.54	4.73	1.19	33.62
辽宁省	0.63	0.64	0.01	1.59
吉林省	0.34	0.39	0.05	14.71
黑龙江省	1.01	0.99	－0.02	－1.98

续表 10－1

	2007 年(亿 t)	2008 年(亿 t)	增量(亿 t)	增幅(%)
江苏省	0.25	0.24	－0.01	－4.00
安徽省	0.93	1.19	0.26	27.96
福建省	0.21	0.22	0.01	4.76
江西省	0.30	0.31	0.01	3.33
山东省	1.45	1.39	－0.06	－4.14
河南省	1.93	2.09	0.16	8.29
湖北省	0.11	0.12	0.01	9.09
湖南省	0.62	0.61	－0.01	－1.61
广西自治区	0.07	0.05	－0.02	－28.57
四川省	0.96	0.97	0.01	1.04
重庆市	0.43	0.41	－0.02	－4.65
贵州省	1.09	1.18	0.09	8.26
云南省	0.78	0.87	0.09	11.54
陕西省	2.04	2.43	0.39	19.12
甘肃省	0.39	0.40	0.01	2.56
青海省	0.10	0.13	0.03	30.00
宁夏自治区	0.38	0.43	0.05	13.16
新疆自治区	0.49	0.68	0.19	38.78

资料来源:《中国统计年鉴 2008》和《中国统计年鉴 2009》

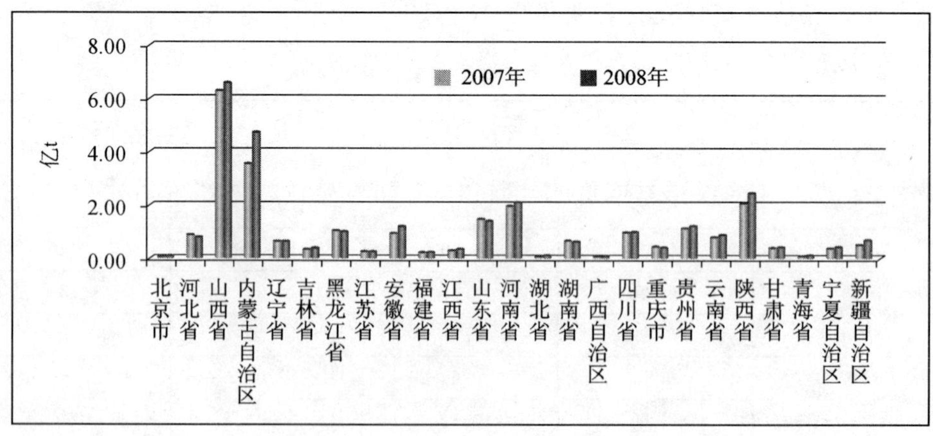

图 10－1　2007～2008 年全国主要产煤地区产量变化趋势

2008 年下半年以来，煤炭市场价格走低，山西、河南等省借机相继开展了煤炭资源整合与兼并重组工作，特别是通过加大煤矿安全整治力度，促使大量小煤矿停产整顿，在提高安全保障程度的同时，煤炭产量增速出现下降态势，而河北、黑龙江等省区出现了煤炭产量负增长。与此同时，内蒙古、新疆和青海等省区煤炭产量出现了较高速增长。2008 年，煤炭产量增速超过 30%的省区有新疆、内蒙古和青海省，东部地区的安徽省煤炭产量增长 27.96%（见图 10—2）。

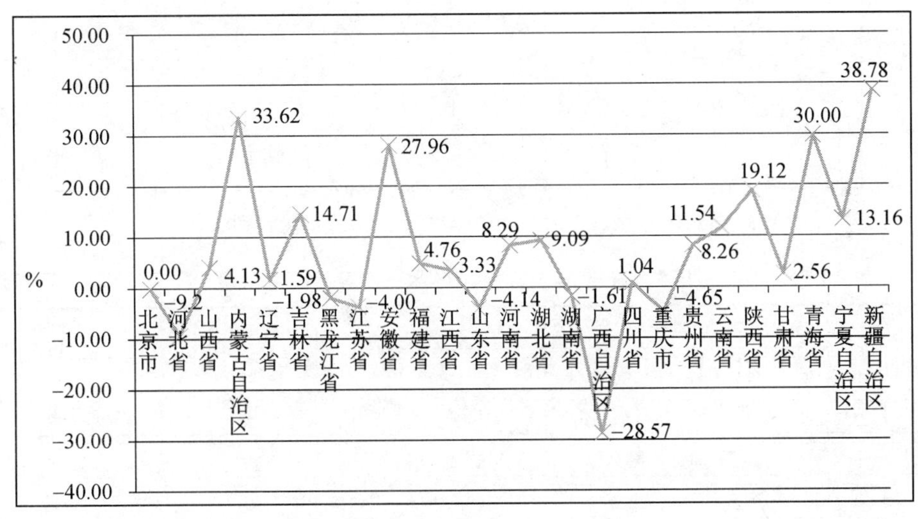

图 10—2　2008 年主要产煤地区煤炭产量增长速度

从煤炭产量上看，2008 年全年煤炭产量超过 1.0 亿 t 的省区达到了 7 个，分别是山西、内蒙古、陕西、河南、山东、安徽和贵州。黑龙江省煤炭产量在 2007 年达到 1.01 亿 t 后，2008 年产量下降到 0.99 亿 t（见图 10—3）。2008 年产量超亿吨的省区煤炭产量达到 19.57 亿 t，较 2007 年增加 2.21 亿 t，占全国煤炭总产量的比重由 68.73%提高到 70.19%，提高了 1.46 个百分点。

10.1.2　2009 年上半年全国煤炭生产情况

2009 年以来，在国家扩内需、保增长一系列政策措施的指导下，全国经济逐渐扭转了增速大幅下降的势头，宏观经济主要指标逐步向好，继续拉动了煤炭需求增加。根据行业统计快报数据，2009 年上半年，全国原煤产量完成 130 775.7 万 t，同比增加 5 062 万 t，增长 4.03%。按原统计口径，原国有重点煤矿产量 74 165.2 万 t，占 56.71%；原地方国有煤矿产量 16 394.2 万 t，

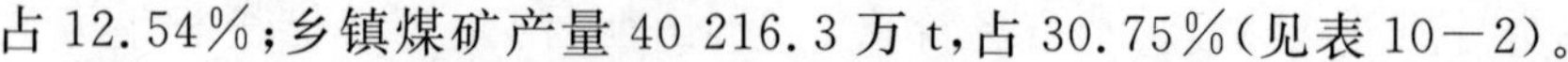

占 12.54%；乡镇煤矿产量 40 216.3 万 t，占 30.75%（见表 10－2）。

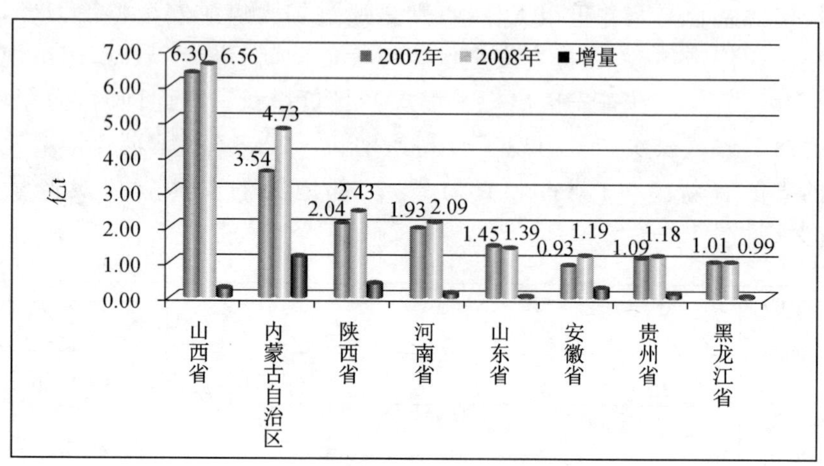

图 10－3　2007～2008 年全国煤炭产量超亿吨的省区

表 10－2　　2009 年上半年全国煤炭产量一览表（统计快报）　　单位：万 t

项目 省份	全国合计				国有重点煤矿	国有地方煤矿	乡镇煤矿
	本年累计	去年同期	增减（＋，－）	增减（%）			
全国总计	130 775.7	125 713.7	5 062.0	4.03	74 165.2	16 394.2	40 216.3
北京市	331.0	342.0	－11.0	－3.22	271.9		59.1
河北省	4 313.7	4 351.5	－37.8	－0.87	3 880.8	317.7	115.2
山西省	26 593.7	31 829.3	－5 235.6	－16.45	17 987.2	4 977.2	3 629.2
内蒙古	28 577.4	22 417.9	6 159.4	27.48	12 975.1	2 698.5	12 903.8
辽宁省	2 698.1	2 719.2	－21.2	－0.78	2 286.4	29.8	381.9
吉林省	1 779.5	1 603.1	176.4	11.00	1 219.6	133.1	426.8
黑龙江	4 065.7	4 376.9	－311.2	－7.11	2 752.9	600.2	712.7
江苏省	1 219.8	1 263.5	－43.7	－3.46	1 058.9	160.9	
浙江省	6.1	6.0	0.1	1.67	6.1		
安徽省	6 370.8	5 680.1	690.7	12.16	6 184.2	46.4	140.3
福建省	1 053.0	982.2	70.8	7.21		430.8	622.3
江西省	1 156.6	1 166.0	－9.4	－0.81	413.2	131.1	612.3
山东省	6 794.2	6 823.7	－29.4	－0.43	4 794.0	1 931.4	68.8
河南省	8 938.1	10 221.0	－1 282.9	－12.55	6 676.3	558.4	1 703.4
湖北省	322.6	319.4	3.2	1.01		232.6	90.0

续表 10－2

项目/省份	全国合计				国有重点煤矿	国有地方煤矿	乡镇煤矿
	本年累计	去年同期	增减(＋,－)	增减(%)			
湖南省	2 474.4	2 238.6	235.8	10.53	345.2	230.0	1 899.2
广 西	250.0	292.4	－42.4	－14.51	—	204.6	45.4
四川省	3 005.8	3 374.5	－368.7	－10.93	589.3	220.1	2 196.4
重庆市	2 015.0	2 050.1	－35.1	－1.71	658.0	10.5	1 346.5
贵州省	5 803.9	5 164.5	639.4	12.38	1 235.8	267.2	4 300.8
云南省	3 845.4	4 092.8	－247.4	－6.05	76.5	851.7	2 917.2
陕西省	10 581.8	7 565.5	3 016.3	39.87	5 121.0	1 471.2	3 989.6
甘肃省	1 813.1	1 890.9	－77.8	－4.11	1 551.1	115.9	146.2
青海省	585.3	500.0	85.2	17.04		278.7	306.5
宁 夏	2 578.4	1 982.3	596.2	30.07	2 371.5	135.9	71.1
新 疆	3 602.6	2 460.4	1 142.2	46.42	1 710.3	360.6	1 531.7

2009 年上半年，全国煤炭产量超过亿吨的省区分别为山西省、内蒙古和陕西省，产量分别为 26 593.7 万 t、28 577.4 万 t 和 10 581.8 万 t。由于自 2008 年下半年以来，山西省政府大力推动煤炭资源整合与企业兼并重组工作，大量小煤矿停产，全省产量大幅减少，内蒙古自治区的煤炭产量首度超过山西省，成为我国第一大产煤地区(见图 10－4)。

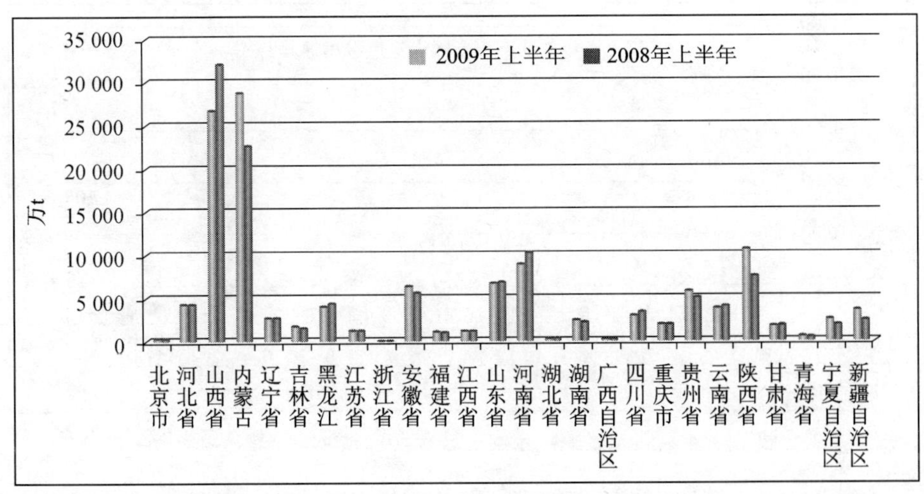

图 10－4　2008、2009 年上半年全国煤炭产量分布

从 2009 年上半年煤炭产量增量趋势分析，与去年同期相比产量增加的省区主要有：内蒙古自治区，同比增加 6 159.5 万 t，增长了 27.48%；陕西省产量增加 3 016.3 万 t，同比增长 39.87%；新疆自治区产量增加 1 142.2 万 t，同比增长 46.42%。同期，山西省煤炭产量减少 5 236.6 万 t，同比减少 16.45%；河南省产量减少 1 282.9 万 t，同比减少 12.55%（见图 10－5、图 10－6）。

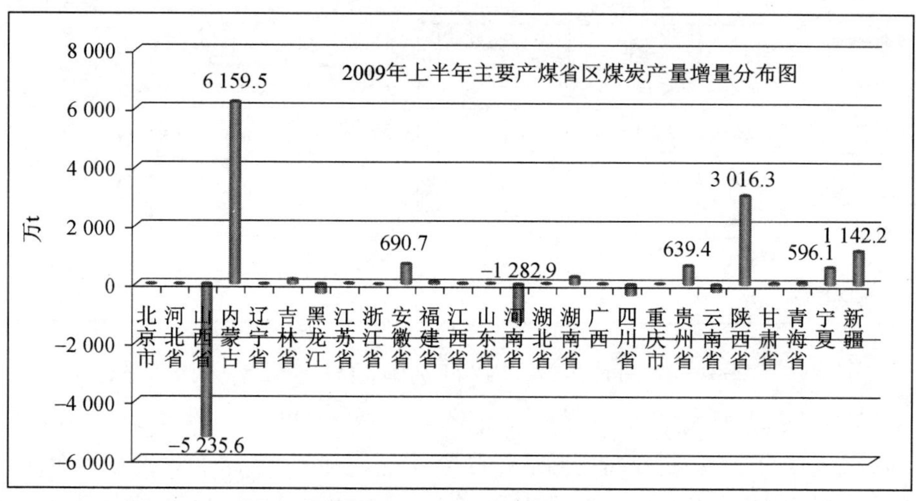

图 10－5　2009 年上半年全国主要产煤省区产量增量变化趋势

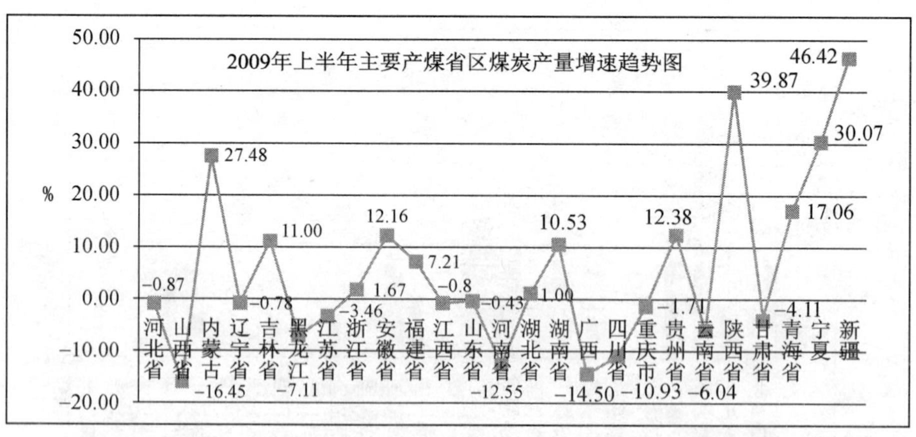

图 10－6　2009 年上半年全国各省区煤炭产量增速变化趋势

从全国煤矿日均产量情况看，2009 年 1 月，全国日均煤炭产量低于 2008 年同期，仅为 556 万 t。之后，呈逐月增加态势，至 6 月份当月日均煤炭产量达到 930 万 t,较年初增加 374 万 t,较去年同期增加 132 万 t(见图10-7)。

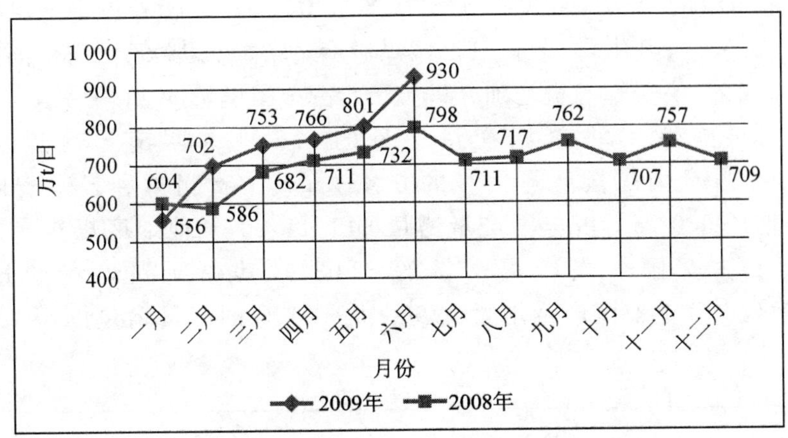

图 10-7　2008 年以来全国逐月原煤日均产量变化趋势

10.2　区域煤炭生产结构

从 2008 年全国主要煤炭产区的生产结构分析,东部煤炭调入地区(北京、河北、东三省、山东、江苏、浙江、安徽和福建)10 个省市煤炭产量完成 5.91 亿 t,占全国同口径煤炭产量的 21.2%;中西部煤炭调出区(山西、内蒙古、河南、陕西、宁夏和甘肃省)5 个省区煤炭产量完成 16.64 亿 t,占 59.68%;西南地区(云南、贵州、四川和重庆)四省区市煤炭产量完成 3.43 亿 t,占 12.30%。其他地区(江西、湖北、湖南、广西、青海和新疆)煤炭产量完成 1.9 亿 t,占 6.8%(见图 10-8)。

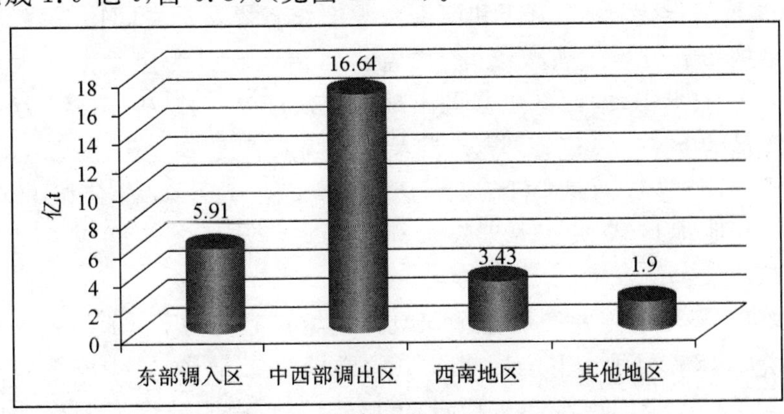

图 10-8　2008 年全国煤炭产量分布趋势

从主要产煤省区的产量增量分析，2008 年东部调入地区煤炭产量共增加 1 500 万 t，占全国煤炭产量增量的 5.73%；其中安徽省增加 2 600 万 t，占全国产量增量的 9.92%。煤炭调出区产量增加 2.06 亿 t，占全国煤炭产量增量的 78.63%；其中，内蒙古自治区煤炭产量增加 1.19 亿 t，占全国产量增量的 45.42%，陕西省产量增加 3 900 万 t，占全国增量的 14.89%，山西省产量增加 2 600 万 t，占全国产量增量的 9.92%。西南地区煤炭增加 1 700 万 t，占全国煤炭产量增量的 6.49%；其中贵州省和云南省同时较 2007 年增加 900 万 t，占全国产量增量的 3.44%。其他地区煤炭产量增加 2 100 万 t，占全国煤炭产量增量的 8.02%，其中新疆煤炭产量增加 1 900 万 t，占其他地区产量增量的 90.48%，占全国产量增量的 7.25%（见图 10—9）。

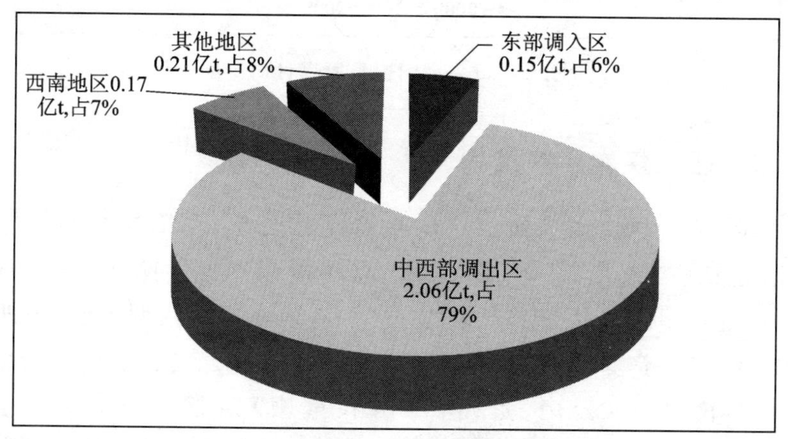

图 10—9 2008 年全国主要煤炭产区产量增量分布

2009 年上半年，由于山西和河南两大产煤省煤炭产量同比下降，全国煤炭生产结构布局发生了较大变化，内蒙古自治区跃升为全国第一大产煤地区。2009 年上半年，中西部煤炭调出地区煤炭产量完成 79 082.5 万 t，占全国煤炭产量的 60.47%；东部煤炭调入地区煤炭产量 28 631.9 万 t，占全国总产量的 21.89%；西南地区煤炭产量 14 670.1 万 t，占全国总产量的 11.22%；其他地区煤炭产量 8 391.5 万 t，占全国总产量的 6.42%（见图10—10）。

从 2009 年全国主要产煤地区煤炭产量增量趋势分析，东部调入地区煤炭产量增加 483.7 万 t，占全国煤炭产量增量的 9.56%；其中安徽省产量增加 690.7 万 t，占全国煤炭产量增量的 13.65%。中西部煤炭调出地区煤炭产量增加 3 175.6 万 t，占全国煤炭产量增量的 62.73%，其中，内蒙古自治区煤炭产量增加 6 159.5 万 t，占全国煤炭产量增量的 121.68%；陕西省产量增加 3 016.3 万 t，占 59.59%；宁夏自治区产量增加 596.1 万 t，占 11.78%；而山西省同期煤炭产量减少 5 235.6 万 t，河南减少 1 282.9 万 t。西南地区煤炭产量减少 11.8 万 t。其他地区煤炭产量增加 1 414.7 万 t，占全国产量增量的 27.95%（见图 10－11）。

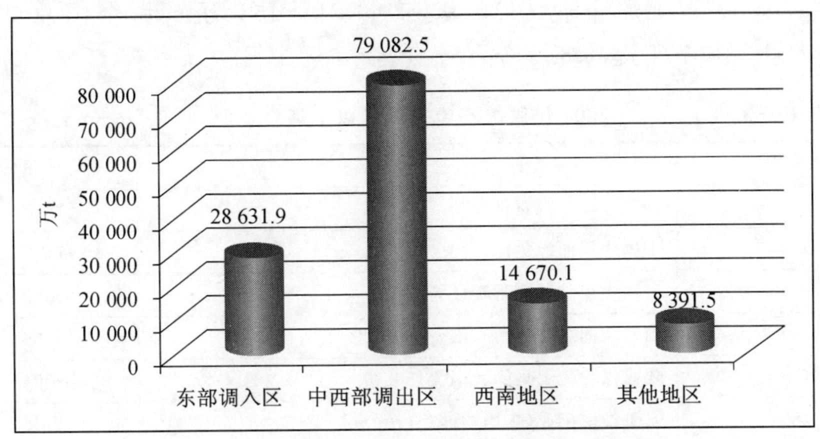

图 10－10　2009 年上半年全国煤炭产量分布

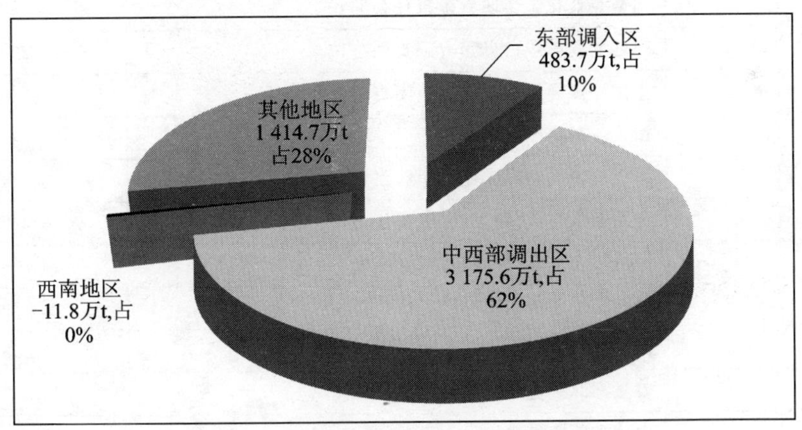

图 10－11　2009 年上半年全国煤炭产量增量分布

10.3　煤炭生产集中度分析

截至 2008 年底，全国规模以上煤炭企业达到 9 212 家，比 2007 年增加 1 675家，原煤产量完成 26.21 亿 t，占全国原煤产量的 94.01%，比 2007 年增长3个百分点。其中,原煤产量超过1 000万t的大型煤炭企业有43家(见表10－3),产量为15.01亿t,占全国原煤产量的53.83%。在年产1 000万t以上的企业中,产量过亿吨的企业有两家,其中神华集团产量为28 125万t,中煤集团产量为11 411万t,两家企业合计产量占全国总产量的14.18%,比2007年提高1.13个百分点;产量超过5 000万t的企业为7家,产量71 657万t,占全国总产量的25.70%,比2007年提高6.5个百分点;产量超过3 000万t的企业为16家,产量106 463万t,占全国总产量的38.19%,比2007年提高6.8个百分点。

表10－3　2008年原煤产量千万吨以上煤炭企业

名次	企业名称	煤炭产量(万t)
1	神华集团有限责任公司	28 161
2	中国中煤能源集团有限公司	11 411
3	山西焦煤集团有限责任公司	8 029
4	山西大同煤矿集团有限责任公司	6 891
5	陕西煤业化工集团有限责任公司	6 041
6	安徽淮南矿业(集团)有限责任公司	5 666
7	黑龙江龙煤矿业控股集团有限责任公司	5 495
8	河南煤业化工集团有限责任公司	4 465
9	山西潞安矿业(集团)有限责任公司	4 209
10	中国平煤神马能源化工集团有限责任公司	4 120
11	山东兖矿集团有限公司	3 970
12	山西晋城无烟煤矿业集团有限责任公司	3 744
13	山西阳泉煤业(集团)有限责任公司	3 729
14	中电投蒙东能源集团有限责任公司	3 706
15	河北冀中能源集团有限责任公司	3 579
16	河北开滦(集团)有限责任公司	3 286
17	安徽淮北矿业(集团)有限责任公司	2 653
18	内蒙古伊泰集团有限公司	2 568
19	内蒙古平庄煤业(集团)有限责任公司	2 278
20	河南义马煤业集团股份有限公司	2 186
21	辽宁铁法煤业(集团)有限责任公司	2 184
22	华能呼伦贝尔能源开发有限公司	2 068

续表 10－3

名次	企业名称	煤炭产量(万 t)
23	江苏徐州矿务集团有限公司	1 936
24	内蒙古汇能煤电集团有限公司	1 884
25	甘肃华亭煤业集团有限责任公司	1 745
26	辽宁沈阳煤业(集团)有限责任公司	1 697
27	山东枣庄矿业(集团)有限责任公司	1 685
28	河南郑州煤炭工业(集团)有限责任公司	1 669
29	内蒙古伊东煤炭集团有限责任公司	1 618
30	山西煤炭运销集团有限公司	1 560
31	神东天隆集团有限责任公司	1 438
32	山东淄博矿业集团有限责任公司	1 378
33	山东新汶矿业集团有限责任公司	1 359
34	四川省煤炭产业集团有限责任公司	1 300
35	安徽省皖北煤电集团有限责任公司	1 280
36	重庆市能源投资集团公司	1 234
37	内蒙古西蒙科工贸集团有限责任公司	1 231
38	辽宁阜新矿业(集团)有限责任公司	1 214
39	贵州盘江煤电(集团)有限责任公司	1 191
40	国投新集能源股份有限公司	1 175
41	内蒙古蒙泰煤电集团有限公司	1 089
42	山西兰花煤炭实业集团有限公司	1 023
43	云南省小龙潭矿务局	1 012
	合计：	150 132

从煤炭产量超过 1 000 万 t 以上的企业数量变化情况看，2008 年，千万吨以上煤炭企业数量较 2005 年增加 12 家，产量规模增加 7.17 亿 t，增长 91.45%，在全国煤炭产量中的比重较 2005 年提高了 17.43 个百分点(见表 10－4)。年产 3 000 万 t 以上的企业煤炭产量较 2005 年增加 6.04 亿 t，在全国煤炭产量中的比重提高了 16.77 个百分点。年产 5 000 万 t 以上的企业煤炭产量较 2005 年增加 3.78 亿 t，在全国煤炭产量中的比重提高了 9.94 个百分点。

表 10－4　　全国年产量超过 1 000 万 t 的企业变化情况表

项　目		2005 年	2006 年	2007 年	2008 年
年产 1 000 万 t 以上	数量(个)	31	32	34	43
	产量(亿 t)	7.84	10.28	11.4	15.01
	占全国产量(%)	36.4	44.2	44.9	53.84
年产 3 000 万 t 以上	数量(个)	9	12	13	16
	产量(亿 t)	4.61	7.17	8.18	10.65
	占全国产量(%)	21.43	30.84	32.3	38.20
年产 5 000 万 t 以上	数量(个)	4	4	6	7
	产量(亿 t)	3.39	4.79	5.76	7.17
	占全国产量(%)	15.76	20.6	24.47	25.70
年产 10 000 万 t 以上	数量(个)	1	1	2	2
	产量(亿 t)	1.78	2.03	3.41	3.95
	占全国产量(%)	7.10	8.73	13.4	14.18

近年来，随着大型煤炭企业快速发展壮大，我国煤炭产业集中度不断提高。2008 年，前 4 家煤炭企业产量达到 54 492 万 t，占全国煤炭产量的 19.55%，较 2006 年产量增加 11 960 万 t，提高了 1.26 个百分点；前 8 家企业产量 76 122 万 t，占全国总产量的 27.30%，较 2006 年增加 17 035 万 t，提高了 1.89 个百分点；前 10 家煤炭企业产量达到了 84 451 万 t，占全国总产量的 30.29%，较 2006 年提高了 2.07 个百分点(见表 10－5)。

表 10－5　　2006～2008 年我国煤炭产业集中度变化情况表　　单位：万 t

排名	2006 年		2007 年		2008 年	
1	神华集团	20 299	神华集团	23 557	神华集团	28 161
2	中煤集团	9 062	中煤集团	10 502	中煤集团	11 411
3	山西焦煤	6 996	山西焦煤	6 582	山西焦煤	8 029
4	大同煤矿	6 175	大同煤矿	6 550	大同煤矿	6 891
小计	产量	42 532	—	47 191	—	54 492
	比重(%)	18.29	—	18.67	—	19.55
5	龙煤集团	5 374	龙煤集团	5 404	陕西煤化	6 040
6	陕西煤化	3 865	陕西煤化	5 026	淮南矿业	5 666
7	兖矿集团	3 775	平顶山煤业	3 743	龙煤矿业	5 495

续表 10－5

排名	2006 年		2007 年		2008 年	
8	阳泉煤业	3 541	潞安集团	3 718	河南煤化	4 465
小计	产量	59 087	—	65 082	—	76 122
	比重(%)	25.41	—	25.75	—	27.30
9	淮南矿业	3 353	淮南集团	3 632	潞安矿业	4 209
10	潞安矿业	3 160	兖矿集团	3 303	平煤神马	4 120
小计	产量	65 600	—	72 017	—	84 451
	比重(%)	28.22	—	28.49	—	30.29

2009 年上半年，前 10 家大型煤炭企业产量完成 45 666.2 万 t，占全国原煤产量的 34.92%，同比增加 5 478.5 万 t，增长 13.6%。其中，神华集团煤炭产量同比增加 3 090.2 万 t，增长 23.21%；河南煤业化工集团煤炭产量增加 845.8 万 t，增长 48.69%；淮南矿业集团产量增加 476.8 万 t，增长了 16.24%；陕西煤业化工集团产量增加 386 万 t，增长了 16.42%。在产量前 10 名的煤炭企业中，只有山西焦煤集团产量同比减少 259.9 万 t，下降 6.78%（见表 10—6）。

表 10－6　2009 年上半年原煤产量前 10 家煤炭企业情况表

排名	单位名称	原煤产量(万 t)	去年同期(万 t)	增减(%)
1	神华集团	16 402.9	13 312.7	23.21
2	中煤集团	5 897.6	5 725.1	3.01
3	山西焦煤集团	3 573.6	3 833.5	−6.78
4	大同煤矿集团	3 503.4	3 493.9	0.27
5	淮南矿业集团	3 412.0	2 935.2	16.24
6	龙煤矿业控股集团	2 753.0	2 720.0	1.21
7	陕西煤业化工集团	2 737.0	2 351.0	16.42
8	潞安矿业集团	2 615.2	2 052.2	27.43
9	河南煤业化工集团	2 582.8	1 737.0	48.69
10	平煤神马集团	2 188.7	2 027.0	7.98
小　计		45 666.2	40 187.7	13.63
大型企业合计		78 958.6	70 849.1	11.4
全国合计		130 775.66	125 713.68	4.03

2009年上半年煤炭产量前10名的总产量占全国产量比重34.92%，2008年同期占全国产量比重为31.97%，增加2.95%。

在2009年上半年煤炭产量前10家煤炭企业中，前4家企业煤炭产量29 377.5万t，占同期全国煤炭总产量的22.46%，较去年同期产量增加3 012.3万t，占同期全国煤炭产量的比重下降了1.5个百分点。前8家企业煤炭产量完成40 894.7万t，占同期全国总产量的31.27%，较去年同期产量增加4 471.1万t，占同期全国煤炭产量的比重下降了4.3个百分点。

10.4　主要煤炭生产技术指标

2008年，我国煤炭行业科技进步明显加快。煤矿机械化开采、信息化管理技术被广泛推广应用。依靠科技进步，不断提升煤炭工业生产力发展水平。通过信息化和工业化相融合，以信息化带动工业化，建立并完善了以企业为主体、市场为导向、产学研相结合的煤炭工业技术创新体制和机制，促进了煤炭科研成果向现实生产力的转变。

(1) 开拓进尺。2008年，原国有重点煤矿开拓进尺增加，全年完成139.72万m，同比增加4.35万m，上升3.21%。在22个原国有重点煤矿的统计单位中，有16个统计单位的开拓进尺同比增加，占72.72%。其中有10个统计单位上升幅度在10%以上，占31.81%。

2009年上半年，原国有重点煤矿开拓进尺完成75.48万m，同比增加6.17万m，上升8.91%。在22个原国有重点煤矿的统计单位(省、自治区、直辖市和集团公司)中有16个统计单位的开拓进尺同比上升或持平，占72.72%。其中9个统计单位上升幅度在10%以上，占40.90%。北京、山西、内蒙古、辽宁、山东、中煤6个统计单位的开拓进尺同比减少。

(2) 工作面单产。2008年，原国有重点煤矿回采工作面平均个数增加、月均单产上升。全年原国有重点煤矿回采工作面平均个数为1 545个，同比增加50个，上升3.35%。回采工作面月单产54 183 t，同比增加3 708 t，上升7.35%。

2009年上半年，原国有重点煤矿回采工作面平均个数1 547个，同比持平；回采工作面月均单产57 567 t，同比增加4 615 t，提高8.72%。回采工作面月均单产前五名的单位分别为：平朔煤炭工业公司为814 098 t/个·月，神华集团神东公司为464 290 t/个·月，陕西黄陵矿业公司为279 779 t/个·月，内蒙古大雁煤业公司为221 374 t/个·月，山西潞安矿业公司为210 615 t/个·月。

(3) 掘进工作面单进。2008年，原国有重点煤矿掘进工作面平均个数增加。月均单进上升。原国有重点煤矿全年掘进工作面平均个数为 4 808 个,同比增加 149 个,上升 3.20%;掘进工作面月均单进 146 m,同比减少 7 m,下降 4.57%。其中,开拓工作面平均个数 1 279 个,同比增加 42 个,上升 3.40%;开拓工作面月均单进 90 m,同比减少 1 m,下降 1.30%。

2009 年上半年,原国有重点煤矿掘进工作面平均个数 4 816 个,同比增加 2 个,上升 0.04%;掘进工作面月均单进 151 m,同比增加 5 m,提高 3.40%,其中,开拓工作面平均个数 1 293 个,同比增加 51 个,上升 4.11%;开拓工作面月均单进 96 m,同比增加 4 m,提高 4.32%。掘进工作面月均单进前五名的单位分别为:神华集团神东公司为 810 m/月,新疆焦煤公司为 381 m/月,晋城无烟煤集团为 331 m/月,平朔煤炭工业公司为 321 m/月,山西潞安矿业集团为 315 m/月。

(4) 开拓掘进率。2008 年全年原国有重点煤矿开拓掘进率为 12.49 m/万 t,同比减少 1.03 m/万 t,下降 7.62%。

2009 年上半年,原国有重点煤矿开拓掘进率 12.56 m/万 t,同比减少 0.18 m/万 t,下降 1.39%。

(5) 原煤生产人员效率。2008 年,原国有重点煤矿原煤生产人员效率为 5.064 t/工,同比增加 0.465 t/工,提高 10.11%。原煤生产人员效率(井工)前五名的单位分别是平朔煤炭工业公司、神华股份、黄陵矿业公司、神华新疆能源有限责任公司和兖矿集团。

2009 年上半年,原国有重点煤矿原煤生产人员效率 5.418 t/工,同比增加 0.376 t/工,提高 7.46%。原煤生产人员效率(井工)前五名的单位分别是:平朔 115.063 t/工、神东 81.710 t/工、神华新疆 22.298 t/工、黄陵 19.737 t/工、潞安 13.844 t/工。

(6) 从业人员和工资。2008 年,大型煤炭企业从业人员达 295.73 万人,同比增加 3.55 万人,增长 1.22%。大型煤炭企业在岗职工月平均工资为3 099.08 元,比上年增加 671.58 元,增长 27.67%。

(7) 洗精煤质量指标。2008 年,原国有重点煤矿洗精煤产率52.94%,同比下降 0.26%;洗精煤灰分 9.81%,同比上升 0.20%;洗精煤水分 10.32%,同比上升 0.68%。

2009 年上半年,原国有重点煤矿洗精煤产率 51.37%,同比下降 6.05%;洗精煤灰分 9.65%,同比下降 1.13%;洗精煤水分 10.20%,同比下降 3.13%。

第 11 章　煤炭市场与消费

11.1　煤炭消费总体概况

2008 年，全国煤炭消费量 27.40 亿 t；增长 2.91%，同比回落 5.66 个百分点。我国煤炭消费主要集中于京津冀、东北、华东、中南四个区域，其消费占全国煤炭消费总量的 65%以上。煤炭行业下游的四大耗煤行业分别是电力、钢铁、建材和化工四个行业，这四大行业煤炭消费增速的变化决定了全国煤炭消费总量的变化。2006～2008 年四大煤炭消费行业的煤炭消费量和比例见表 11－1。

表 11－1　"十一五"以来全国煤炭各行业消费情况

行业	项目	2006 年	2007 年	2008 年
全国	数量(亿 t)	24.5	26.6	27.4
电力产业	数量(亿 t)	13.1	14.8	15.1
	比例(%)	53.5	55.0	55.8
钢铁产业	数量(亿 t)	3.8	4.2	4.2
	比例(%)	15.5	15.6	15.3
建材产业	数量(亿 t)	3.4	3.5	3.5
	比例(%)	13.9	13.0	12.8
化工产业	数量(亿 t)	1.2	1.3	1.3
	比例(%)	4.9	4.8	4.7
其他	数量(亿 t)	2.9	3.1	3.1
	比例(%)	11.8	11.5	11.3

近几年来，我国煤炭生产基本满足了国民经济发展的需要，煤炭供需基本平稳，只在局部时段和地区出现煤炭供需紧张的局面。2008 年，受国际金融危机影响，第四季度国民经济增速减缓，全国煤炭社会库存量达到 2.01 亿 t，比年初增加 0.52 亿 t，煤炭市场出现供大于求的压力。

2008 年，全国商品煤销量 26.02 亿 t，同比增加 1.72 亿 t，增长 7.09%，增幅同比回落 1.5 个百分点。其中，原国有重点煤矿销量 13.45 亿 t，同比增加 1.26 亿 t，增长 10.3%，增幅同比回落 3.0 个百分点。2009 年上半年，全国煤炭商品煤销售 12.58 亿 t，同比增长 4.71%。

从 2008 年初以来，全国煤炭市场形势发生了巨大变化。由于 2008 年年初的雨雪冰冻灾害造成了我国南方地区的许多煤矿停电、停产，煤炭产量下降，销量减少。全国煤炭日均消费量由 2008 年 1 月份的 814 万 t 下降到 2 月份的 754 万 t。南方雨雪冰冻灾害之后，出现了煤炭消费量大幅上升趋势，自 3 月份开始到 7 月份，全国日均煤炭消费量一直保持在 800 万 t 以上。但 7 月份以后，全国煤炭日均消费量快速大幅下降，由 6 月份日均消费 832 万 t下降到 10 月份的 708 万 t，日均消费量减少 124 万 t。之后，日均煤炭消费量再次逐月增加到 2008 年 12 月份的 762 万 t。经统计，2008 年以来全国日均煤炭消费量变化情况见图 11－1。

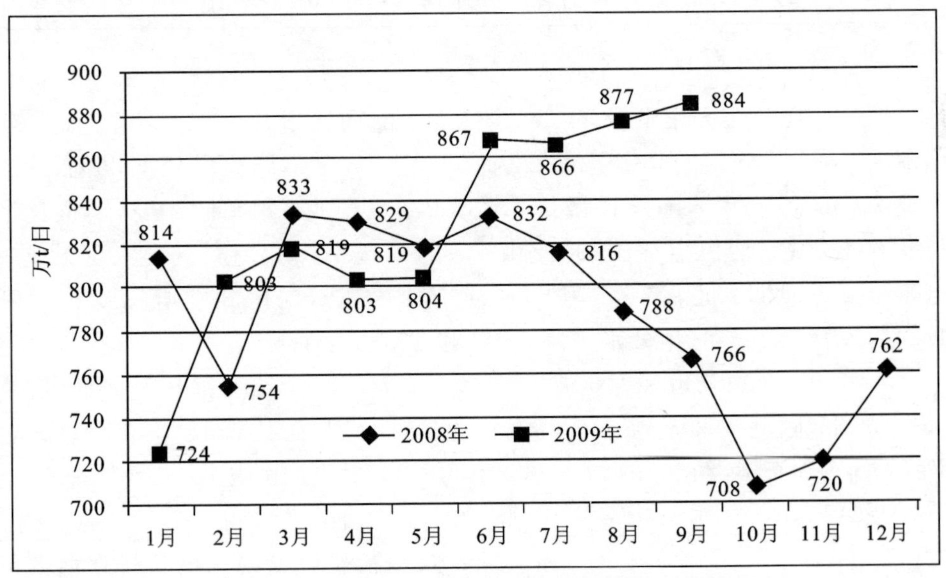

图 11－1 2008 年以来全国日均煤炭消费量变化情况

2009年2月份以来，全国煤炭日均消费量一直处于增长态势，由1月份的日均消费724万t，快速增长到2月份的803万t，6月份达到了日均消费867万t。

11.2 主要耗煤行业分析

11.2.1 电力行业

2008年，全国发电量3.47万亿kW·h，同比增长5.6%，其中煤电装机容量约6亿kW，煤电发电量2.79万亿kW·h，同比增长2.5%，火电和供热共消费煤炭15.1亿t。2009年上半年，全社会用电量继续保持低迷态势，一季度全国发电量同比下降2%，其中火电下降6.1%；二季度，在电力需求回升的拉动下，煤炭消费量出现止跌转升的态势。2008年以来电力行业日均煤炭消费量见图11－2。

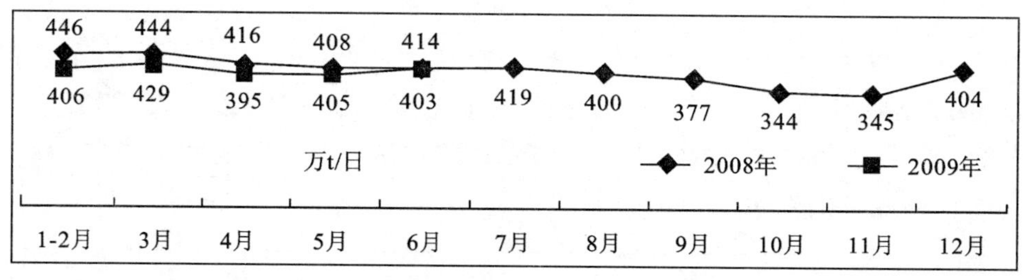

图11－2　2008年以来电力行业日均煤炭消费量

2008年，全社会用电量34 268亿kW·h，同比增长5.23%，增速比上年回落9.57个百分点。其中，第一产业879亿kW·h，同比增长1.85%；第二产业25 863亿kW·h，同比增长3.83%；第三产业3 498亿kW·h，同比增长9.67%；城乡居民生活4 035亿kW·h，同比增长11.83%。轻、重工业用电量分别为4 511亿kW·h和20 984亿kW·h，同比分别增长0.99%和4.24%，增幅比2007年分别下降7.92和13.45个百分点。

2008年，全国全口径发电量34 334亿kW·h，同比增长5.18%。其中，水电5 633亿kW·h，约占全部发电量16.41%，同比增长19.50%；火电27 793亿kW·h，约占全部发电量80.95%，同比增长2.17%；核电684亿kW·h，约占全部发电量1.99%，同比增长8.79%，风电128亿kW·h，同比增长126.79%。分地区看，发电量同比增长排在前3位的省份依次为：安徽(25.8%)、广西(23.4%)、陕西(20.2%)。

2008年上半年，全国电力供需形势基本保持总体平衡态势。下半年，受国际金融危机加深等因素影响，全国经济增长势头迅速放缓，电力消费需求明显减弱，发电设备利用小时数大幅回落。2008 年，全国 6 000 kW 及以上电厂累计平均设备利用小时数为 4 677 h，同比降低 337 h。其中，水电 3 621 h，同比增长 102 h；火电 4 911 h，同比降低 427 h；核电 7 731 h，同比降低 46 h。2008 年，全国发电生产和供热耗用原煤 15.1 亿 t，同比增长 4.05%，增幅同比回落了 4.89 个百分点。

2009 年上半年，全国全社会累计用电量 16 526 亿 kW·h，同比下降 2.2%，比 1～5 月收窄 1.5 个百分点。

据统计，2008 年以来日均全社会用电量见图 11—3。

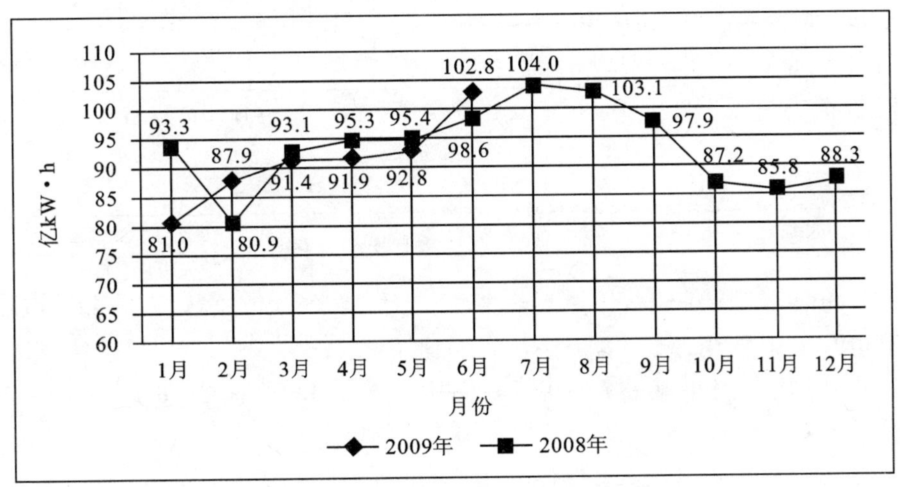

图 11—3 2008 年以来日均全社会用电量

2009 年上半年，第一产业累计用电量 435 亿 kW·h，同比增长 3.8%；第二产业累计用电量 12 171 亿 kW·h，同比下降 5.7%；第三产业累计用电量 1 804 亿 kW·h，同比增长 9.4%；城乡居民生活累计用电量 2 117 亿 kW·h，同比增长 9.9%。1～6 月份，全国工业累计用电量为 11 995 亿 kW·h，同比下降 5.9%；轻、重工业用电量同比分别下降 5.5%和 6%。

2009 年上半年，全国累计规模以上电厂发电量 16 441 亿 kW·h，比去年同期下降 1.7%。其中，水电 2 484 亿 kW·h，同比增长 15.7%；火电 13 392 亿 kW·h，同比下降 4.8%；核电 325 亿 kW·h，同比下降 1.2%。全国主要电网统调发电量 14 530 亿 kW·h，最高发电负荷合计 48 562 万 kW，与去年同期相比分别下降 2%和上升 6.5%。

发电设备利用小时继续下降。2009 年上半年，全国累计发电设备平均利用小时为 2 106 h,比去年同期降低 265 h。其中,水电设备平均利用小时为 1 539 h,比去年同期增长 6 h;火电设备平均利用小时为2 236 h,比去年同期降低 312 h。2008 年以来日均火力发电量见图 11－4。

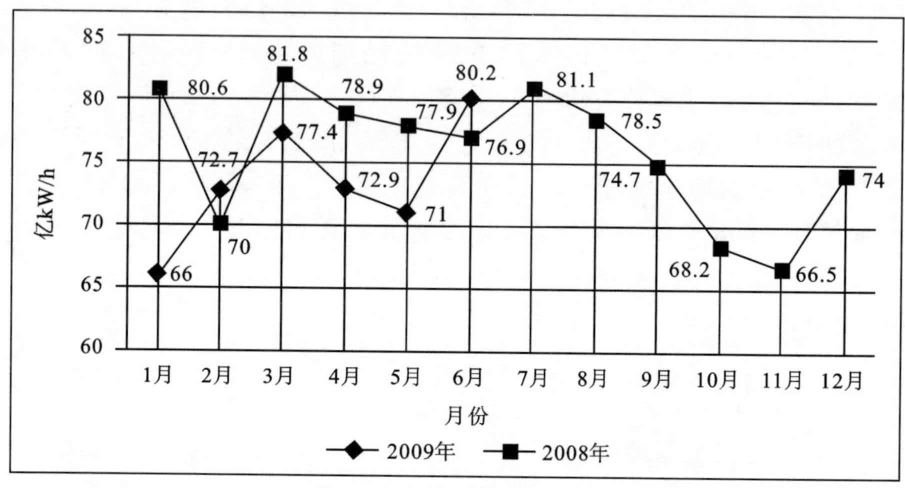

图 11－4　2008 年以来日均火力发电量

发电耗煤降幅收窄,供热耗煤降幅扩大。2009 年上半年累计,6 000 kW 以上电厂发电耗用原煤 58 960 万 t,同比下降 6.9%,比 1～5 月收窄 1.6 个百分点;供热耗用原煤量 7 450 万 t,同比下降 3.53%,比 1～5 月扩大 1.5 个百分点。

2009 年 1～6 月份,电煤平均日耗分别为 406 万 t、406 万 t、429 万 t、395 万 t、405 万 t、414 万 t,其中 6 月份环比上升 2.2%。

2009 年 1～6 月份,直供电网累计供煤 30 425 万 t,同比减少 3 960 万 t,下降 11.52%;累计耗煤 31 452 万 t,同比减少 3 059 万 t,下降 8.86%;6 月底库存 3 308 万 t,同比增加 1 134.3 万 t。月末电煤库存可用天数为 19 天,比上月增加 1 天。其中华北电网 15 天,东北电网 10 天,华东电网 17 天,华中电网 35 天,西北电网 21 天。

11.2.2　冶金行业

2008 年,全国生铁产量完成 47 067.41 万 t,粗钢产量 50 091.53 万 t,钢材产量 58 488.10 万 t。2009 年以来,钢铁行业在对经济复苏的乐观预期下,产能过度释放,一季度全国累计生铁产量增速恢复到 4.3%,但由于需求并未出现大幅反弹,供需矛盾比较突出,钢价连续回落。

据钢铁工业协会统计数据,2008 年全年,纳入统计的大中型钢铁企业入炉焦比为 396 kg/t,比 2007 年增加 4 kg/t;综合焦比 522 kg/t,比上年增加4 kg/t;折算综合焦比 519 kg/t,比上年增加 4 kg/t;喷煤比为 136 kg/t,比上年减少 1 kg/t;固体燃料消耗量为 53 kg/t,比上年减少 1 kg/t;冶金焦率为91.62%,比上年下降 0.67 个百分点;吨焦耗洗精煤 1 382 kg/t,同比减少6 kg/t。

2009 年上半年,生铁、粗钢、钢材产量累计分别为 25 880 万 t、26 658 万 t 和 31 648 万 t,同比分别增长 5.6%、1.2%和 5.7%。累计平均日产粗钢 144.62 万 t,比去年日产水平增加了 2.02 万 t。平均日产生铁 139.82 万 t,比去年日产水平增加了 5.9 万 t。平均日产钢材 169.77 万 t,比去年日产水平增加了 7.53 万 t。2008 年以来日均生铁量变化见图 11－5;日均粗钢产量变化见图 11－6,日均钢材产量变化见图 11－7。

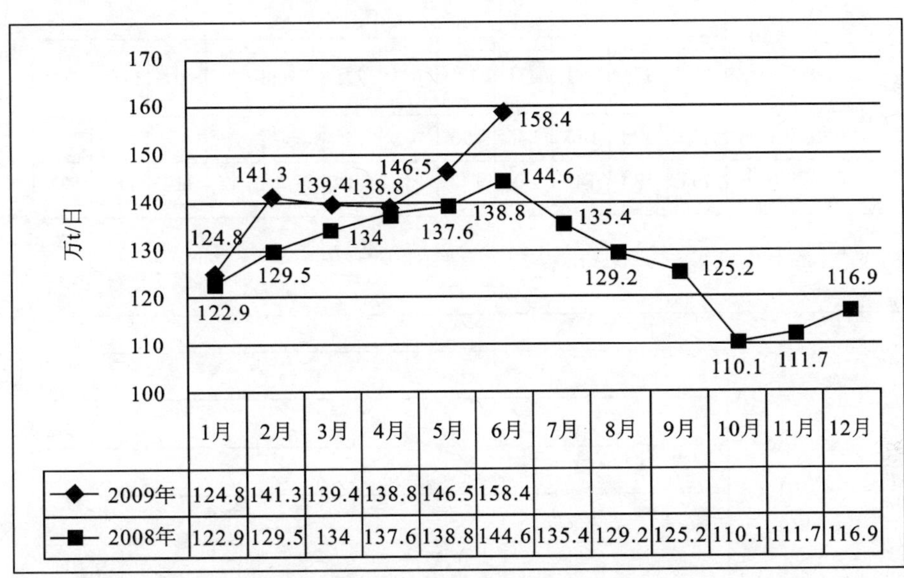

	1月	2月	3月	4月	5月	6月	7月	8月	9月	10月	11月	12月
2009年	124.8	141.3	139.4	138.8	146.5	158.4						
2008年	122.9	129.5	134	137.6	138.8	144.6	135.4	129.2	125.2	110.1	111.7	116.9

图 11－5 2008 年以来全国日均生铁产量变化曲线

2009 年上半年我国累计进口钢材 813 万 t,同比下降 1.8%,累计出口钢材 934 万 t,同比下降 65.3%,累计净进口 121 万 t,同比下降 93.5%。2008 年以来钢材出口量变化见图 11－8。

据中国钢铁工业协会数据,2009 年 6 月末,国内钢材综合价格指数 101.98点,比 5 月末上升 3.8 点。截至 2009 年 7 月 10 日,国内钢材综合价格指数进一步回升至 103.76 点,比 6 月末又提高 1.8 点。另据国际钢联数据,2009 年 6 月末,全球钢材综合价格指数升至 134.4 点,比 5 月末上升 4.5 点,进入 7 月,国际钢材综合价格指数回升幅度明显加大,两周时间内回升

12.6 点，截至 2009 年 7 月 10 日，达到 147.0 点。2008 年以来，国内钢材价格综合指数变化见图 11－9；国际钢材综合价格指数变化见图 11－10。

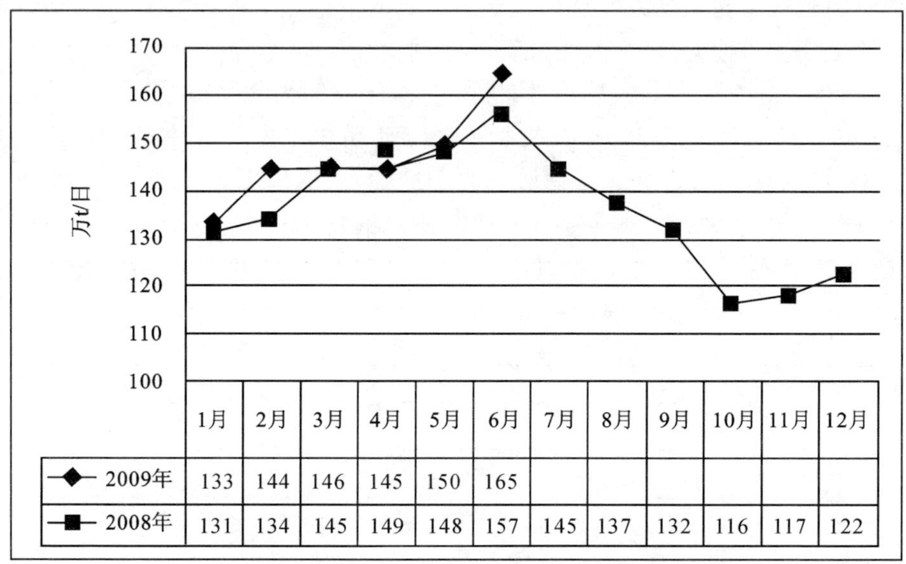

	1月	2月	3月	4月	5月	6月	7月	8月	9月	10月	11月	12月
2009年	133	144	146	145	150	165						
2008年	131	134	145	149	148	157	145	137	132	116	117	122

图 11－6　2008 年以来全国日均粗钢产量变化曲线

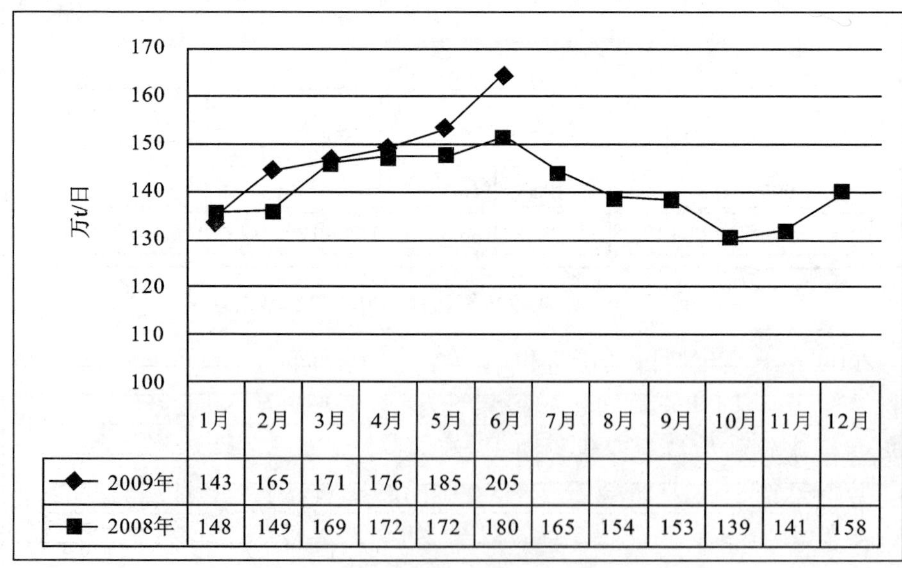

	1月	2月	3月	4月	5月	6月	7月	8月	9月	10月	11月	12月
2009年	143	165	171	176	185	205						
2008年	148	149	169	172	172	180	165	154	153	139	141	158

图 11－7　2008 年以来全国日均钢材产量变化曲线

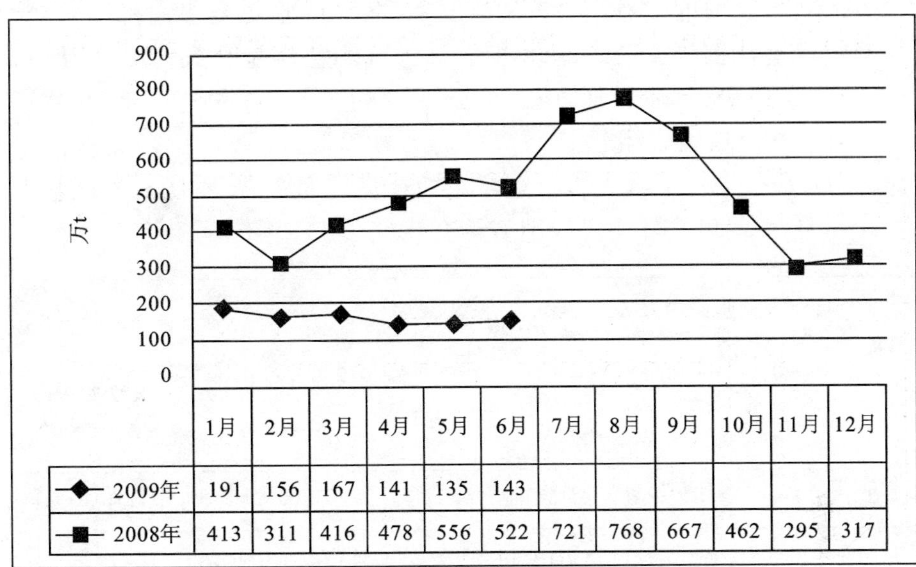

	1月	2月	3月	4月	5月	6月	7月	8月	9月	10月	11月	12月
2009年	191	156	167	141	135	143						
2008年	413	311	416	478	556	522	721	768	667	462	295	317

图 11－8　2008 年以来全国钢材出口量变化曲线

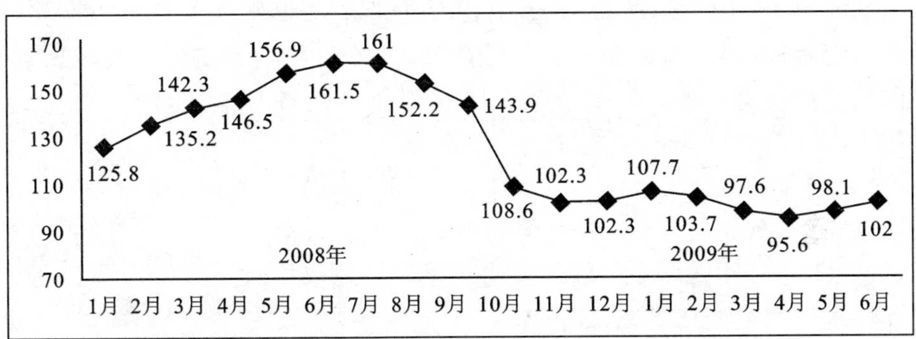

图 11－9　2008 年以来国内钢材综合价格指数

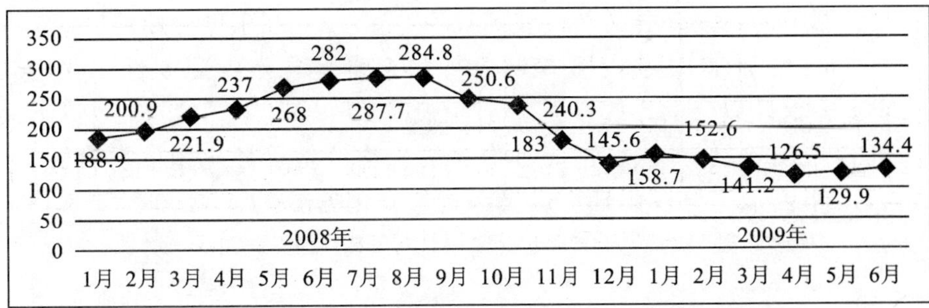

图 11－10　2008 年以来国际钢材综合价格指数

通过上述数据可以看出,2008 年以来,钢铁行业受金融危机影响较大,煤炭消费量呈现较大波动。2008 年 6 月份日均耗煤量达到 132.9 万 t/日,到 10 月份降到 98.5 万 t/日,从 9 月份到 12 月份一直徘徊在 100 万 t/日左右。进入 2009 年,由于生铁日均产量的大幅提高,钢铁行业耗煤量保持上升趋势。2009 年上半年,钢铁行业煤炭消耗量约 2.3～2.4 亿 t,同比基本持平。2008 年以来钢铁日均煤炭消费量变化见图 11－11。

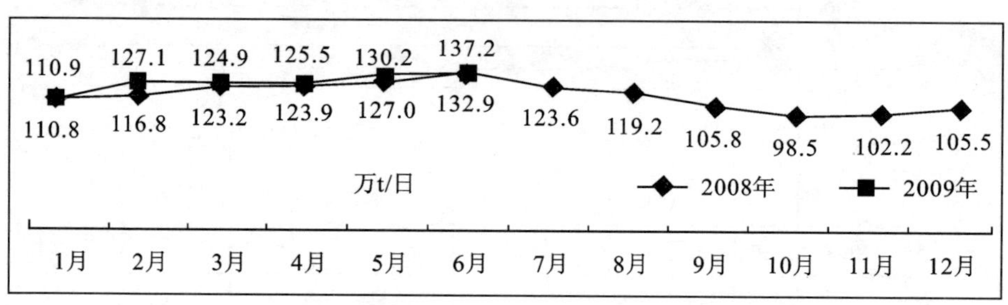

图 11－11　2008 年以来钢铁行业日均煤炭消费量

11.2.3　建材行业

2008 年,全国水泥产量 14 亿 t,建材工业消费煤炭 3.6 亿 t。建材工业是与固定资产投资,特别是基础设施建设、新农村建设和房地产发展密切相关的投资拉动型产业。随着我国 4 万亿投资计划逐步落实,新一轮基础设施建设高潮即将到来。

2009 年以来,全国水泥产量大幅反弹,上半年累计水泥产量 73 462 万 t,同比增长 14.9%,比 1～5 月份增幅回升 1.6 个百分点,其中 6 月当月产量 15 759.93 万 t,同比增长 21%,日均产量环比增长 9.4%。2008 年以来,全国日均水泥产量变化见图 11－12。

2009 年上半年,平板玻璃产量 27 536.45 万重量箱,同比下降 0.1%,其中 6 月当月产量 4 874.94 万重量箱,同比增长 1.3%,日均产量环比增长 13.6%。2008 年以来,全国平板玻璃日均产量变化见图 11－13。

自 2008 年以来,建材行业煤炭日均消费量呈现年度周期性变化,年初均在 70 万 t/日以下,之后逐月上升至 100 万 t/日以上,并持续到年底。2009 年以来趋势更为明显,且 6 月份煤炭日均消费量环比由降转升并创新高。2008 年以来建材行业日均煤炭消费量变化见图 11－14。

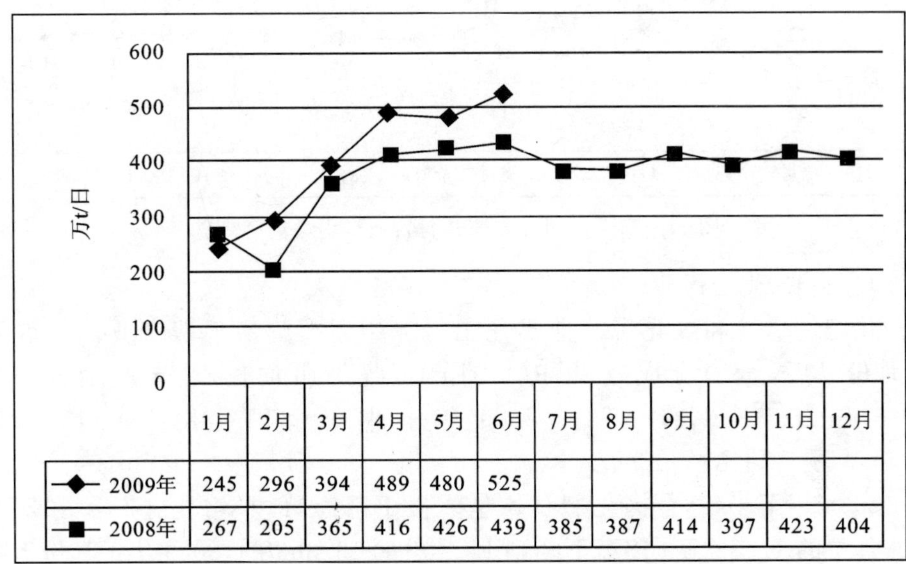

	1月	2月	3月	4月	5月	6月	7月	8月	9月	10月	11月	12月
2009年	245	296	394	489	480	525						
2008年	267	205	365	416	426	439	385	387	414	397	423	404

图 11－12　2008 年以来全国日均水泥产量变化曲线

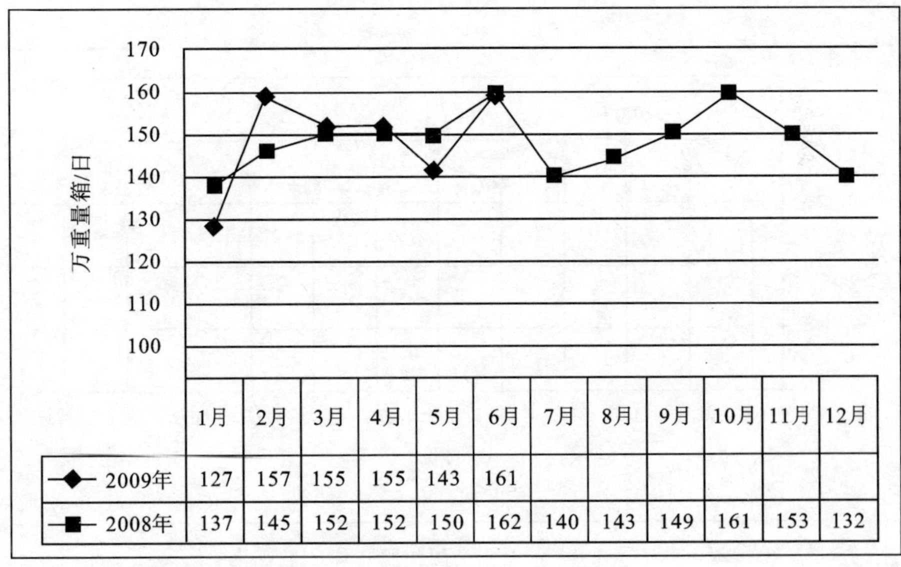

	1月	2月	3月	4月	5月	6月	7月	8月	9月	10月	11月	12月
2009年	127	157	155	155	143	161						
2008年	137	145	152	152	150	162	140	143	149	161	153	132

图 11－13　2008 年以来全国平板玻璃日均产量变化曲线

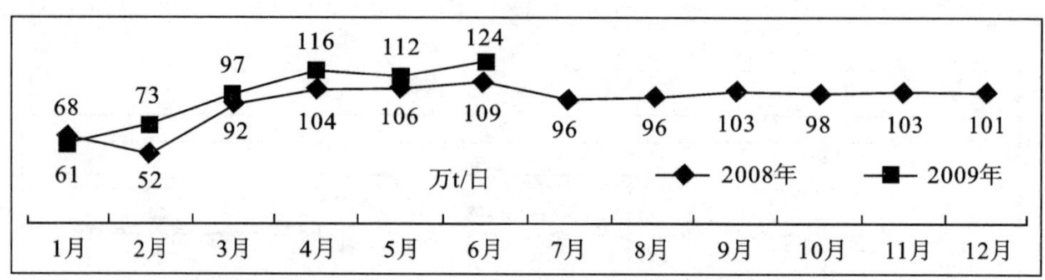

图 11－14　2008 年以来建材行业日均煤炭消费量

11.2.4　化工行业

化肥制造业和煤化工产业是化工行业中主要煤炭消费产业。2008 年 10 月份以后，全国合成氨、甲醇单月产量连续负增长，全年产量分别为 4 995.15 万 t和 1 100 万 t。2009 年上半年全国化肥（折纯）产量 3 250.4 万 t，同比增长 9.5％。

2008 年下半年，全国化肥日均呈缓慢下降态势，日均化肥产量由 2008 年 6 月份的 17.92 万 t 逐渐下降到 11 月份的 13.36 万 t，2009 年 1 月份下降到 12.72 万 t。2009 年 2 月份以后，全国化肥产量快速增加，3 月份达到了日均 20.07 万 t，6 月份为 19.45 万 t，较去年同期日均增加 1.53 万 t，增长 8.54％（见图 11－15）。

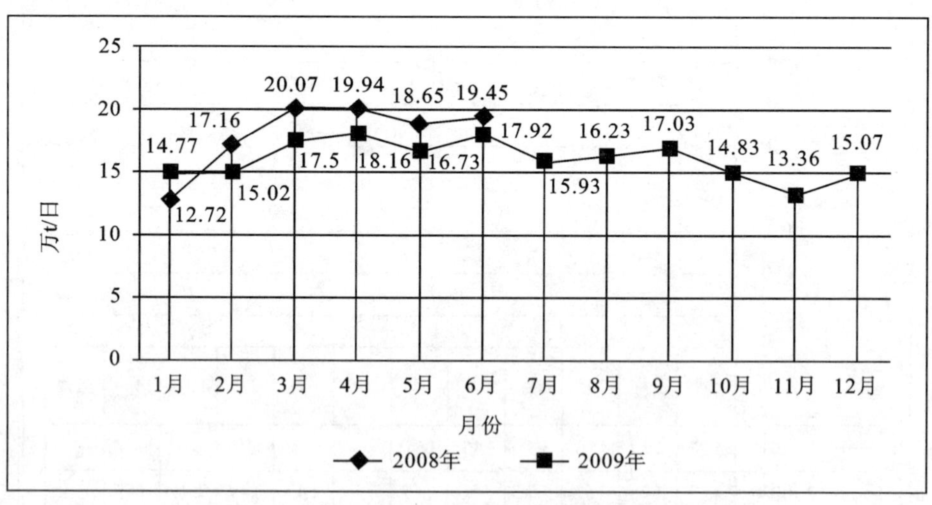

图 11－15　2008 年以来全国化肥日均产量变化曲线

从合成氨产量看，2008 年下半年以来日均产量出现下降，由 2008 年 6 月份的 15.36 万 t 下降到 11 月份的 11.98 万 t，下降 22％。2009 年开始出现日均产量回升态势,日均合成氨产量由 1 月份的 11.92 万 t 增加到 4 月份的 15.21 万 t,增长 27.6%(见图 11－16)。

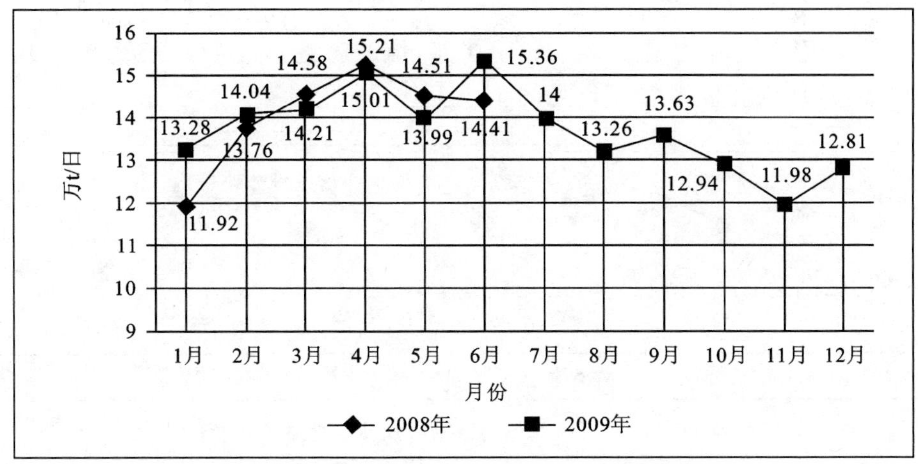

图 11－16　2008 年以来日均合成氨产量变化曲线

根据国家统计局数据,2009 年 6 月份,全国甲醇产量为 102.7 万 t,同比增长 9.4%,日均产量环比增长 12.0%;上半年累计产量 493.8 万 t,同比下降 7.6%。从 2008 年以来全国甲醇日均产量变化情况分析,受国际金融危机影响,去年下半年后,国际甲醇价格大幅下滑,销量骤降,带动产量大幅下滑。全国日均甲醇产量由 2008 年 9 月的 3.49 万 t 快速下降到 2009 年 1 月份的 2.01 万 t,下降了 42.4%(见图 11－17)。之后出现了平稳增加态势,6 月份,全国甲醇日均产量达到了 3.42 万 t,同比增加 0.28 万 t,增长 8.9%。

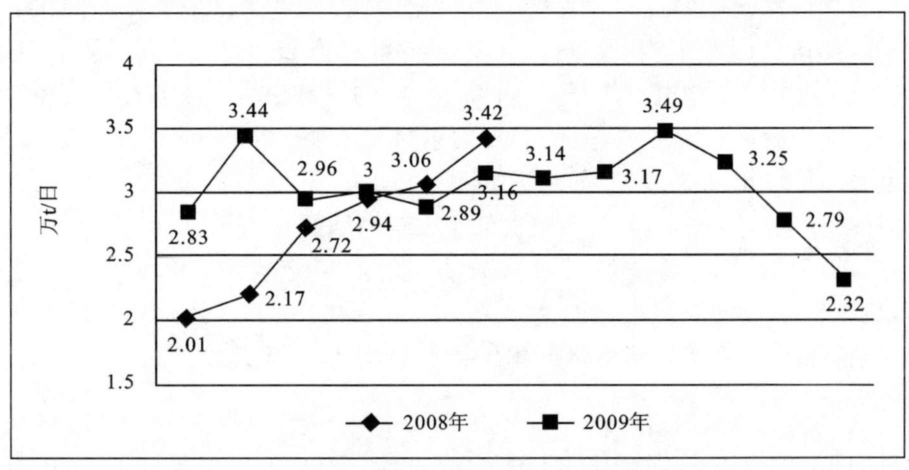

图 11－17　2008 年以来全国甲醇日均产量变化曲线

根据国家统计局数据，2009 年 6 月份，纯碱产量 160.47 万 t，同比增长 1.3%，日均产量环比增长 5.4%，上半年累计纯碱产量 900.5 万 t，同比下降 4.5%，日均纯碱产量变化见图 11－18。烧碱产量 172.1 万 t，同比增长 5.9%，日均产量环比增长 9.4%，上半年，烧碱产量累计 914.75 万 t，同比下降 4.9%，日均烧碱产量变化见图 11－19。

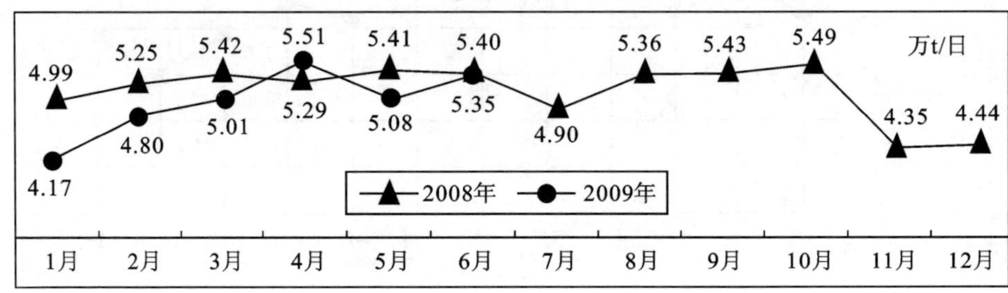

图 11－18　2008 年以来全国日均纯碱产量变化曲线

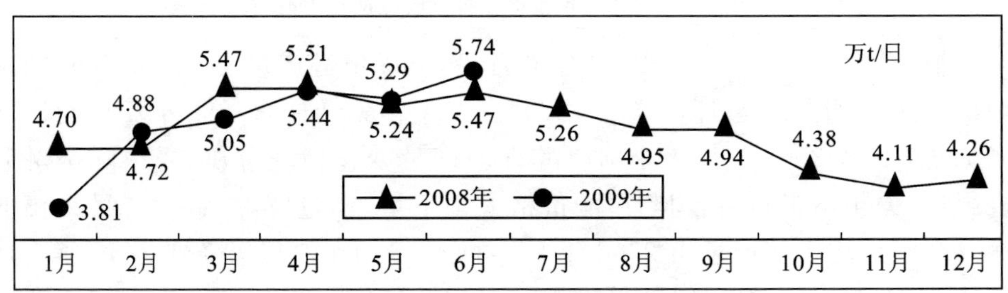

图 11－19　2008 年以来全国日均烧碱产量变化曲线

根据国家统计局数据，2009 年 6 月份全国电石产量 133.95 万 t，同比下降 5.5%，日均产量环比增长 9.7%；上半年累计产量 672.33 万 t，同比下降 12.8%。从全国日均电石产量看，自 2008 年 6 月份以来，全国电石产量经过了大幅下降之后虽有所增加，但仍低于去年同期水平。2008 年 12 月份，全国日均电石产量降至 2.30 万 t，较 6 月份减少 2.36 万 t，下降 50.64%；2009 年 6 月，日均产量回升到 4.47 万 t，但仍低于去年同期的 4.66 万 t(见图 11－20)。

综合分析，化工产业的煤炭消费量变化幅度较小。2008～2009 年上半年，化工行业日均煤炭消费量大致在 31.81～40.93 万 t 之间，2009 年 2 月份以后，化工行业煤炭消费量基本维持在日均 40 万 t 以上(见图 11－21)。

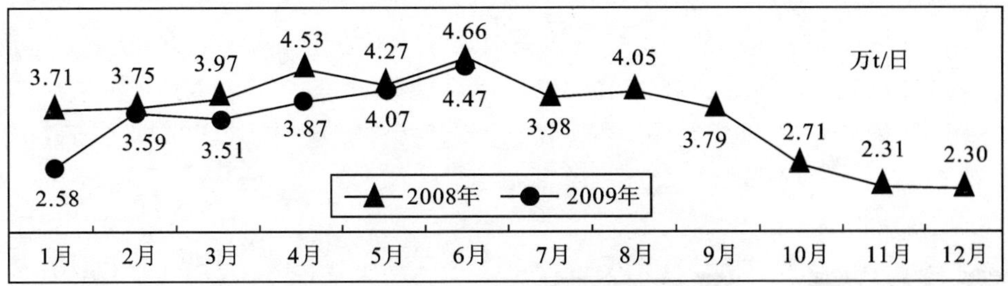

图 11－20 2008 年以来全国日均电石产量变化曲线

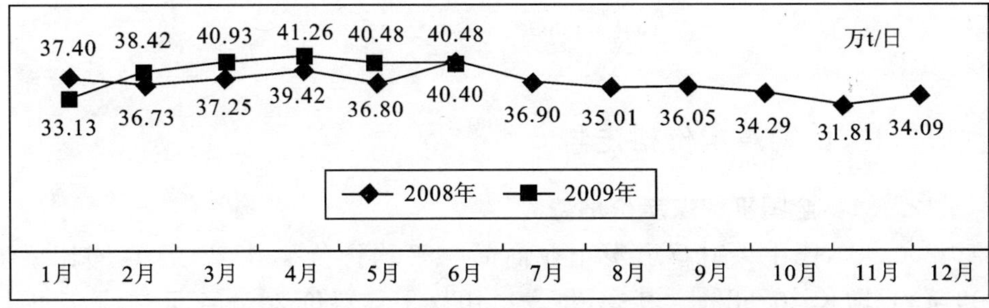

图 11－21 2008 年以来化工行业日均煤炭消费量

第 12 章 煤炭价格

12.1 国内煤炭价格走势

12.1.1 全国平均煤炭价格趋势

2008 年，原中央财政煤炭企业商品煤平均售价 439.27 元/t，同比增加 103 元/t，增长 30.58%。其中，供发电用煤平均售价 297.51 元/t，同比增加 79.39 元/t，增长 36.4%；原选煤单位成本 283.84 元/t，同比增加 71.29 元/t，增长 33.54 元/t；大型煤炭原煤成本 339.86 元/t，同比增加 96.48 元/t，增长 39.64%；原煤售价 357.03 元/t，同比增加 90.79 元/t，增长 34.10%。

以秦皇岛港口商品煤价格为例，2008 年 12 月末，5 500 大卡/kg、5 000 大卡/kg和 4 500 大卡/kg 煤炭分别由 7 月中旬高点回落到 405 元/t、390 元/t和 365 元/t，各煤种价格跌至 2008 年初水平。

2009 年，秦皇岛煤炭价格在经历 1 月份的短暂上涨后，2 月份逐步下落，月末各品种比上月下跌 40 元/t 左右，比 2008 年年末下跌 10～33 元（见图 12－1）。从 2009 年上半年煤炭经济运行走势看，全国煤炭经济经过了 2008 年“过山车”式的大幅波动之后，运行呈现了基本平稳发展态势，煤炭经济运行状况逐步好转。

12.1.2 不同煤种价格趋势

从不同煤种全国市场平均价格变化趋势分析，自 2008 年下半年以来，动力煤价格变化幅度小于焦肥精煤和配精煤。从主要动力煤品种市场价格变化趋势看，5 500 大卡/kg 以上的动力煤价格居于高位，在 2008 年 8 月份价格达到了最高值 849 元/t，到 11 月份降至 590 元/t，降幅达 30.51%，之后一直处于比较平缓的态势。而 4 800 大卡/kg 以下的煤炭价格降幅相对平缓,价格由 2008 年 8 月份的 506 元/t 下降到 2009 年 7 月份的 403 元/t,降幅为 20.36%。2008 年下半年以来动力煤平均价格变化趋势见图 12—2。

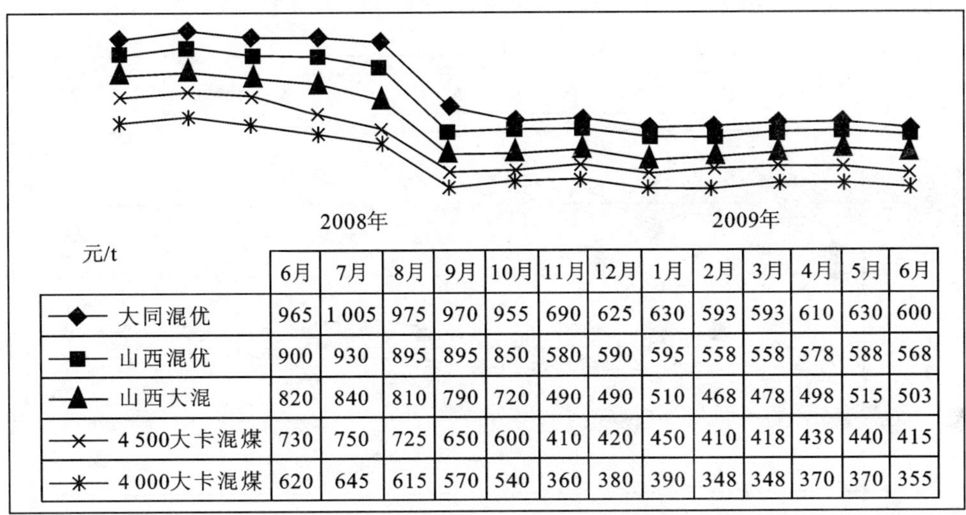

	6月	7月	8月	9月	10月	11月	12月	1月	2月	3月	4月	5月	6月
大同混优	965	1 005	975	970	955	690	625	630	593	593	610	630	600
山西混优	900	930	895	895	850	580	590	595	558	558	578	588	568
山西大混	820	840	810	790	720	490	490	510	468	478	498	515	503
4 500大卡混煤	730	750	725	650	600	410	420	450	410	418	438	440	415
4 000大卡混煤	620	645	615	570	540	360	380	390	348	348	370	370	355

图 12—1　2008 年以来秦皇岛港煤炭平仓价

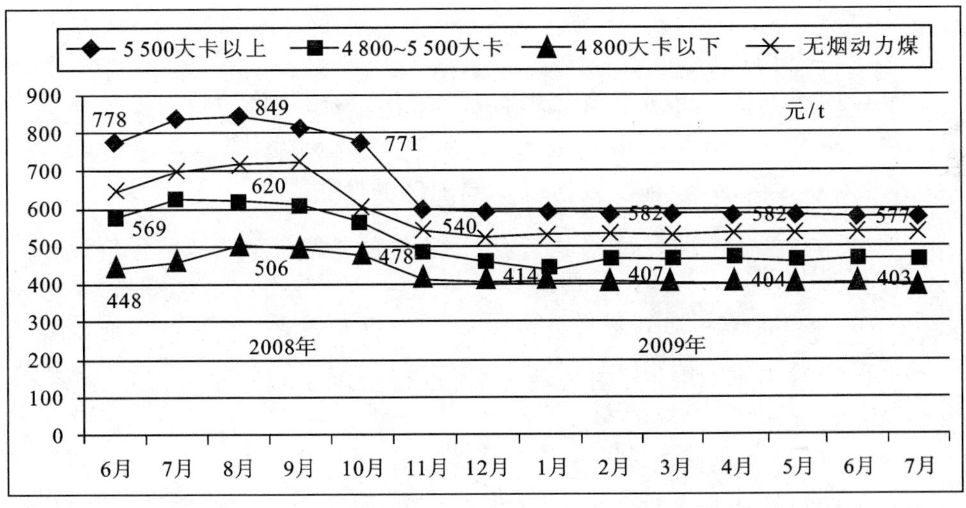

图 12—2　2008 年下半年以来全国动力煤平均价格变化趋势

从焦肥精煤、块煤和配精煤市场平均交易价格发展趋势看,焦肥精煤和配精煤价格变化幅度大。焦肥精煤平均价格由 2008 年 8 月份最高时的

2 025 元/t快速下降到 1 000 元/t 以下，降幅超过了 50%；而同期配精煤价格降幅也接近 50%，块煤价格下降幅度相对较小，由最高时的 1 109 元/t 下降到 873 元/t，降幅为 21.28%（见图 12—3）。

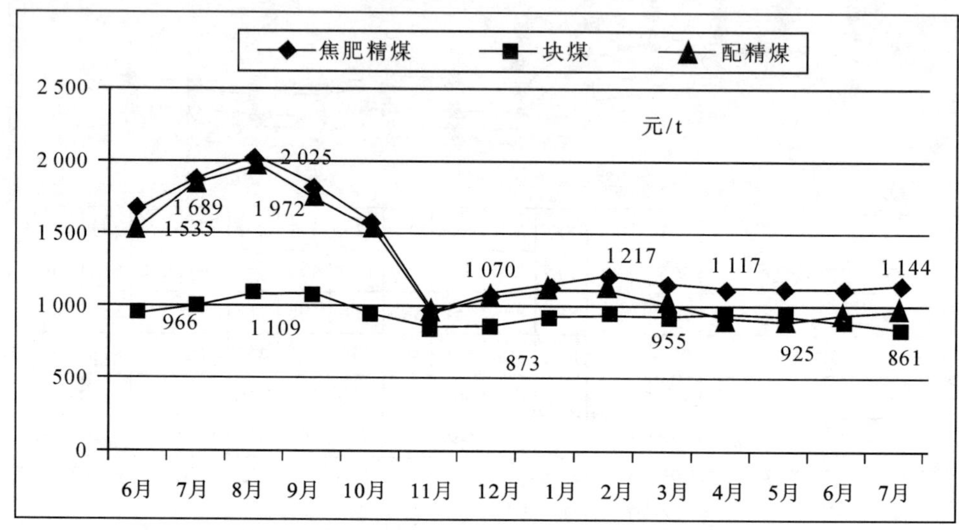

图 12—3 2008 年以来焦肥精煤、块煤和配精煤价格趋势

12.1.3 不同地区价格趋势

从国内不同区域的价格变化来看，2008 年以来，价格趋势均是从年初上升到第三季度后期开始下降。进入 2009 年，变化幅度趋缓，但维持较低的价位，进入 6 月份以来，各区域均有不同程度的变化。

12.1.3.1 京津冀和“三西”地区

2008 年以来，京津冀和三西地区煤炭价格波动较大，京津冀地区最高达 1 017 元/t，2008 年底达到最低 593 元/t。2009 年 6 月份，“三西”地区的优质煤炭资源继续呈现偏紧局面，大同、朔州等主要地区煤炭出矿价格保持平稳。6 月末，大同地区发热量 5 800 大卡/kg 以上煤炭的“上站”价格升至 495～510 元/t；发热量 5 500～5 800 大卡/kg 煤炭的“上站”价格升至 440～450 元/t之间，环比基本持平。2009 年上半年，坑口价格保持平稳上升态势，市场交易价格均基本维持在 620 元/t 左右，具体见图 12—4。

12.1.3.2 华中和鲁苏皖地区

2008 年以来，华中和鲁苏皖地区煤炭价格变化波动较小，但其平均价格相对于其他地区较高，具体见图 12—5。

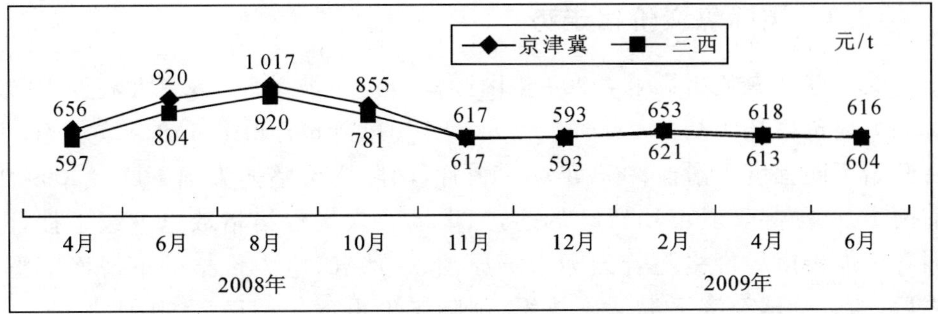

图 12－4　京津冀和三西地区煤炭交易价格

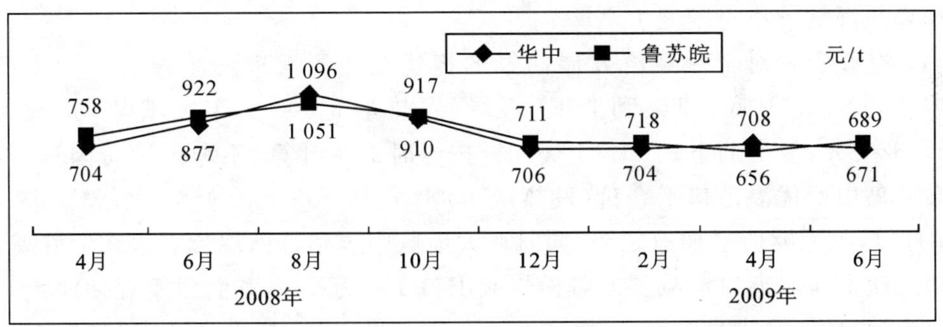

图 12－5　华中和鲁苏皖地区煤炭交易价格

12.1.3.3　南方主要煤炭消费地区

2008 年以来，南方地区煤炭价格变化波动最小，但其平均价格相对于其他地区较低，具体见图 12－6。

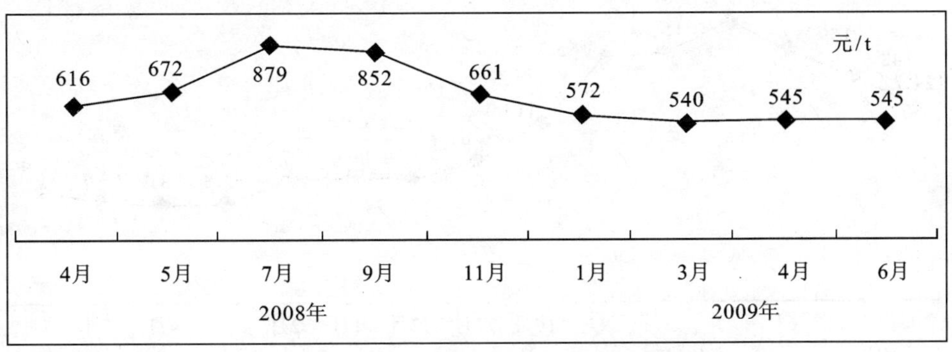

图 12－6　南方地区煤炭交易价格

12.2　国际煤炭价格走势

受全球金融危机影响，2008 年国际煤炭价格波动较大，澳大利亚 BJ 现货动力煤价格从年初的 98.6 美元/t 一度上升到 6 月份的 168.4 美元/t，之后开始不同程度下滑。2008 年 9～11 月，国际煤价整体大幅下跌。2009 年前两个月，国际煤炭市场持续低迷，三大港口煤炭价格指数也继续下挫，欧洲各国煤炭市场价格随着国际市场原油、天然气、电力价格的下滑而下滑。之后，随着全球经济下滑速度放缓，国际煤价也逐步企稳，尤其是进入 6 月份以来，在宏观经济转好的背景下，伴随着夏季用煤高峰的到来，以中国和印度为首的亚太地区国家煤炭进口需求增长，带动该地区煤炭价格反弹，欧洲煤炭现货价格也随之上涨。

受投资者对全球经济发展前景的担忧及能源需求继续减少等因素影响，2009 年 2 月底，澳大利亚 BJ 煤炭（发热量 5 500 大卡）NEWC 指数为 65.32美元，较上期下跌 11.01 美元。按当时汇率计算（不考虑运费因素）较秦皇岛山西优混港口平仓价（发热量 5 500 大卡）565 元/t 低 118 元/t。进入 5 月份，美元贬值呈加速之势，同时亚太地区中国和韩国现货需求较为旺盛，加之纽卡斯尔港口消减了 6 月份煤炭出口 100 万 t，多方面因素促使澳大利亚 BJ 指数 5 月末攀升至 65.2 美元/t。进入 6 月份，澳大利亚 BJ 指数继续上涨，6 月 11 日一度涨至 75.9 美元/t。另外，南非理查德湾港煤炭现货价格同样波动较大，尤其 2009 年上半年各月价格均低于澳大利亚纽卡斯尔港动力煤现货价格。2008 年以来，澳大利亚纽卡斯尔港 BJ 指数动力煤现货价格见图 12－7。南非理查德湾港煤炭现货价格见图 12－8。

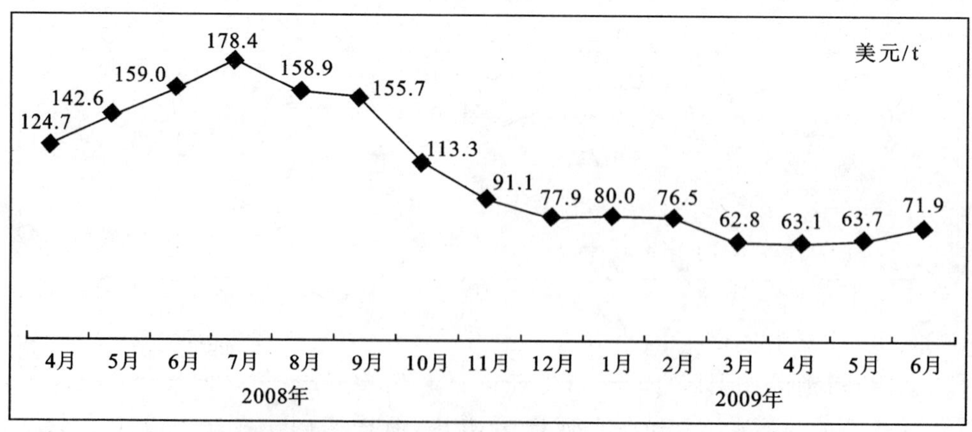

图 12－7　2008 年以来澳大利亚纽卡斯尔港 BJ 指数动力煤现货价格

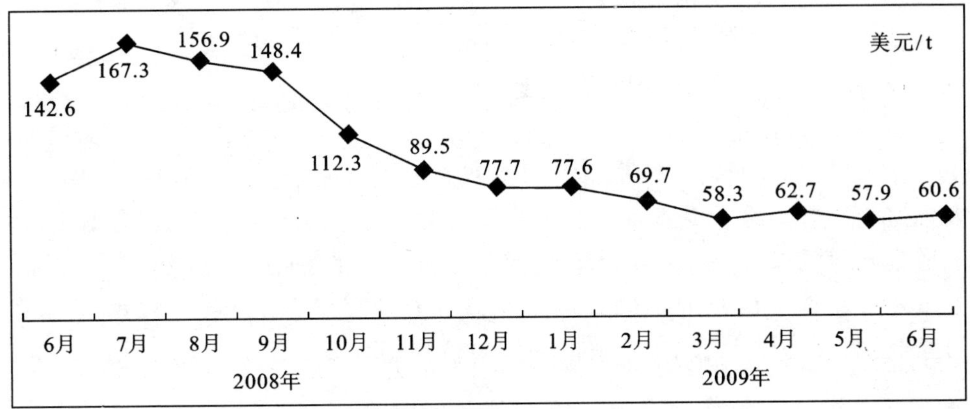

图 12—8 南非理查德湾港煤炭现货价格

12.3 煤炭价格影响因素分析

12.3.1 煤炭运输"瓶颈"制约矛盾仍较为突出

我国煤炭资源"北多南少,西多东少",煤炭调出地区主要集中在晋陕蒙地区,而煤炭消费地主要集中在东部沿海地区,这就决定了我国"西煤东运"、"北煤南运"的总体流向和以"三西"煤炭市场基地为核心,向东部和南部呈扇形分布的格局。目前,我国煤炭运输主要依靠铁路、公路、内河航运和沿海航运。2008 年,全国铁路运输煤炭 13.4 亿 t,占全国煤炭生产量的 49.52%。但是,主要煤炭生产基地铁路外运能力仍然不足,许多企业不得不依靠公路运输。在"三西"煤炭外运通道中,北通路和中通路都比较紧张,南通路基本可以保证供给,因此大秦线的运能扩张最为迫切。而蒙东和鄂湘赣地区的铁路运能严重不足,亟待提高。虽然 2009 年我国主要运煤铁路运能增幅 1.04 亿 t(其中:大同—秦皇岛新增 5 000 万 t/a,神木—朔州—黄骅港铁路新增 1 000 万 t/a,太原—石家庄线新增 4 400 万 t/a),但总体来说我国的煤炭运输通道仍然较为紧张。

12.3.2 主要耗煤行业需求量下降

受到全球金融海啸冲击,2008 年下半年我国经济增长明显放慢,直接导致煤炭下游四大需求行业——电力、钢铁、建材、化工的需求及产量增长大幅减慢,甚至出现部分需求萎缩。其中,2008 年全年火电发电量同比下降 12.4%;粗钢同比下降 10.5%,生铁同比下降 9.4%,钢材同比下降 1.7%;水泥行业中,规模以上水泥企业产量增长,但增速同比减缓 8.3 个百分点,用煤行业的需求增长出现较明显的放慢，这直接导致煤炭需求增速的明显下降。

12.3.3 煤矿产能过剩问题突出

2004～2008 年，全国煤炭采选业固定资产投资累计达到 8 867.67 亿元，一大批资源条件好、有发展潜力的煤矿经过了技术改造，同时新建了一大批安全高效的现代化煤矿，已部分形成生产能力，将逐步释放，在煤炭需求增幅减缓的条件下，煤炭经济运行压力加大。特别在 2008 年下半年，由于主要煤炭消费行业均不同程度地出现了严重的产能过剩态势，煤炭需求明显放缓，市场供大于求，导致市场煤炭价格逐月下滑。

第 13 章　煤炭进出口

13.1　进出口总量

13.1.1　煤炭出口总量

2008 年，煤炭出口继续下降。全国共出口煤炭 45.43 Mt，同比减少 8.38 Mt，下降 15.6%。其中，12 月份出口煤炭 4.47 Mt，比上年同期减少 22%。全年煤炭出口呈现量减价增的态势，尽管出口量同比下降一成五，出口金额却由 2007 年的 33 亿美元飙升至 52.4 亿美元，增长 58.8%，由此计算出煤炭出口均价由 2007 年的 62 美元/t 提高到 115.3 美元/t，同比涨幅达 86%。

2009 年初，我国煤炭出口量大幅萎缩，1～6 月份累计出口煤炭 1 167 万 t，比 2008 年同期下降 54.2%。6 月份当月出口仅有 114 万 t，同比减少 581 万 t，下降 83.6%，这是自 2000 以来第 6 次出现当月出口水平低于 200 万 t，创下近 11 年来的最低点。累计出口金额由 2008 年同期的 24.9 亿美元降至 14.3 亿美元，减少 42.5%，累计出口均价由 2008 年同期的 155.6 美元/t下跌到 122.6 美元/t。

2008 年以来煤炭月出口量变化见图 13－1。

13.1.2　我国煤炭进口总量

2008 年，全国共进口煤炭 40.40 Mt，同比减少 10.74 Mt，下降 21%。2009 年上半年，煤炭共进口 4 827 万 t，同比增长 1.26 倍，比 2008 年同期增加1 005 万 t；6 月份单月进口量更是达到 1 607 万 t 的历史高位，比 2008 年同期增加 1 286 万 t，是去年同月进口量的 5 倍多。1～6 月份累计进口均价为81.6 美元/t，比 2008 年的 58.4 美元/t 同比上涨 39.7%。

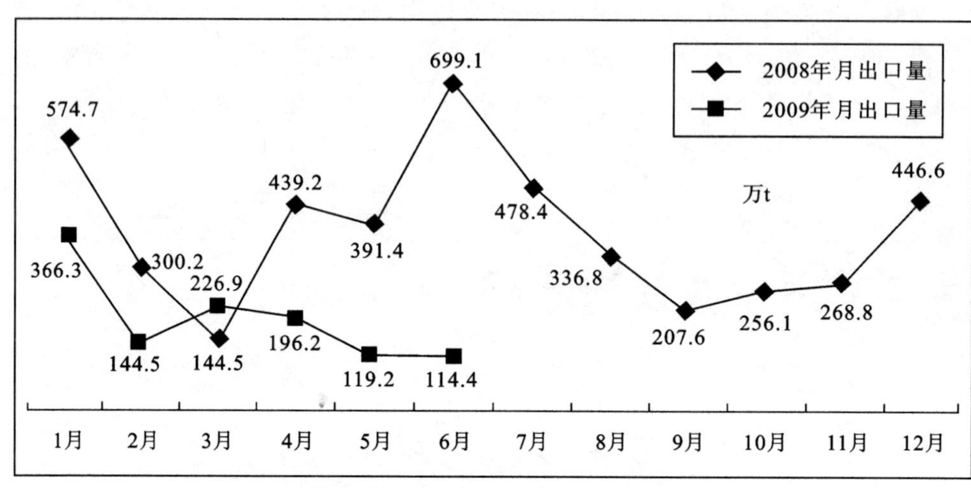

图 13－1　2008 年以来煤炭月出口量变化

2008 年以来煤炭月进口量变化见图 13－2。

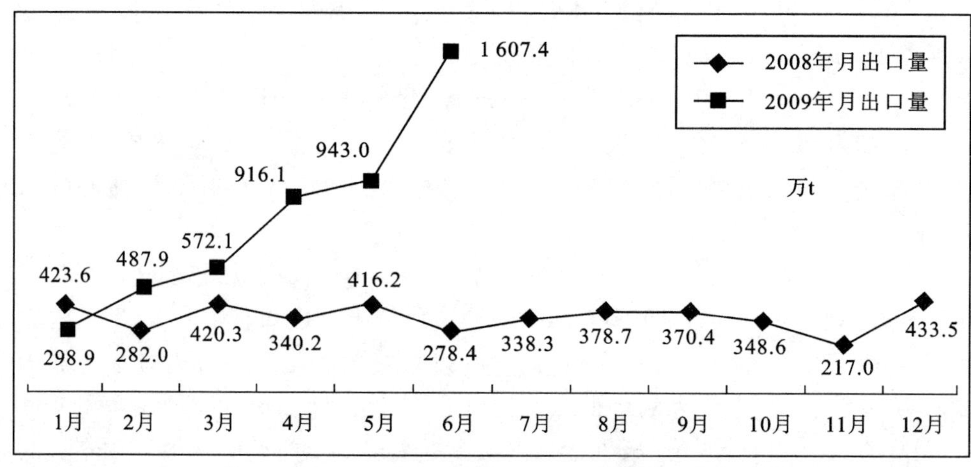

图 13－2　2008 年以来煤炭月度进口量变化

13.2　煤炭国际贸易

2008 年初，受国际原油价格飞涨及国内雨雪冰冻灾害影响，国内电煤供应紧张。为保障国内供应，国家加大了对煤炭出口的控制力度。2008 年 8 月 20 日，国家开始对煤炭等能源产品征收 10％的出口暂定关税，同时将炼焦煤等产品的出口暂定税率也提高至 10％。此外，国家对煤炭出口配额进行了有节奏控制。受此影响，我国煤炭出口增长势头得到有效遏制。

根据海关统计口径，2008 年，我国累计出口煤炭 4 543 万 t，价值52.4 亿美元，比 2007 年分别下降 14.6% 和增长 58.9%；出口平均价格 115.3 美元/t，上涨 86%，全年煤炭净出口量为 503 万 t。其中 12 月份当月出口 446.6 万 t，价值 6.6 亿美元，分别下降 22%和增长 74.1%；出口均价 148.6 美元/t，上涨 1.2 倍(见图 13－3)。

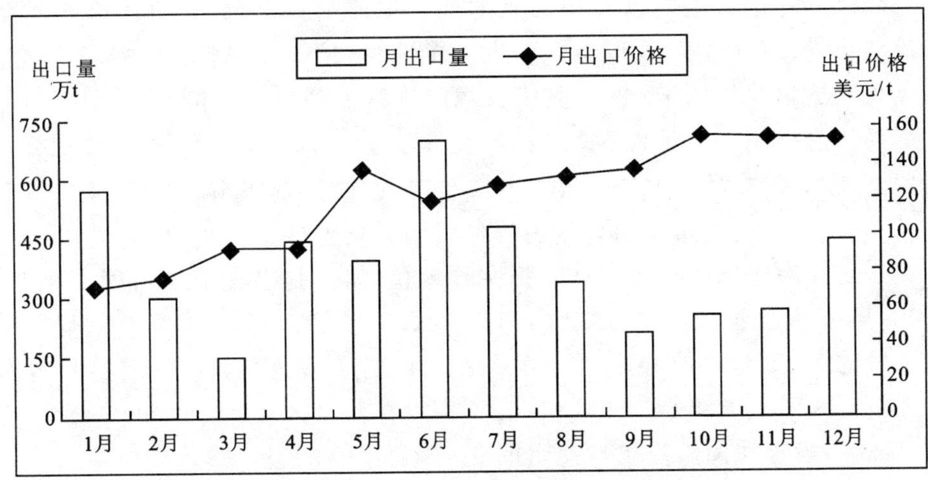

图 13－3　2008 年我国煤炭月出口量价走势

2008 年，我国累计进口煤炭 4 040 万 t，价值 35.1 亿美元，分别比 2007 年下降 20.8%和增长 44.9%；进口平均价格 86.8 美元/t，上涨 83%。其中 12 月份当月进口 267.4 万 t，价值 2.8 亿美元，分别下降 38.3%和增长 16.7%；进口均价 102.8 美元/t，上涨 89.2%(见图 13－4)。

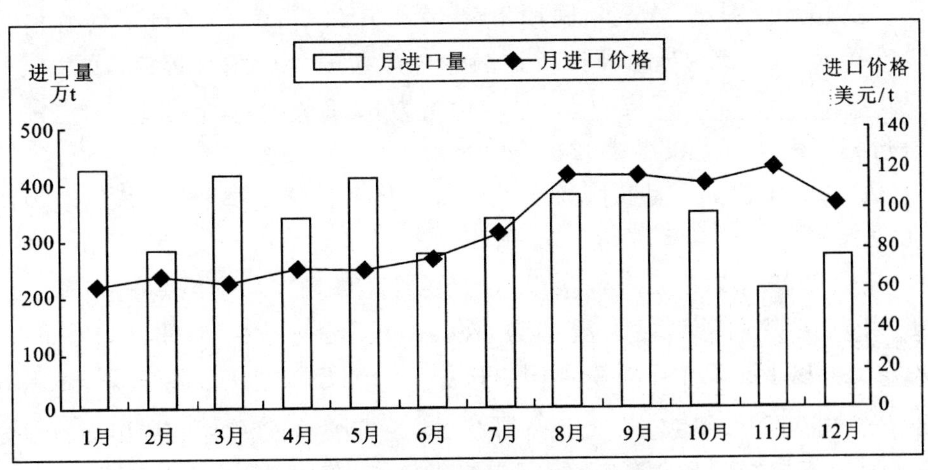

图 13－4　2008 年我国煤炭月进口量价走势

2008年我国煤炭进出口形势，主要有以下四个特点。

一是煤炭进出口主要以一般贸易方式为主。2008年，我国以一般贸易方式进口煤炭2 796万t，下降17.1%，占当年我国煤炭进口总量的69.2%；以一般贸易方式出口煤炭4 506万t，下降14.9%，占当年我国煤炭出口总量的99.2%。

二是煤炭进口主要以东盟为来源地。主要出口至韩国、日本和台湾省等周边市场。2008年，我国自东盟进口煤炭2 860万t，下降26.5%，占当年我国煤炭进口总量的70.8%；其中自越南进口1 691万t，下降31.3%，自印度尼西亚进口1 119万t，下降20.5%。同期，我对韩国、日本和台湾省分别出口煤炭1 654万t、1 336万t和1 060万t，分别下降14%、14.3%和16.5%；对上述三个市场出口量占当年我国煤炭出口总量的89.1%。

三是煤炭进口以私营企业占据主导地位，出口几乎全部来自国有企业。2008年，我国私营企业进口煤炭2 387万t，下降27.1%，占当年我国煤炭进口总量的59.1%；国有企业进口1 082万t，下降23.8%；此外，外商投资企业进口528万t，大幅攀升5.3倍。同期，国有企业出口煤炭4 490万t，下降15.1%，占当年我国煤炭出口总量的99.1%。

四是煤炭进口以无烟煤为主要品种，出口则以烟煤为主。2008年，我国进口无烟煤1 939万t，下降31.8%，占当年我国煤炭进口总量的48%。同期，我国出口烟煤3 921万t，下降18.1%，占当年我国煤炭出口总量的86.3%。此外，炼焦煤出口345.6万t，增长35.9%。

据海关统计，2009年前7个月，我国累计出口煤炭1 292万t，价值15.4亿美元，分别比2008年同期下降57.3%和50.1%；出口平均价格为119.2美元/t，上涨17%。同期，我国进口煤炭6 216万t，价值51.5亿美元，分别增长1.5倍和2倍；进口平均价格为82.8美元/t，上涨18.9%。1～7月份我国累计净进口煤4 924万t。

从2009年前7个月我国煤炭进出口总量和价格走势看，主要表现为以下几个特点：

一是2009年以来月度煤炭出口均价持续下滑。2009年以来，我国煤炭月度出口均价呈现明显下滑趋势，6月、7月已连续两个月出口均价在100美元/t以下。其中7月份我国出口煤124.2万t，同比下降74%，环比增长8.6%；出口平均价格为87.7美元/t，同比下降29.7%，环比下降11.9%（见图13－5）。

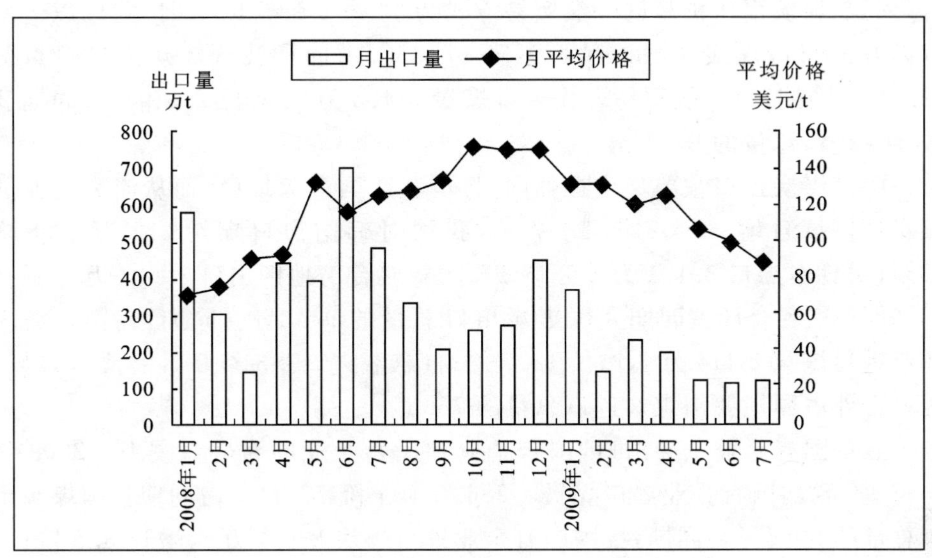

图 13—5　2008 年以来我国煤炭月出口量价走势

二是煤炭进口逐月快速增长。2009 年以来，我国煤炭月度进口量快速攀升，至 6 月份单月进口量一举达到 1 607 万 t，远高于 2008 年 336.2 万 t 的月度平均进口量。7 月份煤炭进口量虽环比有所下降，但仍超过 1 000 万 t，达到 1 389 万 t，同比增长 3.2 倍，环比下降 13.6%；进口平均价格87.1 美元/t，同比下降 1.3%，环比上涨 11.1%（见图 13—6）。

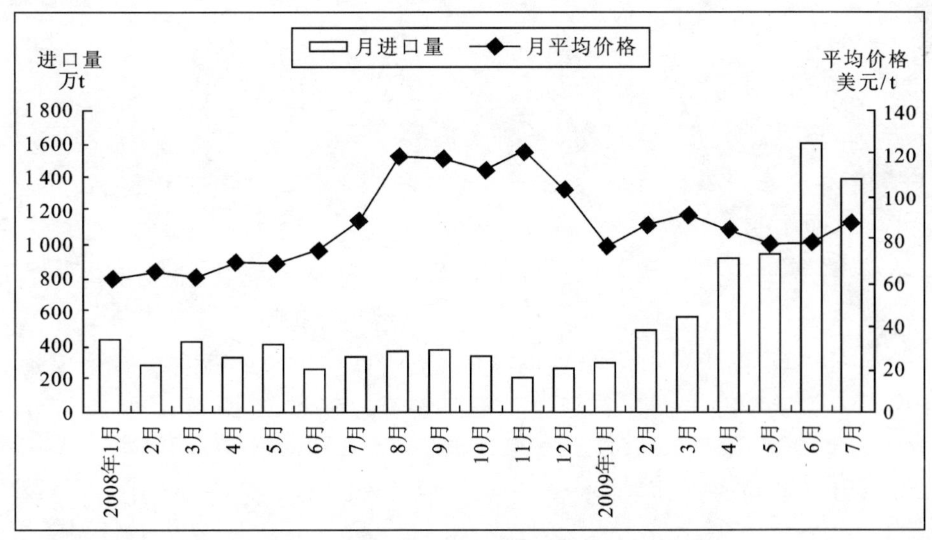

图 13—6　2008 年以来我国煤炭月进口量价走势

三是煤炭出口仍是以一般贸易方式为主。2009 年 1～7 月，我国以一般贸易方式出口煤炭 1 283 万 t，下降 57.3%，占同期我国煤炭出口总量的 99.3%。同期，以一般贸易方式进口煤炭 5 405 万 t，增长 2.2 倍，占同期我国煤炭进口总量的 87%。

四是煤炭出口主要集中在韩国、日本和我国台湾地区，而从澳大利亚的煤炭进口量激增。2009 年 1～7 月，我国对韩国出口煤炭 521 万 t，下降 52%；对日本出口 391.1 万 t，下降 57.3%；对台湾地区出口 306.4 万 t，下降 53.6%。三者合计占同期我国煤炭出口总量的 94.3%。同期，我国自澳大利亚进口煤炭 2 414 万 t，增长 12.7 倍；自东盟进口 2 344 万 t，增长 22.3%。两者合计占同期我国煤炭进口总量的 76.5%。

五是国有企业主导出口，国有企业和民营企业同为进口主力。2009 年 1～7 月，我国国有企业出口煤炭 1 286 万 t，下降 57.1%，占同期我国煤炭出口总量的 99.5%。同期，我国国有企业进口煤炭 2 834 万 t，增长 3.5 倍；民营企业进口 2 972 万 t，增长 92.7%。两者合计占同期我国煤炭进口总量的 93.4%。

第 14 章 煤炭运输

我国煤炭运输主要依靠铁路、公路、沿海和内河水运。铁路的煤炭运量占全国煤炭运输量的 60%左右，是煤炭运输的最主要方式，已形成若干从北向南、由西向东的运煤铁路大通道。水运煤炭占 30%，也是煤炭运输的重要组成部分，随着基础设施不断完善，全国形成了东部沿海煤炭运输通道和长江、京杭大运河(山东一江苏段)运煤通道。公路运煤占 10%，以短距离运输为主，近几年随着铁路运力的紧张，公路运煤量呈快速增加的势头。

14.1 全国煤炭铁路运输

2008 年，全国煤炭铁路运输总量为 134 477 万 t，同比增加 12 396 万 t，增长 10.2%。从逐月煤炭铁路运量看，2008 年前 7 个月，全国煤炭铁路运量呈波动增加态势，由年初的 11 022 万 t 增加到 7 月份的 11 438 万 t，8 月份快速增加到 12 317 万 t，10 月份减少到 12 093 万 t，之后快速下降到 12 月份的 9 810 万 t，较最高月份下降 20.35%。进入 2009 年以来，全国煤炭铁路运量波动增加，由 2 月份(最低)的 9 660 万 t 增加到 7 月份的11 438 万 t，恢复到去年同期水平(见图 14—1)。

从全国煤炭铁路运量增长趋势看，2008 年前 10 个月，全国煤炭铁路运输基本保持了较高增速，2 月、8 月和 9 月月度煤炭铁路运量增长超过了 16%。10 月份以后，快速下滑至 2.9%。2009 年前 6 个月全国煤炭铁路运输总量一直保持负增长态势(见图 14—2)。

2009 年上半年，全国煤炭铁路运量 63 058 万 t，同比减少 3 674 万 t，下降 5.51%，日均煤炭运量均低于去年同期水平。2009 年 2 月份，全国煤炭铁路日均运量较去年同期减少 42.6 万 t，至 6 月份实现了基本持平，7 月份日均运量超过去年同期的 369 万 t，达到了 371.3 万 t，增长 0.62%（见图14－3）。

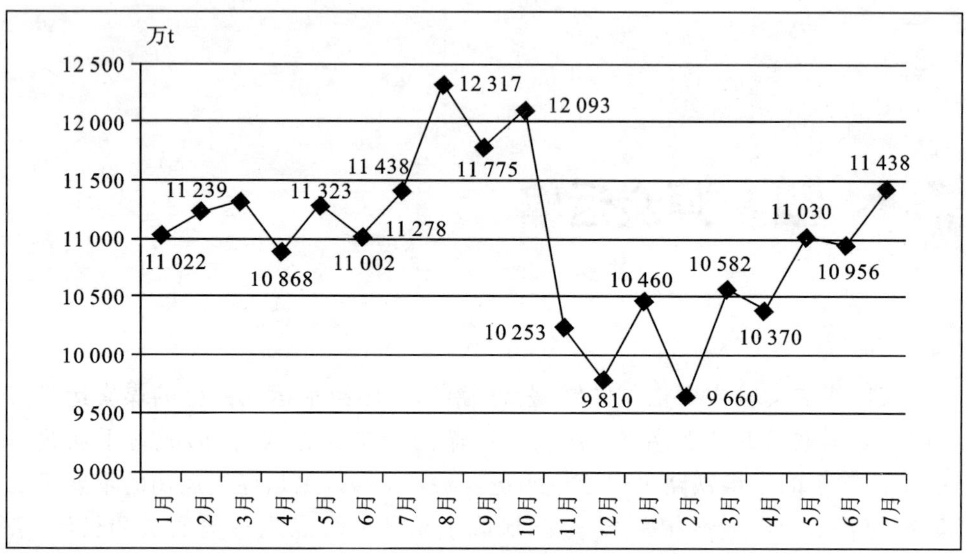

图 14－1　2008 年以来全国煤炭铁路月运量变化趋势

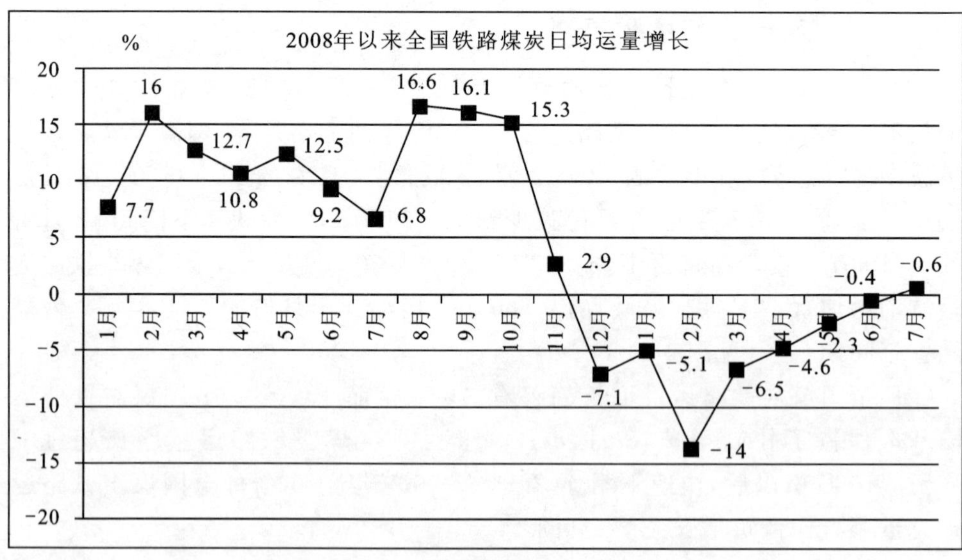

图 14－2　2008 年以来全国煤炭铁路运量增长率变化曲线

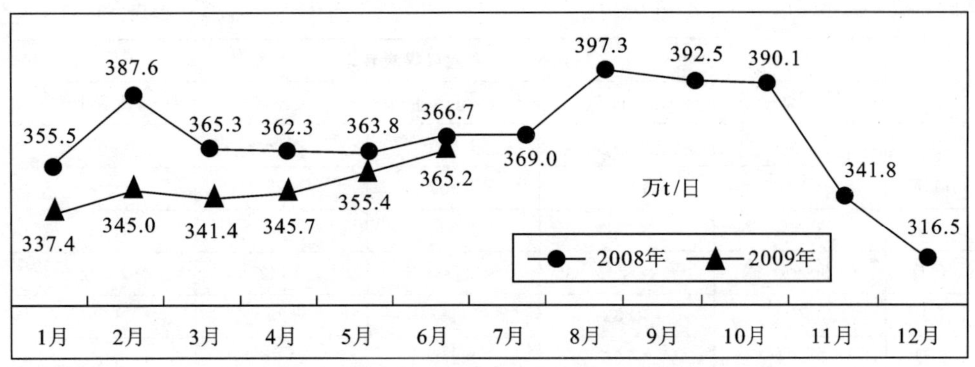

图 14－3　2008 年以来全国铁路日均煤炭运量

14.2　主要煤炭港口转运量

2008 年，全国主要港口累计完成煤炭发运 50 951 万 t，同比增加 4 607 万 t，增长 9.9%，增幅同比回落 4.2 个百分点。其中，北方七港煤炭转运量 44 708 万 t，同比增加 3 331 万 t，增长 8.1%；内贸煤炭发运累计完成 46 278 万 t，同比增加 5 221 万 t，增长 12.7%，外贸煤炭发运累计完成 4 673 万 t，同比减少了 615 万 t，下降 11.6%。在北方七港中，秦皇岛港煤炭转运量 21 481 万 t，同比增加 508 万 t，增长 2.4%；天津港煤炭转运量 8 147 万 t，同比增加 575 万 t，增长 7.6%；黄骅港转运量 7 590 万 t，同比减少 370 万 t，下降 4.6%（见表 14－1）。

表 14－1　　2008 年以来主要港口煤炭转运量一览表　　单位：万 t

	2008 年以来港口煤炭转运量				
	转运总量	北方七港	秦皇岛港	天津港	黄骅港
1 月	4 277	3 797	1 805	768	699
2 月	4 447	3 952	2 004	703	709
3 月	4 285	3 795	1 908	653	688
4 月	4 322	3 830	1 892	681	658
5 月	4 776	4 152	2 015	719	752
6 月	4 794	4 163	2 064	769	526
7 月	4 408	3 810	1 777	717	632
8 月	4 607	3 976	1 992	615	681
9 月	4 146	3 599	1 830	478	622

续表 14－1

	2008 年以来港口煤炭转运量				
	转运总量	北方七港	秦皇岛港	天津港	黄骅港
10 月	3 970	3 432	1 606	642	609
11 月	3 377	3 054	1 252	698	488
12 月	3 552	3 148	1 336	704	526
合计	50 961	44 708	21 481	8 147	7 590
1 月	3 708	3 282	1 437	523	625
2 月	3 094	2 756	1 269	400	600
3 月	4 053	3 632	1 883	485	622
4 月	4 052	3 561	1 636	502	684
5 月	4 042	3 531	1 736	550	722
6 月	3 795	3 303	1 718	403	635
7 月	4 026	3 562	1 831	385	701
合计	26 770	23 627	11 510	3 248	4 589

2009 年前 7 个月，全国主要港口煤炭转运量完成 26 770 万 t，同比减少 4 656 万 t，下降 14.9%。北方七港煤炭转运量完成 23 627 万 t，同比减少 4 010 万 t，下降 14.6%。其中，秦皇岛港煤炭转运量完成 11 510 万 t，同比减少 1 955 万 t，下降 14.5%；天津港煤炭转运量完成 3 248 万 t，同比减少 1 704 万 t，下降 34.6%；黄骅港煤炭转运量完成 4 589 万 t，同比减少 288 万 t，下降 5.9%，2008 年以来全国煤炭港口月转运量变化见图 14－4。

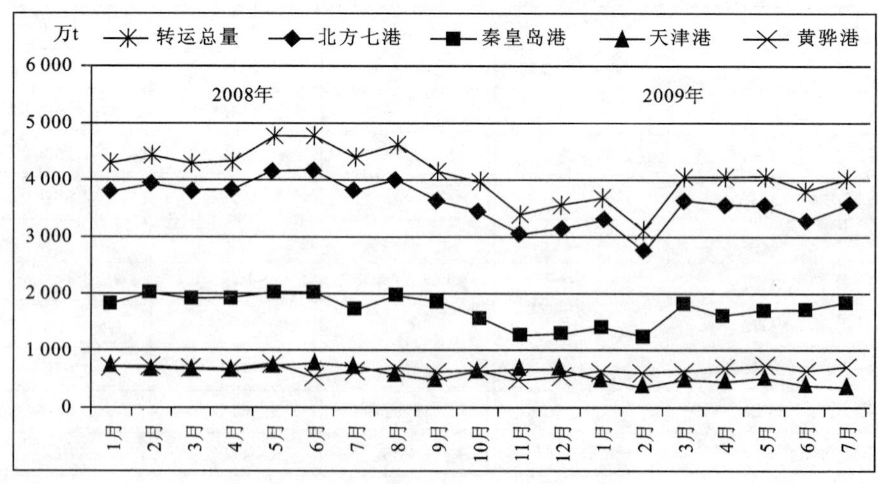

图 14－4　2008 年以来全国煤炭港口月转运量变化

第 15 章　行业经济效益

15.1　大型煤炭企业主要经济指标

根据中国煤炭工业协会统计直报数据，2008 年，全国大型煤炭企业（集团）主营业务收入 10 672.44 亿元，同比增加 3 523.83 亿元，增长 49.29%，增幅环比下降 9.42 个百分点。大型煤炭企业原煤单位成本 339.06 元/t，同比增加 95.68 元/t，增长 39.31%；原选煤单位成本 378.20 元/t，同比增加 95.1 元/t，增长 33.59%。补贴后实现利润总额 1 223.59 亿元，占全国规模以上利润总额的 52.10%；同比增加 477.77 亿元，增长 64.06%，增幅环比下降 19.28 个百分点。在大型煤炭企业主要经济指标中，工业总产值、销售产值均实现了较快增长。其中，工业总产值完成 9 048.92 亿元，同比增长 44.49%；工业销售产值完成 8 903.03 亿元，同比增长 46.18%（见表15－1）。

表 15－1　　2008 年全国大型煤炭企业主要经营指标一览表

指标名称	单位	全年累计	去年同期	增长（增加）
一、主要产品产量				
原煤合计	万 t	148 831.24	131 117.29	13.51%
洗精煤合计	万 t	23 934.41	22 861.25	4.69%
二、煤炭销量	万 t	146 114.44	132 764.59	10.06%
三、生产销售总值				
工业总产值（当年价格）	亿元	9 048.92	6 262.60	44.49%
工业销售产值（当年价格）	亿元	8 903.03	6 090.28	46.18%
产品销售率	%	98.17	97.25	0.92

续表 15－1

指 标 名 称	单位	全年累计	去年同期	增长(增加)
全部从业人员平均人数	万人	295.73	292.18	1.22%
四、主要财务指标				
亏损企业个数	个	2	4	－2
亏损面(补贴后)	%	3.39	6.35	－2.96
应收账款净额	亿元	684.74	426.65	60.49%
流动资产合计	亿元	6 524.53	4 752.98	37.27%
资产合计	亿元	18 229.61	1 3637.05	33.68%
负债合计	亿元	10 415.26	7 827.71	－33.06%
所有者权益	亿元	7 685.07	5 061.93	51.82%
主营业务收入	亿元	10 672.44	7 148.61	49.29%
主营业务成本	亿元	7 433.91	4 907.52	51.48%
应交增值税	亿元	737.06	426.65	72.76%
营业费用	亿元	298.51	256.82	16.23%
主营业务税金及附加	亿元	153.23	132.89	15.31%
管理费用	亿元	1 171.39	824.25	42.12%
财务费用	亿元	219.02	143.45	52.68%
利润总额(补贴后)	亿元	1 223.59	745.82	64.06%
资产负债率	%	57.13	57.40	－0.27
成本费用利润率	%	13.19	11.71	1.48

2008 年,大型煤炭企业应收账款总额、主营业务成本和应交增值税额均出现了较大幅度增长。其中,大型煤炭企业应收账款净额达到 684.74 亿元,同比增长 60.49%;主营业务成本 7 433.91 亿元,同比增长 50.48%;应交增值税总额 737.06 亿元,增长 72.76%;财务费用达到 219.02 亿元,增长 52.68%。

2009 年上半年,全国大型煤炭企业主要经营指标继续向好。主营业务收入 5 236.39 亿元,同比增长 7.27%,较 2008 年全年平均增速下降 38.73 个百分点;原煤单位成本 329.06 元/t,同比增加 23.27 元/t,增长 7.61%,较上年平均增速下降 32.03 个百分点;补贴后实现利润总额 556.15 亿元,同比减少 17.2 亿元,下降 3%,较上年平均利润增速下降 64.98 个百分点;工业总产值与销售产值继续保持增长,分别比上年同期增长 10.42%和11.12%。

上半年应收账款总额747.52亿元,同比增长47.07%;应交增值税389.73亿元,同比增长22.33%(见表15—2)。

表15—2 2009年上半年全国大型煤炭企业主要经营指标一览表

指标名称	单位	本月止累计	去年同期	增长(增加)
一、主要产品产量				
原煤合计	万t	78 958.63	70 849.07	11.45%
洗精煤合计	万t	13 214.91	12 619.66	4.72%
二、煤炭销量	万t	74 481.86	71 150.62	4.68%
三、生产销售总值				
工业总产值(当年价格)	亿元	4 472.44	4 050.38	10.42%
工业销售产值(当年价格)	亿元	4 348.29	3 913.04	11.12%
产品销售率	%	97.22	96.61	0.61
全部从业人员平均人数	万人	306.00	289.00	5.88%
四、主要财务指标				
亏损企业个数	个	10	6	4
亏损面(补贴后)	%	10.57	6.52	4.05
应收账款净额	亿元	747.52	508.27	47.07%
流动资产合计	亿元	7 701.52	6 151.22	25.20%
资产合计	亿元	20 440.41	16 043.20	27.41%
负债合计	亿元	12 142.95	9 548.18	27.18%
所有者权益	亿元	8 297.46	6 495.02	27.75%
主营业务收入	亿元	5 236.39	4 881.59	7.27%
主营业务成本	亿元	3 850.12	3 403.40	13.13%
应交增值税	亿元	389.73	318.60	22.33%
营业费用	亿元	149.18	157.16	—5.08%
主营业务税金及附加	亿元	97.74	87.92	11.17%
管理费用	亿元	518.16	534.19	—3.00%
财务费用	亿元	112.39	104.09	7.97%
利润总额(补贴后)	亿元	556.16	573.21	—2.97%
资产负债率	%	59.41	59.52	—0.11
成本费用利润率	%	11.79	13.34	—1.55

15.2 行业利润分析

2008年,全国规模以上煤炭企业共实现利润总额2 348.45亿元,其中,由中国煤炭工业协会统计直报企业利润总额1 163.5亿元,占49.54%。在统计直报的大型煤炭企业中,企业利润总额在100亿元以上的企业有神华集团和中煤能源集团2家,利润总额496.14亿元,占全国规模以上煤炭企业总额的21.13%,占统计直报大型煤炭企业利润总额的42.64%;利润总额在10亿元以上的企业有20家,利润总额1 012.7亿元,占全国规模以上煤炭企业利润总额的43.12%,占统计直报煤炭企业利润的87.04%。在统计直报的大型煤炭企业中,利润总额在1.0亿元以下的企业只有10家,占16.67%;利润总额1.51亿元,占直报煤炭企业利润总额的0.06%;并且有两家企业亏损,亏损额0.38亿元。全国其他规模以上煤炭企业8 166家,实现利润总额1 184.95亿元,占50.46%,平均利润只有1 451.1万元,仅相当于统计直报的大型煤炭企业平均利润的0.59%(见表15—3)。

表15—3　2008年全国规模以煤炭企业产量、利润分布情况表

	利润区间(亿元)	企业数量		煤炭产量(亿t)	比重(%)	利润总额(亿元)		比重(%)
		个数	累计个数			利润	累计	
统计直报企业	大于100	2	2	3.96	15.1	496.14	496.14	21.13
	50～100	2	4	4.66	17.78	125	621.14	26.45
	10～50	16	20	9.93	37.87	375.04	1 012.7	43.12
	5～10	14	34	12.91	49.24	111.72	1 124.42	53.54
	1～5	16	50	14.24	54.31	37.57	1 161.99	55.33
	0.5～1.0	1	51	14.33	54.65	0.6	1 162.59	55.36
	0.1～0.5	6	57	14.59	55.65	1.2	1 163.79	55.42
	0.1～0.0	1	58	14.64	55.84	0.09	1 163.88	55.42
	亏损	2	60	14.76	56.29	−0.38	1 163.5	55.41
其他规模以上企业		8 166	8 226	26.22	100	1 184.95	2 348.45	100

在统计直报的大型企业中,前10家大型企业的利润总额为850.66亿元,占全国大型煤炭企业利润总额的73.11%;实现利润前三名的企业分别为神华集团、中煤能源集团和兖州矿业集团,利润总额分别为383.22亿元、112.91亿元和65.63亿元,这三家企业实现利润561.76亿元,占全国大型煤炭企业利润总额的49.51%,占全国规模以上企业利润的23.92%。2008

年全国利润总额前 10 名大型煤炭企业情况见表 15—4。

表 15－4　2008 年全国利润总额前 10 名大型煤炭企业情况表

排名	企业名称	利润总额(万元)	所占比重(%)
1	神华集团	3 832 233.0	31.32
2	中煤集团	1 129 132	9.23
3	兖矿集团	656 290	5.36
4	永城煤电集团	530 000	4.56
5	山西焦煤集团	508 063.00	4.15
6	新汶矿业集团	480 686.10	3.93
7	潞安矿业集团	439 354.00	3.59
8	晋城无烟煤集团	393 180.00	3.21
9	平顶山煤业集团	371 608.00	3.04
10	冀中能源集团	365 638.49	2.99

2009 年上半年，全国统计直报的大型煤炭企业实现利润 556.15 亿元，同比减少 17.20 亿元，下降 3%。其中，前 10 名煤炭企业实现利润 436.65 亿元，同比增加 18.9 亿元，增长 4.52%，占大型企业利润的78.52%；成本费用利润率 11.79%，同比下降 1.55 个百分点。2009 年上半年，大型煤炭企业中亏损企业达到了 10 个，累计亏损 31 328 万元。在盈利企业中，利润超百亿元的企业只有神华集团，利润总额达到 232.18 亿元；中煤能源集团利润总额为 55.70 亿元；其他利润总额超过 10 亿元的企业有潞安、晋城、河南煤业化工、山西焦煤、兰花煤炭、新汶、枣庄、兖矿、冀中能源和黑龙江龙煤集团等 10 家。

15.3　煤炭企业成本

2008 年，全国大型煤炭企业成本增长较快，全年累计主营业务成本达到 7 433.91 亿元，较去年同期增加 2 477.51 亿元，增长 49.99%。从 2008 年以来大型煤炭企业逐月统计平均煤炭成本变化趋势分析，除 9 月份外，一直处于持续增加态势。煤炭成本由 2008 年 1 月份的 233.4 元/ t，逐步增加到 8 月份的 321 元/t，增长 37.53%；到 12 月份又增加到 339.9 元/t，较年初增长了 45.63%(见图 15—1)。2009 年前 5 个月，煤炭成本变化幅度较小，由年初的 326.0 元/t 增加到 328.5 元/t，增长 0.77%。

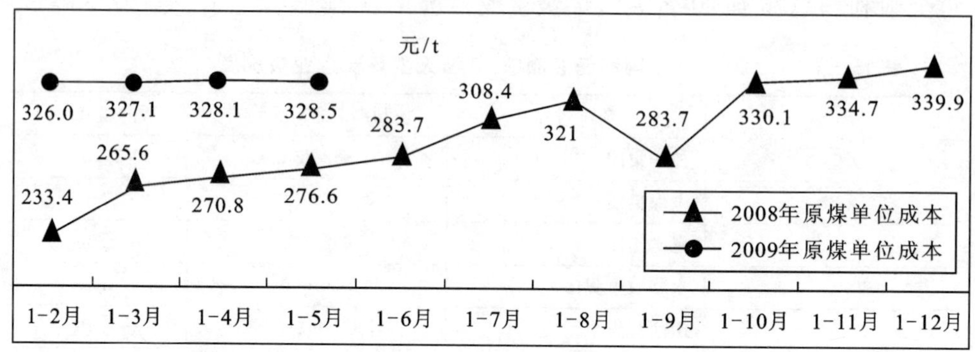

图 15—1 2008 年以来煤炭企业月平均煤炭成本变化趋势

15.4 煤炭企业应收账款

2008 年末，全国统计直报的大型煤炭企业(集团)应收账款达到 684.74 亿元，同比增加 258.09 亿元，增长 60.49%，增幅同比增长 52.66 个百分点。从应收账款增加趋势看，2008 年下半年，企业应收账款出现了较快增长，12 月底，应收账款净值较 7 月份增加 263.9 亿元，增长了 54.32%。2009 年以来再次呈现了波动增加态势，6 月底大型煤炭企业应收账款净值达到 747.52 亿元(见图 15—2)。

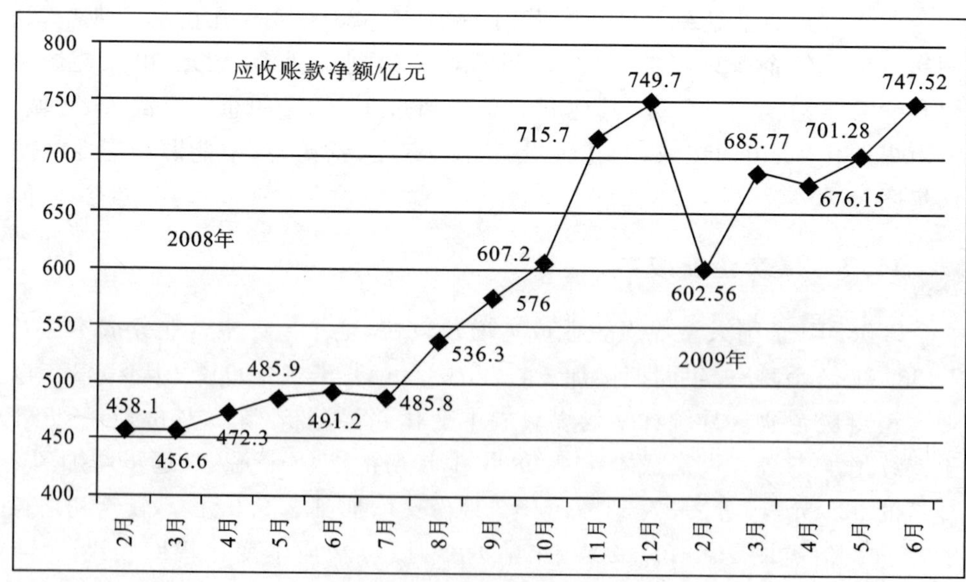

图 15—2 2008 年以来全国大型煤炭企业应收账款净值变化趋势

受 2008 年下半年煤炭下游产业产品过剩、价格下滑、企业效益下降等多重影响，大型煤炭企业应收账款增长率大幅攀升，由年初的负增长 6.59%快速反转到增长 83.92%。2009 年年初，应收账款增速下降到 3 月份的 20.55%，之后再次出现了连续增长态势见图 15－3。

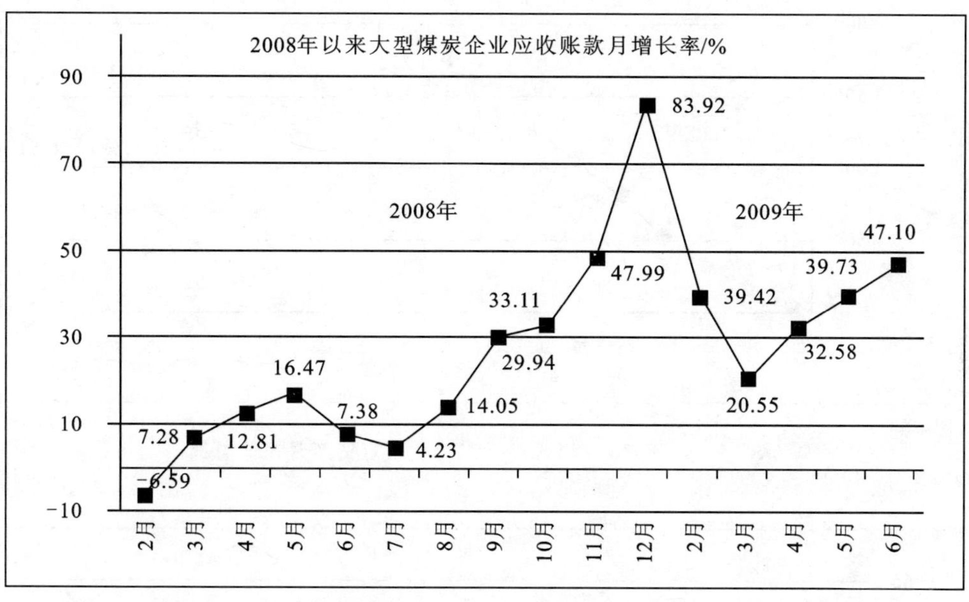

图 15－3　2008 年以来大型煤炭企业应收账款月增长率变化趋势

15.5　煤炭固定资产投资

2008 年，我国煤炭开采及洗选业固定资产投资 2 399.2 亿元，同比增加 594.15 亿元，增长 32.92%，增幅同比提高 9.22 个百分点。2009 年上半年，我国煤炭开采及洗选业固定资产投资 1 156.51 亿元，同比增长 40.5%，2008 年以来煤炭采选业固定资产月投资总额见图 15－4。

从 2008 年全国煤炭采选业固定资产投资增长情况看，2008 年上半年继续保持了较高速度增长，4 月和 5 月单月增速达到了 47%，9 月以后出现了短期的下降趋势。2009 年 4 月以来，投资增速基本平稳(见图 15－5)。

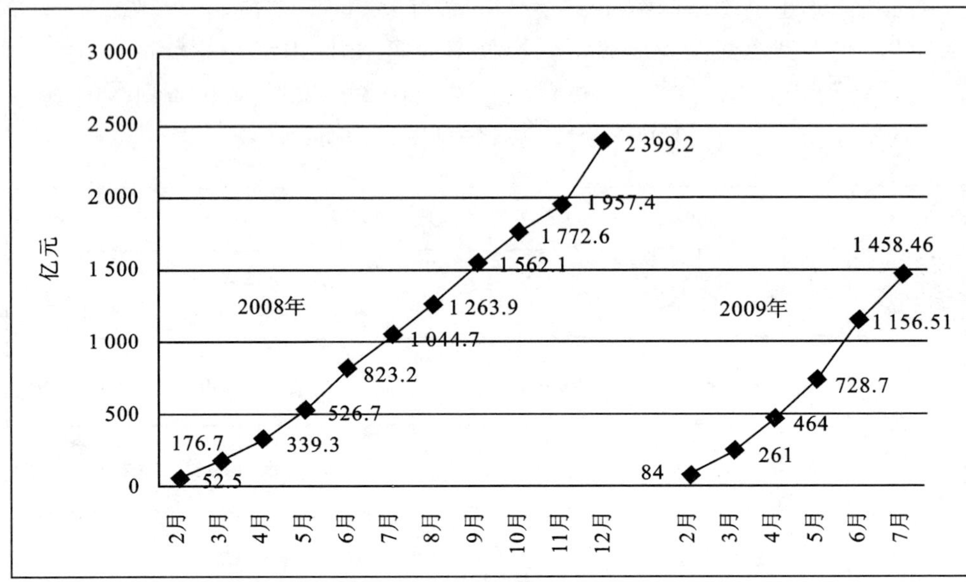

图 15－4　2008 年以来煤炭采选业固定资产月投资总额

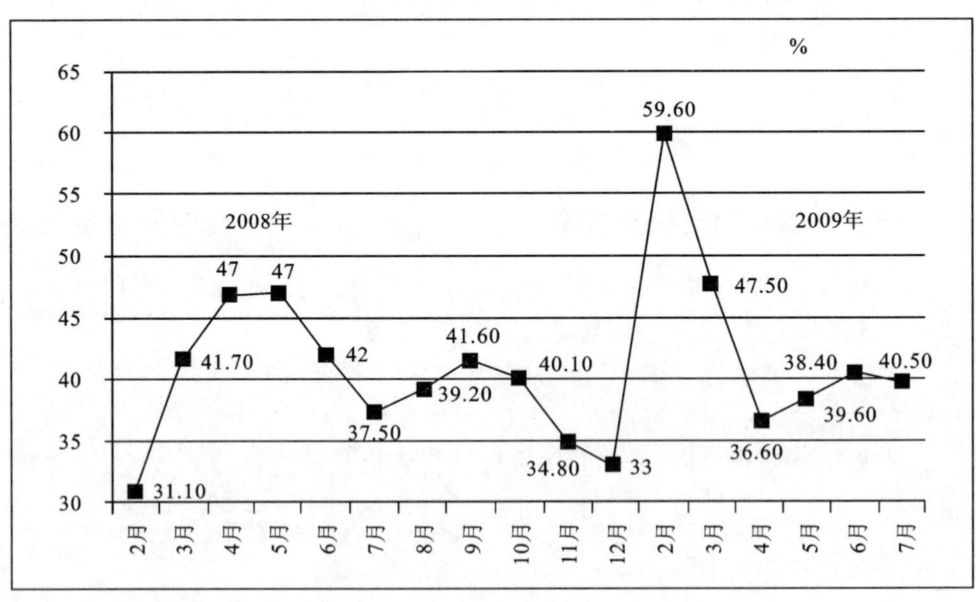

图 15－5　2008 年以来全国煤炭采选业固定资产投资月增速趋势

第16章 煤矿安全

2008年,全国煤矿企业发生生产事故1 954起,同比减少467起,下降19.3%;全国煤矿企业生产事故死亡3 215人,同比减少571人,下降15.1%。煤炭生产百万吨死亡率1.182,同比下降0.303。其中,原国有重点煤矿煤炭生产百万吨死亡率0.330,同比下降0.053;原国有地方煤矿煤炭生产百万吨死亡率1.162,同比下降0.107;乡镇煤矿煤炭生产百万吨死亡率2.374,同比下降0.650。2008年,大型煤炭企业吨煤累计提取安全生产费用27.28元,同比增加3.98元,增长17.08%。

16.1 煤矿安全生产形势

近几年来,煤炭工业坚持又好又快发展模式,坚决落实"安全第一、预防为主、综合治理"的安全生产方针,把安全发展作为煤炭工业改革发展的出发点和落脚点,政府部门先后颁布《关于加强国有重点煤矿安全基础管理的指导意见》(安监总煤矿[2006]116号)和《关于加强小煤矿安全基础管理的指导意见》(安监总煤调[2007]95号),煤炭企业加强安全基础管理工作,加大煤矿安全投入,强化煤矿瓦斯治理、整顿关闭和重大隐患治理,煤矿安全保障能力不断增强,安全生产形势稳步好转,安全生产呈现良好发展的势头。

2008年,煤矿安全生产工作取得明显成效,在煤矿事故总量连续两年下降幅度超过20%的基础上,又实现了"三个明显下降"。

一是事故总量明显下降。全国煤矿事故起数和死亡人数同比分别下降19.3%和15.1%。25个产煤省(区、市)中,事故死亡人数下降的有20个,占76.9%。

二是较大事故明显下降。全国煤矿较大事故起数和死亡人数分别下降34.1%和34.4%。有 6 个省区和单位没有发生较大事故(北京、内蒙古、江苏、福建、山东和新疆生产建设兵团),14 个省区没有发生重特大事故。

三是百万吨死亡率明显下降。全国煤矿百万吨死亡率由上年的 1.485 下降到 1.182、同比下降 20.4%,安全生产变化趋势见图 16—1。

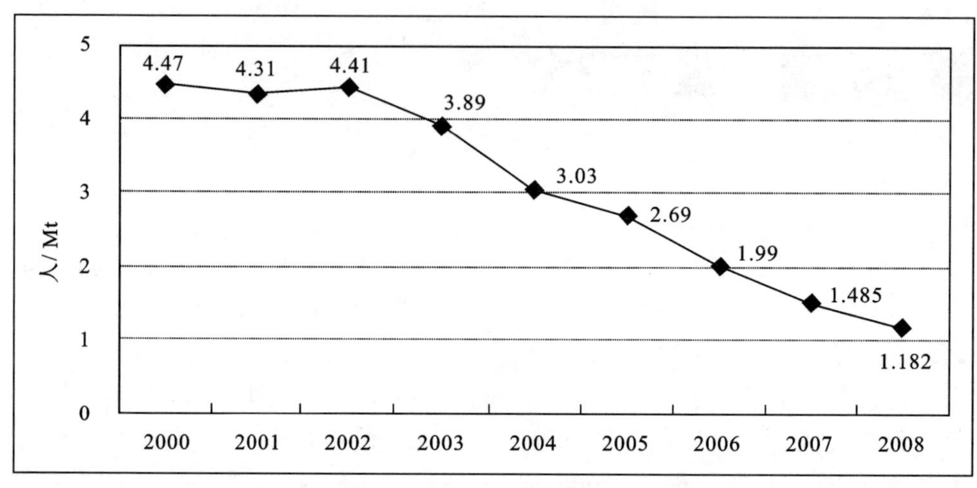

图 16—1　2000～2008 年我国煤炭安全生产变化趋势

16.1.1　"隐患治理年"活动取得成效

按照国务院关于安全生产"隐患治理年"的统一部署,全国煤矿深入开展了隐患治理工作。在"百日安全督查"专项行动中,国家安监总局、煤矿安监局向山西、黑龙江、湖南、四川、重庆、贵州和云南 7 个产煤省份派出督查组,共查出隐患和问题 3 989 条,其中重大隐患 640 条;责令 236 处煤矿(或采掘工作面)停产整顿。在抗击雨雪冰冻灾害中,各地周密部署,广大煤矿企业顾全大局,各级煤矿安全监察、监管和行业管理部门积极做好工作,实现了"保安全、保供应、保民生"的要求;在汶川大地震面前,坚持一手抓抗震救灾、一手抓煤矿安全生产;在北京奥运会、残奥会期间,积极落实各项防范措施,有力保障了煤矿安全生产。

16.1.2　瓦斯治理工作进一步深化

各地区、各单位坚持"先抽后采、监测监控、以风定产"的瓦斯治理方针,积极构建"通风可靠、抽采达标、监控有效、管理到位"的工作体系;实施瓦斯治理示范县、示范矿井"双百工程"建设和"千人培训工程"。组织编制并实施"十一五"后三年煤矿瓦斯治理规划,加大高瓦斯、煤与瓦斯突出矿井的瓦斯抽采力度，强化了区域性防突措施；严格执行安全监测监控系统装备、联网和维护的规定，积极推动重点产煤县（市）区域技术服务中心建设。

2008 年，矿井瓦斯（煤层气）抽采量达到 $55\times10^8\ m^3$，淮南、阳泉、水城、松藻、宁煤等 10 个重点煤炭企业瓦斯抽采量均超过 $1\times10^8\ m^3$；全国煤矿瓦斯事故起数和死亡人数同比分别下降 33.1%和 28.2%，其中重特大瓦斯事故起数和死亡人数同比分别下降 18.2%和 26.2%。

16.1.3　整顿关闭工作深入推进

按照国务院安全生产委员会提出的“到 2010 年把全国小煤矿数量控制在 1 万处之内”的目标要求，国家安监总局、国家煤矿安监局与发展改革委、国家能源局联合下达了“十一五”后三年小煤矿关闭计划，明确了各地的目标和任务。

一些省区鼓励实施“以大管小”，推进大集团兼并、收购、控股各类小煤矿，提高生产规模和技术装备、安全管理水平。2008 年，全国关闭小煤矿 1 054处，小煤矿事故起数和死亡人数同比分别下降 17%和 18.6%。

16.1.4　安全基础管理工作不断强化

各地、各企业认真贯彻落实国家安监总局、国家煤矿安监局等七部门联合下发的关于加强安全基础管理的“两个指导意见”，制定实施办法，加强安全基础管理，加快安全质量标准化建设，从源头上提高安全生产保障能力。各国有大型煤矿企业集团加大安全投入，加强现场管理，探索建立煤矿本质安全管理体系，安全生产创出新水平。

截至 2008 年底，全国实现安全生产 1 000 天以上的煤矿有近千处，建成安全质量标准化达标矿井近 3 000 处。强化教育培训，严格煤矿“三项岗位人员”培训考核和全员安全教育培训，提高了从业人员安全技术素质。1.6 万名煤炭企业主要负责人、10.6 万名安全生产管理人员、71 万名特殊工种作业人员、143 万余人次农民工受到了培训。

16.1.5　事故查处力度进一步加大

各级煤矿安全监察机构依法组织并会同监察、工会、公安和检察等部门，按照“四不放过”原则和“实事求是、依法依规、注重实效”的三项基本要求，严肃查处煤矿事故。建立了事故现场分析、事故后约谈和事故通报“三项制度”，深刻吸取事故教训、落实防范措施，推动地方政府落实煤矿安全责任。

2008 年，各级煤矿安全监察机构共组织查处煤矿事故 1 901 起，按期结案率达到94.9%;已结案的19起重特大事故,共查处相关责任人315人,其中依法移送司法机关追究刑事责任132人,给予党政纪处分162人。

16.1.6 安全监察执法工作更加严格

各级煤矿安全监察机构严格执行执法计划,认真搞好重点监察、专项监察和定期监察;严格煤矿建设项目"三同时"要求、安全核准和煤矿安全生产许可证颁发管理;积极创新监察执法方法。

2008年,驻各地煤矿安全监察机构共监察矿井1.5万处、3.8万矿次,责令停产整顿矿井1 616处、提请关闭260处,实施行政处罚9 410次、经济处罚5.6亿元。

16.2 煤矿事故分析

2008年,全国煤矿共发生死亡事故1 954起、死亡3 215人,同比事故减少467起、死亡人数减少571人,分别下降19.3%和15.1%(见表16—1)。

表16—1　2008年煤矿事故基本情况表

类别	本期			同期对比增减				
	起数	死亡人数	百万吨死亡率	起数		死亡人数		百万吨死亡率
				±	±%	±	±%	±
事故总量	1 954	3 215	1.182	−467	−19.3	−571	−15.1	−0.303
一次死亡3～9人	118	535		−61	−34.1	−280	−34.4	
一次死亡10人以上	38	707		10	35.7	134	23.4	
其中:10～29人	33	533		8	32	131	32.6	
30人以上	5	174		2	66.7	3	1.8	

(1) 较大事故明显下降。发生一次死亡3～9人事故118起、死亡535人,同比减少61起、死亡人数减少280人,分别下降34.1%和34.4%。

(2) 瓦斯事故继续下降。瓦斯事故起数和死亡人数在2007年下降16.8%和17.8%的基础上,继续保持了大幅度下降。瓦斯事故182起、死亡778人,同比减少90起、死亡人数减少306人,分别下降33.1%和28.2%。

(3) 乡镇煤矿事故总量下降。乡镇煤矿发生事故1 460起、死亡2 360人,同比减少301起、死亡人数减少541人,分别下降17.1%和18.6%。

(4) 重特大事故上升。发生一次死亡10人以上事故38起、死亡707人,同比增加10起、死亡人数增加134人,分别上升35.7%和23.4%。

从事故发生的时间分析可知，2008 年 9 月份重特大事故相对多发。第四季度以来，扭转了第三季度煤矿重特大事故连续发生的被动局面和近几年第四季度重特大事故相对多发的态势。主要是由于第四季度以来，全国各地开展了打击安全生产非法违法行为专项行动，始终保持了安全生产的高压态势，有力促进了安全生产工作。同时，由于第四季度受国际金融危机影响，煤矿生产压力减小，安全与生产的突出矛盾有所缓解。

从煤矿类型分析可知，2008 年，各类煤矿事故总量均有不同程度下降，乡镇煤矿下降最多。但乡镇煤矿安全生产基础整体上仍然薄弱，产量占总量 37.1%，而事故总起数和死亡人数占总量的 74% 和 73.4%，仍然是煤矿事故的多发区和重灾区。国有地方煤矿事故总量有所下降，但重特大事故上升幅度大，10 人以上事故起数和死亡人数同比上升。在 2008 年全国煤矿同比增加的 10 起重特大事故中，国有地方煤矿增加了 7 起，发生了 1 起特别重大事故。国有重点煤矿重大事故起数和死亡人数分别下降 33.3% 和 28.6%，没有发生特别重大事故，国有重点煤矿安全状况逐年好转说明煤矿安全基础管理工作十分重要，是防控重特大事故的关键。

从事故类别分析可知，与去年同期相比较，顶板、瓦斯、运输和水害等事故总量下降明显。但在重大以上事故中，水害、火灾事故较多，尤其是火灾事故在 2007 年、2008 年连续两年上升。瓦斯事故起数和死亡人数同比下降 33.1% 和 28.2%，瓦斯治理成效明显。但瓦斯较大事故和重特大事故所占比例依然较大，较大瓦斯事故起数和死亡人数占较大事故总数的 53.4% 和 54.2%；重大以上瓦斯事故起数和死亡人数占重大以上事故总数的 44.7% 和 47.2%，瓦斯灾害仍是影响我国煤矿安全生产的最重灾害。

从地区分析可知，2008 年，全国多数地区事故死亡人数减少，煤矿安全生产形势总体稳定。一些地区煤矿安全状况达到国际发达国家水平，如内蒙古、山东等地安全生产形势相对较好，百万吨死亡率内蒙古为 0.055、山东为 0.09，主要是由于这些地区调整产业结构、淘汰落后生产能力力度大，加强煤矿基础管理工作取得了成效。但个别地区重特大事故多发，如山西、黑龙江、河南三省共发生 19 起重特大事故，占全国重特大事故总数的 50%。

第三篇

政　策　篇

第 17 章　煤炭产业政策发展综述

产业政策是指调整经济结构的经济政策，是政府部门组织制定的涉及产业发展的所有法律、法规、计划以及所有针对某一产业发展而提出来的政策总合。

我国是世界上发现、开采和利用煤炭最早的国家。随着我国经济的发展，尤其是在工业、军事发展需求不断增长的情况下，我国煤炭产业逐渐发展起来。虽然直至 2007 年 11 月，我国第一部《煤炭产业发展政策》才正式出台，但实际上新中国成立以来，煤炭产业一直受党中央和国务院的高度重视。国务院以法律、政府规章和文件等形式基本构建了支持煤炭工业发展的煤炭产业政策体系。我国煤炭产业的发展，按政策演化特点大致可以划分为四个阶段。

(1) 第一个阶段。这一阶段自新中国成立至改革开放前(1949～1978 年)，我国煤炭产业经历了从全面恢复发展、“大跃进”、“十年动乱”到改革开放前的曲折发展。

1949～1957 年，我国煤炭产业政策的发展方向是以提高煤炭产量为中心，推行矿井技术改造，全面恢复生产，促使煤炭产业开始步入规范发展阶段。新中国成立后，党和政府高度重视煤炭工业的建设和发展，把煤炭和粮食作为同等重要的战略物资，实行国家统一调拨和分配制度，并将煤炭产业作为国家重要的工业部门管理。1949 年 11 月成立了国家燃料工业部，根据当时我国工业发展布局，确定了煤炭产业“以全面恢复为主，部分新建则以东北为重点”的生产方针。为尽快提高全国煤炭产量，改变落后的煤矿生产工艺、采煤方法和煤矿安全对煤炭生产的制约，燃料工业部研究制定了《关于在全国煤矿全面推行新的采煤方法的决定》，开始在国营煤矿中推行生产方法改革，把原始、落后的穿洞式、高落式采煤方法改为长壁式采煤方法。1951 年，公布了第一部《煤矿技术保安试行规程》(草案)，并成立了煤矿安全监察局。为加强私营煤矿管理和小煤矿管理，公布了《公私营煤矿暂行管理办法》、《公私营煤矿安全管理要点》和《土采煤窑暂行处理办法》，逐步改善了这些煤矿的生产条件。至 1952 年底，83%的国营煤矿恢复了生产，其中，大同、抚顺、焦作、阳泉、淄博、枣庄等规模较大的煤矿全部恢复了生产，东北地区还重点建设了海州露天等 13 处新矿，全国煤矿生产能力快速增长到 7 000 万 t/a。1953 年，为适应我国大规模的经济建设需要，特别是为保证钢铁工业对炼焦洗精煤需要，解决全国工业生产布局、国防上的不合理状况，有关部门提出了“把基本建设放在首位”的煤炭产业建设方针，重点扩建了开滦等 15 个老矿区，并开始了平顶山、潞安等新开发矿区的建设。在此基础上，煤矿勘探部门加大了全国煤田地质普查与勘探工作，发现了淮北的宿蒙，山东肥城、济宁、滕县等一批储量丰富、开发条件好的新煤田。基本建立了包括生产准备、采掘工程、井上下运输、通风安全、矿井地质测绘、生产组织管理等所有生产环节的煤矿生产技术责任制度，实行了矿长负责制和总工程师责任制。

到 1957 年底，全国煤炭生产能力、长壁采煤比重以及煤矿采、装、运机械化程度快速提高。国营煤矿长壁采煤法产量比重达到了 95.3%；截煤机、风镐、放炮落煤比重由 49.15%提高到 96.3%；井下平巷采用机械运输比重从 77.8%提高到 85.16%；地面机械装运从 65.05%提高到 90.78%；全员生产效率达到 0.978 t/工；煤炭产量年均增长率达到了 13.6%。但是，煤炭产量年均增长率仍低于全国工业总产值增长率 17.4%，煤炭产量增长仍不能满足国民经济发展的需要(见图 17—1)。

1958～1978 年，在“大跃进”、“十年动乱”到改革开放前的曲折发展时期，煤炭产业发展受到了政治运动的影响，产业政策的主要特点是以阶级斗争为纲，政治挂帅，产业发展与政治运动交织，煤炭产量出现了大起大落。这一时期，国家大规模调整全国煤炭产业布局，煤炭产业呈现了起伏发展形势。1958 年，为满足“全民大办钢铁”对煤炭的需要，提出了“全民大办煤矿”，并实行“边勘探、边设计、边施工”的方针，许多煤矿违背煤炭生产的特殊规律，超能力生产，造成煤矿采掘关系严重失调和设备失修、巷道失修等严重问题，导致了煤炭产量大起大落。当时全国小煤矿的数量快速增加到 10 万多个，煤炭产量由 1958 年的 2.7 亿 t 快速增长到 1960 年的 3.97 亿 t，然后又快速下降到1963年的2.1亿t。

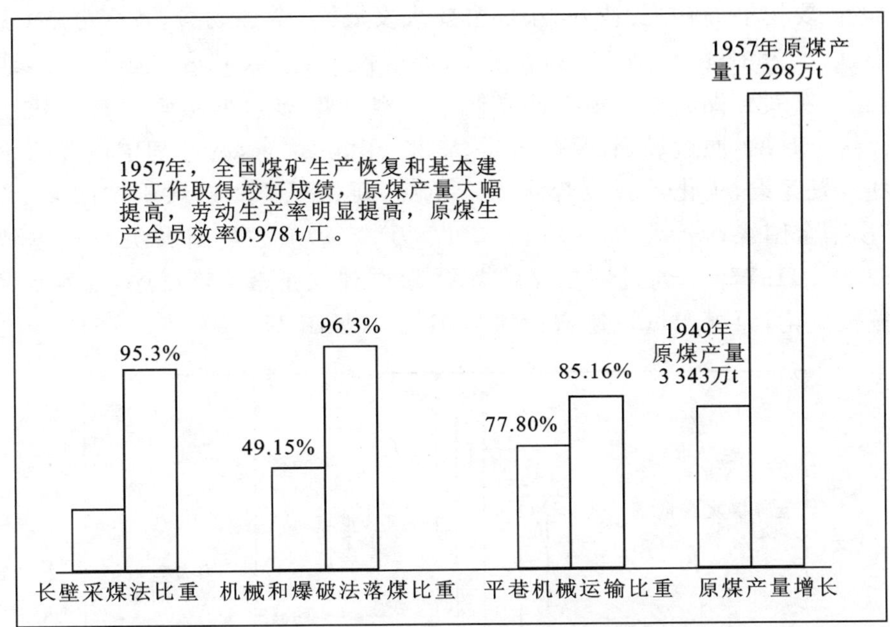

图17—1　1957年底国有重点煤矿主要指标变化形势图

为尽快扭转煤炭产业的被动局面，提高煤炭供应能力，国务院组织召开了由薄一波、薛暮桥等经济专家参加的座谈会，听取了开滦等6个矿务局汇报，分析了原因，重新确立了煤炭产业发展方针。煤炭部根据陈云副总理指示，颁发了《关于矿井和露天煤矿的开拓煤量、准备煤量和回采煤量划分范围的规定》，对煤矿"三量"做出了规定：矿井开拓煤炭量可采期一般为3～5年以上；准备煤量可采期一般为12个月以上；回采煤量可采期一般为3～6个月以上。之后，又相继颁发了《关于采掘工作面推行正规循环作业的若干规定》、《生产矿井井巷开拓部署的若干规定》、《生产矿井开拓准备规定》等制度。到1965年，全国煤炭产量达到了2.31亿t，采掘关系基本恢复正常，全国煤炭产量逐渐实现了稳步增长。

1966～1976年，在"立足战争，争取时间建设战略后方"的思想指导下，先后开展了"大三线"建设、"扭转北煤南运"建设和"江南9省"煤炭建设，共"三次"煤炭建设的大转移，并提出了"大干三年，扭转北煤南运的局面"，推广"边勘探、边设计、边施工、边生产和当年设计、当年施工、当年投产"的"四边三当年"的做法。受冒进指导思想的影响，煤矿采掘关系再次出现严重失调，煤炭产量下降，供应不足，供需矛盾加剧。1972～1974年全国煤炭产量停滞不前，满足不了国民经济发展的需要。为解决这一问题，有关部门提出了“老矿要挖潜，新井要快建，小煤窑要大发展”，“全党动员，各级办矿；多搞中小，以小为主；由小到大，由土到洋；成群配套，形成矿区；选择重点，建设基地”的发展思路，这一发展思路促进了地方煤矿和小煤矿产量的快速增加。这一时期，通过加强江南、云贵、华北、东北、蒙东、两淮和中南等煤田勘探和开发建设，优化了我国煤炭生产布局，新建了720处煤矿，“四五”、“五五”期间全国煤炭产量年均增长3 000万t，1976年全国煤炭产量达到了4.83亿t。1977年，通过恢复煤矿规章制度，建立正常生产秩序，进一步发展采掘机械化，原煤产量快速增长到5.51亿t(见图17—2)。

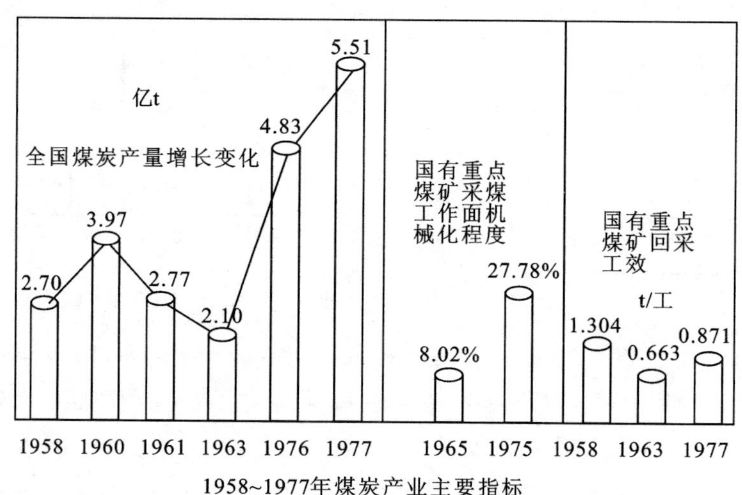

图17—2　1958～1977年我国煤炭产业主要指标变化趋势图

(2) 第二个阶段。这一阶段由改革开放起到国家煤炭市场化改革。1978～1992年为转型发展阶段。这一时期，国家对国有重点煤炭企业仍然以实行计划经济管理为主，乡镇煤矿在农业政策支持下得到了快速发展，国家推进煤炭技术进步和规范产业发展的相关政策体系逐步形成，企业自主经营权开始增加，煤炭企业多种经营的发展思路逐渐形成。这一时期，随着改革开放政策措施的实施，乡镇企业异军突起，而归属于农业部门管理的乡镇煤矿，在相关政策支持下(乡镇煤矿享受农业优惠税收政策)，得到了快速发展，成为我国乡镇煤矿第二次快速发展期，全国乡镇煤矿最多时达8万多个。当时煤炭产业的主要政策目的，是快速提高煤矿产量，满足国民经济发展需要。并继续推行“国家、集体、个体一齐上，大中小煤矿一起搞”，推进机械化生产和煤矿标准化。在煤炭企业发展方式上，开始探索实行计划经济与市场调节相结合的发展思路。

为支持国有重点煤矿加快发展，提高生产能力，国家引进了大量的先进技术装备，推进煤矿机械化生产。1978 年，经邓小平同志批准，我国引进了 100 套综采设备和综掘设备，分配给条件较好的开滦、大同、平顶山、淮北、鸡西、兖州、新汶、徐州、潞安、西山、阳泉和义马矿务局使用。为配合煤矿机械化开采，原煤炭工业部制定了《采煤工作面质量标准》、《采煤工作面正规循环作业管理办法》、《生产矿井正规循环作业规定》等，按照"调整、改革、整顿、提高"的方针，进行了煤炭工业的第二次大调整。同时，随着全国改革开放的不断深入，国家也逐步增加了煤炭企业的自主经营权，促进了煤炭企业多种经营思路的逐步形成。提出了：煤炭产业要实现五个转变，即重点煤矿从手工作业为主转变为以机械化作业为主、从单一生产原煤转变为多品种生产、从单一经营转变为多种经营、从不能控制重大恶性事故和职业病转变为基本能够控制、从小吨位运煤工具转变为大吨位运煤工具；在企业管理上，改革计划管理、实行计划经济和市场调节相结合，扩大企业自主权，增加企业活力，改变单纯依靠行政手段管理经济的做法，把经济手段与行政手段相结合；在基本建设上，实行包建制和投标招标制。

在此期间，原煤炭工业部先后通过了《煤炭工业技术政策》、《矿务局总工程师责任制》、《煤矿生产技术管理基础工作的若干规定》、《关于加强乡镇煤矿安全工作的规定》、《关于加快发展煤矿采掘机械化工作面的若干意见》、《综合机械化采煤工作管理办法》等。

在煤炭销售方式上，国家仍然实行全国煤炭统配调拨，但取消了煤炭销售地区限制，并开始了煤炭定价改革。1987 年 3 月，经国务院和国家物价局批准，在鹤壁、义马、平庄三个矿务局进行动力煤按发热量计价试点工作。

1989 年，将办矿方针由"国家、集体、个体一齐上，大中小煤矿一起搞"修改为"中央统配、地方国营、乡镇集体煤矿一齐上，大中小煤矿一起搞"。

为促进煤炭企业发展多种经营，1992 年，国务院对煤炭企业给予吨煤提价 10 元，全部用于煤矿政策性亏损补贴。

这一阶段，全国煤炭产量由 1978 年的 6.18 亿 t 增加到 1992 年的 11.15 亿 t，其中原国有重点煤矿产量 4.83 亿 t，占 43.31%（见图 17—3）。地方和乡镇煤矿产量快速增长，1984 年开始超过了国有重点煤矿产量，并出现了较快发展势头。国家大力推进煤炭科技进步，提高了煤矿技术装备水平，机械化采煤程度大幅提高。国有重点煤矿采煤机械化程度由 1978 年的

32.52%提高到 1992 年的 72.26%。煤炭价格上升，由 1980 年的 21.33 元/t 增长到 1992 年的 90.67 元/t，但由于国家仍然对煤炭实行价格限制政策，国有重点煤矿的价格一度低于煤炭生产成本，这也是国有重点煤矿长期处于亏损状况的主要原因。

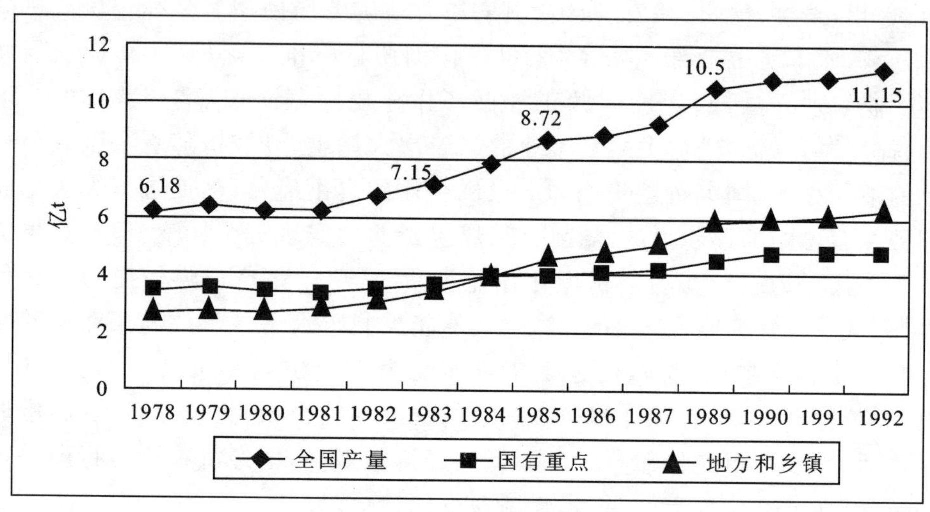

图 17－3　1978～1992 年全国煤炭产量增长趋势图

(3) 第三个阶段。由煤炭市场化到国家经济快速发展。1993～2001 年，是煤炭市场化培育和发展阶段。国家推进煤炭市场化改革，放开煤炭价格，改革订货制度，以《煤炭法》为基础的政策体系开始建立，历经亚洲金融危机，全国统配煤矿实行属地管理，企业改制，开始步入快速发展阶段。这一时期，随着我国市场化改革逐步推进，国家对煤矿逐步由车间式管理向企业管理方向转变，煤炭企业逐渐拥有了更多的自主经营权。1992 年，邓小平南巡谈话和党的"十四大"为我国确立了建立社会主义市场经济体制的改革目标。1993 年，国家决定放开煤炭价格，同时取消中央财政对统配煤矿的补贴，使煤炭生产企业拥有了充分的经营权和定价权，这标志着煤炭企业开始向市场经济过渡。

1993 年国家进行了税制改革，自 1994 年起煤炭企业由产品税(3.35%)改为增值税(17%)，考虑煤炭企业资源型企业特点，执行 13%的优惠税率。经核定，实行增值税后，1994 年当年国有重点煤矿企业比实行产品税时多交税金 17.1 亿元，由于当时国有重点煤炭企业全面亏损，国务院决定对国有重点煤矿实行增值税定额返还政策，全部返还煤矿企业。目前，这项政策仍然执行，但当时采取的是定额返还，由于此后煤炭产量大幅增加、价格增长，实际交纳的税赋仍然较重。

在煤炭订货方面，1994 年的全国煤炭订货会提出了改革煤炭订货办法，开始在煤炭订货合同中明确数量、质量，明确结算方式和煤炭价格。这项改革措施为煤炭企业更好地适应市场经济的发展，推动运销工作奠定了基础。同时，煤炭企业根据朱镕基总理和邹家华副总理指示，提出了“不给钱不发煤，不进票不发煤，不还账不发煤”的“三不发货”原则。

1994 年 12 月，国务院发布了《煤炭生产许可证管理办法》和《乡镇煤矿管理条例》，对乡镇煤矿实行“扶植、改造、整顿、联合、提高”方针，制定了《乡镇煤矿质量标准化标准及考核评级办法》，新《小煤矿安全规程》和《乡镇煤矿防治瓦斯煤尘事故的规定》等，对乡镇煤矿向法制化管理迈出了重要一步。

1995 年，全国乡镇煤矿产量由 1991 年的 4.0 亿 t 增加到了 6.59 亿 t，产量增量占同期全国煤炭产量增量的 93.5%。国民经济快速发展，煤炭需求快速增加，国家对煤矿建设投资不足，给地方和乡镇煤矿发展提供了机会，产量大幅增加。

1996 年 8 月 29 日，江泽民主席签发主席令，通过了《煤炭法》，并于 1996 年 12 月 1 日起实施。《煤炭法》共 8 章 187 款，内容涉及煤炭生产开发规划与煤矿建设、煤炭生产与煤矿安全、煤炭经营、煤矿矿区保护和监督检查等，这是一部系统提出促进煤炭工业健康发展的法律。随后，原煤炭部发布了《煤炭行政处罚办法》、《中华人民共和国煤炭行政执法证管理办法》和《开办煤矿企业审批办法》，作为贯彻《煤炭法》的配套规章制度。

1997 年，开始实行将煤矿建设拨改贷转为国家资本金的政策，煤矿建设投资全部变成企业行为。1998 年，原煤炭工业部直属和直接管理的国有重点煤矿及为煤矿服务的地质勘探、基建施工、机械制造、科研、教育等事业单位一并下放地方管理。其中，国有重点煤矿 94 户；基建施工、机械制造、地质勘探、煤矿设计、科研、教育等企事业单位 174 户。

1997～2001 年，煤炭企业市场化改革刚刚起步，亚洲金融危机、煤炭需求下降等多重不利因素接踵而至，绝大多数煤炭企业陷入困境，职工工资拖欠严重，大部分煤矿限产，煤矿安全投入严重不足，煤矿安全生产基础设施严重不到位，煤矿投资大幅下降，甚至处于停滞状况。

这一时期，国家放开了除电煤之外的商品煤价格，国有重点煤矿商品煤价格逐渐上升，煤炭企业亏损额逐渐减少。商品煤平均售价由1993年的105.42元/t上升到1998年的160.20元/t，煤炭企业由亏损32.33亿元，到1995年的亏损11.04亿元。由于1998年亚洲金融危机的影响，煤炭价格下降，煤炭企业再次出现大幅亏损，1999年，原国有重点煤矿亏损30.96亿元，到2001年仍然亏损18.44亿元。为解决煤炭企业困难，国家实行了债转股、关闭破产等一系列政策，帮助煤炭企业解决困难。

从煤炭基本建设投资情况分析，改革开放以后，国家逐渐减少了对煤炭产业的直接投资。2001年以后，国家取消了对煤矿建设的直接投资，煤炭企业真正成为煤炭投资、经营的主体。

第四个阶段：2002年以后，煤炭产业政策变化快、变化幅度大，煤炭产业进入超常规快速发展的阶段。2002年以后，随着我国经济的快速发展，煤炭需求大幅增加，煤电油运一度出现全面紧张局面。这一时期，国家改革煤炭投资体制，已经形成以市场为导向的多元投资机制。国务院发布了《关于促进煤炭工业健康发展的若干意见》（以下简称《若干意见》），研究制定《能源法》，修订《煤炭法》，《煤炭产业发展政策》正式发布实施。近几年，在《若干意见》的指导下，相关配套政策措施陆续出台。全国23个省区市相继提高了煤炭资源税，逐步建立了煤矿安全生产长效机制，提高煤矿安全标准，加大了煤矿安全投入力度，推行煤炭资源有偿使用制度，国务院在山西省开展促进煤炭工业健康发展政策措施试点工作，提取“三费一金”，并推进煤炭资源税由从量计征向从价计征改革，加强煤炭资源管理，建立国家煤炭资源规划区制度，推进煤炭资源整合，培育发展大型煤炭企业集团，组织开展13个大型煤炭基地规划，改革煤炭订货制度，推动煤电价格联动机制，调整煤炭出口税率，建立矿区生态环境恢复治理机制，推进煤炭外部成本内部化，实行煤炭完全成本政策，等等。

这一时期，煤炭产业得到了快速发展，煤炭产量大幅增加，大型煤炭企业集团快速发展壮大，煤炭生产力水平快速提升，煤炭经济运行质量稳步提高，煤炭行业实现了由全行业亏损转为全行业盈利，煤炭经济结构调整取得较大进展，煤矿安全形势逐年稳步好转，重特大煤矿事故频发的势头得到了抑制。

第18章　煤炭资源政策

煤炭为我国主要能源资源,历来受到政府的高度重视。从中央到地方,各级政府为促进煤炭资源的合理开发利用,制定了一系列相关政策、法规,形成了一套规范煤炭产业的煤炭资源政策。煤炭资源政策为我国煤矿矿业权使用,优化煤矿区布局,提高煤炭资源利用效率等起到了重要作用。

18.1　资源勘查与评价政策

为了深入落实科学发展观,全面贯彻党的十七大精神,切实落实节约资源和保护环境的基本国策,促进我国矿业持续健康发展,2008 年 12 月 31 日,国土资源部发布了《全国矿产资源规划(2008～2015 年)》(以下简称《规划》)。《规划》是我国矿产资源勘查、开发利用与保护的指导性文件,是依法审批和监督管理矿产资源勘查、开采活动的重要依据。《规划》提出了要按照建设资源节约型、环境友好型社会和构建社会主义和谐社会的要求,坚持“在保护中开发、在开发中保护”的方针,以矿产资源合理利用与保护为主线,充分发挥市场配置资源的基础性作用,加强矿产资源勘查开发宏观调控,构建保障和促进科学发展新机制,正确处理当前与长远、局部与整体、资源开发与环境保护的关系,统筹安排矿产资源勘查、开发、利用与保护的任务。

18.1.1　规划原则

(1) 开源节流,保障发展。《规划》提出地质勘查先行,统筹协调公益性和商业性地质工作,遵循地质规律,强化基础地质工作,加强矿产资源勘查,增加地质勘查投入,找新区、上专项、挖老点、走出去、依靠科技和人才,努力实现找矿重大突破,提前 5～10 年为国民经济发展奠定资源基础。着力转变矿产资源开发利用方式，把节约放在首位，综合勘查与开采，大幅提高矿产资源开发利用水平，促进保障发展与保护资源双赢。

（2）合理开发，注重保护。《规划》提出强化矿产资源勘查、开发的统一规划和管理，落实共同责任，各级人民政府、各部门协作联动，政府、企业各负其责，严格准入条件，合理开发和高效利用资源，最大限度减少资源开发活动对周边地区的环境影响和破坏，推进矿区废弃土地复垦，切实保护矿山地质环境和耕地，发展绿色矿业，促进矿产资源开发的经济、环境和社会效益相协调。

（3）突出重点，优化布局。《规划》提出，按照国家经济社会发展要求，根据矿产资源赋存特点和开发利用条件，调控和引导矿产资源勘查开发的方向、时序和重点，促进资源优化配置和勘查开发合理布局。落实国家区域发展总体战略，按照推进形成主体功能区的要求，促进资源优势转化为发展优势。

（4）依靠科技，完善机制。《规划》提出完善创新体系，推进矿产资源勘查、开采和综合利用等环节的科技创新和技术进步，提高缓解矿产资源瓶颈制约的科技支撑能力。宏观调控与市场配置相结合，建立完善矿产资源勘查开发管理新机制，规范矿产资源勘查开发秩序，增强矿产资源勘查开发的宏观调控能力。

（5）立足国内，扩大合作。《规划》提出，统筹考虑我国地质条件和资源基础，加强国内矿产资源勘查开发，充分挖掘国内增储增产潜力。鼓励和引导国内企业积极参与重要矿产资源勘查开发国际合作，实现矿业共赢发展。

18.1.2 规划目标

《规划》明确提出：面向国民经济和社会发展需求，全面提高矿产资源对经济社会可持续发展的保障能力，切实巩固保障全面建设小康社会的矿产资源基础。加大矿产资源勘查力度，实现找矿重大突破。矿产资源开发有序规范，资源开发利用效率显著提高，矿产资源持续供应能力不断增强。绿色矿山格局基本形成，矿山地质环境状况明显改善，矿山废弃地土地复垦程度不断提高。全面提升矿产资源宏观管理能力，以市场为主导的矿产资源优化配置机制不断完善，适应市场经济规则的矿业开发运行机制和管理制度基本完善，矿产资源合理利用与保护水平全面提高。

（1）找矿实现重大突破。新增一批能源和非能源重要矿产资源储量，形成一批重要矿产资源开发后备基地，提高资源保障程度。到 2010 年，新发现约 6 个亿吨级油田和 6～8 个千亿立方米级气田，新发现和评价大型重要矿产地约 120 处，力争取得 120 个以上危机矿山接替资源找矿突破。2011～2015 年新发现约 10 个亿吨级油田和 8～10 个千亿立方米级气田，新发现和评价大型重要矿产地约 200 处。到 2020 年，能源与非能源重要矿产资源储量进一步增加。

(2) 矿产资源持续供应能力不断增强。通过增加资源储量，满足建设一批大中型重要矿产资源供应基地的需要，使重要矿产品产量平稳上升。到 2010 年，煤炭产量达到 29 亿 t 以上，石油 1.9 亿 t 以上，天然气 1 100 亿 m^3 以上，地面抽采煤层气 50 亿 m^3，铁、铜、铝土矿、钾盐、铅锌等重要矿产的国内保障程度分别达到 50%、30%、65%、25%、55%以上。到 2015 年，煤炭产量达到 33 亿 t 以上，石油 2 亿 t 以上，天然气 1 600 亿 m^3 以上，地面抽采煤层气 100 亿 m^3，铁、铜、铝土矿、钾盐、铅锌等重要矿产的国内保障程度保持现有水平或得到提高。到 2020 年，重要矿产的国内可供性继续保持稳定。

(3) 矿产资源合理利用与保护水平明显提高。重要优势矿产开采总量得到有效调控，矿产资源开发利用布局不断优化，矿业集中度明显提高。到 2010 年和 2015 年，大中型矿山比例分别达到 9%和 10%以上，分别完成约 50 处重要矿产地储备，矿产资源总回收率与共伴生矿产综合利用率平均分别提高约 5 个百分点。到 2020 年，矿产资源开发利用水平基本达到国际先进水平。

(4) 矿山地质环境和矿区土地复垦状况明显改善。新建和生产矿山基本不欠新账，历史遗留矿山地质环境问题的恢复治理率大幅提高，矿区土地复垦率不断提高。到 2010 年和 2015 年，新建和生产矿山的矿山地质环境得到全面治理，历史遗留的矿山地质环境恢复治理率分别达到 25%和 35%，新建和在建矿山毁损土地全面得到复垦利用，历史遗留矿山废弃土地复垦率分别达到 25%和 30%以上。到 2020 年，绿色矿山格局基本建立，矿山地质环境保护和矿区土地复垦水平全面提高。

(5) 矿产资源管理能力与水平明显提高。深化矿产资源有偿使用制度改革和矿业权市场建设，形成资源合理利用与保护的激励与约束机制，竞争有序的矿业权市场基本建立。统一、高效的矿产资源管理体制基本完善，矿产资源开发秩序全面好转，管理有规、市场有序、开发有责、调控有效、监督有力的局面基本形成。

18.1.3 规划任务

(1) 加强勘查，提高矿产资源保障程度。以国内紧缺的能源和非能源重要矿产为主攻矿种，兼顾部分优势矿产，突出重点成矿区带、大中型矿山深部及外围，努力实现找矿重大突破，切实增加查明资源储量，提供一批重要矿产资源勘查开发后备基地。加强西部重要矿产资源接替区勘查，进一步挖掘东中部找矿潜力，加强隐伏矿床、矿山深部与外围找矿。加强我国海域油气勘查，积极参与国际海底矿产资源勘查开发。完善地质勘查体制机制，规范矿产资源勘查空间秩序，促进矿产资源勘查有序进行，为经济社会发展奠定资源基础。

(2) 加强主要盆地和平原区，以及晋北、鲁西、两淮等大型煤炭基地水文地质调查。加快神东、陕北等 13 个大型煤炭基地普查和必要的详查，为大型煤炭基地规划建设提供依据。加强具备找煤条件的南方缺煤省区、西部边远地区的煤炭勘查，提供一批新的后备资源基地，增强当地煤炭供给能力。加大沁水盆地、鄂尔多斯盆地、准噶尔盆地南缘和东缘、吐哈盆地、辽宁阜新一沈北、山西宁武、河南安阳一鹤壁、重庆松藻、滇东一黔西等区域的煤层气勘查，到 2015 年和 2020 年新增煤层气查明资源储量分别达到 1 万亿 m^3 和 1.2 万亿 m^3，为煤层气规模开发利用奠定基础。

(3) 构建地质工作新机制，充分发挥公益性地质工作对商业性矿产资源勘查的引导作用。完善中央、地方、企业三方联动机制，公益性与商业性地质工作合理分工、相互促进，勘查开发紧密衔接、良性循环，地质找矿与矿业权市场建设和地勘单位的改革相互配合，充分发挥政府财政资金的引导作用，鼓励和引导社会多元化资金投入矿产资源勘查。

(4) 合理确定重点地区煤炭开采规模和强度，限制开采高硫煤、高灰煤。稳步推进煤炭资源开发整合，调整改造中小煤矿，推进大型煤炭基地建设。积极扶持煤层气资源的开发利用，充分发挥沁水盆地和鄂尔多斯盆地东缘煤层气工程的示范作用。力争到 2015 年，地面抽采煤层气达到 100 亿 m^3，到 2020 年，开采水平保持稳步上升。

继续实行油气并举的方针，鼓励开采石油、天然气、煤层气、油砂、油页岩等矿产。限制开采供过于求矿产和下游产业发展过快、产能过剩、耗能大、污染重的矿产，对出口优势矿产实行限产保值，严格控制采矿权设置，加强出口配额管理，严禁超计划开采和过量出口。

对国民经济具有重要价值的特殊煤种和稀缺煤种实行保护性开采，合理控制开采规模，加强焦煤、肥煤、气煤等的保护和合理利用。

(5) 逐步建立适合我国国情的矿产储备体系。实行战略矿产储备制度，增强应对突发事件和抵御国际市场风险的能力。推进建立石油、特殊煤种和稀缺煤种、铜、铬、锰、钨、稀土等重点矿种的矿产资源储备。建立完善矿产资源战略储备的管理机构和运行机制，形成国家重要矿产地与矿产品相结合、政府与企业合理分工的战略储备体系。

建立矿产地储备机制。重点加强西部地区已查明矿产资源储量的矿产地储备。以整装大、中型矿区（床）为对象，建立 10～20 个大中型特殊煤种和稀缺煤种井田储备。进行钨、锡、锑、稀土等国家规定实行保护性开采特定矿种的重要矿产地储备，建立 10～30 个大中型矿产地储备。启动山西、内蒙古、湖南、江西、云南、青海等优势矿产资源富集地区矿产地储备调查评价与勘查。国家主导，企业联合，加快国家储备矿产地的探矿权整合。实行矿产地储备补偿机制，落实矿产资源储备地保护政策，通过多种渠道投入，加大对矿产资源储备地的保护、管理和经济补偿力度。

(6) 落实国家区域发展战略，推动矿产资源开发利用与区域协调发展。西部地区加大矿产资源开发利用力度，建设资源接续区，促进优势资源转化；东北地区重点调整矿产资源开发利用结构，稳定规模，保障振兴，促进资源型城市可持续发展；中东部地区大力推进矿业结构优化升级，挖掘资源潜力，强化综合利用；我国海域加大油气资源勘查开发力度，增储增产，稳定并提高油气产量。综合考虑矿产资源禀赋条件、经济社会发展需要以及主体功能区的要求，统筹矿产资源勘查与开采，规划不同功能的矿产资源开采区，科学划分开采规划区块，指导采矿权合理设置，避免将大中型矿产地分割开采，合理确定大矿周边安全距离，促进矿产资源开发利用合理布局，保障正常的开发秩序。

加强重点开采区内矿产资源规模开采和集约利用，形成一批大、中型矿产资源开发基地。将矿产资源相对集中、资源禀赋和开发利用条件好的地区划定为重点开采区，重点规划和统筹安排矿产资源勘查开采活动，引导和支持各类生产要素集聚，加快基础设施建设，保障区内矿产资源开发必要的用地需求，促进大、中型矿产地整体勘查和整装开发，实现有序勘查开发、规模开采和集约利用，形成矿产资源稳定供给和创新资源开发模式的重要区域。重点开采区适当提高新建矿山最低开采规模标准，依法做好矿产资源开发整合，优化矿山布局和企业结构，引导资源向大型、特大型现代化矿山企业集中，形成集约、高效、协调的矿山开发格局。

促进鼓励开采区内矿产资源开发利用，提高紧缺矿产保障程度，推动欠发达地区经济发展。鼓励在矿产品市场前景好,有后续加工产业的紧缺矿种分布的区域开展矿产资源开发活动,鼓励在具有资源潜力的老少边穷地区进行符合资源与环境保护要求的矿产资源开发活动。在采矿权设置的数量和时序上适当给予倾斜,并在矿山建设用地等方面适当给予支持。

严格限制开采区和禁止开采区的管理,促进资源和生态环境保护。加强矿产资源保护,限制在国家规定实行保护性开采的特定矿种的分布区域、当前技术经济条件下无法合理利用资源的区域开展矿产资源开发活动;禁止在实行矿产资源储备和保护的矿产地开展矿产资源开发活动。严格控制采矿活动对生态环境的影响,依法限制或禁止在自然保护区、地质遗迹保护区(地质公园)、重要饮用水水源保护区等生态环境保护区域一定范围内开展矿产资源开发活动。禁止在重要基础设施、重大工程设施圈定范围内勘查开采矿产资源,禁止在国家重点保护的历史文物和名胜古迹所在地进行矿产资源勘查开采活动。限制开采区内坚持资源环境保护优先、适度开发的原则,提高区内矿山企业采选技术准入条件,坚持科学规划论证、严格控制采矿权设置总量和开采规模。开采区内严禁开展与资源和环境保护功能不相符的勘查开发活动,已有开发活动逐步有序退出,及时复垦被破坏的土地。

推进区域矿业经济发展,促进资源优势转化为发展优势。对矿产资源赋存条件好、基础设施配套性好、开发利用活动相对集中的重点区域,根据其产业布局和经济发展对矿产资源需求,促进矿业经济重点发展区域建设;积极改善矿业投资环境,优先保障矿业发展的合理用地需求;支持和鼓励大型矿山企业发展,引导小型矿山企业的联合重组,优先安排矿产资源领域循环经济发展示范工程,切实提高资源利用水平;促进后续冶炼、深加工产业发展,以资源为基础,引导重化工业、原材料等基地建设的合理布局。

加强对国家规划矿区和对国民经济具有重要价值的矿区的监督管理和保护。依法划定国家规划矿区和对国民经济具有重要价值的矿区,实行统一规划和有计划地开采,实现规模开发和有效保护。禁止不符合规划要求和不具备相应资质条件的企业进入国家规划矿区和对国民经济具有重要价值的矿区开采矿产资源。

建设大型基础设施、大型建筑物或者建筑群,有关主管部门和建设单位应当向国土资源主管部门了解拟建工程所在地区的矿产资源分布和开采情况,未经规划论证和国土资源主管部门批准,不得压覆重要矿产地或矿床。

划分主体功能区，设置自然保护区、世界文化自然遗产、森林公园、风景名胜区等范围时，有关主管部门应与国土资源主管部门进行充分衔接。

(7) 推进矿产资源规模化开采。矿山开采规模必须与矿区的资源储量规模相适应，一个矿床（区）原则上只设一个开发主体，严禁大矿小开、一矿多开。严格执行矿山最低开采规模等规划准入和矿山换证许可条件，不符合规划不得新立矿业权，已有矿业权的变更和延续要逐步达到规划要求。鼓励中小型矿山企业按照市场规则，实施兼并重组，促进矿业集中化、规模化、基地化发展。实施小矿分类管理制度，将小矿发展与贫困地区脱贫致富、安置农村剩余劳动力就业、建设新农村和构建和谐社会相结合，合理利用资源和保护生态环境。加强监督管理，对不符合最低开采规模标准、资源破坏浪费严重的生产矿山，进行整改联合，依法清理关闭无证开采、浪费资源、不具备安全办矿条件的矿山企业，并落实土地复垦责任。到 2015 年，大中型矿山比例达到 10%以上，逐步形成以大型矿业集团为主体，大中小型矿山协调发展的矿产开发新格局。

优化矿产品结构。鼓励矿产资源开采加工企业根据市场需求，延伸产业链，调整矿产品生产结构，促进单一产品向配套产品、高耗能产品向低耗能产品的转化，提高资源利用水平。建立健全有利于建设资源节约型社会的政策激励机制，鼓励常规矿物原料替代品的开发利用，鼓励对二次资源和可循环利用资源的开发利用，引导节能型产品的应用，逐步形成与国情相适应的节约资源消费模式。制定更加严格的矿产品进出口政策，限制高能耗、高污染和以出口为主要流向的矿产品开发。

促进资源型城市可持续发展。支持资源型城市寻求切合实际、各具特色的发展模式。对资源开采处于增产稳产期的城市，要依据矿产资源规划，适度开发，延伸上下游产业；鼓励发展循环经济，拓宽资源开发利用领域；提早规划产业结构调整和优化升级，积极培育新兴产业。对资源开采出现衰减的城市，加强资源综合评价，开发利用好各种共伴生资源，充分挖掘本地资源潜力，进一步做好危机矿山接替资源找矿工作，加大对矿山企业接替资源预查和普查的支持力度，引导矿山企业出资完成详查和勘探；加快产业结构调整步伐，抓紧培育发展成长性好、竞争力强的接续替代产业。对于资源枯竭城市，中央和省级财政进一步加大转移支付力度，落实支持政策，指导产业转型和尽快形成新的主导产业。

(8) 提高矿产资源开采采出率和选矿回收率，减少储量消耗和矿山废弃物排放。大力提高北方厚煤层矿井采出率。突破煤层气开发的关键技术，提高煤层气采收率，促进煤层气产业发展。

加强矿产资源采选回收率准入管理和监督检查。新建矿山不得采用国家限制和淘汰的采选技术、工艺和设备，制定开采采出率、选矿回收率和综合利用率的准入标准，达不到要求的不得颁发、延续采矿许可证。强化对开采采出率、采矿贫化率和选矿回收率的监督检查，引导和强制矿山企业切实提高矿产资源采选水平。积极探索矿产资源税费征收与储量消耗挂钩的政策措施，促进矿产资源节约开发。

(9) 加强低品位、共伴生矿产资源的综合勘查与综合利用，充分利用矿产资源。坚持采气采煤一体化，加强煤层气和煤炭的综合勘查和综合开发，鼓励煤矿瓦斯的综合治理和综合利用，对煤层气富集区勘查开发活动必须统筹规划。对煤层中含气量高于国家规定标准且具备规模化地面抽采和开发利用条件的煤层气重点开采区，统一编制煤层气和煤炭开发利用规划，优先进行煤层气抽采利用，煤层中吨煤瓦斯含量必须降低到规定标准以下，方可实施煤炭开采。对已设立煤炭矿业权的区域，必须对煤层气进行综合勘查和开采。

加强矿山固体废弃物、尾矿资源和废水利用，提高废弃物的资源化水平。研究推广煤矸石发电和建筑材料生产等技术和工艺，到 2015 年煤矸石利用率达到 70%以上，粉煤灰利用率达到 75%以上。提高矿山废水的循环利用效率，矿业用水复用率提高到 90%以上。

完善矿产资源综合利用的激励引导机制。推动实施矿产资源综合开发利用计划，提高技术创新能力。明确尾矿开发的准入条件和技术要求等规定，鼓励和支持矿山企业开展矿产资源节约与综合利用和节能减排。对提高资源利用效率的技术改造项目和综合利用项目，制定相应的优惠政策，优先用地供给，提供信贷金融支持。实行定期发布鼓励、限制和淘汰的技术、工艺、设备名录制度，建立技术咨询服务体系，有效引导矿产资源节约与综合利用。

18.2　煤炭资源整合

推进煤炭资源整合是促进资源合理集约开发，提高煤炭生产集中度，提高办矿标准，维护煤炭市场秩序的一条有效途径。近年来，国家有关部门出台了一系列政策措施，通过政府推动、市场运作的方式，逐步加大了煤炭资源整合力度，取得了明显成效。

18.2.1　整顿规范矿产资源开发秩序

2005 年 8 月，国务院印发了《关于全面整顿和规范矿产资源开发秩序的通知》(国发[2005]28 号)，明确提出要进一步提高对整顿和规范矿产资源开发秩序工作重要性、紧迫性和艰巨性的认识，正确处理整顿与发展、局部与全局、当前与长远的关系，严格依照《中华人民共和国矿产资源法》等法律法规的规定，加大执法力度，切实做到有法必依、执法必严、违法必究。坚持依法行政，运用经济手段，全面开展以煤炭开发为重点的矿产资源开发秩序的整顿和规范行动。到 2007 年底全面完成整顿和规范的各项任务，使无证勘查和开采、乱采滥挖、浪费破坏矿产资源、严重污染环境等违法行为得到全面遏制；越界开采、非法转让探矿权和采矿权等违法行为得到全面清理，违法案件得到及时查处；矿山安全事故及破坏生态环境现象明显减少；矿山布局不合理的状况得到明显改善，矿产资源开发利用规模化、集约化程度明显提高；基层监管到位，投资环境改善，矿产资源管理加强，基本建立规范的矿产资源开发秩序。《关于全面整顿和规范矿产资源开发秩序的通知》于整顿矿产资源开发秩序方面，提出了六项重点任务。

(1) 严厉打击无证勘查和开采等违法行为。地方各级人民政府要对本行政区域内的无证勘查和开采矿产资源的违法行为进行集中打击。对无证或持过期失效许可证进行勘查、开采的，公安部门不得批准其购买、使用民用爆破器材，电力部门不得供电，工商部门不得发放营业执照，安全监管部门不得发放安全生产许可证，国土资源主管部门要责令其停止开采，没收采出的矿产品和违法所得，并从重处以罚款。对持勘查许可证采矿或持采矿许可证开采矿种与采矿许可证不符的，国土资源主管部门要责令其停止违法行为，并按无证开采予以处罚，对拒不改正的，依法吊销勘查许可证或采矿许可证和其他证照。对停产整改期间擅自采矿的，由决定停产整顿的部门进行严肃查处。对采矿许可证、安全生产许可证、生产许可证、营业执照和矿长资格证不全的煤炭开采企业，有关主管部门要责令其停止违法生产行为，并依法予以查处。

为防止无证勘查、开采现象出现反弹，地方各级人民政府要组织有关部门及时拆除当地违法工程的地面设施，查封设备，充填井筒。国土资源主管部门要加强巡查，发现无证勘查、开采的，要及时报告当地人民政府予以取缔。各地要高度重视并有效制止各类群发性无证开采行为的发生，对违法行为保持高压态势，做到及时发现、及时查处。对拒不停止开采或取缔后又违法开采，造成矿产资源破坏甚至发生事故的，要依法追究有关人员的刑事责任。

(2) 全面查处越界开采等违法行为。地方各级人民政府要组织国土资源等部门对本行政区域内越界开采、非法转让探矿权和采矿权等违法行为进行全面排查。对超越批准矿区范围开采的，责令退回其本矿区范围，没收越界开采的矿产品和违法所得，密封越界的井巷工程，并依法进行处罚；对拒不退回本矿区范围内开采的，依法吊销其采矿许可证和其他证照。对非法转让探矿权、采矿权的，没收其违法所得，处以罚款，并责令限期改正，逾期仍不改正的，依法吊销勘查许可证、采矿许可证和其他证照；对受让方按无证勘查、开采予以处罚。对取得勘查许可证后不按期进行施工或未依法完成最低勘查投入的，国土资源主管部门要责令限期改正，并依法处罚；对拒不改正的，依法吊销勘查许可证。对吊销许可证的，要及时依法注销工商登记并予以公告。对未按批准的开发利用方案或矿山设计进行开采、采出率达不到设计要求、浪费破坏矿产资源的，要责令停止生产、限期整改，对整改后仍达不到要求的，要坚决予以关闭。

(3) 坚决关闭破坏环境、污染严重、不具备安全生产条件的矿山企业。要加大对矿产资源开发环境保护和矿山企业安全生产的监管力度。对在各类保护区的禁采区内进行开采的矿山企业和影响大矿安全生产的小矿，由当地人民政府予以关闭。对严重污染环境、未进行环境影响评价的矿山企业，对不符合安全生产要求超通风能力生产、未按规定建立瓦斯抽放系统、未采取防突措施、未经"三同时"审查验收的矿山企业，环境、安全监管部门要依法责令限期整改或停产整顿，有关部门要及时收回所有证照；对拒不停产和整改后仍达不到要求的，要坚决及时予以关闭，有关部门要依法吊销所有证照。

(4) 全面清查和纠正矿产资源开发管理中的各种违法违规行为。地方各级人民政府及国土资源、发展改革(经贸)、安全生产、环保、工商等部门要严格依法行政，全面规范矿产资源开发管理的行政行为。要依照相关法律法规，对矿产资源开发管理中的探矿权和采矿权审批、项目核准、生产许可、安全许可、环评审查、企业设立等各项管理行为进行一次全面清理检查。对违法违规审批、滥用职权、失职、渎职行为以及国家工作人员参与办矿、徇私舞弊等腐败现象依法进行严肃查处。

(5) 全面开展煤炭资源采出率专项检查。各地要采取切实有效措施,加大煤炭资源采出率专项检查工作力度。要严肃查处一批浪费、破坏煤炭资源的典型案件并进行曝光,坚决遏制浪费、破坏资源的势头。同时,表彰一批保护和合理利用资源的先进典型。修订完善煤炭资源采出率标准和管理办法。凡设计采出率达不到国家规定标准的建设项目,一律不予核准,不予颁发采矿许可证。对达不到采出率标准的煤矿,要责令其限期整改,逾期仍达不到标准的,依法予以经济处罚,直至吊销采矿许可证和煤炭生产许可证。强制淘汰落后的生产技术、工艺及设备。通过专项检查和整改,全面提高煤炭资源开发利用水平。

(6) 对保护性开采的特定矿种进行专项整治。国土资源部要会同发展改革委、商务部等有关部门按照各自职责,对钨、锡、锑、稀土等保护性开采的特定矿种,进行开采、选冶、加工、销售和出口的专项整治,切实解决超量开采、经营秩序混乱、生产结构失衡、缺乏有效监管、不具备安全生产条件等问题。国土资源部要继续对保护性开采的特定矿种实行开采总量控制,并对控制指标执行情况进行全面清查。依照《中华人民共和国行政许可法》、《中华人民共和国矿产资源法》等有关法律法规的规定,国土资源部对各地探矿权、采矿权审批情况进行全面清理,坚决制止一些地方非法干预设置探矿权、采矿权的行为。按照国务院发布的《矿产资源勘查区块登记管理办法》和《矿产资源开采登记管理办法》的规定,对以往的各种授权进行清理并重新授权。要严格按照国家产业政策和矿产资源规划设置探矿权、采矿权。要依据法律规定严格审批条件,规范审批程序,进一步完善探矿权和采矿权申请、延续、变更、注销等相关管理制度。

各级人民政府要结合本地实际,以煤炭资源为重点,通过资源整合,切实解决矿山布局不合理等问题,逐步实现资源开发规模化、集约化。国土资源部、发展改革委要积极扶持大型煤炭基地建设,在已划定 19 个煤炭国家规划矿区的基础上,继续划定并公布大型煤炭基地内的煤炭国家规划矿区名单,按照规划合理安排大型煤炭基地建设项目。对影响大矿统一规划开采的小矿,凡能够与大矿进行资源整合的,由大矿采取合理补偿、整体收购或联合经营等方式进行整合。各类矿山都要按照规模化、集约化的原则进行整合,限期达到规定的最低开采规模。各地要统一组织制定小矿整合方案,并切实落实到位,提高矿产资源开发利用水平。国土资源部要根据国民经济和社会发展需要,结合各地实际情况,组织制定和完善不同矿种的最低开采规模标准。

国土资源部、发展改革委等有关部门要加强勘查、开采资质管理，制定勘查、开采资质管理办法，严格市场准入标准。国土资源主管部门审批采矿许可证，必须依法对开发利用方案进行严格审查，凡不符合国家规划、产业政策和技术规范以及开采采出率低、矿产资源不能合理利用、不符合安全生产条件、不提交环境影响评价报告和地质灾害危险性评估报告批复文件的，一律不予批准。设计单位要严格按照国家规定的技术规范编制开发利用方案或设计，有关主管部门要加强监管。

国土资源等有关部门要依据法律法规，进一步完善探矿权和采矿权审批、项目核准、生产许可、安全许可、环评审查、企业设立等各项矿产资源开发的管理制度，切实加强对矿产资源开发各个环节的监管并承担相应责任。要充分发挥执法监察队伍和矿产督察员队伍的作用，建立监管责任体系。要强化市、县国土资源管理部门监管职能，加强监管力量，实行任务到矿，责任到人，维护矿产资源勘查、开采正常秩序。要积极探索对储量进行动态监管的有效办法，严格矿产资源开发利用方案执行情况的检查，完善年度报告制度，切实提高矿产资源开发利用水平。

18.2.2 煤炭资源整合目标

2006年3月，国家安全生产监督管理总局等11部委联合下发了《关于加强煤矿安全生产工作规范煤炭资源整合的若干意见》，对煤炭资源整合工作进行了清晰的定义：煤炭资源整合是指合法矿井之间对煤炭资源、资金、资产、技术、管理、人才等生产要素的优化重组，以及合法矿井对已关闭煤矿尚有开采价值资源的整合；是淘汰落后、优化布局，提高产业集中度的重要手段；是提高矿井安全保障能力的有效途径；是提高小煤矿本质安全水平、确保煤炭资源合理开发的必然选择；是煤炭工业节约发展、安全发展、实现可持续发展的重大举措。通过资源整合，可大幅度减少小煤矿数量，提高办矿规模和安全、装备、技术管理水平，从源头上减少和控制煤矿事故。提出了煤炭资源整合工作目标：一是坚决依法关闭不具备安全生产条件、非法和破坏浪费资源的煤矿；二是淘汰落后生产力。2007年末淘汰年生产能力在3万t以下的矿井，各省（区、市）规定淘汰生产能力在3万t以上的，从其规定；三是提升煤矿安全生产条件，提高煤矿本质安全程度。矿井必须采用正规采煤方法；四是压减小煤矿数量，提高矿井单井规模。经整合形成的矿井规模不得低于以下要求：山西、内蒙古、陕西30万t/a，新疆、甘肃、青海、宁夏、北京、河北、东北及华东地区15万t/a，西南和中南地区9万t/a。并规定了煤炭资源整合的范围：一是纳入煤炭资源整合的矿井必须是合法的生产矿井或建设(新建、改扩建)矿井。二是已关闭煤矿原则上不得纳入资源整合范围，经省级国土资源部门认定尚有开采价值的资源可以纳入整合范围。三是煤炭资源接近枯竭且2007年年底前采矿许可证到期的煤矿，一律不得纳入资源整合范围，采矿许可证到期后应注销其各种证照，一律予以关闭。四是年生产能力3万t以下的煤与瓦斯突出矿井，一律不得纳入资源整合范围，不符合安全生产条件的，应按照《特别规定》依法予以关闭。

2006年9月，中央财政为推动地方压缩过剩和淘汰落后生产能力、促进安全生产和环境保护，进一步调整经济结构，制定了《中央财政关闭小企业专项补助资金管理办法》。该办法明确规定，对依照国家有关法律法规规定、经济结构调整政策和安全生产环境保护需要，地方各级政府对小煤矿、小化工、小水泥、小冶炼等小企业实施的行政性关闭措施给予专项资金补助。地方政府可以根据当地产业结构调整与优化升级的具体安排，向中央财政提出对小煤矿、小化工、小水泥等淘汰产能给予财政补助申请，对关闭企业补助。

2009年10月27日，国土资源部、国家发展和改革委员会等12部委联合下发了《关于进一步推进矿产资源开发整合工作的通知》。该通知指出，矿产资源开发整合的目标任务是：矿产资源勘查布局进一步优化，矿产资源勘查开发规模化、集约化程度进一步提高，矿山安全生产状况、生态环境进一步改善，矿产资源合理开发利用长效机制初步建立。矿产资源开发整合的基本原则是：进一步推进整合与产业结构调整相协调；矿产资源勘查与开发相衔接；资源效益与环境效益、安全生产相统一；政府引导与市场运作相结合。2010年年底前完成煤、铁、锰、铜、铝、铅、锌、钼、金、钨、锡、锑、稀土、磷、钾盐等15种重要矿产整合，以及其他对各地经济发展具有较大影响的矿种，从而使我国矿业的无序状态得到有效控制。

18.2.3 主要产煤省区煤炭资源整合政策

在主要产煤省(区、市)中，开展煤炭资源整合工作较早的主要是河南省、山西省和内蒙古自治区。这些省区结合当地煤炭资源赋存状况与小煤矿开采情况，出台了一系列地方性煤炭资源整合政策与措施，取得了较好的成效。

(1) 河南省。河南省是对煤炭资源进行整合较早的省区之一。2004年初，该省成立了以常务副省长为组长、以主管副省长为副组长和有关部门负责同志为成员的省资源整合领导小组。领导小组制定了《河南省煤炭铝土矿资源整合实施方案》，并经省政府常务会议审议通过，以豫政(2004)41 号文件批转实施。

经过资源整合，全省 1 569 个煤矿，直接关闭 111 个，有 161 个整合为 103 个，并入国有煤矿。剩余 1 297 个小煤矿整合为 622 个煤矿，其中 30 万 t/a以上 31 个，30 万 t/a 以下 591 个生产规模全部达到了 15 万 t/a 以上。截至 2008 年底，河南省共保留煤矿 508 处，产量20 900 万 t。

(2) 山西省。2004 年 1 月，山西省人民政府做出了关于继续深化煤矿安全整治工作的决定，提出要对现有煤矿进行资源整合、能力置换、关小上大、实现资源有偿使用。同年 5 月，省政府把临汾市作为资源整合和有偿出让的试点。2005 年 1 月，山西省人民政府印发了《关于加快三大基地建设、促进全省煤炭工业可持续发展的意见》(晋政发[2005]6 号)，要求各地加快推进资源整合和有偿出让工作；同年 6 月，出台了《山西省人民政府关于煤矿企业资源整合和有偿使用的意见》(晋政发[2005]20 号)，提出了全面推进煤炭资源整合和有偿使用；8 月 1 日，山西省国土资源厅、省煤炭工业局、山西煤矿安全监察局联合下发了《山西省煤矿企业资源整合和有偿使用实施方案》，进一步细化了资源整合和有偿使用的工作目标及推进措施等。

截至 2006 年底，山西省共关闭矿井 1 445 个，全省煤矿数量减少到 3 225 处，60 个主要产煤县全部淘汰了 9 万 t/a 以下的矿井。同时，山西省在 2007 年 3～4 月间，对 2006 年下半年公布的 500 处矿井进行全部关闭(目前已关闭 289 处，剩余 211 处)，并于 2007 年下半年、2008 年上半年又关闭 500～600 处矿井。2008 年底，山西省共有生产煤矿 2 598 处，产量65 600 万 t。

2009 年 4 月，山西省政府下发《关于进一步加快推进煤矿企业兼并重组整合有关问题的通知》，确定了到 2010 年全省矿井只保留 1 000 座的目标。确定山西省将形成 3 个亿吨级的特大型煤炭企业集团，4 个 5 000 万吨级以上的大型煤炭企业集团，10 个 1 000 万吨级以上的地方煤炭企业集团。截至 2009 年 10 月底，山西省 11 个市煤矿重组整合方案已全部审定完毕，有 62 个县区的方案已经行文批复，还有一些县区的方案正在批复，从已批复和正在批复方案的情况看，矿井个数由 2 598 处减少到 1 053 处，压减比例达 60%，30 万 t/a 以下的矿井全部淘汰关闭，保留矿井全部实现机械化开采。其中，90 万 t/a 及以上的综采机械化矿井占到三分之二，平均单井规模由

36 万 t/a提高到 100 万 t/a 以上;全省将形成 4 个年生产能力亿吨级的特大型煤炭集团,3 个年生产能力 5 000 万吨级以上的大型煤炭企业集团,11 个年生产能力 1 000 万吨级以上的大型煤炭企业集团,72 个 300 万吨级左右的地方集团公司;中央企业(不包括中煤)及省外大企业办矿 46 处;全省办矿企业由2 200多个减少到近 130 个。重组整合后全省形成了以股份制企业为主要形式,国有、民营并存的办矿格局。其中,国有办矿 198 处,占 19%;民营办矿 294 处,占 28%;混合所有制的股份制企业 561 处,占 53%。

(3) 内蒙古自治区。2005 年 8 月 20 日,内蒙古自治区政府下发了《关于进一步推进煤炭资源整合有偿使用的实施办法》,制定了煤炭资源整合与有偿使用的具体目标。

截至 2006 年底,内蒙古自治区通过大力推进煤矿整顿和煤炭资源整合工作,关闭了 812 处小煤矿,仅保留了 498 处生产矿井,保留煤矿的矿井生产规模全部在 30 万 t/a 以上。在大幅增加煤矿安全投入的同时,内蒙古煤矿企业已完成了重组、改制工作。按照自治区政府统一规划和要求,2007 年,全区有 50 处煤矿达到一级标准,有 50 处煤矿达到二级标准,其余煤矿中的 30%达到三级标准;完成建设和技术改造煤矿 82 处,增加设计生产能力3 116 万 t。截至 2008 年底,内蒙古自治区共保留煤矿 501 处,产量 47 300 万 t。2009 年,内蒙古继续加强煤矿、非煤矿山安全生产监管,完成淘汰 30 处以上小煤矿的任务。

(4) 贵州省。2007 年 8 月,贵州省人民政府办公厅印发《关于加快推进煤矿整顿关闭和煤炭资源整合工作的通知》(黔府办发[2007]78 号),提出贵州省第三阶段煤炭资源整合的总体目标是关闭 243 个煤矿。其中,贵阳市 25 个、遵义市 23 个、六盘水市 58 个、安顺市 16 个、黔南自治州 57 个、黔西南自治州 17 个、黔东南自治州 11 个、毕节地区 27 个、铜仁地区 9 个。截至 2008 年底,贵州省通过煤炭资源整合和小煤矿关闭工作,全省煤矿数量由 2005 年底的 2 076 个,减少到 1 423 个;全省煤炭产量由 8 507 万 t 增加到 11 798 万 t,煤矿数量减少了 31.46%,产量提高了 38.69%。

18.2.4 全国煤炭资源整合效果

自 2005 年全国人大常委会提出“争取用三年左右时间,解决小煤矿问题”的工作目标以后,国务院先后出台了一系列政策和措施,确定了“整顿关闭、整合技改、管理强矿”三步走战略。根据各主要产煤省(区、市)上报的《煤矿整顿关闭三年规划》,三个阶段共计关闭矿井 9 887 处。初步统计,截至2008年底,全国各类煤矿数量由2005年的24 543处,减少到16 303处,减少8 240处;煤炭产量由19.54亿t增加到27.6亿t,增加8.06亿t;全国煤矿平均单井(矿)煤炭生产规模由7.96万t/处,提高到16.93万t/处,提高了112.69%(见表18—1)。由表18—1可知,全国各省(区、市)整合前后煤矿数量、产量的变化情况,例如:2008年底较2005年,山西省煤矿数量减少了1 639处,产量增加14 793万t,增长29.12%;内蒙古自治区煤矿数量减少664处,产量增加27 212万t,增长135.46%;河南省煤矿数量减少1 162处,产量增加5 486万t,增长35.59%。

表18—1 全国煤炭资源整合前后煤矿数量、产量变化情况表

	2005年		2008年		数量、产量增减	
	煤矿数量(处)	煤炭产量(万t)	煤矿数量(处)	煤炭产量(万t)	煤矿数量(处)	煤炭产量(万t)
北京	100	890	29	600	—71	—290
河北	733	7 487	576	7 915	—157	428
山西	4 237	50 807	2 598	65 600	—1 639	14 793
内蒙	1 165	20 088	501	47 300	—664	27 212
辽宁	1 089	6 823	599	5 801	—490	—1 022
吉林	455	2 480	323	3 619	—132	1 139
黑龙江	1 309	8 444	1 200	9 697	—109	1 253
江苏	34	2 491	27	2 500	—7	9
安徽	315	7 536	152	12 000	—163	4464
福建	429	1 773	330	2 128	—99	355
江西	858	1 980	800	3 100	—58	1 120
山东	336	13 943	221	14 000	—115	57
河南	1 670	15 414	508	20 900	—1 162	5 486
湖北	707	1 230	456	1 017	—251	—213
湖南	1 575	3 608	1 112	6 135	—463	2 527
广西	91	504	180	472	89	—32
四川	2 204	8 208	1 418	8 055	—786	—153
重庆	1 425	3 388	1 050	4 207	—375	819
贵州	2 076	8 507	1 423	11 798	—653	3 291
云南	1 747	5 586	1 233	8 657	—514	3 071
陕西	854	13 543	758	24 200	—96	10 657

续表 18－1

	2005 年		2008 年		数量、产量增减	
	煤矿数量（处）	煤炭产量（万 t）	煤矿数量（处）	煤炭产量（万 t）	煤矿数量（处）	煤炭产量（万 t）
甘肃	407	3 653	378	3 972	－29	319
青海	33	257	31	1 180	－2	923
宁夏	117	2 524	102	4 390	－15	1 866
新疆	577	4 195	298	6 767	－279	2 572
合计	24 543	195 359	16 303	276 010	－8 240	80 651

18.3　煤炭资源有偿使用政策

18.3.1　探矿权采矿权有偿取得制度

我国矿产资源有偿使用制度的建立始于 1996 年修订的《矿产资源法》，该法明确规定，国家实行探矿权采矿权有偿取得制度。

2006 年 10 月，为进一步推进矿产资源有偿使用制度改革，逐步理顺矿产资源价格形成机制，促进资源节约，根据《国务院关于全面整顿和规范矿产资源开发秩序的通知》（国发[2005]28 号）和《国务院关于同意深化煤炭有偿使用制度改革试点实施方案的批复》（国函[2006]102）的有关要求，以及其他法律法规的规定，财政部、国土资源部下发了《关于深化探矿权采矿权有偿取得制度改革有关问题的通知》。对探矿权、采矿权的有偿取得做出了以下规定：

(1) 探矿权、采矿权全面实行有偿取得制度。国家出让新设探矿权、采矿权，除按规定允许以申请在先的方式或以协议方式出让的以外，一律以招标、拍卖、挂牌等市场竞争方式出让。

(2) 探矿权、采矿权人应按照国家有关规定及时足额向国家缴纳探矿权、采矿权价款，除另有规定外，探矿权、采矿权价款一律不再转增国家资本金或以折股形式缴纳。

(3) 对于原探矿权、采矿权人无偿占有属于国家出资（包括中央财政出资、地方财政出资或中央财政和地方财政共同出资）探明矿产地的探矿权和无偿取得的采矿权，同国土资源部门会同财政部门进行清理，并对清理后的探矿权、采矿权进行评估，其中，采矿权按剩余资源储量评估。探矿权、采矿权人按照探矿权、采矿权审批登记管理机关确认、核准或备案的价款评审结果，首先应当以资金方式向国家缴纳探矿权、采矿权价款；对以资金方式向国家缴纳探矿权、采矿权价款确有困难的，可遵循探矿权、采矿权人自愿原则，按有关规定报批后，以折股形式缴纳。

(4) 对以资金方式一次缴纳探矿权、采矿权价款确有困难的，经探矿权、采矿权审批登记管理机关批准，可在探矿权、采矿权有效期内分期缴纳。其中探矿权价款最多可分2年缴纳，第一年缴纳比例不应低于60%；采矿权价款最多可分10年缴纳，第一年缴纳比例不应低于20%。分期缴纳价款的探矿权、采矿权人应承担不低于同期银行货款利率水平的资金占用费。

(5) 对于原探矿权、采矿权人无偿占有属于中央财政出资或中央财政和地方财政共同出资探明矿产地的探矿权和无偿取得的采矿权，对以资金方式缴纳探矿权、采矿权价款确有困难且符合下列条件之一的，按照探矿权、采矿权人自愿原则，在报经财政部会同国土资源部批准后，可以将应缴纳的探矿权、采矿权价款部分或全部以折股方式向国家缴纳：①《矿产资源勘查区块登记管理办法》(国务院令第240号)和《矿产资源开采登记管理办法》(国务院令第241号)出台前无偿取得的、现仍在有效期内的探矿权、采矿权；② 经国务院或省级人民政府批准改组改制、并以探矿权、采矿权评估价值作为资产进入改制企业；③ 国务院文件有明确规定或报经国务院批准的。探矿权、采矿权价款采用部分以折股方式向国家缴纳的、其余未折股部分价款应当以资金方式及时足额向国家缴纳。

(6) 对于探矿权、采矿权价款经批准以折股方式缴纳的，其股份按拟折股的价款额占企业净资产的比例进行计算。① 由中央财政出资勘查形成的探矿权、采矿权，其价款以折股方式缴纳所形成的股权划归中央地质勘查基金持有；② 由中央财政和地方财政共同出资勘查形成的探矿权、采矿权，其价款以折股方式缴纳所形成的股权，由中央地质勘查基金和地方有关机构按照中央财政和地方财政各自的出资比例分别持有。

(7) 经财政部和国土资源部或省级财政部门和国土资源部门批准，已将探矿权、采矿权价款部分或全部转增国家资本金的，探矿权、采矿权人首先向国家以资金方式补缴探矿权、采矿权价款；以资金方式补缴确有困难的，探矿权、采矿权人也可以以自愿选择将已转增的国家资本金以折股方式缴纳。

为推行矿产资源有偿使用制度，财政部、国土资源部同时下发了《关于以折股方式缴纳探矿权采矿权价款管理办法(试行)的通知》，对相关具体内容进行了规定。

18.3.2 煤炭资源有偿使用制度改革试点主要内容

2006 年，财政部、国土资源部、国家发展改革委联合向国务院提交了《关于深化煤炭资源有偿使用制度改革试点的实施方案》，提出从 2006 年起，选择山西、内蒙古、陕西、黑龙江、安徽、山东、河南、贵州等 8 个煤炭主产省(区)进行煤炭资源有偿使用制度改革试点工作。试点方案中提出了五点措施：

(1) 严格实行煤炭资源探矿权、采矿权有偿取得制度。规定试点省(区)出让新设煤炭资源探矿权、采矿权，除特别规定的以外，一律以招标、拍卖、挂牌等市场竞争方式有偿取得。中央和地方收取的矿业权价款收入，统一按中央财政 20%、地方财政 80%的比例分成。按照“取之于矿、用之于矿”的原则，中央分成部分主要用于补充中央地质勘查基金(周转金)；地方分成部分除用于国有企业和国有地勘单位矿产资源勘查外，也可以用于解决国有老矿山企业的各种历史包袱问题。

(2) 将煤炭资源勘查作为中央财政地质勘查基金(周转金)支持的重点。从 2006 年起，中央财政建立地质勘查基金(周转金)，其来源主要包括：中央财政预算安排资金(含从中央所得的矿产资源补偿费和探矿权、采矿权价款划入部分)；矿山企业和地勘单位应缴纳的探矿权、采矿权价款以折股形式上缴的股权以及股权红利、股权变现收入等。

(3) 建立煤矿矿山环境治理和生态恢复责任机制。试点省(区)煤矿企业应依据矿井服务年限或剩余服务年限，按煤炭销售收入的一定比例，分年预提矿山环境治理恢复保证金，并列入成本，按照“企业所有、专款专用、政府监督”的原则管理。对此前遗留的煤矿环境治理问题，试点省(区)要制定矿区环境治理和生态恢复规划，按照企业和政府共同负担的原则加大投入力度。对不属于企业职责或责任人已经灭失的煤矿环境问题，以地方政府为主，根据财力区分重点逐步解决。

(4) 合理调整煤炭资源税费政策。由财政部会同有关部门研究进一步调整煤炭资源税税额。同时，在充分考虑资源有效利用率的基础上，研究改革煤炭资源税的计征办法。由财政部会同国土资源部、发展改革委研究调整矿产资源补偿费费率，探索建立矿产资源补偿费浮动费率制度；适当调整煤炭资源探矿权、采矿权使用费收费标准，建立和完善探矿权、采矿权使用费的动态调整机制。各类煤矿企业要按有关规定足额提取煤矿生产安全费用和维简费，确保煤矿安全技术改造资金来源。

(5) 加强煤炭资源开发管理和宏观调控。由国土资源部会同发展改革委等部门进一步整顿和规范矿产资源开发秩序。发展改革委会同国土资源部等部门研究制订煤炭资源开发准入标准,促进煤矿企业改组、改制,鼓励大煤矿兼并、收购中小煤矿,走规模化、集约化经营道路,推进资源开发方式的转变,提高煤炭资源利用效率。国土资源部组织编制煤炭勘查规划和探矿权、采矿权设置方案,组织开展国家规划矿区煤炭资源普查和必要的详查。同时,加强对地方煤炭资源规划的协调指导。国土资源部会同财政部、发展改革委等部门研究加强煤炭资源探矿权、采矿权一级市场管理的有关措施,探索建立国家煤炭等矿产地储备制度。同时,进一步规范煤炭资源等探矿权、采矿权交易市场,促进煤炭等矿业权有序流动和公开、公平、公正交易。

第 19 章　煤炭财税政策

19.1　煤炭税费结构

煤炭税费政策对煤炭企业的经济运行具有重要影响，目前煤炭税费大体可以分为 8 大类、共 29 项（见图 19－1）。

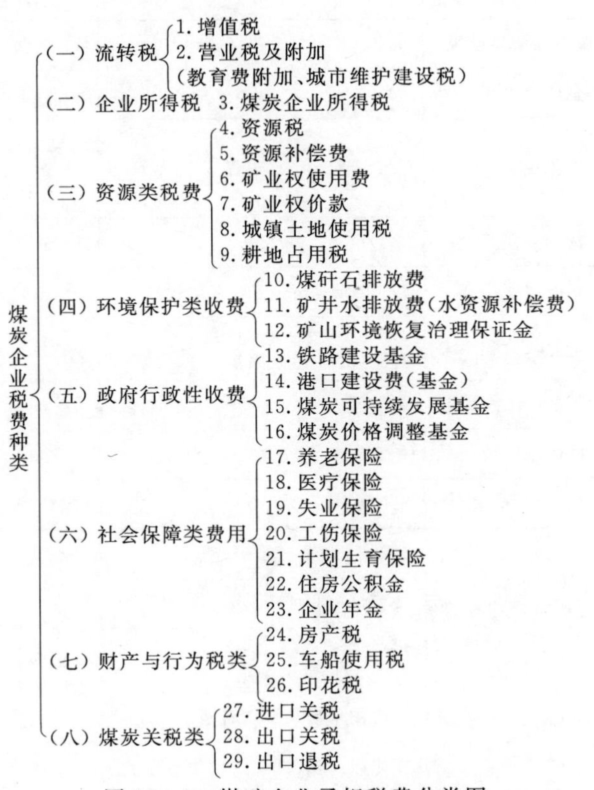

图 19－1　煤矿企业承担税费分类图

其中,流转税类主要是增值税、营业税及附加;企业所得税;资源类税费主要包括资源税、资源补偿费、矿业权价款、矿业权使用费、城镇土地使用税和耕地占用税;环境保护类主要包括煤矸石排放费、矿井水排放费(水资源补偿费)、矿山环境恢复治理保证金;政府行政性收费项目主要包括铁路建设基金、港口建设基金、煤炭可持续发展基金和价格调节基金;社会保障类费用主要包括"三险一金"和企业年金等。

税率、费率见表19—1。

表19—1　现行煤炭行业生产企业税、费项目及负担情况汇总表

税费类别	税费项目	基本税率或实际费率	适用范围	备注
1.流转税	(1) 增值税	13%	全国	
	(2) 营业税及附加		全国	
	① 营业税	5%	全国	
	② 教育费附加	3%	全国	
	③ 城市维护建设税	5%	全国	
2.所得税	(3) 企业所得税	33%	全国	
3.资源类税费	(4) 资源税	2.4～4.2元/t,焦煤8.0元/t	动力煤	按煤炭品种和产量计征
			焦煤	
	(5) 资源补偿费	1%	全国	
	(6) 矿业权使用费	1 000元/km²·年(采矿权)		按面积计征
	(7) 矿业权价款	1.0～6.0元/t(探矿) 1.5～9.0元/t(采矿)	8省区试点	按储量计征
	(8)城镇土地使用税	企业间差别较大	全国	按面积计征
	(9) 耕地占用税	企业间差别较大	全国	按面积计征
4.环境类收费	(10) 煤矸石排放费	5.0元/t	全国	按排量计征
	(11) 矿井水排放(污)费(水资源补偿费)	0.7元/污染当量		按当量计征
		按原煤产量1.0元/t	全国	按煤炭产量计征
		按产量:原煤2.0元/t,精煤3.0元/t,焦炭4元/t	山西省	
	(12) 矿山环境恢复治理保证金	按占用采矿权面积计算	其他省	按面积计征
		按原煤产量10元/t	山西省	按产量计征

续表 19－1

<table>
<tr><th>税费类别</th><th colspan="2">税费项目</th><th colspan="2">基本税率或实际费率</th><th>适用范围</th><th>备注</th></tr>
<tr><td rowspan="12">5. 政府行政性收费</td><td colspan="2">(13) 铁路建设基金</td><td colspan="2">0.033 元/t·km</td><td>全国</td><td></td></tr>
<tr><td colspan="2">(14) 港口建设费(基金)</td><td colspan="2">内 3.0 元/t、外 7.0 元/t</td><td>主要港口</td><td>(局部)</td></tr>
<tr><td rowspan="9">(15)山西省专项基金</td><td>① 可持续发展基金</td><td colspan="2">按煤种:动力煤 14 元/t,无烟煤 18 元/t,焦煤 20 元/t</td><td rowspan="9">山西省</td><td>按产量计征</td></tr>
<tr><td>② 矿区管理费</td><td colspan="2">原煤 0.15 元/t</td><td rowspan="4">按产量计征</td></tr>
<tr><td>③ 乡镇煤矿管理费</td><td colspan="2">原煤价格的 1%</td></tr>
<tr><td>④ 地方煤矿造林费</td><td colspan="2">原煤 0.15 元</td></tr>
<tr><td>⑤ 集运公路、矿区公路修路费</td><td colspan="2">原煤 1.0 元</td></tr>
<tr><td>⑥ 中国太原煤炭交易服务费</td><td colspan="2">买卖双方各征收 0.1 元/t</td><td>按销量计征</td></tr>
<tr><td>⑦ 煤炭运销系统收费</td><td colspan="2">服务费 2.5%,管理费 1.5%</td><td rowspan="3">按价格计征</td></tr>
<tr><td>⑧ 火车运输煤炭经营费</td><td colspan="2">管理费 3%,损耗费 1%</td></tr>
<tr><td>⑨ 公路运输代销费</td><td colspan="2">按煤价 1.5%</td></tr>
<tr><td colspan="2">(16) 煤炭价格调整基金</td><td colspan="4">(详见表 19－2)</td></tr>
<tr><td rowspan="7">6. 社会保障类费用</td><td colspan="2">(17) 养老保险</td><td colspan="2">22%</td><td rowspan="7">全国</td><td rowspan="7">按上年度工资总额计征(根据 2006 年原国有重点煤矿企业测算)</td></tr>
<tr><td colspan="2">(18) 医疗保险</td><td colspan="2">6%</td></tr>
<tr><td colspan="2">(19) 失业保险</td><td colspan="2">2%</td></tr>
<tr><td colspan="2">(20) 工伤保险</td><td colspan="2">2%</td></tr>
<tr><td colspan="2">(21) 计划生育保险</td><td colspan="2">0.2%</td></tr>
<tr><td colspan="2">(22) 住房公积金</td><td colspan="2">6%</td></tr>
<tr><td colspan="2">(23) 企业年金</td><td colspan="2">8.33%</td></tr>
<tr><td rowspan="3">7. 财产行为税类</td><td colspan="2">(24) 房产税</td><td colspan="2">1.2%</td><td>全国</td><td></td></tr>
<tr><td colspan="2">(25)车船使用税</td><td colspan="2">企业间差别较大</td><td>全国</td><td>按吨位计征</td></tr>
<tr><td colspan="2">(26) 印花税</td><td></td><td></td><td>全国</td><td>按数量</td></tr>
<tr><td rowspan="3">8. 关税</td><td colspan="2">(27) 进口关税</td><td>0</td><td>0</td><td rowspan="3">全国</td><td rowspan="3">仅对煤炭进出口企业影响</td></tr>
<tr><td colspan="2">(28) 出口关税</td><td>5%</td><td>提高 5%</td></tr>
<tr><td colspan="2">(29) 出口退税</td><td>0</td><td>下降 11%</td></tr>
</table>

表 19－2 全国主产煤地区征收煤炭价格调节基金情况调查表

征收地区			征收标准	征收依据
1	贵州省		原煤 30 元/t、精煤 50 元/t、焦炭 70 元/t	黔价[2004]164 号，2004 年 5 月 15 日起执行
2	陕西省		原煤 15 元/t、精煤和焦炭25 元/t	陕价监发[2005]137 号，2005 年 9 月 1 日起执行
3	宁夏自治区		原煤 15 元/t	《宁夏自治区太西煤价格调节基金征收使用管理办法》，2005 年 1 月 1 日起执行
4	四川省	攀枝花	原煤 31 元/t、精煤 51 元/t、焦炭 72 元/t	《攀枝花市煤炭价格调节基金征收管理办法》2006 年 6 月
		达州市	原煤 8 元/t、精煤 16 元/t	2007 年 5 月 1 日执行
		泸州市	原煤 20 元/t	泸市府发[2007]3 号
5	云南省	曲靖市	原煤 10 元/t 精煤和焦炭 15 元/t 电煤先征后返 外运煤：混煤 20 元/t，精煤、焦炭 30 元/t	曲靖市人民政府公告第 12 号 2005 年 9 月 1 日起执行
		丽江市	混煤 20 元/t 焦煤 30 元/t	华坪县、宁浪县、永胜县人民政府公告(第 5 号)，2005 年 11 月 1 日起执行
6	吉林白山市		原煤 30 元/t 洗精煤 50 元/t 焦炭 80 元/t	白山政发[1994]25 号，白山政办发[2005]47 号，白山政办发[2006]6 号
7	山东省	济宁市	原煤 8 元/t	2007 年 8 月 1 日执行
		兖州市	原煤 8 元/t	兖政办发[2007]77 号
8	重庆市		原煤 40 元/t 洗精煤 60 元/t 焦炭 70 元/t	渝府发[2008]99 号
9	河南省	郑州市	原煤 10 元/t	豫发改价调[2006]548、郑价金[2008]12 号
		平顶山市	采出率在 65%以上，1 元/t；采出率 55%～65%，10 元/t；采出率 45%～55%，20 元/t；采出率 45%以下 30 元/t	豫发改价调[2006]548 号，平政[2007]17 号
10	黑龙江省七台河市		原煤 12 元/t	七政办发[2009]4 号
11	湖南省		煤(焦炭)35 元/t	湘政发[2008]12 号
12	内蒙古自治区		褐煤 8 元/t 无烟煤 20 元/t 其他煤种 15 元/t	内政发[2009]53 号文件

在各类涉及煤炭收费项目中，主要包括矿产资源使用费、矿业权价款等10种。

(1) 矿产资源补偿费。矿产资源补偿费是根据《中华人民共和国矿产资源法》的有关规定和国土资源部制定的《矿产资源补偿费征收管理规定》，对单位和个人开采矿产资源后，按矿产品销售收入的一定比例征收的行政性收费项目。其中，煤炭的矿产资源补偿费是按照煤炭销售收入的1%征收。

(2) 矿业权价款(包括探矿权价款和采矿权价款)。根据《国务院关于加强地质工作的决定》(国发[2006]4号)和《国务院关于促进煤炭工业健康发展的若干意见》(国发[2005]18号)，经国务院批准，从2006年起，选择山西、内蒙古、黑龙江、安徽、山东、河南、贵州、陕西等8个煤炭主产省(区)进行煤炭资源有偿使用制度改革试点。我国建立矿业权有偿取得和依法转让制度是矿业权管理的一次重大变革，是我国矿业经济适应社会主义市场经济体制改革的重要举措。按照有关法律法规的规定，国家出资形成的矿业权转让，必须依法经过评估并对其评估结果进行确认；非国家出资形成的矿业权转让是否需要评估，由矿业权人自主决定。因此，矿业价款特别是煤炭采矿权价款因资源品种、开采条件、所在区域经济发展程度以及市场价格等不同，具有较大差异。

2006年3月，山西省发布的2006年度煤炭资源采矿权价款收取标准是：① 焦煤、1/3焦煤、肥煤：3.80元/t；② 炼焦配煤(瘦煤、贫瘦煤、肥气煤)：3.10元/t；③ 无烟煤：3.30元/t；④ 贫煤：2.70元/t；⑤ 优质动力煤(弱黏煤)、气煤：1.50元/t；⑥ 其他煤种：1.30元/t。

2007年9月，河南省国土资源厅、河南省财厅发函《关于发布河南省2007年度煤炭采矿权价款缴纳标准的通知》规定的河南省2007年度煤炭采矿权价款缴纳标准是：① 太行山东麓(安阳、鹤壁)无烟煤及贫瘦煤：4.0元/t；② 太行山南麓(焦作、新乡)无烟煤：4.0元/t；③ 豫西煤矿规划区(荥阳、巩义、登封)二$_1$煤层：4.0元/t，其他煤层：3.8元/t；④ 豫西陕渑煤田焦煤、瘦煤：4.0元/t；⑤ 义马煤田长焰煤：3.6元/t；⑥ 郑密煤田无烟煤、贫煤：4.0元/t；⑦ 平顶山煤田主焦煤：4.2元/t，其他煤类：3.5元/t；⑧ 禹州煤田焦煤：3.7元/t。

(3) 矿业权使用费。依据《中华人民共和国矿产资源法》和《矿产资源勘查区块登记管理办法》、《矿产资源开采登记管理办法》、《探矿权采矿权转让管理办法》的有关规定，财政部和国土资源部制定了《探矿权采矿权使用费和价款管理办法》。探矿权使用费以勘查年度计算，按区块面积逐年缴纳，第一个勘查年度至第三个勘查年度，每平方公里每年缴纳100元，从第四个勘查年度起每平方公里每年增加100元，最高不超过每平方公里每年500元。采矿权使用费按矿区范围面积逐年缴纳，每平方公里每年1 000元。

(4) 煤炭价格调节基金。目前，除山西省经国务院批准征收煤炭工业可持续发展基金外，全国已有贵州、陕西、宁夏、四川、重庆、湖南和内蒙古等12省(区)是由地方政府出台了煤炭价格调节基金政策。该基金的征收标准分煤种、分区域采取不同的标准(全国各省区煤炭价格调节基金情况见表19—2)。

(5) 煤炭可持续发展基金。为山西省试点政策，根据《国务院关于同意在山西省开展煤炭工业可持续发展政策措施试点意见的批复》(国函[2006]52号)和有关规定，2007年3月10日山西省人民政府第97次常务会议通过《山西省煤炭可持续发展基金征收管理办法》，该办法规定在山西行政区域内从事原煤开采的单位和个人，为基金的缴纳人。基金的计征依据为所开采原煤的实际产量和收购未缴纳基金原煤的收购数量。全省统一的适用煤种征收标准为：动力煤5～15元/t、无烟煤10～20元/t、焦煤15～20元/t，具体的年度征收标准由省人民政府另行确定。山西省最终确定的征收办法是，在适用煤种征收标准基础上，根据井型规模系数进行调整，即：45万t/a以下矿井系数为2，45，90万t/a矿井系数为1.5，90万t/a以上的矿井系数为1.0。

(6) 矿山环境治理恢复保证金。根据《中华人民共和国矿产资源法》及其实施细则以及《财政部、国土资源部、环保总局关于逐步建立矿山环境治理和生态恢复责任机制的指导意见》(财建[2006]215号)，一些省(区)制定了相应的矿山环境治理恢复保证金管理办法。煤炭企业按照销售收入的一定比例预提矿山环境治理恢复保证金，用于矿区内生态环境治理，山西省吨煤提取10元。目前，全国共有山西、四川、安徽、福建、贵州、云南、江苏、重庆、青海、辽宁、新疆、江西等省(区)征收矿山环境治理恢复保证金。2009年3月，国土资源部发布了《矿山地质环境保护规定》，提出了矿山地质环境保护，坚持预防为主、防治结合，谁开发谁保护、谁破坏谁治理、谁投资谁受益的原则，明确提出采矿权申请人申请办理采矿许可证时，应当编制矿山地质环境保护与治理恢复方案，报有批准权的国土资源行政主管部门批准。矿山地质环境保护与治理恢复方案应当包括下列内容：① 矿山基本情况；② 矿山地质环境现状；③ 矿山开采可能造成地质环境影响的分析评估（含地质灾害危险性评估）；④ 矿山地质环境保护与治理恢复措施；⑤ 矿山地质环境监测方案；⑥ 矿山地质环境保护与治理恢复工程经费概算；⑦ 缴存矿山地质环境保护与治理恢复保证金承诺书。

根据上述要求，自 2009 年 5 月 1 日起，矿山企业开始缴存矿山地质环境保护与治理恢复保证金，具体缴存办法由各省级人民政府确定。

(7) 煤矿转产发展基金（只在山西省试点）。按照《国务院关于同意在山西省开展煤炭工业可持续发展政策措施试点意见的批复》（国函[2006]52 号）及财政部与国家发展改革委《关于〈山西省煤矿转产发展资金提取使用管理办法（试行）〉的复函》（财建函[2007]20 号），制定《山西省煤矿转产发展资金提取使用管理办法》，转产发展资金提取和使用管理应当遵循“成本列支、自提自用、专款专用、政府监管”的原则，转产发展资金的提取标准为每吨原煤产量 5 元。

(8) 铁路建设基金。煤炭行业的铁路建设基金征收标准为 0.033 元/t · km，此项基金会随煤炭企业运距的长短而不同。如以到达秦皇岛为例，山西大同煤矿集团吨煤负担铁路建设基金达 21.70 元/t，内蒙古西部地区的煤炭企业达 40 元/t 以上。2008 年，全国铁路煤炭运量完成 14.5 亿 t，按平均运距 580 km 计算，煤炭行业应缴纳铁路建设基金 277.5 亿元。

(9) 港口建设费。根据国务院发布的《港口建设费征收办法》和交通部、国家计委、财政部、国家物价局《关于扩大港口建设费征收范围、提高征收标准及开征水运客货运附加费的通知》（交财发[1993]456 号）的规定，港口建设费分为内贸和外贸，港口建设费内贸为 3 元/t，外贸为 7 元/t。

(10) 煤矸石排放费。根据国务院第 369 号令公布的《排污费征收使用管理条例》，自 2003 年 7 月 1 日起，对煤矿企业排放煤矸石征收排污费，征收标准为 5.0 元/t。

(11) 矿井水排放（污）费（水资源补偿费）。目前，地方政府对煤矿矿井水经处理后满足达标排放标准时，征收水资源补偿费。征收矿井水水资源补偿费标准各省不一，一般为 0.2 元/m^3，部分地区 0.5～1.0 元/m^3。陕西省自 2005 年 9 月 1 日起执行新的水资源费征收标准，并以陕价行发[2005]139 号文件重新核定下发了水资源费新的征收标准。对煤矿按产量征收水资源费，标准为 0.5 元/t。

山西省根据《国家计委、财政部关于山西省继续执行能源基地建设基金及水资源补偿费政策的批复》(计基础[2001]349 号)和《财政部、国家计委关于同意山西省吨煤加收 1 元水资源补偿费的复函》(财综[2001]62 号),要求各缴费企业、单位要继续执行煤炭水资源补偿费征收标准,即:按原煤 2 元/t、洗煤 3 元/t、焦煤 4 元/t 缴纳水资源补偿费,在此基础上加征1 元/t。执行时间自 2004 年 1 月 1 日至 2010 年 12 月 31 日。

19.2　煤炭增值税转型

19.2.1　我国增值税转型的背景

增值税是对商品生产、流通、劳务服务中多个环节的新增价值或商品的附加值征收的一种流转税。实行价外税,也就是由消费者负担。目前世界上实行增值税的国家由于财政经济政策的不同和出于税收征收管理方面的考虑,在增值税扣除范围的处理是不同的,主要有三种类型:消费型增值税、生产型增值税和收入型增值税。三种类型增值税的根本区别在于课征增值税时,对企业当年购入的固定资产价值如何进行税务处理。三种对固定资产价值扣除的不同处理方法,使三种不同类型增值税税基所包括的范围大不一样,生产型增值税税基最大,收入型增值税次之,消费型增值税最小。一般来说,消费型增值税较为有利于企业的生产发展,而生产型增值税则对政府的财政收入更为有利。就增值税的实施情况来看,在世界上采用增值税的 130 多个国家中,采用消费型的约占 90%以上;采用收入型的有匈牙利、海地、土耳其等几个国家;而采用生产型的国家更少,只有中国、印度尼西亚和巴基斯坦等国家。

从征收角度来看,消费型增值税与其他两种类型的增值税相比,在计算征收方面要简便的多,最适合凭发票扣税,也利于纳税人操作,方便税务机关管理。而收入型增值税采用的是税款凭票抵扣法,其外购固定资产的价款是以计提折旧的方式分期转入产品价值的,转入部分没有合法的外购凭证,所以税款不能抵扣,加之收入型增值税计算复杂,征管难度大,在实际税务管理工作中受到限制,无法广泛使用。

自 1994 年我国正式推行增值税以来,一直沿用生产型增值税。当时正值宏观经济“软着陆”时期,出于对投资过热、通货膨胀、财政资金紧张等综合因素的考虑,规定对购置固定资产所含进项税额不得抵扣。在当时,既有利于遏制非理性投资、防止通货膨胀加剧,又能增加税收收入、保证财政资金充足。因此，我国在增值税设立之初采用生产型增值税，是符合客观经济规律和宏观调控需要的准确决策，体现科学发展观的本质要求。随着经济的发展，生产型增值税已不能适应市场经济发展的需要，也逐渐显露出弊端。

19.2.2　增值税转型试点工作

我国在全面实行生产型增值税向消费型增值税改革的过程中，首先在东北地区的部分行业开展了增值税转型试点工作，之后又将试点范围扩大到中部 26 个城市。在总结试点经验的基础上，结合 2008 年国际金融危机对我国实体经济的影响，于 2009 年 1 月 1 日，在全国范围内全面推行增值税转型改革工作。

(1) 东北地区增值税转型试点。2003 年 10 月底，在中央出台的《实施东北地区等老工业基地振兴战略的若干意见》中，提出了要“在东北优先推行从生产型增值税向消费型增值税的改革”的意见，2004 年 7 月 1 日正式实施。其主要内容包括：纳税人申报的允许抵扣的固定资产进项税额采取直接退税的办法，在 2004 年 10 月 31 日前和 12 月 31 日前分两次退还。在 2005 年度又延续了这一做法，按季度对允许抵扣的固定资产进项税额给予直接退税。2004 年底又进一步明确，当年由按照增量抵扣调整为按照应纳税额抵扣，将一部分存量收入给予退还，即对于纳税人在 2004 年 7 月 1 日至 11 月 30 日期间发生的固定资产进项税额抵减欠税后仍有余额的，可不再按照在新增增值税税额内计算退税的方法计算退税，允许在纳税人 2004 年实现并入库的增值税收入中计算退税，仍未抵扣(退税)完的固定资产进项税额留待下年抵扣。

(2) 东北地区增值税转型试点效果。东北地区增值税转型试点政策覆盖八大行业，包括大部分工业企业。据国税部门统计，截至 2005 年 3 月末，东北三省共认定增值税转型试点范围内企业 40 981 户，占东北三省增值税一般纳税人总户数的 32.24%，占全部工业增值税一般纳税人户数的 60.87%。其中，辽宁 26 517 户，吉林 6 799 户，黑龙江 7 665 户。从行业构成看，装备制造业 19 205 户、石油化工业 8 266 户、冶金业 1 943 户、汽车制造业 1 716 户、农产品加工业 9 329 户、军品工业 40 户、高新技术产业 107 户。行业主要集中在装备制造业、农产品加工业和石油化工业，这三个行业占总户数的 89.8%。

从东北三省增值税转型政策实施效果看，一是增值税转型政策对东北老工业基地的振兴作用已经凸现，起到了鼓励增加机器设备投资、加快设备更新改造的作用，促进了企业技术进步和发展。二是增值税转型改革与产业政策紧密结合，带动了东北地区投资规模的扩大，投资与发展良性循环的态势明显。东北地区增值税转型与其他各项产业政策一起增强了东北企业对技术改造和设备投资的积极性，活跃了民间投资，并形成“洼地”效应，外来资金不断注入，促进了该地区固定资产投资的增长。三是增值税转型过程中密切关注对中央和地方财政收入的影响，为进一步推广提供了可靠的依据。消费型增值税的税基比收入型增值税低，尤其是比生产型增值税要小得多，采用消费型增值税初期会极大地影响政府固有的财政收入规模。因此在增值税转型过程中，对于政府来说，首先面临的问题就是如何弥补转型带来的财政收入缺口问题。为了避免改革初期给财政收入造成冲击，按照稳妥的原则，增值税转型改革采取了分步走的总体思路，并且在东北地区试行时选择了保守、稳妥的操作办法。限制了政策适用的企业范围；采取“增量抵扣”的办法，保上年税收收入基数；实行按季度集中办理抵退税。从而进一步弱化了增值税改革初期对东北地区财政收入的减收影响。四是税务机关采取了各种加强征管的措施，有效防范在增值税转型过程中可能会出现的骗税行为的发生，并为下一步增值税转型工作积累了宝贵的经验。

(3) 中部 8 省 26 个城市增值税转型试点。根据财政部、国家税务总局关于印发《中部地区扩大增值税抵扣范围暂行办法》的通知(财税[2007]75号)精神，在东北三省实施增值税转型试点工作的基础上，将试点范围扩大到中部 6 个省 26 个老工业基地城市，并于 2007 年 7 月 1 日起实行。试点行业包括装备制造业、石油化工业、冶金业、汽车制造业、农产品加工业、电力业、采掘业和高新技术产业为主的增值税一般纳税人。26 个老工业基地城市包括：山西省的太原、大同、阳泉、长治；安徽省的合肥、马鞍山、蚌埠、芜湖、淮南；江西省的南昌、萍乡、景德镇、九江；河南省的郑州、洛阳、焦作、平顶山、开封；湖北省的武汉、黄石、襄樊、十堰和湖南省的长沙、株州、湘潭、衡阳。

2008 年 7 月，内蒙古自治区东部五盟市成为第三批试点。2008 年 8 月，汶川地震受灾严重地区又纳入试点范围，主要涉及四川、甘肃和陕西三省被确定为极重灾区和重灾区的 51 个县(市、区)。

19.2.3 增值税转型的意义

(1) 增值税转型将使企业的税收负担更加趋于公平。我国过去一直实行的是生产型的增值税制度，企业生产设备的进项税额无法像其他生产资料那样获得抵扣，而改革全面推开之后所实行的消费型增值税制度则允许企业抵扣生产设备的进项税额，从而避免重复征税，这将使企业的税收负担更加公平。

(2) 增值税转型后将使税制更加完善。税收制度应遵循中性原则，而增值税转型改革的全面推开正是税制中性原则的详细体现，这项改革可以在很大程度上减少税收对市场机制的扭曲，使增值税的"链条"更加完整。

(3) 增值税转型有利于保证我国国民经济的平稳增长。从短期看，这项改革可以减轻企业负担，增强企业投资和技术改造的积极性。从长期看，这项政策可以刺激投资，提振内需，从而促进经济平稳较快增长。

(4) 增值税转型能有效增强本土产品国际竞争力。由于大多数国家实行消费型增值税，在出口环节实行彻底退税后，商品是以不含税的价格进入国内，在我国进口环节即使补征了一道增值税，但是对比我国存在重复征税的同类商品生产企业，还是占了税收上的优势。另外，生产型增值税本身抑制投资的效用阻碍了企业技术改造和产品换代升级。我国为数众多的出口企业为跨国公司充当加工组装车间，靠跨国公司的知名品牌和销售渠道维持生存。由于出口产品单一，附加值低，没有自己的品牌和核心技术等原因，致使我国产品竞争力弱，在金融危机中受损情况十分严峻。此次改革，在全面推行消费型增值税的同时，还相应取消了进口设备增值税免税政策和外商投资企业采购国产设备增值税退税政策，不仅实实在在为企业减负，也使中国企业与外资企业在增值税减免方面享受同等待遇，为中外企业提供公平竞争的平台。长期来看，随着产业结构的优化调整，势必对我国企业技术创新、核心能力提升以及产品走向高端化、品牌化、国际化发挥重要作用。

19.3 增值税转型对煤炭行业的影响

19.3.1 煤炭行业增值税特点

1994 年，国家执行新的增值税政策后，考虑到煤炭企业的特殊困难，国务院下发国阅字[1994]71 号文件，批示：既要建立新的增值税机制，又要照顾煤炭行业的实际困难，不增加国有重点煤炭企业的税负水平，保持去年3.35%税负。财政部对中央财政国有重点煤炭企业因税制改革多缴纳的增值税实行返还政策，1995 年财政部与煤炭部商定每年定额返还 17.1 亿元。

增值税定额返还资金与财政亏损补贴合并使用，用于解决困难煤炭企业的问题。自此，煤炭企业每年享有固定的财政补贴。1998年，煤炭企业下放地方管理后，中央财政专项用于煤炭企业的补贴由省级财政管理下发。

从煤炭行业增值税制度执行的实际情况分析，其特点集中表现为两方面：一是煤炭增值税实际税率高于其他行业。煤炭行业作为典型的资源开采型产业，在从资源转为产品的生产过程中，进项税抵扣少，造成煤炭增值税实际税率高于其他加工制造业。据统计，2008年，全国规模以上工业企业实际增值税率仅为4.79%，而煤炭采选业实际增值税率为9.37%，高于全国工业行业平均水平一倍多。二是煤矿固定资产投资具有集中投入的特点。煤矿在基本建设和技术改造期间，绝大部分生产用固定资产、技术装备集中投入。转入煤矿正常生产阶段后，大型设备等生产用固定资产投入逐渐减少，因而新增固定资产进项增值税抵扣额少，导致煤矿企业实际增值税率逐渐增加。特别是对于开采时间较长的老矿区，煤矿进入稳产或产量下降周期，大规模的固定资产投入已基本结束，煤矿企业新增生产用固定资产较少，可供抵扣的进项增值税额少。以兖州矿业集团所属济三矿为例，2000年正式投产时，生产设备、工具仪器等各项固定资产投入达64 731万元；而进入生产阶段后，2001～2008年间，该矿井生产设备、工具仪器等固定资产累计投入50 662万元，平均每年投入6 333万元。以此计算，矿井正式投产后每年固定资产投入仅占投产时固定资产投入的9.78%。

19.3.2 增值税转型对煤炭行业的影响

2008年11月，国务院常务会议批准了财政部、国家税务总局提交的增值税转型改革方案，通过了《中华人民共和国增值税暂行条例(修订草案)》，决定自2009年1月1日起，在全国范围内实施增值税转型改革。其主要内容包括：允许企业抵扣新购入设备所含的增值税；取消进口设备免征增值税和外商投资企业采购国产设备增值税退税政策；将小规模纳税人的增值税征收率统一调低至3%；将矿产品增值税税率恢复到17%。

与试点改革相比，此次全国增值税转型改革方案在总结试点地区、行业改革经验的基础上做了调整：一是在维持现行增值税税率不变的前提下，允许全国范围内的所有增值税一般纳税人抵扣其新购进设备所含的进项税额，而不再采用试点的退税办法；二是转型改革在全国所有地区推开，取消了地区和行业限制；三是为了保证增值税转型改革对扩大内需的积极效用，转型改革后企业抵扣设备进项税额时不再受其是否有应交增值税增量的限制。

增值税转型后，煤炭增值税由原来的13%恢复到17%，允许抵扣煤矿新增的生产用设备增值税进项税。但煤矿生产用固定资产多在安全补欠和技术改造期间集中建设形成，正常生产期间新增生产用固定资产较少，相应增值税进项税抵扣少。据对统计直报的全国大型煤炭企业分析测算，增值税转型后，煤炭实际增值税负提高1.4～3.0个百分点。2009年前8个月，大型煤炭企业实际增值税率为8.52%，较去年同期增加1.4个百分点。其中，山西大同煤矿集团实际增值税率由去年同期的7.16%增加到10.1%，提高了2.94个百分点。

第20章 煤炭价格政策

20.1 煤炭销售与订货

1949年10月至1952年，国家处于三年经济恢复时期。这一时期，国家先在中央财政经济委员会设立了计划局，各大行政区和省、市、自治区人民政府财政经济委员会也相应建立了计划司、处、科等机构。由原燃料工业部经营管理司主管山海关内地区重点煤矿的销售工作，下设大同、峰峰、井阳、新乡、京西、重庆等若干煤炭销售办事处和营业所，办理具体销售业务。煤矿只负责生产，产出的煤炭全部由销售办事处或营业所销售，销售收入全部上缴国家。这是新中国成立后煤炭产销管理的首次分家管理。

1952年初，国家撤销各地办事处，在矿务局(矿)设销售处(科)，实现了煤炭产销统一管理。1952年底成立了国家计划委员会物资分配局，建立了全国统一的物资分配制度，煤炭由国家统一分配。国家计委编制年度煤炭产需平衡和分配计划，由国家统一划定纳入国家统一分配的供需范围。原燃料工业部根据国家下达的年度煤炭分配计划，组织煤炭订货并按合同组织发运。

1954年，为合理利用煤炭资源，有效利用铁路、水路运力，根据地区煤炭产需数量平衡和品种调剂状况，以原燃料工业部为主，会同铁道部、交通部，在重点煤矿范围内，制定了《煤炭合理运输基本流向》，划分不同煤矿的不同煤种的流域和供应范围，严格控制对流、重复、过远和迂回运输，非重点煤矿的流向参照就近的重点煤矿的流向执行。1955年成立了煤炭工业部销售局，统一管理中央直管煤矿的煤炭销售业务，当时共有76个重点矿务局纳入国家统一分配范围。未纳入统一分配的地方煤矿和小窑煤均由地方自行分配和销售。西南煤炭管理局直接管理四川、云南、贵州的煤炭工业，组织三省的煤炭销售，并制订《西南煤焦推销工作暂行办法》，按“统一计划、统一调拨、地区平衡、就地分配”的原则管理煤炭销售工作。

1958 年，进入第二个五年计划时期，物资分配权下放。煤炭年度产需平衡和分配计划由煤炭工业部编制，实行“地区平衡、块块包干”的办法。1959 年，为了改进和完善管理方式，在国家计委的指导下，由原煤炭工业部等有关部门参与煤炭分配计划，实行“在国家统一计划下，地区平衡，差额调拨，品种调剂，保证上缴”的分配方法。由于当时煤炭供应出现了十分紧张的局面，国务院成立了 10 人领导小组，在谷牧主持下安排煤炭分配调运计划。

1962 年，第二个五年计划结束后，国民经济进行了三年调整。由于煤炭短缺，运力不足，制约了国民经济发展，国家经委在各主要煤矿增设了“调运专员”，督促铁路和煤矿认真执行计划，保证急需。当年 6 月，经国务院批准，原煤炭工业部在 1955 年颁布的《煤炭统一送货暂行办法》的基础上颁布了《煤炭统一送货试行办法》；1963 年 11 月，经国务院批准，原煤炭工业部将《煤炭统一送货试行办法》修改为《煤炭统一送货办法》并颁布实施。

1976 年，“文革”结束，国家经济进入第五个五年计划时期。1978 年，国家为了集中财力、物力保证重点建设，要求物资工作加强集中统一领导。国务院批转了国家物资总局《关于燃料统一管理实行凭证定量办法》，决定把煤炭分配、调运工作交国家物资总局管理，在各地统配矿务局设立了调运站，形成了新中国成立后的煤炭产、销第二次分家管理局面。从此，全国煤炭分配调运工作实行了由煤炭工业部和国家物资总局共同负责以物资总局为主的双重领导体制。

1981 年，经国务院批准再次改革煤炭运销体制，将由国家物资总局主管的煤炭销售工作交回煤炭工业部管理，恢复了煤炭产、销统一管理。1982 年，原煤炭部成立煤炭销售运输公司，办理计划外煤炭代销、代购、代运业务。1983 年，国家逐渐缩小指令性计划，扩大市场调节，地方煤炭除少量纳入国家计划统一调拨外，大部分进入市场调节。1983 年在南京召开的煤炭订货会上，针对煤炭生产、运输、分配计划互不衔接的状况，为保障国民经济正常运行对煤炭的需求，时任国务院副总理的李鹏提出：煤炭要实行生产计划、运输计划、分配计划“三个计划一本账”。1985 年对地方国营煤矿超计划部分和统配煤矿超包干指标的部分煤炭，允许自销并实行加价政策。

1990 年，为了整顿煤炭市场，国务院决定对统配煤矿生产的煤炭、地方上缴国家的煤炭以及经铁路运输的计划外出省煤炭，均由国家统一管理，实行统一分配、统一订货、统一运输、统一调度的“四统一”原则。并规定，除国家批准和有关部门指定的经营单位外，其他单位和个人一律不准经营煤炭。随后，国家计委颁布了《全国煤炭四统一的暂行办法》。当时，国家还确定了关于提高计划内煤炭价格与计划外实行最高限价的政策。

1994 年底召开的全国煤炭订货会，明确提出了要改革煤炭订货方法，推行新的煤炭购销合同。在新的煤炭购销合同中，不仅明确了数量、质量，而且明确了结算方式和煤炭价格。这是我国计划内煤炭第一次在购销合同中明确结算方式和价格，为煤炭企业适应市场经济奠定了很好的基础。

1998 年，国家对发电、冶金、化肥、出口等重点用户的煤炭仍以计划调拨为主，对其他非重点需要采取以产需双向选择为主的方式。煤炭产需双向选择订货，就是煤矿在规定的运输总量和限制流向框架下，同有订货计划的用户直接见面，自行双向选择、衔接，协商签订购销合同。

在 2001 年的全国煤炭订货会上，针对当时全国煤炭市场供大于求的实际情况，国家有关部委提出要认真落实国务院关于关井压产的决定，充分发挥国有大矿的生产潜力，优化煤炭工业结构；进一步做好重点煤矿、重点用户和重点运输企业之间的产运需衔接平衡，通过订货促进重点企业之间建立长期稳定的合作关系；以市场为导向，兼顾煤炭生产企业的实际困难，衔接铁路运输能力和落实资源，逐步推广使用低硫低灰煤和洁净煤。同时提出适当新增部分重点订货量和运量，重点解决新投产发电机组用煤和出口的需要，但不包括未经国家批准私自建设的火电厂用煤。

2003 年 12 月，经国务院同意，由国家发展和改革委员会、铁道部、交通部、中国煤炭工业协会、国家电网公司等有关部门联合召开了 2004 年度全国煤炭订货交易会，在国内需求剧增、资源供应偏紧、价格明显上涨的新形势下，提出了为满足国民经济和社会进入新一轮快速发展对煤炭的需求，促进煤炭产业健康发展，提高煤炭供应保障能力，缓解煤电供应紧张局面，鼓励供需双方建立长期稳定的合作关系，以市场为导向，充分发挥市场在资源配置中的基础性作用。2004 年 12 月 30 日，国家发改委正式公布了《关于建立煤电价格联动机制的意见》，提出按照“市场导向、机制协调、价格联动、综合调控”的思路，建立灵活的、能够及时反映煤价变化的电价调整机制。并于 2005 年将延续了几十年的煤炭订货会更名为“全国重点煤炭产运需衔接会”。

2006 年底，国家发展改革委召开 2007 年煤炭产运需衔接电视电话会议，这次会议彻底改变了在我国延续50多年的由政府集中组织产运需企业召开煤炭订货会的做法，提出了煤炭订货会改革方向：任何政府部门不再直接干预煤电双方的市场交易行为，只实施总量调控。电煤价格应以市场为主导，实行自主交易，鼓励煤电双方在充分协商的情况下，签订中长期合同。

2008年12月，在福州召开全国煤炭产运需合同汇总会之后，五大发电企业联合拒绝签订2009年度煤炭订货合同，由此在社会上产生了较大影响，由此引发了新一轮的煤电之争话题。

根据2009年度全国煤炭订货合同汇总情况，截至2008年12月27日订货汇总工作会议结束，煤炭订货合同汇总量共计65 168万t，完成国家发展改革委运力配置框架方案的77.30%。其中，电力行业38 922万t，完成框架方案的59.75%；冶金行业9 024万t，完成框架方案的100.04%；化肥行业3 027万t，完成框架方案的128.81%；出口4 467万t，完成框架方案的97.32%；居民生活9 728万t，完成框架方案的277.94%。

2009年煤炭产运需衔接合同汇总工作会议主要有三个方面的特点：一是煤炭供需企业自主衔接、平等协商、自主订货机制逐步形成。在2009年跨省区煤炭产运需衔接工作总体框架方案下，煤炭企业积极与用户联系、沟通，在平等协商、自主订货、相互理解的基础上，在规定的时间内基本完成了合同的签订工作，使衔接工作在年内得以完成。二是反映市场供求关系、反映资源稀缺程度、反映煤炭完全成本的价格机制开始形成。2009年度煤炭产运需衔接合同汇总工作会议期间，煤炭供需双方协商定价的理性增强，实现了平等协商、合理定价、自主衔接。一方面，煤炭企业在成本大幅增加的情况下，坚持企业合理消化和市场传导相结合，同时充分考虑到下游企业经营实际，理性地提出了报价方案；另一方面，大多数煤炭用户也对煤炭增值税率提高、地方行政性收费项目增加等政策性增支因素给予了充分理解，大多数用户接受了煤炭企业的报价方案。三是煤炭供需双方按照实际产量和需求量订货、按产品结构和用途订货，诚信意识进一步加强。按照2009年跨省区煤炭产运需衔接框架方案提出的重点行业内符合国家产业政策和准入条件的企业，无论隶属关系、新老企业都是平等的市场主体，都具有衔接资格的要求。煤矿企业在公平竞争的基础上，优化用户结构和产品结构；用户根据自身需要，优化煤矿资源结构，供需双方根据生产能力、产品品种和实际需求的数量和质量，实事求是地签订供需合同。从合同汇总的情况分析，各重点行业的煤炭合同量虽有增有减，但所签订合同更接近于实际情况。

从2009年煤炭订货与煤炭供需情况看，截至2009年11月底，全国煤炭产运需保持了基本平衡态势，煤炭生产稳步增加，价格平稳，运输顺畅，特别是在迎峰度夏、新中国成立60年大庆期间，全国煤炭供应正常有序，保障有力，满足了经济和社会发展需要。

20.2 煤炭价格政策演变

1949年新中国成立后，在经济恢复时期，煤炭价格沿用旧的定价模式，煤炭出厂价以距离销售区远近而定，由各大行政区因地制宜，自行定价。在"一五"计划前两年，煤炭价格政策按1951年7月1日原燃料工业部决定的原则执行。当时煤炭生产工艺简单，成本较低，出厂价格低廉。例如：大同矿务局产优质动力煤原煤出厂价格仅为2.6元/t。一些远离铁路的小煤矿煤炭出厂价格不足2.0元/t。"一五"期末，煤价偏低的问题已经影响到煤矿的正常经营。在成本上升的情况下，全国煤炭工业资金利润率只有3%，成本利润率只有8%，远不及全国工业部门平均20%和40%左右的水平。1956年，全国重点煤矿亏损面达50%。1957年，煤炭工业部提出煤炭调价方案，经批准从1958年执行，提出了按煤种、品种、规格和煤质统一作价的办法，上调幅度在20%以上，其中地方国营煤炭价格上调幅度大于中央直属煤矿。调价方案依据《中国煤炭分类方案》，将煤炭分为无烟煤、肥煤、焦煤、贫煤、瘦煤、弱黏结煤、不黏结煤、长焰煤、褐煤共10个煤种，并在"国营工业产品出厂价格"中增加"煤炭牌号"一栏，但并未确定比价，出厂价格仍按产地结合品种分区定价。1962年8月，根据国民经济发展和煤炭供求关系变化，各地相继调整了弱黏块煤、无烟块煤、瘦煤块煤和贫煤块煤价格，上调幅度在25%～77.5%之间。

1966年，原煤炭工业部根据国务院《关于物价管理试行规定》和国家物价委员会的有关规定，出台了《煤炭产品出厂价格管理办法》。这也是新中国成立以来第一次出台全国统一的煤炭价格标准。调价后，原煤价格由17.42元/t提高到19.32元/t，按煤炭产品加工方法、粒度及品质不同比价，将煤炭产品划分为5大类33个品种和若干等级，并由此确定了《煤炭价格目录》，体现了优质优价的价格政策。

1979年，原煤炭工业部制定了《煤炭质量规格及出厂价格》，同时颁布了《煤炭出厂价格计算和管理办法》。煤炭价格有了自己的计算公式：商品煤价格＝该品种煤的灰分基价(元)×煤种比价(%)×水分比价(%)×硫分比价(%)×煤块限下比价(%)。此时,煤炭并不具有商品属性,质量是定价的惟一标准。

1983 年 1 月,原煤炭工业部转发了国家计委、国家经委、财政部《关于部分统配煤矿试行超产煤炭加价的通知》。当时,试行超产加价的矿务局共 22 个,即:黑龙江省的鹤岗、鸡西、双鸭山、七台河;内蒙古自治区的平庄、扎赉诺尔、大雁;安徽省的淮南、淮北;河北省的开滦、峰峰;河南省的平顶山、新密;山东省的新汶、枣庄、肥城、兖州;上海的大屯。通知规定 1982 年已超过核定生产能力的部分,可加价 25%;比 1982 年产量再增加的部分,可加价 50%;通知还规定凡试行超产加价的煤矿,其加价收入国家和地方按“七、三”分成。1984 年 3 月,原煤炭工业部又增加了 15 个矿务局进行超产加价试点。

1990 年,国务院发布了《国务院关于提高煤炭价格的通知》,决定提高计划内煤炭价格。通知要求对统配煤矿计划内综合煤平均基本出厂价每吨提高 10 元。其中 8 元用于补贴亏损,计入价内;1 元作为新增维简费,价外收取,免交能源交通重点建设基金和国家预算调节基金;1 元用于建立开发基金,价外收取,1990 年暂不征收能源交通重点建设基金和国家预算调节基金。地方国营煤矿计划内煤炭出厂价格,参照统配煤矿的出厂价格适当提价,但平均提价幅度不得超过 10 元/t。

1992 年 7 月,国家取消了计划外煤价限制,放开指导性计划煤炭及定向煤、超产煤的价格限制,出口煤、协作煤、集资煤全部实行市场调节,市场煤所占比重接近一半,严密的计划体制趋于解体。1993 年决定对指导性计划煤炭实行全面的市场定价,并放开了部分行业、地区的煤炭价格,市场调节比重达到 70%左右。

1994 年,国家取消了统一的煤炭计划价格,除电煤实行政府指导价外,其他煤炭全部放开,由企业根据市场需要自主定价。为避免电煤价格纠纷,维护正常的社会秩序,1996 年国家开始对电煤实行国家指导价格,即在 1993 年煤炭实际结算价格基础上,全年平均电煤每吨最高提价额为 8 元,1997 年电煤价格在 1995 年 9 月末的基础上,吨煤上浮 12 元。

在 1998 年全国煤炭订货会上,国家对电煤继续执行指导价格,并提出以 1997 年 10 月份实行结算价格为基础,对于超过同质市场煤价的地区保持不动,对低于同质市场煤价的地区每吨可上调 5 元。

2002 年,国家宣布取消电煤政府指导价。至此,在制度层面上,煤炭价格开始实行完全的市场化确定机制。2004年12月15日，国家发展改革委印发《关于建立煤电价格联动机制的意见的通知》，国家开始实行煤电价格联动，煤炭计划定价体制最后的堡垒面临冲破。2004年6月7日，国务院办公厅发出47号文，明确2004年6月份电价上调2.2分/kW·h以后，电煤价格不分重点合同内外，均由供需双方协商确定。

2006年，国家明确不再协调电煤价格，但遭遇较大阻力，当年电煤价格谈判一波三折。2007年，国家发展改革委再次提出"继续坚持煤炭价格市场化改革方向，由供需双方企业根据市场供求关系协商确定价格"，"坚持以质论价、同质同价、优质优价的基本原则"，并明确"继续实施煤电价格联动政策"，以此促使电煤合同价格向市场价格回归。

2008年，发展改革委提出了煤炭供需衔接必须坚持以煤矿企业和煤炭终端消费企业为主体，坚持以发煤、收款煤矿为供方，接煤、付款厂家为需方签订合同；坚持尊重和落实企业经营自主权，任何部门、机构和单位不得非法干预和强迫企业自主签订合同。同时提出了完善煤炭价格市场形成机制。坚持煤炭价格市场化改革方向，落实供需双方企业自主协商定价权，加快形成反映市场供求关系、资源稀缺程度和环境损害成本的煤炭价格形成机制；坚持以质论价、同质同价、优质优价的基本原则。

20.3 煤炭价格政策取向

改革开放30年来，煤炭市场化改革取得了突破性进展。特别是近年来，在国家有关政策措施的指导下，煤炭价格市场化机制初步建立，价格逐渐向价值回归，极大地解放了煤炭生产力，有力地推动了煤炭产能建设，拉动了煤炭采选业的投资规模大幅增加，全国煤炭产量实现了连续多年以年均2亿多吨的速度增长，基本解决了全国煤炭供应短缺问题。同时，在国际石油、天然气价格大幅提高，资源产品价格走高的大背景下，我国能源价格与国际价格逐渐接轨，煤炭进口量逐年大幅增加，煤炭价格国际化趋势越来越明显。

2008年世界金融危机以来，发展低碳经济、可再生产能源和节能减排等减缓或控制二氧化碳排放量的思想越来越得到世界的认同，环境保护意识逐渐得到强化，煤炭开采和利用的政策性成本还将呈上升态势。我国通过加大煤矿安全生产投入，提高煤矿建设标准和安全生产装备水平，煤矿安全生产形势稳步好转，重特大煤矿事故初步得到了遏制，全国煤矿百万吨死亡率大幅下降。随着煤炭开采深度增加，煤矿安全生产投入仍将呈逐年增长态势，安全成本也将随之增加。加快推进资源性价格改革，在更大程度上发挥市场配置资源的基础性作用，是完善社会主义市场价格体制的重要内容。当前，我国推进资源性产品价格改革的目标是，按照科学发展观的要求，坚持市场化的改革取向，更大程度、更大范围发挥市场在资源配置中的基础性作用。逐步理顺价格关系，建立反映资源稀缺程度和市场供求关系的价格形成机制，为建设节约型社会和转变经济增长方式创造良好的价格体制条件和政策环境。今后一个时期，我国煤炭价格政策措施发展应主要包括建立和完善市场发现价格机制，建立资源稀缺程度的价格反应机制，逐步理顺煤炭成本变化的价格传导机制，进一步建立和完善煤炭与相关能源产品价格的比价关系，建立煤炭储备制度，逐步建立和完善全国与区域相结合的煤炭交易平台等。

20.3.1 建立和完善市场发现价格机制

煤炭作为我国基础性能源和重要的工业原料，是国家重要的战略性物资，煤炭价格的大起或大落都对全社会物价具有较大的影响。严重背离煤炭价值的政府定价机制，虽然能够在较长时期内，稳定煤炭市场价格，但因其不能真实反映煤炭市场供求关系、资源开采的外部性等真实成本，也没有形成煤炭开采对生态环境、煤矿安全的补偿机制。在世界经济全球化进程加快、社会主义市场经济体制改革不断深入和逐渐建立煤炭完全成本的改革发展实际与相关政策环境下，政府定价机制已不能适应新时期煤炭产业的健康发展需要，并成为制约煤炭市场化改革的重要环节。更为重要的是，煤炭是不可再生资源，不合理的煤炭价格会导致资源消费与生产的浪费，从建设资源节约和环境友好型社会的战略出发，逐步建立煤炭价格市场发现机制，控制资源开发和利用强度，促进资源开采、生态环境和社会经济可持续发展，十分必要。

针对我国煤炭市场发展情况，借鉴国外先进经验，选择主要煤炭生产地区、重点煤矿企业、主要煤炭品种，建立不同地区、不同煤种的煤炭出厂价格变化平均指数；建立主要煤炭中转地区、消费地区反映火车车板价、港口平仓价格变化的价格平均指数；建立反映我国煤炭进出口到岸价、离岸价以及国际海运价格变化的价格平均指数。最终形成全国煤炭市场综合价格指数和专项价格指数相结合的完整的价格指数体系，将是建立和完善我国煤炭价格发现机制的重要环节。

20.3.1.1　国际上主要煤炭价格指数

(1) BJ 指数：BJ 指数是亚洲市场动力煤现货价格指数，它反映了煤炭买卖双方对现货动力煤的合同价，发货港是澳大利亚纽卡斯特港，目的港不定，每周发布一次。BJ 指数由巴洛金克公司(BARLOW JONKER)创建的，该公司是澳大利亚一家专门从事煤炭研究咨询的公司，该指数现在已成为指导日澳煤炭价格谈判和现货谈判的重要参考价格依据。

(2) McCloskey 煤炭价格指数：麦克洛斯基出版集团(McCloskey)是英国一家专门从事煤炭研究咨询的公司，定期编辑发布煤炭价格指数。

(3) Globalcoal 煤炭价格指数：环球煤炭公司(Globalcoal)是由几十家世界主要煤炭生产商和贸易商参与建立的煤炭电子交易市场。该公司为澳大利亚等主要煤炭贸易品种设计了标准的煤炭交易合同，以标准煤炭合同和交易价格为计算基础，定期发表煤炭价格指数。

(4) 纽约商品交易所煤炭价格指数：纽约商品交易所于 2001 年在世界上率先推出煤炭期货交易，根据期货交易情况形成煤炭价格指数。

(5) PLATTS 煤炭价格：普氏公司(PLATTS)是世界著名的专门从事能源信息和咨询的公司。定期发布由专门渠道采集的煤炭价格估价和指数信息，刊物分别有周刊和日报。

(6) Augus 煤炭价格：奥古斯能源公司(Augus)《煤炭日报》定期公布美国境内 5 个主要产煤区有代表性煤种的价格。奥古斯《国际煤炭日报》公布世界主要煤炭出口国和进口国港口一年内交货的煤炭合同价格、指数。

以上这些煤炭价格指数有的是直接反映煤炭价格状况，有的是经过数据整理和处理以指数形式公布，总体上反映了世界煤炭贸易过程中的价格情况，对指导国际煤炭贸易起到重要的指导作用，也逐步受到世界范围的重视。

20.3.1.2　我国现行(试行)的主要煤炭价格指数

(1) 中国电煤价格指数。这是根据《国家发展改革委关于建立煤电价格联动机制的通知》(发改价格(2004)2909 号)有关规定决定建立的发电用煤价格指数编制制度。国家发展和改革委员会价格司负责整体协调和监督。

2006 年 4 月 20 日，国家发改委价格司召集参与价格指数工作的煤炭和电力企业在重庆召开电煤价格指数工作启动和培训会，标志着中国电煤价格指数工作正式启动。电煤价格指数主要是为电价调整提供重要依据，也是重点电煤定价的重要依据。电煤价格指数与煤炭企业、电力企业的利益密切相关，是关系煤炭企业和电力企业的大事。电煤价格指数具体内容主要包括：一是遵循“重点采样、及时有效、科学计算、全面反映、先易后难、逐步完善”的原则。在选定重点调查企业的基础上，通过定时采集煤种、热值、价格、交易量等数据，经统计计算后，得出电煤价格指数，并向社会公布。二是选定 52 个煤炭企业、64 个发电企业或发电燃料经营企业作为首批数据采集点。随着工作的深入，数据采集还将适当扩展。三是选定计算方法。首先对报告期电煤质量、价格以煤量为权重进行加权平均，计算自然煤质状态下的平均价格；再用报告期平均低位发热量水平和额定发热量进行修正，得出报告期电煤价格水平及价格指数。根据需要，也可分区域、煤质、煤种、价格属性、报告周期、运输方式等计算各类电煤价格指数。四是选定指数的制定和发布日期。每月 6 日前，各数据采集点将电煤车板价、到厂价、成交数量、发热量等数据通过软件发送到煤炭运销协会和中电联燃料分会；进行汇总数据后，由价格监测中心会同进行数据核实，于每月 10 日前计算出上月电煤价格指数；最后通过价格监测中心、煤炭运销协会、中电联燃料分会的网站予以发布。在运行初期，暂只发布全国电煤价格指数及同比、环比价格指数，逐步扩大指数类别和范围。

(2) 中联冶金用煤价格指数。中联煤炭销售有限责任公司(以下简称中联公司)是由山西焦煤、开滦、黑龙江、阳泉等 25 家股东单位共同参与设立的全国性煤炭联合销售公司。中联公司销售范围冶金用煤市场份额占全国的 60%以上。中联冶金用煤价格指数是指中国境内生产、中转或消费冶金用精煤、喷吹煤、烧结煤的一系列平均价格或综合价格，基本能够反映不同时期、不同地区、不同煤种间价格变化趋势和变化幅度，通过固定采集、综合计算，可以基本反映出全国冶金用煤价格状况，包括加权平均车板交货价、平仓价、到厂价、冶金用精煤出口离岸价。全国分省(市、区)综合冶金用煤炭价格指数分主产省、主要消费地区、主要港口加权平均车板交货价、平仓价、到厂价、冶金用精煤出口离岸价。

中联冶金用煤价格指数具体内容包括统计内容、指数发布范围和价格的确定三部分。统计内容：按照周期抽样的方式在全部股东单位内进行数据采集。按照实际产量，在每个股东单位抽样采集若干煤种、品种，以分等级的月度数据为基础数据，统一进行加工处理。主要统计煤种为瘦、焦、肥、1/3 焦、气肥、气、喷吹、无烟，主要灰分等级分 8、9、10、11、12 级统计。指数发布范围：中联冶金用煤炭价格指数运行稳定后，冶金用煤综合价格指数

(包括炼焦精煤车板含税交货综合指数、喷吹煤车板含税交货综合指数、烧结煤车板含税交货综合指数;出口炼焦精煤离岸价综合指数、出口喷吹煤离岸价综合指数、出口烧结煤离岸价综合指数)可以定期向社会公开发布,其他分地区、分品种、同品种分级别价格指数在中联公司成员单位内部发布。价格的确定:按煤炭购销合同的合同价统计,合同价格是买卖双方对煤炭市场供求关系的共同认识,各单位当期对合同价格的任何修改在下期的报表中反映。

(3) 中国煤炭市场网市场煤价格指数。中国煤炭市场网是由中国煤炭运销协会于 2000 年创办的专注于中国煤炭市场信息与研究的专业化网站。网站会员 20 000 多个,涵盖煤炭生产、经销、用煤、研究机构等各个行业。中国煤炭市场网市场煤价格指数是中国煤炭市场网通过建立、整合各方面信息资源、信息渠道,包括全国煤炭市场信息合作组织,20 家各省煤炭内部信息刊物、130 多位市场观察员,10 多个地区煤炭市场工作站,系统采集煤炭市场价格数据,整理、分析、统计、汇总形成的煤炭市场价格指数。中国煤炭市场网市场煤价格指数主要包括两个内容:一是煤炭中转港市场煤价格指数,主要价格行情包括秦皇岛、天津、日照、连云港、万寨等港口价格行情。二是煤炭消费地区市场煤价格指数,主要价格行情包括江苏、浙江、上海、福建、广东、广西、湖北、江西等价格行情。

(4) 中国煤炭市场网煤炭市场预期指数。为了更好地预测中国煤炭市场趋势,中国煤炭市场网相应推出了可以定性反映全国煤炭市场趋势的市场预期指数,为分析煤炭市场提供明确的信号。调查形式主要采用以市场观察员固定填报为主,网上调查为补充,或以网上填报为主,电话调查、采访为补充。发布时间采取每天公布,每周固定采集。主要调查内容包括:现货价格变化、销售量变化、煤炭生产量变化、煤炭用户耗煤量变化、回款方式变化、商务纠纷变化、用户到矿次数变化、煤矿出矿次数变化、铁路运输紧张程度、航运运输紧张程度、煤矿库存变化、港口库存变化、用户库存变化、煤炭购销人员预测、煤炭经销中介机构预测、市场研究专家预测。

20.3.2 建立和完善煤炭成本与价格传导机制

在计划经济时期,我国煤炭等重要物资均由政府定价,严重扭曲了资源产品的真实价值,价格体系未能充分反映资源的稀缺程度和环境、安全成本,造成资源浪费严重、过度消耗,经济增长方式粗放,煤炭工业可持续发展面临严峻挑战。

（1）建立资源稀缺程度的价格反应机制。我国煤炭资源具有总量丰富、分布不均衡、开发和利用强度大、开采条件相对较差、特殊和优质资源少的特点，在全球推动低碳经济、控制和减少碳排放、保护生态环境，以及我国建设资源节约和环境友好型社会和促进经济社会可持续发展的政策背景下，煤炭作为不可再生资源的稀缺性特征越来越明显，特别是对于我国煤炭资源开发利用，更显得尤为重要。根据全国煤炭资源储量评价结果，我国已探明的煤炭资源储量仅次于美国、俄罗斯，居世界第三位，是煤炭资源大国。但是，长期以来，我国一直是世界上最大的煤炭生产和消费国。2002 年以来，我国煤炭产量一直占世界煤炭总产量的 40%以上；每年的产量增量占世界产量增量的 80%以上。更为重要的是，我国煤炭生产结构不合理，小煤矿数量占全国煤矿总数的 90%以上，产量占 40%左右，而小煤矿的资源采出率只有 15%左右，资源浪费十分严重，导致全国煤矿资源回收率只有 45%左右，远远低于世界主要产煤国家。根据国民经济和社会发展实际，适度控制煤炭资源开发利用强度，保护优质煤炭资源和对国民经济发展具有特殊意义的特殊及稀缺煤种，具有重要的战略意义。因此，建立社会主义市场经济体制，充分发挥市场优化配置资源的作用和价格的杠杆调节作用，建立资源稀缺程度的价格反应机制，提高特殊和稀缺煤种、优质煤炭资源的市场价格，达到控制资源开发强度，提高资源利用成本，促进资源的高效利用，将成为我国今后一个时期煤炭价格市场化发展的取向之一。

（2）建立煤炭外部成本内部化机制，推进煤炭成本完整化。煤炭在生产和消费过程中，既包括对自然资源的勘查、勘探等前期投入，也包括为开采煤炭所进行的煤矿建设和生产装备等的直接投入；既包括煤炭生产所产生的所有直接费用，也包括由于煤矿开采造成的地表沉陷、植被破坏、地下水位下降、区域生态环境容量下降等外部损失；既包括洗选加工过程中的直接成本，也包括煤矸石排放、污染水排放、煤矿排放瓦斯等有害气体造成的大气污染等由社会承担的外部成本；既包括煤矿建设初期的基础设施建设投入，也包括资源枯竭煤矿关闭后，土地恢复、矿井关闭后等所有费用。目前，国家在逐步推进煤炭资源有偿使用、建立煤炭可持续发展机制和矿区生态环境恢复与治理机制，以及煤矿资源枯竭转产发展机制。但是，这些距离煤炭成本完整化还有相当的距离。推进煤炭成本完整化、建立煤炭外部成本内部化机制还需要一个较长的过程。同时，完整的煤炭成本是构成煤炭价格的基础，加上不低于社会平均利润率的合理投资收益就应该是合理的煤炭价格。这是维持煤矿简单再生产的最基本条件，否则就会导致煤炭产能萎缩，直接影响国民经济发展。因此，煤炭完整成本的构成应根据我国的实际情况，以包括煤炭资源使用、煤矿生产和安全、矿区环境恢复和保护、企业转产发展等全过程的投入和产生的费用。

（3）建立煤炭生产、加工和利用产业链条中各相关主体科学合理的成本分配机制，逐步形成较为顺畅的成本与价格传导机制。根据可耗竭资源产品价格理论和我国煤炭价格现状及我国煤炭市场在国际煤炭市场及能源市场上的特殊性，在不断推进煤炭成本完整化的进程中，随着资源使用价格逐渐提高，煤矿建设标准提高，生态环境保护意识增强，环境投入大幅增长，煤矿生产现代化、机械化和信息化水平提高，今后一个时期，煤炭成本总体上还将呈逐渐上升态势。如果煤炭成本增支因素全部由煤炭生产企业负担，不能正常向下游产业传导，煤炭生产企业最终将难以承受，煤炭成本完整化目标也难以实现。

针对我国煤炭市场化改革发展实际，建立煤炭生产、加工和利用产业链条中各相关利益主体成本分配机制，促进成本与价格传导机制的形成，必须坚持以下几个原则。一是坚持煤炭市场化定价，培育煤炭市场价格形成的体制环境。坚持煤炭市场化定价意味着减少政府对市场干预的程度，确立企业在煤炭市场运行中的主体地位。政府在推进煤炭市场化改革的过程中，应注重通过财税等经济政策和征收基金、专项费用等手段规范市场竞争秩序和市场主体的价格行为，注重培育和塑造市场定价机制正常发挥作用的体制环境。二是坚持推进煤炭相关上下游产业改革，努力促进煤炭铁路运输、电力价格改革，理顺煤炭与相关产业的价格关系。我国煤炭市场化改革已经历了十多年，而与煤炭密切相关的煤炭铁路运输和电力仍然处于政府垄断或集团垄断经营的地位，铁路运价、上网电价均由国家定价。由于铁路运输与终端电力价格核算还没有实现市场化，政府监管成本与经营成本相互交织，尚未形成较为顺畅的市场化定价机制。三是坚持培育和发展现代煤炭物流体系，减少煤炭交易过程的中间环节费用，降低交易成本。目前，我国煤炭产业集中度低，生产经营分散，经营主体多。此外，我国资源分布不均衡，煤炭运输与转运环节多，过程复杂，从煤矿生产开始到煤炭消费终端，需要经过许多中间环节，产生大量的中间费用，增加煤炭使用成本。建立和发展现代煤炭物流体系，规范煤炭市场秩序，建立煤炭供需双方战略性合作、中长期协议和期货贸易与现货交易相协调的供应机制，加强煤炭产供需各方信息交流，逐步建立起利益共享、风险共担的煤炭成本与价格传导机制。四是坚持建立和完善煤炭价格指数与电子商务平台。建立和完善煤炭价格指数可以指导煤炭实物交易。煤炭生产商、用户、中间商可以采取对冲交易、实物交易等形式进行交易，利用地区价差和时间价差实现套期保值，规避市场风险，理顺煤电价格。建立煤炭期货市场可以指导煤炭远期交易。在期货市场上确定的远期价格，可以帮助煤炭企业保持均衡生产，实现预期利润，避免价格波动和利润不稳定带来的风险，防范煤炭价格的大起大落。

20.3.3 建立煤炭与相关能源产品的比价关系

由于不同品种的能源在一定程度上可以相互替代，因此人们在选择能源消费品种时，可以通过比较产生同等热量所需要的价格来判断各种能源的比价关系，从而决定能源消费品种。长期以来，国际上普遍根据热值折合成标准煤来进行对比。在各国能源比价关系中，煤炭价格普遍最低，其中，中国的煤炭价格比价最低。近年来，随着国际石油价格的大幅攀升与回落，在带动煤炭价格出现了大起大落的同时，也增强了煤炭与石油价格之间的联系。例如：2008 年 7 月，国际石油价格大幅攀升到 147 美元/桶时，煤炭价格也相应提高到了 184 美元/t；当年底国际石油价格跌至 40 美元/桶以下时，煤炭价格也相应下跌到 78 美元/t。因此，建立煤炭与电力、石油、天然气等相关能源产品的比价关系，有利于促进煤炭与相关能源产品形成成本增支共担、价格上升利益共享的协调关系，有利于稳定煤炭市场，提高全国煤炭生产建设的信心，控制或减少煤炭生产过程中的投机行为，稳定全国煤炭有效供应保障能力。

建立能源比价关系，需要满足最基本的要求，即：能够反映能源资源的赋存条件，反映能源资源的稀缺性和能源产业的开发利用成本，反映能源品种的利用效率，促进全国或区域能源利用的基本均衡，实现能源资源配置基本合理，促进相关能源产业之间协调发展，稳定能源市场秩序。同时，还应满足经济性和国际性标准，即：通过能源比价关系建立起来的相关能源产品价格体系符合经济性原则，在各种不同能源价格下使用的经济性（即成本）基本一致；国内各种能源价格在国际价格水平中所处位置大致相当或者国内能源比价关系与国际平均水平基本相当，能够促进国内外能源利用基本均衡。现阶段，考虑到经济性标准的使用需要寻找到一种同时使用煤、油、气、电等多种能源的媒介，相对比较困难，而世界能源市场的融合度也越来越高，因此以国际性标准来评价我国能源比价关系将会取得更好的效果。

第21章 环境保护与节能政策

能源是经济社会发展的重要物质基础。能源的开发利用，在创造出巨大物质财富的同时，也带来空气污染、生态破坏、气候变化等一系列严重环境问题，直接威胁着经济社会的可持续发展。我国以煤为主的能源结构和粗放的经济发展方式，使能源、环境与发展的关系尤为特殊，异常复杂，随着我国全面建设小康社会进程的快速推进，能源开发利用将给环境带来更加严峻的挑战。

资源环境代价过大的严峻现实，客观要求对传统工业文明进行反思、扬弃和创新，催生新的文明形态，推进新的文明建设。近年来，我国环境保护相关法律法规体系逐步健全，配套出台了一系列相关政策措施，取得了显著效果。"十一五"前三年，我国单位GDP能耗累计下降了10.1%，二氧化硫、化学需氧量排放总量分别下降了8.95%和6.61%。2009年上半年，全国单位GDP能耗又下降了3.35%，二氧化硫、化学需氧量分别下降了5.4%和2.46%。全国可再生能源利用量约占一次能源的9%。根据2009年全国森林普查结果，我国森林覆盖率已经达到了20%。面对国际金融危机的冲击，中国政府也没有放松对节能减排和应对气候变化的努力，在中央政府新增4万亿元投资当中，与气候变化、环境保护以及生态建设方面相关的投资达到了5 800亿元。

从全国实施的主要环境保护与节能减排措施看，主要包括六个方面：

(1) 加大淘汰落后生产能力。2006～2008年，全国共淘汰落后炼铁产能6 000多万t，炼钢产能4 300多万t，水泥产能1.4亿t，炼焦产能6 400多万t。截至2009年上半年，全国已累计关停、淘汰小火电机组5 400多万kW，提前一年半完成了"十一五"关停5 000万kW小火电机组的任务。

(2) 优化能源结构。到 2008 年,我国可再生能源的利用量已经达到 2.5 亿 tec,水电装机容量、核电在建规模、太阳能热水器集热面积和太阳能光伏发电累计的容量均居世界第一,风电装机也跃居世界第四。截至 2008 年底,全国农村建成户用沼气池 3 050 万户,年产沼气约 120 亿 m^3,相当于每年少排放二氧化碳 4 900 多万 t。

(3) 推动技术进步。通过加快节能减排技术的研发,攻克了一批促进节能减排的关键和共性技术,全面实施十大重点节能工程和重点环境治理工程。2006～2008 年,国家安排中央预算内投资 336 亿元,中央财政资金 505 亿元,引导了大量投资,支持了十大重点节能工程、城市污水处理设施及配套管网建设、重点流域水污染防治、节能环保能力建设等等。

(4) 增加森林碳汇。近五年来,我国森林蓄积量以每年近 1 亿 m^3 的速度在增长,全国森林面积达到 1.75 亿 hm^2,森林覆盖率从 20 世纪 90 年代初的 14%提高到 20%,人工造林保存面积达到 0.54 亿 hm^2,居世界第一。积极实施天然林保护、退耕还林还草、草原建设和管理、自然保护区建设等生态建设与保护政策,进一步增强了林业作为温室气体碳汇的能力。

(5) 加强基础管理。建立和完善了节能减排统计、监测和考核体系,实行严格的问责制,实行耗能产品最低能效标准,扩大强制性能效标识的实施范围,着力抓好电力、钢铁等重点耗能行业以及建筑、交通行业和公共机构的节能工作,加强了重点耗能单位的节能管理。2008 年,新建建筑施工阶段节能标准的执行率达到了 82%,大体节能 65%。北方采暖地区已经完成和正在实施的供热计量及节能改造面积达到 3 965 万 m^2。对重点污染源实施了在线监测,推进重点流域区域污染治理和解决突出环境问题。大力发展循环经济,组织开展了企业、行业、园区、城市、省域等不同范围的国家循环经济示范试点,推广了不同模式的循环经济的典型经验。

(6) 完善政策机制。国家设立了节能专项资金,采取以奖代补的方式,支持节能重点工程、高效节能产品和合同能源管理、基层节能管理能力建设。比如政府对工业节能、提高能效、技术改造项目给予 10%的奖励性补贴,对购买节能环保汽车补助 30%,对居民购买高效节能家用电器补贴 10%,对居民购买节能灯补助 50%,鼓励汽车、家电以旧换新,国家给予 13%的价格补贴。对开展节能、发展循环经济和进行资源综合利用的企业,采取了减税、免税的政策,对解决突出环境问题的工程实行以奖促治的政策,财政给予一定的奖励资金,并提出了今后一个时期的奋斗目标:一是加强节能、提高能效，争取到 2020 年单位国内生产总值二氧化碳的排放比 2005 年有显著的下降；二是大力发展可再生能源和核能，争取 2020 年非化石能源占一次能源消费的比重达到 15%左右；三是大力增加森林碳汇，争取到 2020 年森林面积比 2005 年增加4 000 万 hm^2，森林蓄积量比 2005 年增加 13 亿 m^3；四是大力发展绿色经济，积极发展低碳经济和循环经济，研发和推广气候友好技术。

21.1 煤矿区环境保护与节能政策

21.1.1 煤矿区环境保护政策综述

新中国成立以来，在煤炭产量增加，开采强度逐渐加大的同时，矿区环境保护的意识也在逐渐增强。从 20 世纪 60 年代起，煤炭企业就针对煤炭生产建设对环境产生的污染和破坏，开展了以治理废水、废气、废渣为主要内容的环境保护工作。特别是 1979 年《环境保护法(试行)》颁布之后，煤炭工业有组织的环境保护工作全面展开。到 1985 年，初步建立形成了全国统配煤矿环境监测网骨架，大中型基本建设项目全部实现“三同时”，环境影响评价工作开始进行，有重点地开展了污染源治理工作，初步建立起了环保管理机构体系。原煤炭工业部颁布了《矿区环境监测站技术装备暂行规定》，统一了矿区监测站建设规模和装备水平。同年，中国矿业大学招收了第一批环境工程专业本科生。其他学校也相继增设了环境工程专业。1990 年，中国统配煤矿总公司下发了环境保护指标考核责任书，将矿井水外排达标率、火药厂废水达标率、机厂废水达标率、矿灯厂废水达标率、医院含菌污水达标率、实现洗煤水闭路循环的洗煤厂数、矸石山防火数、锅炉烟尘排放达标率、煤矸石综合利用量和环境监测站建设等 10 个指标纳入考核指标。当年，全国统配煤矿矿井水外排量 17.2 亿 t，外排达标率为 74.2%，利用率 15.5%；实现洗煤水闭路循环的选煤厂达到 53.4%，洗煤水外排量 3 650 万 t，煤泥流失量 16.7 万 t。

1997 年 2 月，原煤炭工业部印发了《关于颁布〈煤炭生产许可证环境保护年检办法〉的通知》。规定了年检内容：环境保护设施运行情况；各类污染源治理、处理和达标情况；矿区生态恢复情况；矿井水的回用及矸石等的综合利用情况；矿区绿化美化情况；取得煤炭生产许可证环境保护审查时提出的限期治理工程完成情况。

1999 年 10 月，原国家经贸委和科学技术部印发了《煤矸石综合利用技术政策要点》。提出了煤矸石综合利用要坚持“因地制宜、积极利用”的指导思想，实行“谁排放、谁治理”，“谁利用、谁受益”的原则；将资源利用与企业发展相结合，资源化利用与污染物治理相结合，实现经济利益、环境效益、社会效益的统一；提出“煤矸石综合利用主要以大宗利用煤矸石技术为主攻方向，发展高科技含量、高附加值的煤矸石综合利用技术和产品”。

2002 年 1 月，国家环境保护总局、国家经贸委和科学技术部联合印发了《燃煤二氧化硫排放污染防治技术政策》，提出了二氧化硫减控目标。技术政策的总原则是：推行节约合理使用能源、提高煤炭质量、高效低污染燃烧以及末端治理相结合的综合防治措施，根据技术的经济可行性，严格二氧化硫排放污染控制要求，减少二氧化硫排放。

2003 年，国务院公布了《排污费征收使用管理条例》，规定从 2003 年 7 月 1 日起，一方面增加对煤矿企业排放矸石征收排污费，征收标准为：煤矸石 5 元/t，尾矿 15 元/t；另一方面，扩大了矿井水排污费征收范围，由原来按矿区排出的污染量计征改为矿井口排出量计征，未扣除企业利用矿井水量，征收标准为：每一污染当量征收 0.7 元。

2005 年 6 月，《国务院关于促进煤炭工业健康发展的若干意见》中明确提出了煤炭资源的开发利用必须依法开展环境影响评价，环保设施与主体工程要严格实行建设项目“三同时”制度。按照“谁开发、谁保护，谁污染、谁治理，谁破坏、谁恢复”的原则，加强矿区生态环境和水资源保护、废弃物和采煤沉陷区治理。研究建立矿区生态环境恢复补偿机制，明确企业和政府的治理责任，加大生态环境治理投入，逐步使矿区环境治理步入良性循环。对原中央国有重点煤矿历史形成的采煤沉陷等环境治理欠账，制订专项规划，继续实施综合治理，中央政府给予必要的资金和政策支持，地方各级人民政府和煤矿企业按规定安排配套资金。

2005 年 7 月，国务院印发了《关于加快发展循环经济的若干意见》(国发[2005]22 号)。提出发展循环经济的基本原则是：坚持走新型工业化道路，形成有利于节约资源、保护环境的生产方式和消费方式；坚持推进结构调整，加快技术进步，加强监督管理，提高资源利用效率，减少废物的产生和排放；坚持以企业为主体、政府调控、市场引导、公众参与相结合，形成有利于促进循环经济发展的政策体系和社会氛围。

2006 年 2 月，财政部、国土资源部、国家环保总局下发了《关于逐步建立矿山环境治理和生态恢复责任机制的指导意见》。从 2006 年起逐步建立矿山环境治理和生态环境恢复责任机制，要求地方环境保护、国土资源行政主管部门按照基本恢复矿山环境和生态功能的原则，提出矿山环境治理和生态恢复目标及要求，制订矿山生态环境恢复和综合治理方案。由矿山企业从销售收入中提取一定的比例，作为矿山环境治理恢复保证金，并列入成本；按照“企业所有，政府监管，专款专用”的原则，按规定使用资金。

2006 年 3 月，国家环保总局、国土资源部、卫生部发布了《矿山生态环境保护与污染物防治技术政策》，提出矿产资源的开发应贯彻“污染防治与生态环境保护并重，生态环境保护与生态环境建设并举，以及预防为主、防治结合、过程控制、综合治理”的指导方针；推行循环经济的“污染物减量、资源再利用和循环利用”的技术原则，具体包括：① 发展绿色开采技术，实现矿区生态环境或受损最小。② 发展干法或节水的工艺技术，减少水的使用量。③ 发展无废或少废的工艺技术，最大限度地减少废弃物的产生。④ 矿山废物按照先提取优价金属、组分或利用能源，再选择用于建材或其他用途，最后进行无害化处置的技术原则。

针对煤炭矿区提出的阶段性发展目标是：到 2010 年，新、扩、改建的选(洗)煤水重复利用率达到 90%以上；大中型煤矿矿井水重复利用率力求达到 65%以上；已建立地面永久瓦斯投放系统的大中型煤矿，其瓦斯利用率应达到当年抽放量的 85%以上；历史遗留的矿山开采破坏土地复垦率达到 20%以上，新建矿山应做到边开采、边复垦，破坏土地复垦率达到 75%以上；煤矸石利用率达到 55%以上。到 2015 年，选煤厂水循环利用率在 2010 年的基础上提高 3%；大中型煤矿矿井水重复利用率、大中型煤矿瓦斯利用率、煤矸石的利用率在 2010 年的基础上提高 5%；历史遗留矿山开采破坏土地复垦率达到 45%以上，新建矿山土地复垦率达到 85%以上。

2007 年 1 月 16 日，国家发展改革委发布了《“十一五”资源综合利用指导意见》。该指导意见在分析我国资源综合利用现状的基础上，提出了 2010 年资源综合利用目标、重点领域、重点工程和保障措施。该指导意见提出：到 2010 年，我国矿产资源总回收率与共伴生矿产综合利用率在 2005 年的基础上各提高 5 个百分点，分别达到 30%和 40%。工业固体废物综合利用率达到 60%，其中粉煤灰综合利用率达到 75%，煤矸石达到 70%。

2007 年 2 月 7 日，财政部、国家税务总局发布了《关于加快煤层气抽采有关税收政策问题的通知》。该通知规定，自 2007 年 1 月 1 日起，对煤层气抽采企业的增值税一般纳税人抽采销售煤层气实行增值税先征后退政策。

对于先征后退的税款，将由企业专项用于煤层气技术的研究和扩大再生产，此部分不征收企业所得税。

2007年3月，根据《国务院关于同意在山西省开展煤炭工业可持续发展政策措施试点意见的批复》(国函[2006]52号)文件精神，山西省组织编制了《山西省煤炭工业可持续发展政策措施试点工作总体实施方案》。方案中提出了要建立矿山环境治理恢复保证金制度。省内所有煤炭生产企业应依据矿井设计服务年限或剩余服务年限，按吨煤10元分年按月提取矿山生态环境治理恢复保证金，按“企业所有，专款专用，专户储存，政府监管”的原则管理。经省人民政府批准，省属国有重点煤炭开采企业，由企业设立保证金专户储存，专款专用，接受政府有关职能部门监督。其他煤炭开采企业，其保证金由煤炭可持续发展基金代征机构交入同级财政部门专户储存。按照“统筹兼顾、突出重点，预防为主、防治结合，过程控制、综合治理”的原则，加强产煤地区生态环境恢复治理，建立健全煤炭开采生态补偿机制，构筑煤炭开发的“事前防范，过程控制，事后处置”三大生态环境保护防线，做到“渐还旧账，不欠新账”，争取用10年左右的时间使山西省矿区生态环境明显好转。2007年11月，山西省开始征收“煤炭开采生态环境治理恢复保证金”。

2007年4月，国家发展改革委发布《能源发展“十一五”规划》，规划中提出:到2010年，我国一次能源消费总量控制目标为27亿tce左右，年均增长4%。煤炭、石油、天然气、核电、水电和其他可再生能源分别占一次能源消费总量的66.1%、20.5% 、5.3%、0.9% 、6.8%和0.4%。与2005年相比，煤炭、石油比重分别下降3.0和0.5个百分点，天然气、核电、水电和其他可再生能源分别增加2.5、0.1、0.6和0.3个百分点。

2007年7月3日，为深入贯彻《国务院关于加强节能工作的决定》(国发[2006]28号)和《国务院关于节能减排综合性工作方案的通知》(国发[2007]15号)，切实转变发展观念，创新发展模式，提高发展质量，落实“十一五”规划纲要企业的节能减排目标，促进煤炭工业节约、清洁、安全和可持续发展，国家发改委、国家环保总局制定了《煤炭工业节能减排工作意见》。该意见从指导思想、基本原则和节能减排目标、煤矿设计、煤炭生产、煤炭洗选加工、资源保护和综合利用、保障措施6个方面共45条意见做出全面部署，以保证到“十一五”末实现煤矿企业单位生产总值能耗比2005年下降20%。二氧化碳排放量控制在规定范围内，煤炭工业原煤入洗率由2005年的32%提高到50%，煤矸石、煤泥等固体废弃物综合利用率由2005年的43%提高到 70%，矿井水利用率由 2005 年的 44%提高到 70%，矿井瓦斯抽采利用率达到 60%的规划目标。

为大力推进循环经济发展，2007 年 8 月 27 日，十届全国人大常委会第 29 次会议对全国人大环资委提请审议的《循环经济法》(草案)进行了初审。《循环经济法》(草案)中明确了循环经济与环境保护之间的关系。草案中有一些条款专门规定了发展循环经济时必须遵守的环境保护要求，明确了发展循环经济必须服从于环境保护的目标，必须接受环境保护主管部门的监督管理。

2007 年 10 月 28 日，《节约能源法》修订后颁布实施。修改后的节能法规定节约能源是我国的基本国策，确定了节约与开发并举，把节约放在首位的能源发展战略。同时，新的能源法还同时明确规定，国家实行节能目标责任制和节能考核评价制度，将节能目标完成情况作为对地方人民政府及其负责人考核评价的内容。修订后的新节能法将节能政策的执行与各级政府机关的业绩挂钩，彰显了此法强大的执行力。

21.1.2 煤炭工业污染物排放标准

2006 年 9 月 1 日，国家环境保护总局发布了《煤炭工业污染物排放标准》。该标准规定了原煤开采、选煤水污染物排放限值，以及煤炭采选企业所属煤矸石堆置场、煤炭贮存、装卸场所污染物控制技术要求。排放标准的主要内容包括：煤炭采矿、洗选废水污染物排放限值，煤矸石堆场固体废物处置要求，煤矿独立风井噪声污染控制，煤炭储、装、运环节粉尘控制要求，以及其他技术规定。其中，对煤炭采矿、洗选过程中的废水排放控制作为重点，并规定了有毒污染物排放限值、矿井水排放限值、洗选废水排放限值以及废水资源化管理规定。考虑到现有源和新源的差别，综合考虑不同技术的煤炭企业污染物排放特点，排放限值按现有源和新源区别对待，新源标准从严(见图 21—1)。

目前，我国排放有毒有害废水的煤矿主要分布在我国的东北、华北北部、淮南、贵州等矿区。这些排放中，主要有毒有害污染物为：汞、镉、铬、铅、锌等重金属，砷、氟以及放射性物质。在煤炭工业污染物排放标准中，对煤矿开采、洗选废水排放规定了 10 种有毒有害物质的限值指标，这些污染物指标覆盖了目前在煤矿废水排放中所发现的绝大部分种类的有毒污染物。此外，煤炭工业污染物排放标准还对有毒污染物、酸性矿井水污染物、采煤其他矿井水污染物和选煤水污染物最高允许排放浓度标准进行了规定(见

表 21－1、表 21－2、表 21－3、表 21－4）。

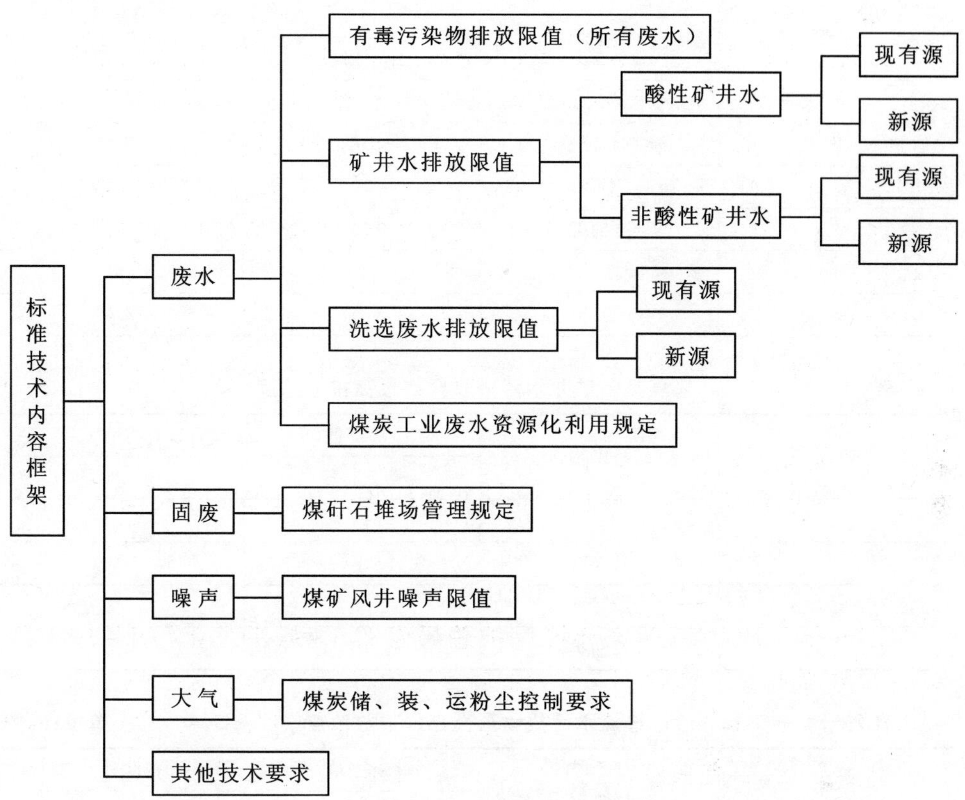

图 21－1　煤炭工业污染物排放标准技术路线与主要内容框架

表 21－1　　有毒污染最高允许排放浓度　　单位：mg/L

序号	污染物	最高允许排放浓度
1	总汞	0.05
2	总镉	0.1
3	总铬	1.5
4	六价铬	0.5
5	总铅	0.5
6	总砷	0.5
7	总锌	2.0
8	氟化物	10
9	总 α 放射性	1 Bq/L
10	总 β 放射性	10 Bq/L

表 21－2　　酸性矿井水污染物允许最高排放浓度　　单位:mg/L

序号	污染物	标准限值(单位:mg/L,pH 值除外)	
		第一时段	第二时段
1	pH 值	6～9	6～9
2	总悬浮物	100	70
3	CODcr	70	50
4	石油类	10	5
5	总 Fe	6	3
6	总 Mn	5	2.5

表 21－3　　采煤其他矿井水污染物允许最高排放浓度　　单位:mg/L

序号	污染物	标准值(单位:mg/L,pH 值除外)	
		第一时段	第二时段
1	pH 值	6～9	6～9
2	悬浮物	100	70
3	CODcr	70	50
4	石油类	10	5

表 21－4　　选煤水污染物最高允许排放浓度　　单位:mg/L

序号	污染物	标准值(单位:mg/L,pH 值除外)	
		第一时段	第二时段
1	pH 值	6～9	6～9
2	悬浮物	100	70
3	CODcr	70	50
4	石油类	10	5
5	总 Fe	6	3
6	总 Mn	5	2.5

2008 年 11 月 21 日,环境保护部下发了《关于发布〈清洁生产标准煤炭采选业〉》等 5 项国家环境保护标准,并于 2009 年 2 月 1 日起执行。在该标准中规定了煤炭采选业清洁生产的一般要求,并将清洁生产标准分为七类,即生产工艺与装备要求、资源能源利用指标、产品指标、污染物产生指标(末端处理前)、废物回收利用指标、矿山生态保护、环境管理要求等。该标准适用于煤炭采选业的清洁生产审核、清洁生产潜力与机会的判断,以及清洁生

产绩效评定和清洁生产绩效公告制度，也适用于环境影响评价和排污许可证等环境管理制度。对煤炭采选业清洁生产指标提出了具体的要求（见表21－5）。

表 21－5　　煤炭采选业清洁生产指标要求

<table>
<tr><td colspan="2">清洁生产指标等级</td><td>一级</td><td>二级</td><td>三级</td></tr>
<tr><td colspan="5">一、生产工艺与装备要求</td></tr>
<tr><td colspan="5">(一) 采煤生产工艺与装备要求</td></tr>
<tr><td colspan="2">1. 总体要求</td><td colspan="3">符合国家环保、产业政策要求，采用国内外先进的煤炭采掘、煤矿安全、煤炭贮运生产工艺和技术设备，有降低开采沉陷和矿山生态恢复措施及提高煤炭采出率的技术措施</td></tr>
<tr><td rowspan="4">2. 井工煤矿工艺与装备</td><td>煤矿机械化掘进比例(%)</td><td>≥95</td><td>≥90</td><td>≥70</td></tr>
<tr><td>煤矿综合机械化采煤比例(%)</td><td>≥95</td><td>≥90</td><td>≥70</td></tr>
<tr><td>井下煤炭输送工艺及装备</td><td>长距离井下至井口带式输送机连续运输(实现集控)
立井采用机车牵引矿车运输</td><td>采区采用带式输送机，井下大巷采用机车牵引矿车运输</td><td>采用以矿车为主的运输方式</td></tr>
<tr><td>井巷支护工艺及装备</td><td>井筒岩巷光爆锚喷、锚杆、锚索等支护技术，煤巷采用锚网喷或锚网、锚索支护；
斜井明槽开挖段及立井井筒采用砌壁支护</td><td>大部分井筒岩巷采用光爆锚喷、锚杆、锚索等支护技术，煤巷采用锚网喷或锚网支护，部分井筒及大巷采用砌壁支护，采区巷道金属棚支护</td><td>部分井筒岩巷采用光爆锚喷、锚杆、锚索等支护技术，煤巷采用锚网喷或锚网支护，大部分井筒及大巷采用砌壁支护，采区巷道金属棚支护</td></tr>
<tr><td>3. 露天煤矿工艺与装备</td><td>开采工艺要求</td><td colspan="3">按照 GB50197 的要求，露天开采工艺的选择应结合地质条件、气候条件、开采规模等因素，本着因矿制宜的原则，通过多方案比较确定选择间断开采工艺、连续开采工艺、半连续开采工艺、拉斗铲倒堆开采工艺、综合开采工艺。并应遵循下列原则：保证剥、采系统的稳定性、力求生产过程简单化，具有先进性、适应性和稳定性；设备选型规格尽量大型化、通用化、系列化</td></tr>
<tr><td rowspan="2">4. 贮煤装运系统</td><td>贮煤设施工艺及装备</td><td>原煤进筒仓或全封闭的贮煤场</td><td>部分进筒仓或全封闭的贮煤场。其他进设有挡风抑尘措施和洒水喷淋装置的贮煤场</td><td></td></tr>
<tr><td>煤炭装运</td><td>有铁路专用线，铁路快速装车系统、汽车公路外运采用全封闭车厢，矿山到公路运输线必须硬化</td><td>有铁路专用线，铁路一般装车系统；汽车公路外运采用全封闭车厢，矿山到公路运输线必须硬化</td><td>公路外运采用全封闭车厢或加遮苫汽车运输，矿山到公路运输线必须硬化</td></tr>
</table>

续表 21－5

<table>
<tr><td colspan="3">清洁生产指标等级</td><td>一级</td><td>二级</td><td>三级</td></tr>
<tr><td colspan="3">5.原煤入洗率(%)</td><td colspan="2">100</td><td>≥80</td></tr>
<tr><td colspan="6">(二) 选煤生产工艺与装备要求</td></tr>
<tr><td colspan="3">1.总体要求</td><td colspan="3">符合国家环保、产业政策要求，采用国内外先进的煤炭洗选、选煤水闭路循环、煤炭贮运生产工艺与技术设备</td></tr>
<tr><td rowspan="5">2.备煤工艺及装备</td><td rowspan="2">原煤运输</td><td>矿井选煤厂</td><td colspan="2">由封闭皮带运输及将原煤直接运进矿井选煤厂的贮煤设施</td><td>由箱车或矿车将原煤运进矿井选煤厂的贮煤设施</td></tr>
<tr><td>群矿选煤厂</td><td>由铁路专用线将原煤运进群矿选煤厂的贮煤设施，选煤厂到公路间道路必须硬化</td><td>由箱式货运汽车将原煤运进群矿选煤厂的贮煤设施，选煤厂到公路间道路必须硬化</td><td>由汽车加遮苫将原煤运进群矿选煤厂的贮煤设施，选煤厂到公路间道路必须硬化</td></tr>
<tr><td colspan="2">原煤贮存</td><td>原煤进筒仓或全封闭的贮煤场</td><td>部分进筒仓或全封闭的贮煤场。其他进设有挡风抑尘措施和洒水喷淋装置的贮煤场</td><td>原煤进设有挡风抑尘措施和洒水喷淋装置的贮煤场</td></tr>
<tr><td rowspan="2">原煤破碎筛分分级</td><td>防噪措施</td><td colspan="3">破碎机、筛分机采用先进的减震技术，橡胶筛板溜槽转载部位采用橡胶铺垫，设立隔音操作间</td></tr>
<tr><td>除尘措施</td><td>破碎机、筛分机、皮带运输机、转载点全部封闭作业，并设有除尘机组车间设机械通风措施</td><td>破碎机、筛分机加集尘罩并设有除尘机组、带式运输机、转载点设喷雾降尘系统</td><td>破碎机、筛分机、带式运输机、转载点设喷雾降尘系统</td></tr>
<tr><td colspan="3">3.精煤、中煤、矸石、煤泥贮存</td><td colspan="2">精煤、中煤、矸石分别进入封闭的精煤仓、中煤仓、矸石仓或封闭的贮场，多余矸石进入排矸场处置，煤泥经压滤处理后进入封闭的煤泥贮存场</td><td>精煤、中煤、矸石和经压滤处理后的煤泥分别进入设有挡风抑尘措施的贮存场。多余矸石进入排矸场处置</td></tr>
<tr><td colspan="3">4.选煤工艺设备</td><td colspan="2">全过程均实现数量、质量自动监测控制，并设有自动机械采样系统，洗炼焦煤配备浮选系统</td><td>由原煤的可选性确定采用成熟的选煤工艺设备，实现单元作业操作程序自动化，设有全过程自动控制手段</td></tr>
<tr><td colspan="3">5.选煤水处理</td><td colspan="2">选煤水处理系统采用高效浓缩机，并添加絮凝剂，尾煤采用压滤机回收，并设有相同型号的事故浓缩池，吨入洗原煤补充水量 $<0.10\ \text{m}^3$ 煤泥水达到闭路循环，不外排</td><td>选煤水处理系统采用普通浓缩机，并添加絮凝剂，尾煤采用压滤机回收，并设有相同型号的事故浓缩池，吨入洗原煤补充水量 $<0.15\ \text{m}^3$，泥水达到闭路循环，不外排</td></tr>
</table>

续表 21－5

清洁生产指标等级		一级	二级	三级
二、资源能源利用指标				
1. 原煤生产电耗(kW·h/t)		≤15	≤20	≤25
2. 露天煤矿采煤油耗(kg/t)		≤0.5	≤0.8	≤1.0
3. 原煤生产水耗(m^3/t)	井工煤矿(不含选煤厂)	≤0.1	≤0.2	≤0.3
	露天煤矿(不含选煤厂)	≤0.2	≤0.3	≤0.4
4. 原煤生产坑木消耗(m^3/万 t)	大型煤矿	≤5	≤10	≤15
	中小型煤矿	≤10	≤25	≤30
5. 选煤补水量(m^3/万 t)		≤0.1		≤0.15
6. 选煤电耗(kW·h/t)	洗动力煤	≤5	≤6	≤8
	洗炼焦煤	≤7	≤8	≤10
7. 选煤浮选药剂消耗(kg/t)		≤1	≤1.5	≤1.8
8. 选煤重介质消耗(kg/t)		≤1.5	≤2.0	≤3
9. 采区采出率%	厚煤层	≥77		≥75
	中厚煤层	≥82		≥80
	薄煤层	≥87		≥85
10. 工作面采出率%	厚煤层	≥95		≥93
	中厚煤层	≥97		≥95
	薄煤层	≥99		≥97
11. 露天煤矿煤层综合资源采出率 %	厚煤层综合机械化采煤≥97 中厚煤层综合机械化采煤≥95 薄煤层综合机械化采煤≥93			
12. 土地资源占用 hm^2/Mt	井工煤矿	无选煤厂 0.1　　有选煤厂 0.12		
	露天煤矿	无选煤厂 0.3　　有选煤厂 0.5		
三、产品指标				
1. 选炼焦精煤	硫分%	≤0.5	≤0.8	≤1
	灰分%	≤8	≤10	≤12
2. 选动力煤	硫分%	≤0.5	≤1.5	≤2.0
	灰分%	≤12	≤15	≤22
四、污染物产生指标(末端处理前)				
1. 矿井废水化学需氧量产生量(g/t)		≤100	≤200	≤300
2. 矿井废水石油类产生量(g/t)		≤6	≤8	≤10
3. 选煤废水化学需氧量产生量(g/t)		≤25	≤30	≤40

续表 21－5

清洁生产指标等级		一级	二级	三级
4.选煤废水石油类产生量(g/t)		≤1.5	≤2.0	≤3.0
5.采煤煤矸石产生量(t/t)		≤0.03	≤0.05	≤0.1
6.原煤筛分、破碎、转载点前含尘浓度(mg/m³)		≤4 000		
7.煤炭风选设备通风管道、筛面、转载点等除尘设备前的含尘浓度(mg/m³)		≤4 000		
五、废物回收利用指标				
1.当年抽采瓦斯利用率(%)		≥85	≥70	≥60
2.当年产生的煤矸石综合利用率(%)		≥80	≥75	≥70
3. 矿井水利用率(%)①	水资源短缺矿区	100	≥95	≥90
	一般水资源矿区	≥90	≥80	≥70
	水资源丰富矿区 (其中工业用水)	≥80 (100)	≥75 (≥80)	≥70 (≥80)
	水质复杂矿区	≥70		
4.露天煤矿疏干水利用率(%)		100	≥80	≥70
六、矿山生态保护指标				
1. 塌陷土地治理率(%)		≥90	≥80	≥60
2. 露天煤矿排土场复垦率(%)		≥90	≥80	≥60
3. 排矸场覆土绿化率(%)		100	≥90	≥80
4. 矿区工业广场绿化率(%)		≥15		
七、环境管理要求				
1. 环境法律法规标准		符合国家、地方和行业有关法律、法规、规范、产业政策、技术标准要求，污染物排放达到国家、地方和行业排放标准、满足污染物总量控制和排污许可证管理要求		
2. 环境管理审核		通过GB/T24001环境管理体系认证	按照GB/T24001建立并运行环境管理体系，环境管理手册、程序文件及作业文件齐全	环境管理制度健全，原始记录及统计数据齐全、真实
3. 生产过程环境管理	岗位培训	所有岗位人员进行过岗前培训，取得本岗位资质证书，有岗位培训记录	主要岗位人员进行过岗前培训，取得本岗位资质证书，有岗位培训记录	
	原辅材料、产品、能源、资源消耗管理	采用清洁原料和能源，有原材料质检制度和原材料消耗定额管理制度，对能耗、物耗有严格定量考核，对产品质量有考核		
	资料管理	生产管理资料完整、记录齐全		
	生产管理	有完善的岗位操作规程和考核制度，实行全过程管理，有量化指标的项目实施定量管理		

续表 21－5

清洁生产指标等级		一级	二级	三级
3. 生产过程环境管理	设备管理	有完善的管理制度，并严格执行，定期对主要设备由技术检测部门进行检测，并限期改造，对国家明令淘汰的高耗能、低效率的设备进行淘汰，采用节能设备和技术设备无故障率达 100％	主要设备有具体的管理制度，并严格执行，定期对主要设备由技术检测部门进行检测，并限期改造，对国家明令淘汰的高耗能、低效率的设备进行淘汰，采用节能设备和技术设备无故障率达 98％	主要设备有基本的管理制度，并严格执行，定期对主要设备由技术检测部门进行检测，并限期改造，对国家明令淘汰的高耗能、低效率的设备进行淘汰，采用节能设备和技术设备无故障率达 95％
	生产工艺用水、用电管理	所有用水、用电环节安装计量仪表，并制定严格定量考核制度	对主要用水、用电环节进行计量，并制定定量考核制度	
	煤矿事故应急处理	有具体的矿井冒顶、塌方、通风不畅、透水、煤尘爆炸、瓦斯气中毒等事故状况下的应急预案并通过环境风险评价，建立健全应急体制、机制、法制（三制一案），并定期进行演练。有安全设施“三同时”审查、验收、审查合格文件		
4. 废物处理处置		设有矿井水、疏干水处理设施，并达到回用要求，对不能综合利用的煤矸石设专门的煤矸石处置场所，并按 GB20426、GB18599 的要求进行处置		
5. 环境管理	环境保护管理机构	有专门环保管理机构配备专职管理人员		
	环境管理制度	环境管理制度健全、完善，并纳入日常管理		
	环境管理计划	制定近、远期计划，包括煤矸石、煤泥、矿井水、瓦斯气处置及综合利用、矿山生态恢复及闭矿后的恢复措施计划，具备环境影响评价文件的批复和环境保护设施“三同时”验收合格文件		
	环保设施的运行管理	记录运行数据并建立环保档案和运行监管机制		
	环境监测机构	有专门环境监测机构，对废水、废气、噪声主要污染源、污染物均具备监测手段	有专门环境监测机构，对废水、废气、噪声主要污染源、污染物具备部分监测手段，其余委托有资质的监测部门进行监测	对废水、废气、噪声主要污染源、污染物的监测，委托有资质的监测部门进行监测
	相关方环境管理	服务协议中应明确原辅材料的供应方、协作方、服务方的环境管理要求		
6. 矿山生态恢复管理措施		具有完整的矿区生产期和服务期满时的矿山生态恢复计划，并纳入日常生产管理，且付诸实施	具有较完整的矿区生产期和服务期满时的矿山生态恢复计划，并纳入日常生产管理	

注：① 根据 MT/T5014，水资源短缺矿区是指现有水源供水能力（不含可利用矿井水量）＜最高日用水量 60％的矿区；水资源丰富矿区是指现有水源供水能力（含可利用矿井水量）＞最高日用水量 2.0 倍的矿区；一般水资源矿区是指现有水源供水能力（含可用矿井水量）为最高日用水量 0.6～2.0 倍的矿区。

21.2 应对气候变化相关政策措施

2008年10月，我国政府发布了《中国应对气候变化的政策与行动》白皮书，全面介绍了气候变化对中国的影响、中国减缓和适应气候变化的政策与行动，以及中国对此进行的体制机制建设。该白皮书指出，中国近百年来(1908～2007年)地表平均气温升高了1.1 ℃，自1986年以来经历了21个暖冬，2007年是自1951年有系统气象观测以来最暖的一年。近50年来，中国降水分布格局发生了明显变化，西部和华南地区降水增加，而华北和东北大部分地区降水减少。高温、干旱、强降水等极端气候事件有频率增加、强度增大的趋势。夏季高温热浪增多，局部地区特别是华北地区干旱加剧，南方地区强降水增多，西部地区雪灾发生的几率增加。近30年来，中国沿海海表温度上升了0.9 ℃，沿海海平面上升了90 mm。未来，中国的气候变暖趋势将进一步加剧；极端天气气候事件发生频率可能增加；降水分布不均现象更加明显，强降水事件发生频率增加；干旱区范围可能扩大；海平面上升趋势进一步加剧。特别是我国处于工业化发展阶段，能源结构以煤为主，控制温室气体排放任务艰巨。中国温室气体历史排放量很低，根据国际有关研究机构数据，1904～2004年中国化石燃料燃烧二氧化碳累计排放量约占世界同期的8%，人均累计排放量居世界第92位。2004年，我国能源消费排放的二氧化碳排放量约为50.7亿t。中国作为发展中国家，工业化、城市化、现代化进程远未实现，为进一步实现发展目标，未来能源需求将合理增长，这也是所有发展中国家实现发展的基本条件。同时我国以煤为主的能源结构在未来相当长的时期内难以根本改变，控制温室气体排放的难度很大，任务艰巨。

21.2.1 我国应对气候变化与节能政策措施效果

当前，我国正积极推进减缓气候变化的政策和行动，在调整经济结构，转变发展方式，大力节约能源、提高能源利用效率、优化能源结构，植树造林等方面采取了一系列政策措施，取得了显著成效。

21.2.1.1 调整经济结构，促进产业结构优化升级

我国政府注重经济结构的调整和经济发展方式的转变，制定和实施了一系列产业政策和专项规划，将降低资源和能源消耗作为产业政策的重要组成部分，推动产业结构的优化升级，努力形成“低投入、低消耗、低排放、高效率”的经济发展方式。

(1) 促进服务业加快发展。2007年,国务院发布了《关于加快发展服务业的若干意见》,提出到2010年服务业增加值占GDP的比重比2005年提高3个百分点,明确了支持服务业关键领域、薄弱环节和新兴行业发展的政策。旅游、金融、物流等现代服务业蓬勃发展。

(2) 做强做大高技术产业。2007年,国家发展改革委员会和信息产业部分别发布了《高技术产业发展"十一五"规划》、《电子商务发展"十一五"规划》及《信息产业"十一五"规划》,提出到2010年,高技术产业增加值占工业增加值的比重比2005年提高5个百分点。完善促进数字电视、软件和集成电路、生物产业等高技术产业发展的政策措施,加快培育符合节能减排要求的新兴产业。信息、生物、航空航天、新能源、新材料和海洋等高新技术产业加快发展,振兴装备制造业成效显著,基础设施、基础产业建设取得长足进展。

(3) 加快淘汰落后产能。2007年,国务院印发了国家发改委会同有关部门制定的《节能减排综合性工作方案》,明确了13个行业"十一五"淘汰落后产能分地区、分年度计划。2007年,关停小火电机组1 438万kW,淘汰落后炼铁产能4 659万t、落后炼钢产能3 747万t、落后水泥5 200万t,关闭了2 000多家不符合产业政策、污染严重的造纸企业和一批污染严重的化工、印染企业,累计关闭各类小煤矿1.12万处。

(4) 遏制高耗能、高排放行业过快增长。国家有关部门出台新开工项目管理的相关政策规定,相继制定发布了高耗能行业市场准入标准,提高节能环保准入门槛,采取调整出口退税、关税等措施,抑制"两高一资"(高耗能、高排放、资源型)产品出口。高耗能行业增速呈逐步回落趋势。

21.2.1.2 大力节约能源,提高能源利用效率

我国政府高度重视能源节约问题,把节约资源作为基本国策,长期坚持开发与节约并举,节约优先的方针。第《"十一个"五年规划纲要》(2006~2010年)把建设资源节约型、环境友好型社会作为一项重大的战略任务,提出到2010年单位GDP能耗比2005年降低20%左右,并作为重要的约束性指标。

(1) 把节能减排放在更加突出的位置。国务院成立了节能减排工作领导小组,印发了《节能减排综合性工作方案》,全面部署节能减排工作。

(2) 建立节能减排目标责任制。2007年,国务院印发了《节能减排统计监测及考核实施方案和办法》,明确对各省(自治区、直辖市)和重点企业能

耗及主要污染物减排目标完成情况进行考核，实行严格的问责制。

(3) 加快实施重点节能工程。2006年，国家利用国债和中央预算内投资支持节能重点项目111个，形成1 010万tec的节能能力。2007年，国家利用国债和中央预算内投资以及中央财政资金，支持重点节能工程项目681个，形成2 550万tec的节能能力；各级地方政府引导的企业节能技术改造形成6 000多万tec的节能能力。2006～2010年，通过实施十大重点节能工程可形成约2.4亿tec的节能能力。采用财政补贴推广使用节能灯5 000万只的任务已在各地组织实施，近三年将推广使用节能灯1.5亿只以上。

(4) 推动重点领域节能减排。开展千家企业节能行动，推动企业开展能源审计，编制节能规划，公告企业能源利用状况，启动重点耗能企业能效水平对标活动。积极推广节能省地环保型建筑和绿色建筑，新建建筑严格执行强制性节能标准，加快建筑节能改造，1.5亿m^2供热计量和节能改造任务分解到了各地区，在24个省市启动国家机关办公建筑和大型公共建筑节能监管体系试点工作。继续完善和严格执行机动车燃料消耗量限值标准。中央国家机关开展了空调、照明、锅炉系统节能诊断和改造，完成了办公区所有非节能灯具的改造。

(5) 提高能源开发转换效率。电力、煤炭领域推广使用高效节能设备，加快淘汰小火电、小煤矿。2007年，6 000 kW及以上火电机组供电煤耗由1980年的448 gec/kW·h下降到370 gec/kW·h；单位原煤产量能耗比上年下降5.9%，电耗下降了5.1%。

(6) 实施有利于节能的经济政策。调整部分矿产品资源税，适时调整成品油、天然气价格，实行节能发电调度的政策，下调小火电上网电价，加大差别电价实施的力度，出台支持企业节能技术改造、高效照明产品推广、建筑供热计量及节能改造等资金管理办法。出台鼓励节能环保小排量汽车、限制塑料购物袋等政策。建立政府强制采购节能产品制度。

(7) 加强法制建设。修订《节约能源法》。2007年，国务院办公厅下发《关于严格执行公共建筑空调温度控制标准的通知》。2007年以来，相关部门相继发布火电、烧碱等22项高耗能产品能耗限额强制性国家标准。安排电动机、节能灯等16类终端用能产品的监督抽查。各地节能主管部门和节能监察机构依法开展节能行政执法。

经过全社会的共同努力，2006年和2007年全国单位GDP能耗分别下降1.79%和3.66%。2007年，电力、钢铁、建材、化工等行业年耗能1万tec

以上重点企业35种主要产品单位综合能耗指标中，下降的有33项，上升的只有2项，节能3 830万tec。2006年和2007年累计节能1.47亿tec。

21.2.1.3 发展可再生能源，优化能源结构

2005年，全国人大通过《可再生能源法》，制定可再生能源优先上电网、全额收购、价格优惠及社会分摊的政策，建立可再生能源发展专项资金，支持资源评价与调查、技术研发、试点示范工程建设和农村可再生能源开发利用。截至2007年底，全国水电装机容量达到1.45亿kW，年发电量4 829亿kW·h，电力装机和发电量均居世界第一位。其中2006年、2007年两年平均新增装机2 600万kW，年均增长12%。风电规模成倍增长，装机容量超过600万kW，居世界第五位。其中，2006年、2007年新增装机305万kW，年均增长148%。太阳能热水器集热面积达到1.1亿m^2，多年位居世界第一。生物质发电装机容量约为300万kW，生物燃料乙醇年生产能力超过120万t。核电装机906万kW，比2006年增长30.5%。煤炭在一次能源消费中的比重由1980年的72.2%下降到2007年的69.4%，水电、风电和核电的比重由4%提高到7.2%。可再生能源总利用量约为2.2亿tec（包括大水电）。

根据国家《可再生能源中长期发展规划》和《核电中长期发展规划》，有关部门将继续积极推进水电流域梯级综合开发，在做好环境保护和移民安置工作的前提下，加快大型水电建设，因地制宜开发中小型水电。加快风电发展速度，以规模化带动产业化，提高风电设备研发和制造能力，努力建设若干百万千瓦级的风电场和千万千瓦级的风电基地。以生物质发电、沼气、生物质固体成型燃料和液体燃料为重点，大力推进生物质能源的开发和利用。积极发展太阳能发电和太阳能热利用，加强新能源和替代能源的研发与应用。不断加强对煤层气和矿井瓦斯的利用，发展以煤层气为燃料的小型分散电源。积极发展核电，推进核电体制改革和机制创新，努力建立以市场为导向的核电发展机制；加强核电设备研发和制造能力，提高引进消化吸收及再创新能力；加强核电运行与技术服务体系建设，加快人才培训；实施促进核电发展的税收优惠和投资优惠政策；完善核电安全保障体系，加快法律法规建设。还将进一步推进煤炭清洁利用，发展大型联合循环机组和多联产等高效、洁净发电技术，研究二氧化碳捕获与封存技术。

21.2.1.4 发展循环经济，减少温室气体排放

我国政府高度重视发展循环经济，积极推进资源利用减量化、再利用、

资源化，从源头和生产过程减少温室气体排放。近年来，循环经济从理念变为行动，在全国范围内得到迅速发展。国家制定《清洁生产促进法》、《固体废物污染环境防治法》、《循环经济促进法》、《城市生活垃圾管理办法》等法律法规，发布《关于加快发展循环经济的若干意见》，提出发展循环经济的总体思路、近期目标、基本途径和政策措施，并发布循环经济评价指标体系。《废弃电子电器回收处理管理条例》也即将颁布。

21.2.2 我国应对气候变化与节能政策取向

《中国应对气候变化的政策与行动》白皮书明确提出了今后一个时期我国应对气候变化坚持的基本原则：

(1) 在可持续发展的框架下应对气候变化。气候变化是在发展中产生的，也必须在发展过程中解决。要在应对气候变化过程中促进可持续发展，努力实现发展经济和应对气候变化的双赢。

(2) "共同但有区别的责任"的原则。这是《气候公约》的核心原则。不论发达国家还是发展中国家都有采取减缓和适应气候变化措施的责任，但是，由于各国历史责任、发展水平、发展阶段、能力大小和贡献方式不同，发达国家要对其历史累计排放和当前高人均排放承担责任，率先减少排放，同时要向发展中国家提供资金、转让技术；发展中国家要在发展经济、消除贫困的过程中，采取积极的适应和减缓措施，尽可能少排放，为共同应对气候变化做出贡献。

(3) 减缓和适应并重。减缓和适应气候变化是应对气候变化的两个有机组成部分。减缓是一项相对长期、艰巨的任务，而适应则更为现实、紧迫，对发展中国家尤为重要。减缓与适应必须统筹兼顾、协调平衡、同举并重。

(4) 公约和议定书是应对气候变化的主渠道。《气候公约》和《议定书》奠定了应对气候变化国际合作的法律基础，凝聚了国际社会的共识，是目前最具权威性、普遍性、全面性的应对气候变化国际框架，应当坚定不移地维护《气候公约》和《议定书》作为应对气候变化核心机制和主渠道的地位。其他多边和双边的合作，都应该是《气候公约》和《议定书》的补充和辅助。

(5) 依靠科技创新和技术转让。应对气候变化要靠技术，技术创新和技术转让是应对气候变化的基础和支撑。发达国家有义务在推动本国开发和应用先进技术的同时，促进国际技术合作与转让，切实履行向发展中国家提供资金和转让技术的承诺，使发展中国家拿得到所需资金，用得上气候友好技术，提高减缓和适应气候变化能力。

(6) 全民参与和广泛国际合作。应对气候变化需要转变传统生产方式和消费方式,需要全社会的广泛参与。中国努力建设资源节约型、环境友好型社会,营造政府引导、企业参加和公众自愿行动的社会氛围,增强企业的社会责任感和公众的全球环境意识。气候变化是全球共同面临的挑战,必须通过全球的广泛合作和共同努力才能解决,中国将一如既往地积极开展和参与一切有利于应对气候变化的国际合作。

到 2010 年,我国应对气候变化的总体目标是:控制温室气体排放政策措施取得明显成效,适应气候变化的能力不断增强,气候变化相关研究水平不断提高,气候变化科学研究取得新的进展,公众的气候变化意识得到较大提高,应对气候变化领域的体制机制进一步加强。

21.2.2.1 控制温室气体排放

(1) 通过加快转变经济发展方式,强化能源节约和高效利用的政策导向,加大依法实施节能管理的力度,加快节能技术开发、示范和推广,充分发挥以市场为基础的节能新机制,提高全社会的节能意识,加快建设资源节约型社会,努力减缓温室气体排放。到 2010 年,实现单位国内生产总值能源消耗比 2005 年降低 20%左右,相应减缓二氧化碳排放。

(2) 通过大力发展可再生能源,积极推进核电建设,加快煤层气开发利用等措施,优化能源消费结构。到 2010 年,力争使可再生能源开发利用总量(包括大水电)在一次能源消费结构中的比重提高到 10%左右,煤层气抽采量达到 100 亿 m^3。

(3) 通过强化冶金、建材、化工等产业政策,发展循环经济,提高资源利用率,加强氧化亚氮排放治理等措施,控制工业生产过程的温室气体排放。到 2010 年,力争使工业生产过程的氧化亚氮排放稳定在 2005 年的水平。

(4) 通过继续推广低排放的高产水稻品种和半旱式栽培技术,采用科学灌溉和测土配方施肥技术,研究开发优良反刍动物品种技术和规模化饲养管理技术等措施,加强对动物粪便、废水和固体废弃物的管理,加大沼气利用力度,努力控制甲烷排放。

(5) 通过继续实施植树造林、退耕还林还草、天然林资源保护、农田基本建设等重点工程和政策措施,到 2010 年,力争森林覆盖率达到 20%,实现年碳汇数量比 2005 年增加约 0.5 亿 t 二氧化碳。

21.2.2.2 增强适应气候变化能力

(1) 通过完善多灾种的监测预警应急机制、多部门参与的决策协调机制、全社会广泛参与的行动机制，加强极端气象灾害监测预报能力建设。到2010年，建成一批对经济社会具有基础性、全局性、关键性作用的气象灾害防御工程，提高应对极端气象灾害的综合监测预警能力、抵御能力和减灾能力。

(2) 通过加强农田基本建设、调整种植制度、选育抗逆品种、开发生物技术等适应性措施，到2010年，力争新增改良草地2 400万 hm^2，治理退化、沙化和碱化草地5 200万 hm^2，农业灌溉用水有效利用系数提高到0.5。

(3) 通过加强天然林资源保护和自然保护区的监管，继续开展生态保护重点工程建设，建立重要生态功能区，促进自然生态恢复等措施，到2010年，力争实现90%左右的典型森林生态系统和国家重点野生动植物得到有效保护，自然保护区面积占国土总面积的比重达到16%左右，综合治理水土流失面积25万 km^2，实施生态修复面积30万 km^2，治理荒漠化土地面积2 200万 hm^2。

(4) 通过合理开发和优化配置水资源、完善农田水利基本建设新机制、强化节水和加强水文监测等措施，到2010年，力争减少水资源系统对气候变化的脆弱性，节水型社会建设迈出实质性步伐，基本建成大江大河综合防洪除涝减灾体系，全面提高农田抗旱标准。

(5) 通过加强对海平面变化趋势的科学监测以及对海洋和海岸带生态系统的监管，合理利用海岸线，保护滨海湿地，建设沿海防护林体系，不断加强红树林保护和恢复等措施，到2010年，力争实现全面恢复红树林区，提高沿海地区抵御海洋灾害的能力。

21.2.2.3　加强科学研究与技术开发

通过加强气候变化的基础研究，提高自主创新能力，有效应对气候变化。通过加强气候变化领域的基础研究，进一步开发和完善研究分析方法，加强对相关专业与管理人才的培养等措施，到2010年，力争使气候变化研究部分领域达到国际先进水平，为有效制定应对气候变化战略和政策，积极参与应对气候变化国际合作提供科学依据。

通过加强自主创新能力，积极推进国际合作与技术转让等措施，到2010年，力争在能源开发、节能和清洁能源技术等方面取得较大进展，加快先进技术产业化步伐，提高农业、水利、林业等部门适应气候变化的技术水平，为有效应对气候变化提供有力的科技支撑。

21.2.2.4　增强公众意识与管理水平

通过利用现代信息传播技术和手段，加强气候变化方面的宣传、教育和培训,鼓励公众参与等措施,到 2010 年,力争在全社会基本普及气候变化方面的相关知识,提高全民保护气候意识,为有效应对气候变化创造良好的社会氛围。通过完善多部门参与的决策协调机制,建立企业、公众广泛参与应对气候变化的行动机制等措施,逐步形成与应对气候变化工作相适应的、高效的组织机构和管理体系。

21.2.3 我国发展低碳经济相关政策研究进展

低碳经济概念的形成和提出背景,大致包括三个方面:一是应对气候变化,是低碳经济提出的最直接和最根本原因。人类活动排放的二氧化碳等温室气体,导致全球气候变暖,反过来又影响到人类自身的生存和发展。降低碳排放强度就成为客观需要。二是发达国家迈过了使用高碳能源的发展阶段。换句话说,发达国家不必依赖高碳能源,就能保持现有福利水平。英国、美国等发达国家早在 20 世纪就完成了工业化和城市化进程,或者说走过了大量消耗煤炭、石油等化石能源的发展阶段。在后工业化阶段,这些国家生产基本可以不依赖高碳能源的生产和消费。发达国家的发展历程表明,以高能耗、高碳排放为主要特征的"高碳经济"是实现工业化、城市化的必经阶段。世界上还没有哪一个国家是依赖低碳能源实现工业化的。对于包括中国在内的发展中国家而言,摆脱贫困,提高人民生活水平仍是一项历史任务,是第一要务。因此,发展低碳经济对发展中国家而言是一个巨大的挑战。三是煤炭、石油等能源资源耗竭是发展低碳经济的内在要求。从世界能源储量看,化石能源还可以开采利用较长时间。在现有需求水平和开采强度下,煤炭可以用 200 多年,石油可以用 40 多年。从长远来看,人类使用化石能源的经济成本越来越高,技术要求越来越强。当前,发达国家把应对气候变化的重点放在节能、开发利用可再生能源、电动汽车等领域的技术开发上,正是出于对能源资源可持续利用的考虑。研究开发第三代核电技术、节能技术、太阳能风能等可再生能源的开发利用技术、氢能技术、电动汽车等,成为发达国家加大投入的领域。

在上述背景下,碳足迹、低碳经济、低碳技术、低碳发展、低碳生活方式、低碳社会、低碳城市、低碳世界等新概念、新政策应运而生。能源、经济乃至发展观、价值观的变革,可能为人类迈向生态文明探索出一条新路。近年来,特别是全球金融危机以来,美国和欧盟更是将新能源和可再生能源作为扶持重点,相应产业也实现了快速增长。

2009 年 9 月 16 日,由美国能源基金会和世界自然基金会中国分会共同资助，国内十几个研究单位共同参与的《中国 2050 年低碳发展之路》研究项目在北京举行了项目研究报告发布会。该研究报告由国务院发展研究中心产业经济研究部、国家发展和改革委员会能源研究所、环境保护部环境规划院、清华大学等十几个研究单位 102 名专家参加了项目研究工作，近 20 名国内产业经济、能源环境与气候变化领域的资深专家参与了项目活动并给予了大力支持，项目组共历时 2 年 6 个月完成了该项目的研究成果——《2050 中国能源和碳排放报告》和《中国低碳发展之路：2050 年中国能源需求暨碳排放情景分析》。

《2050 中国能源和碳排放报告》详尽研究了中国从目前到 2050 年的社会经济发展趋势；资源、人口、环境和全球变暖等各种限制因素，人均收入、全球化、城市化、工业化、市场化等驱动因素，以及影响能源供需的政策、技术、消费模式、金融财政体制、国际合作等因素的演变对中国 2050 年的经济社会发展、能源需求和二氧化碳排放的影响。提出了有的放矢、战略性、前瞻性的促进可持续发展和应对气候变化的政策建议。

《中国低碳发展之路：2050 年中国能源需求暨碳排放情景分析》以 2005 年为基准年，2050 年为目标年，应用展望与回望相结合，定性与定量相结合，由上而下和由下而上的模型方法相结合以及情景分析等方法，立足当前、着眼长远，探讨了气候变化的事实及其对人类的影响，全球应对气候变化采取的措施及其对未来经济社会的影响，应对全球气候变化带给中国的挑战和机遇；详细分析了影响中国未来实现“三步走”发展战略目标的各种驱动和限制因素，模拟分析了这些因素对中国 2005 年至 2050 年的经济社会发展、能源需求和二氧化碳排放的影响；探讨了不同时段，选择、推广应用不同技术和实施不同政策措施，实现低碳经济情景的主要途径及路线图。

从我国经济社会发展战略出发，发展低碳经济也是我国应对气候变化、转变增长方式的必然选择，是资源节约型和环境友好型社会、生态文明建设的重要内容。2009 年 8 月，由国务院发展研究中心组织研究的《当前发展低碳经济的重点与政策建议》，对我国发展低碳经济提出了以下相关政策措施建议。

(1) 总体规划，为低碳发展创造条件。制定规划，不断提高社会生产和生活活动的碳生产率。一是将低碳经济纳入国民经济和社会发展规划，进行总体安排部署。二是将低碳技术研发纳入国家科技规划和相关科技计划。三是制定专项规划，提出低碳经济的概念、目标、重点和保障措施等，提出低碳经济的统计和考核指标,并作为国民经济规划中的引导指标。四是制定重点行业和部门的低碳发展规划,向低碳转型。

(2) 优化产业结构,发展低碳产业。在工业化和城市化加速发展的今天,要避免重化工业过度发展带来能耗高、物耗高、碳排放高等问题,就需要发展高能效低碳排放的产业。一是提高"高碳"产业准入门槛,避免留下长久不利影响。二是调整结构,推进产业和产品向利润曲线两端延伸:向前端延伸,从生态设计入手形成自主知识产权;向后端延伸,形成品牌与销售网络,提高核心竞争力。三是发展高新技术产业和现代服务业,用高新技术改造钢铁、水泥等传统产业,降低 GDP 的碳强度。四是将低碳发展纳入国家产业振兴规划的原则考虑和当前安排,为低碳发展创造条件。

(3) 发展壮大循环经济,重点抓好工业节能减排。发展循环经济,将减量化放在优先位置,从减少生产环节入手,推进资源能源的循环利用和高效利用,变废为宝,化害为利。持续推进节能减排,当前的重点应放在工业节能上,这是由我国发展阶段和工业能耗所占比例决定的。控制高耗能、高排放行业过快增长,加快淘汰落后生产能力;控制建筑和交通能耗的快速增长;加强制度建设,强化目标责任制的落实和评价考核,切实完成"十一五"规划提出的约束性指标。

大力推进生态农业和农业循环经济发展,大幅度减少化肥和农药使用量,农林剩余物可综合利用作为饲料、肥料、菌类基料、工业原料和发电原料,减轻焚烧对城市和机场周边的环境污染;加快太阳能和沼气技术的推广普及,既增加农村能源供应,又改善农民的卫生状况,保障食品安全。

(4) 加大对新能源和可再生能源开发利用的扶持力度。尽管世界上还没有一个国家依靠新能源可再生能源完成工业化,但面对气候变暖的现实,各国已将可再生能源作为投资和扩大就业的重要领域,并成为国际竞争的焦点。我国也应加大投资和政策扶持力度,开发利用太阳能、风能、地热能、生物质能等新能源和可再生能源;依靠技术进步不断降低利用成本,切实解决新能源发电上网难题;加快研发先进技术和设备,推进第四代核能技术研发和产业化;多途径利用可再生能源,逐步提高其在能源中的比例,使之成为满足未来能源需求的重要补充,成为控制温室气体排放、保障能源安全的重要措施。

(5) 重视低碳技术的研究开发和技术储备。按照技术可行、经济合理的原则,研究提出我国低碳发展的技术路线图,促进高能效、低碳排放的技术研发和推广应用，逐步建立节能和能效、洁净煤和清洁能源、新能源和可再生能源以及自然碳汇等多元化的低碳技术体系；加快对燃煤高效发电技术，二氧化碳捕获与封存，高性能电力存储，超高效热力泵，氢的生成、运输和存储等技术研发，形成技术储备，为低碳转型和增长方式转变提供强有力的支撑。

(6) 厉行节约，在鼓励消费的同时反对浪费。鼓励选择高效利用能源和交通资源、少排放污染物、有益健康的出行方式，鼓励使用自行车、城铁（轻轨、地铁）、公共汽车等交通工具。发挥信息化优势，以信息化促进工业化，减少不必要出行，提高政府办事效率。在提高生产所需资源能源效率的同时，坚决反对消费中的浪费，做到丰年不忘灾年，增产不忘节约，消费不能浪费。一是严格执行国家相关规定，加大公务接待活动的监督和处罚力度，刹住公款吃喝风。二是加强粮食和原材料采购、储存和加工管理，减少和防止腐烂变质造成浪费。三是鼓励发展快餐业，推进以中央厨房为主的集中生产、统一配送，建立健全餐饮服务标准等行规行约，鼓励剩菜打包，减少浪费。

(7) 用低碳理念规划和建设，开展低碳经济试点。建设低碳城市和基础设施。将低碳理念引入设计规范，合理规划城市功能区布局；在建筑物的建设中，推广利用太阳能，尽可能利用自然通风采光，选用节能型取暖和制冷系统；选用保温材料，倡导适宜装饰，杜绝毛坯房；在家庭推广使用节能灯和节能电器。重视低碳交通的发展方向。加强多种运输方式的衔接，建设形成机动车、自行车和行人和谐的道路体系；建设现代物流信息系统，减少运输工具空驶率；加强智能管理系统建设，实行现代化、智能化、科学化管理；研发混合燃料汽车、电动汽车等新能源汽车，使用柴油、氢燃料等清洁能源，减轻交通运输对环境的压力。

(8) 制定相关政策，形成低碳发展的长效机制。开展“应对气候变化法”的立法可行性研究；在相关法规修定过程中，增加应对气候变化的有关条款，逐步建立起应对气候变化的法规体系。加强能力建设，提高气候变化的应对水平。应对气候变化要有所为，有所不为：近期将提高能源效率放在优先地位；进一步实施计划生育、节能减排、植树造林、可再生能源开发利用等政策；中远期（如2030年、2050年）采用法律的、行政的，特别是价格、排放权交易、自愿协议、能源服务公司等经济手段，形成长效机制。

(9) 加强国际合作，研发形成低碳技术体系。动员发达国家向发展中国家转让温室气体的减排资金和技术。通过气候变化国际合作的新机制,引进、消化、吸收先进适用的低碳技术;参与制定行业能效与碳强度的国际标准、标杆;使我国重点行业、重点领域的低碳技术、设备和产品达到国际先进乃至领先水平。

(10) 广泛宣传教育,提高领导和公众的认知水平。利用电视、报纸、影像等各种媒介,宣传普及气候变化和低碳经济的知识,让广大干部群众认识到应对气候变化的重要性和紧迫性。

21.3 采煤沉陷区土地复垦相关政策

经国务院批准,2004 年 6 月 18 日,国家发展改革委发布了《关于加快开展采煤沉陷区治理工作的通知》。国家发展改革委明确从 2003 年起力争用 3 年时间,完成原国有重点煤矿历史遗留的采煤沉陷区全部受损民房、学校、医院的搬迁或加固,以及供水、道路等设施的维修。资金来源:一是原国有重点煤矿历史遗留的采煤沉陷区治理投资由中央、地方、企业和个人共同出资。中央财政补助比例为:西部地区、东北三省 50%,中部地区(包括河北)40%,东部地区个别矿区 20%。其余资金由地方政府、企业、个人安排和承担。二是地方国有煤矿和乡镇煤矿历史遗留的采煤沉陷区治理资金由省、市、县政府、企业、个人共同筹措解决,中央原则上不安排补助资金。三是采煤企业要将沉陷区治理费用纳入生产成本,尽最大能力弥补沉陷所造成的损失。四是要根据国家房改政策和搬迁居民的实际承受能力进一步落实搬迁居民的资金。原国有重点煤矿历史遗留的采煤沉陷区治理原则:一是对受损较轻的城乡居民住宅进行加固维修;对破坏严重的农村居民住宅采取拆除补偿,由当地政府组织在规划的无煤区域建房;对破坏严重的城镇居民住宅采取异地重建,集中搬迁。二是严格控制新建城镇住宅的建设标准和建设用地,楼房户均建筑面积按照 60 m^2,平房户均建筑面积按照 50 m^2。三是新建小区的选址,既要结合城市发展规划、土地利用规划,并考虑居民能在工作场所就近安居,又要避免动迁量过大。必须对所选地址开展工程地质勘探和科学论证,确保在无煤稳定区域建设住宅小区。四是根据沉陷区治理工程完成后的生源分布、现有学校情况,结合当地学校发展规划,确定采煤沉陷区受损学校的搬迁和维修方案。五是对受损严重需搬迁的医院,应首先考虑与现有医院改造相结合,防止重复建设。六是对与沉陷区居民生活密切相关的城乡基础设施进行维修加固。

2009年2月2日，国土资源部发布了《矿山地质环境保护规定》，自2009年5月1日起施行。该规定是为保护矿山地质环境，减少矿产资源勘查开采活动造成的矿山地质环境破坏，保护人民生命和财产安全，促进矿产资源的合理开发利用和经济社会、资源环境的协调发展，根据《矿产资源法》和《地质灾害防治条例》制定的。该规定从规划、治理恢复、监督管理、法律责任等方面做出了规定。该规定明确，因矿产资源勘查开采等活动造成矿区地面塌陷、地裂缝、崩塌、滑坡，含水层破坏，地形地貌景观破坏等的预防和治理恢复，适用本规定。开采矿产资源涉及土地复垦的，依照国家有关土地复垦的法律法规执行。矿山地质环境保护，坚持“预防为主、防治结合，谁开发谁保护、谁破坏谁治理、谁投资谁受益”的原则。采矿权申请人申请办理采矿许可证时，应当编制矿山地质环境保护与治理恢复方案，报有批准权的国土资源行政主管部门批准。矿山地质环境保护与治理恢复方案应当包括下列内容：矿山基本情况；矿山地质环境现状；矿山开采可能造成地质环境影响的分析评估（含地质灾害危险性评估）；矿山地质环境保护与治理恢复措施；矿山地质环境监测方案；矿山地质环境保护与治理恢复工程经费概算；缴存矿山地质环境保护与治理恢复保证金承诺书。

为了加强土地复垦工作，珍惜和合理利用土地，促进节约用地，切实保护耕地，改善生态环境，国土资源部在认真总结实践经验和广泛征求意见的基础上，起草了《土地复垦条例（送审稿）》，报请国务院审批。2009年7月1日，国务院法制办公室在充分听取有关部门、地方人民政府和企事业单位意见的基础上，经反复研究、修改，形成了征求意见稿。征求意见稿的主要内容包括：

（1）明确土地复垦的定义和复垦责任人。明确土地复垦的定义和复垦责任人，是开展土地复垦工作的前提。为此，征求意见稿规定，土地复垦是指对生产建设过程中因挖损、塌陷、压占等造成破坏的土地以及自然灾害损毁的土地，采取整治措施，使其恢复到可供利用状态或者恢复生态的活动。对于在生产建设过程中破坏的土地，由破坏单位或者个人（即土地复垦义务人）负责复垦；对于能够复垦的历史遗留废弃地和自然灾害毁损土地，由县级以上地方人民政府组织复垦，具体工作由国土资源主管部门承担。

（2）明确土地复垦方案的编制与审批程序。土地复垦方案是对土地复垦工作的整体安排，是开展土地复垦工作的重要文件和依据。为此，征求意见稿作了如下规定：① 从事生产建设活动，对土地造成破坏的，土地复垦义务人应当编制土地复垦方案，并明确土地复垦方案的内容和审批程序。② 政府组织实施复垦的土地，应当实行项目管理，并由项目承担单位编制土地复垦项目实施方案，报国土资源主管部门审查同意后实施。

(3) 加强对土地复垦方案实施环节的管理。土地复垦方案的实施是开展土地复垦工作的核心环节。为此，征求意见稿作了如下规定：① 建立土地复垦阶段性实施方案备案制度。规定土地复垦义务人应当根据土地复垦方案并结合生产建设任务进度，编制土地复垦阶段性实施方案，报有关国土资源主管部门备案；并要求土地复垦义务人按照土地复垦阶段性实施方案开展具体的复垦工作。② 明确污染控制要求。规定土地复垦义务人应当建立土地复垦质量控制体系，落实复垦责任，遵守土地复垦标准和环境保护标准，保护土壤质量与生态环境，避免污染土壤和地下水。禁止将有毒有害物质用做回填或者充填材料。③ 规范土地复垦验收。规定土地复垦义务人完成阶段性复垦任务后，应当向有关国土资源主管部门提出验收申请；有关国土资源主管部门应当及时组织验收，并明确验收程序、依据和处理结果。④ 明确不依法履行土地复垦义务的约束措施。规定土地复垦义务人不依法履行土地复垦义务的，在申请新的建设用地或者申请采矿许可证新立、延续、变更、注销时，有关人民政府或者有关国土资源主管部门不予批准。

(4) 加强对土地复垦费用的管理。土地复垦费用是开展土地复垦工作的关键。为此，征求意见稿作了如下规定：① 加强对企业土地复垦资金的监管。规定土地复垦义务人应当按照要求提取土地复垦资金，专户存放，专项用于破坏土地的复垦，不得挪作他用，并接受国土资源主管部门的监督。② 明确土地复垦费的标准、缴纳与使用。规定土地复垦义务人未履行土地复垦义务或者复垦验收不合格经整改仍不合格的，应当缴纳土地复垦费，由有关国土资源主管部门代为复垦；并明确土地复垦费的缴纳标准和使用管理要求。③ 规定了土地复垦损失补偿。规定土地复垦义务人应当向遭受损失的单位或者个人支付损失补偿费。④ 明确复垦历史遗留废弃地和自然灾害毁损土地的资金筹集。规定历史遗留废弃地和自然灾害毁损土地的复垦，可以按照“谁投资、谁收益”的原则，利用社会投资和政府投入等多渠道筹集资金。以政府投入方式筹集资金的，复垦费用应当纳入财政预算管理。

(5) 规范复垦后的土地利用。征求意见稿对复垦后的土地利用作了如下规定：① 明确复垦后土地利用的原则。规定对复垦为耕地的土地，应当用于农业生产；对复垦为非耕地的土地，应当合理确定用途。进行非农建设需要占用土地的，应当优先使用复垦后的非耕地。② 明确复垦后土地权属的处理。规定土地复垦不改变土地的所有权和使用权；并对土地使用权人不明的国有土地复垦后的利用进行了规定。③ 对复垦后增加耕地的规定了激励措施。为了鼓励将破坏的土地复垦为耕地，对复垦后增加的耕地规定了激励措施。

此外，征求意见稿对在土地复垦工作中可能发生的各种违法行为规定了严格的法律责任。

第 22 章 煤炭进出口政策

22.1 煤炭进出口管理体制沿革

新中国成立后,国家经营煤炭出口的是外贸部门下设的中国五金矿产进出口总公司,各煤炭出口省在外贸部门设立五金矿产进出口公司,业务上接受中国五金矿产总公司管理。统配煤矿的煤炭出口业务分别由各省五金矿产进出口公司经营,所得利润及外汇均由中国五金矿产总公司上缴中央财政。

1977 年 11 月,时任中共中央副主席邓小平指示:"要出口煤炭换取外汇,引进外国技术,争取时间,赢得时间,这是个大政策。"

1980 年,国家批准煤炭主要出口省山西省可以经营地方煤炭出口,山西成为惟一可承担地方煤炭出口对外贸易的省。而山西省统配煤矿的煤炭出口仍由中国五金矿产公司设在矿务局的办事处代理经营。

1982 年 1 月,山西省地方煤炭对外贸易公司,经省政府批准改为山西省煤炭进出口公司,隶属山西省进出口管理委员会,连同省内统配煤矿的出口业务全部移交该公司。其中,地方煤炭出口利润上缴省财政,统配煤矿出口收入上缴中央财政。

1982 年 7 月 1 日,经国务院批准,中国煤炭进出口总公司成立,隶属于煤炭工业部,统一经营全国煤炭进出口业务,原中国五金矿产进出口总公司的煤炭进出口业务移交该公司。

1984 年 1 月,为统一全国煤炭进出口业务,经煤炭工业部、山西省政府商定,将先行成立的山西省煤炭进出口公司改为"中国煤炭进出口总公司山西分公司"。

1988 年初，国务院批准中信公司、工商公司、新兴公司、五矿公司、精煤公司等五家公司经营煤炭出口业务。这五家公司与中国煤炭进出口总公司一样享有煤炭出口经营权，在国内争货源、争运力，在国外争市场、以低价争客户，造成煤炭出口价格大幅下降。针对这种情况，1988 年 12 月 14 日，国务院及时做出决定，煤炭出口经营权恢复由中国煤炭进出口总公司一家经营，停止了其他几家公司的煤炭出口业务。

进入 20 世纪 90 年代，国内煤炭产品出现积压，为缓解国内市场供大于求的状况，加大煤炭出口力度，引入适当竞争。1992 年 7 月，国务院以国函[1992]75 号文批复山西省的报告，同意“八五”时期后三年，每年从国家计划出口的山西地方煤炭中划出 200 万 t，由山西省煤炭进出口公司自营出口；1996 年，神华集团获得自营煤炭出口权；1997 年 3 月，国务院办公厅以国办函[1997]24 号文同意恢复中国五金矿产进出口总公司对拉美地区的市场，但不得进入由中国煤炭进出口总公司出口煤炭的日本、韩国、东南亚国家以及港澳台地区市场。

22.2 煤炭进出口政策分析

22.2.1 煤炭进出口政策的变化

煤炭进出口政策主要通过煤炭关税和煤炭出口退税政策来表现。关税是国际通行的税种，是各国根据本国的经济和政治的需要，用法律形式确定的、由海关对进出口的货物和物品所征收的一种流转税。为了适应我国对外贸易的发展，参与国际经济竞争，国务院于 1985 年 3 月 7 日发布了《中华人民共和国进出口关税条例》，1987 年 9 月 12 日对其进行了修订和发布，1992 年 3 月 18 日，国务院又对其进行了第二次修订和发布，同时还修订并发布了从 1993 年 12 月 31 日起实施的《中华人民共和国海关进口税则》和《中华人民共和国海关出口税则》。从 1996 年 4 月 1 日起，又实行了新修订的税则。

1951 年 5 月 10 日，中央人民政府政务院公布了《中华人民共和国海关进出口税则》和《中华人民共和国海关进出口税则暂行实施条例》。

1985 年 3 月 7 日，国务院发布了《中华人民共和国进出口关税条例》和《中华人民共和国海关进出口税则》，自 1985 年 3 月 10 日实施，同时废止了 1951 年 5 月 10 日中央人民政府政务院公布的《中华人民共和国海关进出口税则》和《中华人民共和国海关进出口税则暂行实施条例》。贯彻了对外开放政策，体现了鼓励出口，扩大必需品进口，保护与促进国民经济发展以及保证国家财政收入的原则，对当时的经济体制改革发挥了重要作用。

1992 年 3 月 18 日，国务院做出关于修改《中华人民共和国进出口关税条例》的决定。

自 1995 年起，煤炭出口实行出口退税政策，以鼓励煤炭出口。1995 年 11 月 23 日，财政部、国家税务总局印发《出口货物退(免)税若干问题规定》的通知(财税[1995]92 号)，将农产品、煤炭出口退税率规定为 3%。

1998 年 1 月 1 日，海关总署发布了关于调整《中华人民共和国海关进出口税则》税目和部分商品适用税率等有关问题的通知。

1998 年 6 月 16 日，财政部、国家税务总局下发《关于提高煤炭钢材水泥及船舶出口退税率的通知》(财税[1998]102 号)，将煤炭出口退税率由 3%上调到 9%。

1999 年 8 月 2 日，财政部、国家税务总局下发《关于进一步提高部分货物出口退税率的通知》(财税[1999]225 号)，从 1999 年 7 月 1 日起，将煤炭产品出口退税率由 9%提高到 13%。

2000 年 12 月 31 日，国务院关税税则委员会发布了关于调整《中华人民共和国海关进出口税则》的通知，公布了关于部分进口商品税则税率调整、暂定税率调整等情况。

2002 年 12 月 25 日，经国务院批准海关总署发布了《中华人民共和国海关进出口税则》，公告了对税目、税率进行调整的有关事项。

2003 年 10 月 13 日，财政部、国家税务总局下发《关于调整出口货物退税率的通知》(财税[2003]222 号)，将煤炭出口退税率由 13%下调至 11%；焦炭、半焦炭的出口退税率由 15%下调至 5%；炼焦煤出口退税率由 13%下调至 5%。

2003 年 11 月 23 日，国务院公布了《中华人民共和国进出口关税条例》，自 2004 年 1 月 1 日起实施，同时废止了 1992 年 3 月 18 日国务院修订发布的《中华人民共和国进出口关税条例》。此条例从进出口货物关税税率的设置和适用、进出口货物完税价格的确定、进出口货物关税的征收、进境物品进口税的征收等方面做出了规定。

2004 年 5 月 19 日，财政部、国家税务总局下发了《关于停止焦炭和炼焦煤出口退税的紧急通知》(财税明电[2004]3 号)，对焦炭和炼焦煤停止出口退税。

2005年4月29日，财政部、国家税务总局下发《关于调整部分产品出口退税率的通知》（财税[2005]75号），将煤炭产品出口退税率由11%下调至8%。

2005年5月31日，国务院关税税则委员会下发了《关于对动力煤实行进口暂定税率的通知》，对进口动力煤实行3%的暂定税率。

2006年9月14日，财政部等部委联合下发了《关于调整部分商品出口退税和增补加工贸易禁止类商品目录的通知》，从2006年9月15日起，取消煤炭出口退税。

2006年10月27日，国务院关税税则委员会下发了《关于调整部分商品进出口暂定税率的通知》（税委会[2006]30号），自2006年11月1日起，对煤炭、焦炭、原油等4项能源类产品实行5%的出口暂定税率，进口税率由3%～5%下调至0%～1%。

2007年5月18日，国务院关税税则委员会下发了《关于调整部分商品进出口暂定税率的通知》（税委会[2006]30号），提出对煤炭、软木和燃料油等7个税目的资源性产品实施0%～3%的进口暂定税率，对煤制焦炭及半焦炭不论成型与否，出口暂定税率由5%上调至15%，从煤、褐煤、或泥煤蒸馏所得的焦油及矿物焦油，不论是否脱水或部分蒸馏，包括再造焦油出口暂定税调整至5%。

2008年8月15日，国务院关税税则委员会下发了《关于调整铝合金焦炭和煤炭出口关税的通知》，自2008年8月20日起，将焦炭的出口暂定税率由25%提高至40%，将炼焦煤出口暂定税率由5%提高至10%。

22.2.2 煤炭进出口政策影响

从“九五”到“十五”初期，我国一直鼓励煤炭出口。这是因为在“九五”期间，由于国内煤炭供过于求，为缓解国内供需矛盾，调控总量平衡，国家出台了一系列优惠政策，让利于煤炭出口企业，扶持和鼓励煤炭出口，为提高我国在世界煤炭市场中的地位和份额起到了十分关键的作用。长期以来，煤炭出口为我国经济发展换取了大量外汇，功不可没。进入“十五”中期，随着国内国民经济快速增长对煤炭需求的大幅拉动，国内逐渐出现了煤炭供应吃紧的状况，在2004年甚至出现“煤荒”。同时，随着我国国力的增强，已有了雄厚的外汇储备，而煤炭出口换取的外汇在国内生产总值和国家外汇储备中所占的比重很小，煤炭出口变的得不偿失。随着对煤炭是稀缺的不可再生的一次性能源认识的增加，面对2004年以来我国一次性资源消费量的急剧增加,国家不断调整了煤炭进出口政策:2004 年,我国开始降低煤炭出口退税率,实行煤炭、焦炭出口配额制度。2005 年进一步降低煤炭出口退税率,并降低煤炭进口关税。2006 年,我国又两次调整煤炭进出口税收政策,不但进一步降低了煤炭进口关税,取消了煤炭出口退税,而且对煤炭出口征收出口税,从而限制了煤炭出口。2007 年,由过去的鼓励出口、限制进口到限制出口、鼓励进口。2008 年,进一步下发了限制出口、鼓励进口的政策。

由于煤炭进出口政策的影响,近几年我国煤炭出口量大幅下降,煤炭进口量快速增加。这一重要变化导致国际煤炭贸易的格局也发生了明显变化。我国历来是世界煤主要出口国之一,曾经是出口量仅次于澳大利亚的世界第二大煤炭出口国。2004 年,我国煤炭出口量为世界第 3 位,年出口量占当年国际煤出口总量的 11.4%。随着出口量连年大幅度下降,2007 年,我国煤出口量世界排名已降至第 7 位,所占比重也下滑至 5.8%。进口方面,年度进口量世界排名则由 2004 年的第 15 位迅速攀升至 2007 年的第 4 位,2007 年进口量仅次于日本、韩国和中国台湾;所占年度世界煤炭进口贸易总量份额也由 2004 年的 2.4%上升至 2007 年的 5.7%。2009 年前 8 个月,全国累计煤炭出口 1 483 万 t,同比减少 1 881.68 万 t,下降 55.9%;累计煤炭进口 7 393 万 t,同比增加 4 559.60 万 t,增长 160.9%。净进口煤炭 5 910 万 t,同比少出多进 7 343 万 t。

第 23 章　煤矿安全政策

新中国成立以来，党和政府始终高度重视煤矿安全生产工作，始终把煤矿工人的人身安全放在第一位。1949 年 11 月，燃料工业部召开全国第一次煤矿会议，确立了我国煤矿生产“安全第一”的指导方针。1950 年 5 月，燃料工业部召开了煤矿负责干部会议，通过了《加强安全生产工作的决议》和《关于煤矿保安工作的决定》，将煤矿“安全第一”的方针正式写入文件。1951 年 4 月，燃料工业部召开第二次全国煤矿工作会议，进一步强调提高领导干部对安全负责的思想，明确提出建立由矿长、总工程师负责和各专业主管单位负责的安全责任制，进一步贯彻“安全第一”的方针。

近年来，针对煤矿安全生产形势，党和国家领导人多次对煤矿安全生产做出重要批示，并在组织机构的设置、专项经费支出的规定及政策法规的颁布实施等方面不断强化煤矿安全生产工作，逐步加强了煤炭安全生产法律法规体系建设，形成了以安全生产法律为基础、行政法规和部门规章为支撑的法律法规政策体系，有力地促进了全国煤矿安全生产形势的稳步好转。目前，涉及煤炭安全生产的法律法规主要包括相关法律：如《安全生产法》、《职业病防治法》、《工会法》、《消防法》、《煤炭法》、《劳动法》、《矿山安全法》等，行政法规主要包括：《铁路运输安全保护条例》、《劳动保障监察条例》、《道路运输条例》、《建设工程安全生产管理条例》、《安全生产许可证条例》、《工伤保险条例》、《特种设备安全监察条例》、《使用有毒物品作业场所劳动保护条例》、《危险化学品安全管理条例》、《国务院关于特大安全事故行政责任追究的规定》、《煤矿安全监察条例》、《矿山安全法实施条例》、《企业职工伤亡事故报告和处理规定》、《特别重大事故调查程序暂行规定》、《尘肺病防治条例》、《民用爆炸物品管理条例》、《矿山安全监察条例》和《矿山安全条例》等，主要部门规章包括：《国有煤矿瓦斯治理安全监察规定》、《国有煤矿瓦斯治理规定》、《安全生产培训管理办法》、《危险化学品生产储存建设项目安全审查办法》、《煤矿安全规程》、《安全生产监督罚款管理暂行办法》、《安全生产行业标准管理规定》、《安全评价机构管理规定》、《煤矿企业安全生产许可证实施办法》、《煤矿安全监察罚款管理办法》、《煤矿建设项目安全设施监察规定》、《煤矿安全生产基本条件规定》、《煤矿安全监察行政处罚办法》、《煤矿安全监察行政复议规定》、《煤矿安全监察员管理办法》、《安全生产违法行为行政处罚办法》、《安全生产行政复议暂行办法》、《职业病诊断与鉴定管理办法》、《职业病危害项目申报管理办法》、《职业病危害事故调查处理办法》、《职业健康监护管理办法》、《国家职业卫生标准管理办法》、《建设项目职业病危害分类管理办法》、《特种设备注册登记与使用管理规则》、《特种设备质量监督与安全监察规定》、《特种作业人员安全技术培训考核管理办法》、《建设项目（工程）劳动安全卫生预评价管理办法》、《特种作业人员安全技术培训考核管理办法》、《乡镇露天矿场安全生产规定》等。

近年来，随着《安全生产法》、《煤矿安全规程》等法律法规的施行和修订，企业安全费用提取、加大企业对伤亡事故的经济赔偿、企业安全生产风险抵押三项经济政策的明确，以及其他一些有关煤矿安全的政策的施行，强化了煤矿安全生产工作，有力保障了煤矿安全生产状况的稳定好转。

23.1　煤矿安全政策措施

煤矿安全生产相关法律、法规及政策是保障煤矿安全生产的基础，也是煤矿安全生产监管和监察执法的基础。煤矿安全生产技术、管理标准是这些基础的技术支撑，1993 年 5 月 1 日实施的《矿山安全法》是我国各类矿山安全生产的第一部法律。在这部法律出台之前，国务院先后于 1982 年颁布了《矿山安全条例》、《矿山安全监察条例》，1989 年颁布了《特别重大事故调查程序暂行规定》，1991 年颁布了《企业职工伤亡事故报告和处理规定》等各种有关矿山安全生产的行政法规。《矿山安全法》的颁布，使矿山安全相关法律法规形成了完整的体系。1996 年公布的《煤炭法》、2001 年颁布的《煤矿安全规程》、2002 年颁布的《安全生产法》成为我国煤矿安全生产各项政策制定实施的指导性文件。

此外，各省（区）、直辖市人大也相应颁布了一些有关矿山安全的地方性法规。长期以来，国务院劳动行政主管部委和矿山企业的主管部委以及各省（区）、直辖市政府的主管部门也发布了大量的有关安全生产的行政规章，诸如规程、规定、规范、标准、细则、办法、决定、指令、通知等。

全国人大制订并颁布实施的《矿山安全法》、《煤炭法》、《安全生产法》及国务院、各部委制订的各类有关安全生产的条例、规章、规定、规程、通知和各省（区）、直辖市人大颁布的有关矿山安全的地方性法规共同构成了我国煤矿安全政策体系。

煤矿安全生产综合管理政策以安全管理的规定为主，包括煤矿安全生产监察、安全培训、事故统计、安全责任制、安全检查等安全管理具体内容的规定。到目前为止，国家还未颁布过专门的煤矿安全管理法规，其规定只是散见于《矿山安全法》、《煤炭法》等法律文件之中。同时作为法律的细化和补充的行政法规、部门规章和地方立法也不断颁布和更新。其中国家煤矿安全监察局于 2001 年 9 月发布了《煤矿安全规程》，它是我国煤矿安全工作最全面、最具体的规程。是对煤矿安全生产最为详尽的部门规章，是煤矿安全生产技术政策的基本政策规定。

安全生产技术政策以安全技术上的规定为主。这类政策往往也有安全管理上的内容，但不占主要地位。煤矿安全生产技术政策具体包括“一通三防”方面主要政策、矿山救护方面主要政策、预防职业危害方面主要政策。除这三种煤矿安全生产技术方面的主要政策外，有关运输、掘进、爆破、安全用品等方面的政策也属于煤矿安全生产技术政策类别。

煤矿安全生产卫生政策以卫生保健、劳动保护及环境保护上的规定为主。近年来，国家陆续实施《煤矿矿用安全产品检验管理办法》、《危险化学品登记管理办法》、《危险化学品经营许可证管理办法》、《危险化学品包装物、容器定点生产管理办法》等对危险化学品的治理政策，从源头上对卫生环境进行保护。《全国煤矿卫生工作条例》在煤矿卫生工作的各个方面作了详尽说明，是我国目前最全面、最完整的煤矿安全生产卫生政策。

23.2　煤矿安全政策法规特点

23.2.1　煤矿安全政策体系建设步伐明显加快

1956 年 5 月 25 日，国务院发布了《工人职员伤亡事故报告规程》，这是新中国成立后，第一部安全生产法规。此后，煤矿安全生产政策法规建设基本处于停滞状态。改革开放后，随着“依法治国，建设社会主义法制国家”作为治国方略写入我国宪法，我国的法制建设进入了一个新的阶段。1989 年

3 月 29 日，随着国务院发布《特别重大事故调查程序暂行规定》，我国煤矿安全生产的政策法规建设进入了快速发展时期：

1992 年 7 月 12 日，《安全生产法》以中华人民共和国第 65 号主席令的形式发布实施。

1995 年 1 月 25 日，煤炭工业部颁发实施了《防治煤与瓦斯突出细则》。细则从煤层突出危险性预测和防治突出措施效果检验、区域性防治突出措施、局部防治突出措施、防治岩石与二氧化碳（瓦斯）突出措施、安全防护措施等方面做出了具体规定。

2001 年 4 月 27 日，国家安全生产监督管理局公布了《煤矿安全监察程序暂行规定》。

2003 年 5 月 19 日，国家安全生产监督管理局公布了《安全生产违法行为行政处罚办法》。该办法是为了制裁安全生产违法行为，规范安全生产行政处罚工作，保证生产经营单位依法进行安全生产，根据行政处罚法、安全生产法及其他有关法律、行政法规的规定制定的。该办法对行政处罚的种类、管辖，行政处罚的程序（简易程序、一般程序、听证程序），行政处罚的适用，行政处罚的执行和备案等方面做出了规定。该办法同时废止了 2001 年 4 月 27 日国家安全生产监督管理局公布的《煤矿安全监察程序暂行规定》。它是继安全生产法之后发布的安全生产监督管理的重要部门规章，也是国家安全生产监督管理局改为国务院直属机构后发布的第一部部门规章。

2004 年 1 月 9 日，国务院发布了《关于进一步加强安全生产工作的决定》。该决定从明确指导思想、奋斗目标以及完善政策、强化管理、完善制度、加强领导等五个方面对我国安全生产工作做出了明确规定。

2004 年 5 月 21 日，财政部、国家发展改革委、国家煤矿安全监察局在征求中国煤炭工业协会意见的基础上，联合制定并公布施行了《煤炭生产安全费用提取和使用管理办法》和《关于规范煤矿维简费管理问题的若干规定》。这两个文件是为了建立煤矿安全生产设施长效投入机制，建立煤炭生产企业单独提取安全费用制度，同时规范煤矿维简费管理而制定的。

2004 年 10 月 20 日，国家安全生产监督管理局（国家煤矿安全监察局）公布了《安全评价机构管理规定》，自 2005 年 1 月 1 日起施行。该规定对加强甲级、乙级评价资质分级管理，规范安全评价机构的资质审批程序，起到了重要作用。

2005 年 7 月 22 日，国家安全生产监督管理总局公布了《劳动防护用品监督管理规定》,规定自2005年9月1日起施行。该规定是为加强和规范劳动防护用品的监督管理,保障从业人员的安全与健康制定的。

2005年8月31日,国家安全生产监督管理总局制定了《安全评价人员资格登记管理规则》。该规则对材料提交、登记程序、不予登记的情形、从业机构变更等方面做出了具体的规定。

2005年10月31日,国务院办公厅转发了国家发展改革委和国家安全监管总局《关于煤矿负责人和生产经营管理人员下井带班指导意见》,明确提出煤矿企业必须建立和完善下井带班制度,明确下井带班人员的职责,并严格企业内部管理和考核。

2007年1月6日,国家安全监管总局、国家煤矿安监局下发了《关于提高煤矿主要负责人和安全生产管理人员安全资格准入标准的通知》(安监总煤调[2007]5号)。该通知从提高煤矿主要负责人、安全生产管理人员安全资格标准,按照规定标准和程序颁发《安全资格证书》,严格标准认真做好衔接和过渡工作,对《安全资格证书》颁发、使用、监督和管理四个方面做出了规定。

2009年4月1日,国家安全生产监督管理总局公布了《生产安全事故应急预案管理办法》,自2009年5月1日起施行。该办法从应急预案的编制、评审、备案、实施、奖励与惩罚等方面做出了规定。

2009年7月1日,国家安全生产监督管理局(国家煤矿安全监察局)公布了新修订的《安全评价机构管理规定》,自2009年10月1日起施行,该规定同时废止了2005年1月1日起施行的《安全评价机构管理规定》。与原规定相比,新规定立足于中介机构在"规范中发展,在发展中规范"的指导思想,旨在鼓励和支持安全评价机构充分发挥自身的技术优势,拓展技术,服务领域,为各类生产经营单位提供安全生产技术咨询与服务,使之成为安全生产事业发展的重要推进和补充力量。

新规定明确了"统筹规划、合理布局、总量控制"的指导思想。提高了安全评价机构资质准入条件,重新划分了甲级、乙级资质的业务范围,加强了审批后的监督,加大了违法违规现象的处罚力度,鼓励和支持安全评价行业组织加强自律管理,推进安全评价诚信体系建设。

23.2.2 注重和加强安全基础工作

安全基础工作是保障煤矿安全生产的重要环节,煤矿安全事故分析表明,绝大多数安全事故的发生与安全基础工作不到位有着密切的关系,"基础不牢,地动山摇”是煤矿安全生产的真实写照。新中国成立之后,党和政府在加强安全生产保护劳动者生命安全方面做了大量工作,出台了一系列政策、法规。

1996 年 4 月 23 日,劳动部公布了《劳动防护用品管理规定》。该规定是为了加强劳动防护用品的管理,保障劳动者的安全与健康,根据《劳动法》和有关法律、法规制定的,从研制和生产、经营、发放和使用、处罚等方面做出了规定。

1996 年 10 月 21 日,煤炭工业部发布了《关于颁布〈煤矿用爆破器材管理规定〉和〈煤矿井下爆破作业安全规程〉的通知》。

《煤矿用爆破器材管理规定》从安全管理、生产、销售与购买、储存与运输、井下爆破作业、奖惩等方面做出了具体的规定。

《煤矿井下爆破作业安全规程》主要规定了编制爆破作业说明书、“一炮三检制”和“三人连锁放炮制”、毫米爆破、孔预裂控制爆破、震动爆破、装药、炮眼、爆破、瞎炮处理等内容。

2001 年 2 月 19 日,国家煤矿安全监察局公布了《煤矿建设工程安全设施设计审查与竣工验收暂行办法》,自 2001 年 3 月 1 日起施行。该办法是为了规范煤矿建设工程安全设施设计审查和竣工验收工作,保障煤矿安全,根据《煤矿安全监察条例》以及有关法律、法规制定的。该办法从设计审查、竣工验收、处罚等方面对煤炭建设工程安全设施的设计及验收做出了详细的规定。

2001 年 11 月 26 日,国家煤矿安全监察局公布了《煤矿矿用产品安全标志管理暂行办法》,自 2002 年 1 月 1 日起施行。该办法是为加强煤矿矿用产品安全管理,保障煤矿安全生产和职工人身安全与健康,根据《煤炭法》、《矿山安全法》和《煤矿安全监察条例》制定的。该办法对防止不符合安全标准的煤矿矿用安全产品入井发挥了重要作用。

2002 年 11 月 25 日,国家煤矿安全监察局发布了《关于加强煤矿矿用产品安全标志管理工作的通知》。通知要求,要进一步加大对煤矿企业执行煤安标志管理制度的监察。凡 2001 年 12 月 31 日以后煤矿企业采购的属于煤安标志管理的产品,必须取得煤安标志,否则可依照有关法律、法规予以处罚;对 2002 年 1 月 1 日以前煤矿企业采购的属于煤安标志管理的产品,可根据设备的完好性和对安全生产的重要程度,规定不同整改期限,要求煤矿企业限期整改。

2002年9月3日，人事部、国家安全生产监督管理局印发了《关于印发〈注册安全工程师执业资格制度暂行规定〉和〈注册安全工程师执业资格认定办法〉的通知》。《注册安全工程师执业资格制度暂行规定》是为了加强对安全生产工作的管理，提高安全生产专业技术人员的素质，保障人民群众生命财产安全，确保安全生产，根据《安全生产法》和国家职业资格证书制度的有关规定制定的。该规定从考试、注册、职责、罚则等方面做出了规定。《注册安全工程师执业资格认定办法》从申报条件、认定组织、认定程序、申报时间及要求等方面做出了规定。

2005年8月23日，国家安全生产监督管理总局公布了《矿山救护队资质认定管理规定》，自2005年9月1日起施行。该规定是为实施矿山救护队资质认定和管理，提高矿山救护队的战斗力，保障和促进矿山事故救援工作制定的。该规定明确提出，煤矿和非煤矿矿山（石油、天然气开采除外）矿山救护队的资质认定和监督管理，适用本规定。矿山救护队从事救援技术服务活动，必须进行资质认定，取得资质证书。矿山救护队资质认定和管理工作，实行两级发证、属地监管。同时，该规定对申请单位应当向资质认定机关提供的材料、资质证书的管理以及具体处罚等做出了规定。

2006年6月7日，国家安全生产监督管理总局、国家煤矿安全监察局、国家发展和改革委员会、监察部、劳动和社会保障部、国务院国有资产监督管理委员会、中华全国总工会联合下发了《关于加强国有重点煤矿安全基础管理的指导意见》，提出了"建立健全安全生产责任制，加大投入、加强技术管理和现场管理，不断提高安全管理水平；强化安全教育培训，着力加强区队班组建设，全面提高从业人员的安全技术素质；深入开展安全质量标准化工作，建设本质安全型矿井，把国有重点煤矿安全生产工作提高到一个新水平。"的主要任务。

2007年4月28日，国家安全生产监督管理总局、国家煤矿安全监察局、国家发展改革委、监察部、劳动和社会保障部、国土资源部、全国总工会联合下发了《关于加强小煤矿安全基础管理的指导意见》（安监总煤调[2007]95号）。该意见是为加强小煤矿安全基础管理工作，落实企业安全生产主体责任，有效遏制重特大事故，实现安全生产状况逐步好转，根据《安全生产法》、《煤炭法》和《国务院关于进一步加强安全生产工作的决定》（国发[2004]2号）、《国务院关于预防煤矿生产安全事故的特别规定》（国务院令第446号）、《国务院关于促进煤炭工业健康发展的若干意见》（国发[2005]

18 号）等有关法律、法规和文件规定制定的。该意见针对我国小煤矿安全生产条件差、生产工艺落后、安全投入不足、安全责任不落实、规章制度不健全、安全管理不规范、安全培训不到位等安全基础管理薄弱等问题，提出了加强小煤矿安全基础工作的指导原则和目标。该意见提出了在完成煤矿瓦斯治理、整顿关闭两个攻坚战工作任务的同时，通过加强安全基础管理，到 2010 年，小煤矿安全生产条件明显改善，从业人员素质明显提高，生产安全事故明显下降，安全生产水平明显提升。该意见明确规定，要建立健全小煤矿企业安全管理机制；加强安全生产技术管理；加强安全生产现场管理；加强隐患排查管理；加强建设项目的安全管理；加强劳动组织和用工培训管理；加强应急管理和事故处理。该意见同时对健全小煤矿安全生产的监管机制、扎实推进小煤矿安全基础管理工作做出了规定。

2009 年 3 月 3 日，中华全国总工会、国家煤矿安全监察局联合发布了《关于加强煤矿班组安全生产建设的指导意见》。该意见提出："通过不断提高班组安全生产能力，使班组员工真正做到不伤害自己、不伤害别人、不被别人伤害，实现班组安全生产，为煤矿安全生产奠定基础"的建设目标。

23.2.3　加大了安全专项整治力度

改革开放后，为了迅速提高煤炭产量，我国曾一度实行了"两个一起上"的煤炭产业政策，全国各地涌现出大批生产能力低下、安全措施简陋的乡镇或个体"小煤窑"。这些"小煤窑"对缓解当时的煤炭供应紧张做出了一定贡献，但也引发了安全事故频发、资源浪费等严重问题。进入 21 世纪后，煤炭价格开始恢复性上涨，并保持在一个相对高位，一些不法分子开始违法进行煤炭开采，这些非法煤矿不仅自身安全得不到保障，而且存在偷挖国有大矿资源，给国有大矿造成极大安全隐患。在这一背景下，国家进行了专项治理。

2005 年 6 月 16 日，国家安全生产监督管理总局等五部门联合下发了《关于严厉打击煤矿违法生产活动的通知》。该通知从坚决整顿不具备安全生产条件的矿井、依法严厉打击违法生产活动、开展对"五整顿、四关闭"矿井的联合执法、加强对煤矿安全生产的监督检查、严格煤矿安全生产市场准入、严肃查处违法生产行为和煤矿各类事故等方面做出了规定。

2005 年 8 月 22 日，国务院办公厅发布了《关于坚决整顿关闭不具备安全生产条件和非法煤矿的紧急通知》。该通知是针对 2005 年 7 月份以来，山西、陕西、新疆、河南、河北、贵州、广东等地相继发生停产整顿煤矿和不具备安全生产条件煤矿非法生产造成的特大、特别重大事故，给人民群众生命财产造成了严重损失这一严峻的安全生产形势发布的。该通知从立即停产整顿不具备安全生产条件的煤矿；坚决关闭取缔“停而不整”、经整顿仍不达标以及非法生产的矿井；实行联合执法，依法查处违法违规单位和人员；加强领导，建立和落实煤矿整顿关闭工作责任制；加强对整顿关闭工作的社会监督和舆论监督等方面做出了具体规定。

2006年9月28日，国务院办公厅转发了国家安全生产监管总局等部门《关于进一步做好煤矿整顿关闭工作意见》(国办发[2006]82号)。该通知指出，整顿关闭非法和不具备安全生产条件以及不符合国家煤炭产业政策、布局不合理、破坏资源、污染环境的煤矿，淘汰落后的生产能力，是贯彻落实“十一五”规划纲要，调整和优化煤炭产业结构，提高煤炭生产力发展水平，保障煤炭工业节约发展、清洁发展、安全发展，实现可持续发展的重要举措；是减少煤矿事故、保护人民群众生命财产安全，促进安全生产形势稳定好转的迫切需要。各产煤省(区、市)人民政府要加强对煤矿整顿关闭工作的统一领导，组织研究制订本地区煤矿整顿关闭的工作目标和主要任务，提出到2010年允许保留的小煤矿数量限制目标。各有关地区要把煤矿整顿关闭工作作为实现安全生产的一项重要举措列入地方各级人民政府工作目标，纳入政绩考核内容。

《关于进一步做好煤矿整顿关闭工作意见》从煤矿整顿关闭工作的目标和任务；关闭煤矿的类型；加强和规范煤炭资源整合，从严控制新开工建设项目；完善煤矿整顿关闭工作联合执法机制等方面做出了规定。

23.3 安全管理制度建设

23.3.1 强化了安全事故调查与处理

重视和保护人的生命权，是我国煤矿安全生产法律法规建设的根本出发点和落脚点。早在1956年5月25日，国务院就发布了《工人职员伤亡事故报告规程》。

改革开放后，国家加大了对安全事故调查与处理的力度。

1989年3月29日，国务院发布施行了《特别重大事故调查程序暂行规定》。该规定是为了保证特别重大事故的调查工作顺利进行制定的。该规定从特大事故的现场保护和报告、特大事故的调查、罚则等方面做出了规定。

1991 年 2 月 22 日，国务院公布施行了《企业职工伤亡事故报告和处理规定》，同时废止了《工人职员伤亡事故报告规程》。该规定是为了及时报告、统计、调查和处理职工伤亡事故，积极采取预防措施，防止伤亡事故制定的。该规定从事故调查、报告、处理等方面做出了规定。《特别重大事故调查程序暂行规定》和《企业职工作伤亡事故报告和调查处理规定》，这两部行政法规对规范事故报告和调查处理起到了重要作用。

2007 年 3 月 28 日，国务院第 172 次常务会议通过，自 2007 年 6 月 1 日起施行《生产安全事故报告和调查处理条例》。该条例对安全生产事故分类等级进行了规定，共分为：特别重大事故、重大事故、较大事故和一般事故四类。该条例提出，事故调查处理应当坚持实事求是、尊重科学的原则，及时、准确地查清事故经过、事故原因和事故损失，查明事故性质，认定事故责任，总结事故教训，提出整改措施，并对事故责任者依法追究责任。规定了事故报告制度。事故发生后，事故现场有关人员应当立即向本单位负责人报告；单位负责人接到报告后，应当于 1 小时内向事故发生地县级以上人民政府安全生产监督管理部门和负有安全生产监督管理职责的有关部门报告。情况紧急时，事故现场有关人员可以直接向事故发生地县级以上人民政府安全生产监督管理部门和负有安全生产监督管理职责的有关部门报告。并规定每级上报的时间不得超过 2 个小时。该条例在明确不得瞒报的总体要求的同时，还从四个方面做出了规定：

(1) 进一步落实事故报告责任。事故现场有关人员、事故发生单位的主要负责人、安全生产监督管理部门和负有安全生产监督管理职责的有关部门，以及有关地方人民政府，都有报告事故的责任。

(2) 明确事故报告的程序和时限。事故发生后，事故现场有关人员应当立即向本单位负责人报告；单位负责人接到报告后，应当于 1 小时内向事故发生地县级以上人民政府安全生产监督管理部门和负有安全生产监督管理职责的有关部门报告。安全生产监督管理部门和负有安全生产监督管理职责的有关部门逐级上报事故情况，每级上报的时间不得超过 2 小时。

(3) 规范事故报告的内容。报告事故应当包括事故发生单位概况，事故发生的时间、地点以及事故现场情况，事故的简要经过，事故已经造成或者可能造成的伤亡人数和初步估计的直接经济损失，以及已经采取的措施等。事故报告后出现新情况的，还应当及时补报。

(4) 建立值班制度。为了方便人民群众报告和举报事故，强化社会监督，条例规定，安全生产监督管理部门和负有安全生产监督管理职责的有关部门应当建立值班制度，受理事故报告和举报。

该条例规定，在特殊情况下，经负责事故调查的人民政府批准，提交事故调查报告的期限可以适当延长，但延长的期限最长不超过 60 日。事故调查组的职责包括：查明事故发生的经过、原因、人员伤亡情况及直接经济损失，认定事故的性质和事故责任，提出对事故责任者的处理建议，总结事故教训，提出防范和整改措施，提交事故调查报告等。事故调查组有权向有关单位和个人了解与事故有关的情况，并要求其提供相关文件、资料，有关单位和个人不得拒绝。事故调查报告由负责组织事故调查的人民政府批复。重大事故、较大事故、一般事故自收到事故调查报告之日起 15 日内做出批复；特别重大事故 30 日内做出批复，特殊情况下，批复时间可以适当延长，但延长的时间最长不超过 30 日。

23.3.2　建立和加强了安全生产监督机制

2000 年 11 月 7 日，国务院公布了《煤矿安全监察条例》，自 2000 年 12 月 1 日起施行。该条例是为保障煤矿安全，规范煤矿安全监察工作，保护煤矿职工人身安全和身体健康，根据《煤炭法》、《矿山安全法》、第九届全国人民代表大会第一次会议通过的国务院机构改革方案和国务院关于煤矿安全监察体制的决定制定的。该条例是我国煤矿安全监察的主体法规和专门立法，具有里程碑意义。它明确了煤矿安全监察执法机构、监察人员的法律地位；确立了煤矿安全监察的 7 项具体法律制度，把监察方针、监察内容、监察手段、执法主体，全部予以法律化。

2004 年 1 月 13 日，国务院根据《安全生产法》的有关规定公布施行了《安全生产许可证条例》。该条例的出台，是我国第一次以法律的形式确立了企业安全生产的准入制度，对我国的安全生产具有十分重大的意义，该条例的实施，标志着我国的安全生产监督管理工作进入了一个新的阶段。

2004 年 11 月 4 日，国务院办公厅发布了《关于完善煤矿安全监察体制的意见》。该意见指出，1999 年国务院决定煤矿安全监察体制实行垂直管理，这对加强煤矿安全生产工作，促进我国煤矿安全生产形势的好转，起到了重要作用。但是，在实际运行中煤矿安全监察、监管的部分职责尚需进一步明确，协调机制和自身体系建设有待完善。根据《国务院关于进一步加强安全生产工作的决定》(国发[2004]2 号)，为进一步加强煤矿安全生产工作，按照权责一致和充分发挥各方面积极性的原则，对现行煤矿安全监察体制进行完善。

(1) 明确煤矿安全监察、监管职责。煤矿安全监察机构行使国家煤矿安全监察职能,其主要职责是:对煤矿安全实施重点监察、专项监察和定期监察,对煤矿违法违规行为依法做出现场处理或实施行政处罚;对地方煤矿安全监管工作进行检查指导;负责煤矿安全生产许可证的颁发管理工作和矿长安全资格、特种作业人员的培训发证工作;负责煤矿建设工程安全设施的设计审查和竣工验收;组织煤矿事故的调查处理。

(2) 建立健全煤矿安全监察、监管协调工作机制。

(3) 加强对地方煤矿安全监管工作的检查指导。其主要内容是:贯彻落实煤矿安全法律法规、标准情况;关闭不具备安全生产条件矿井情况;煤矿安全监督检查执法情况;煤矿安全专项整治、事故隐患整改及复查情况;煤矿事故责任人的责任追究落实情况。煤矿安全监察机构要根据检查的情况,向有关地方人民政府及其有关部门提出意见和建议。

(4) 完善煤矿安全监察体系,建立监察执法责任追究制度。调整煤矿安全监察机构布局,在监察任务繁重的地区适当增设煤矿安全监察机构。

2003 年 7 月 2 日,国家安全生产监督管理局公布了《煤矿安全监察行政处罚办法》,自 2003 年 8 月 15 日起施行。该办法是为了制裁煤矿安全违法行为,规范煤矿安全监察行政处罚工作,保障煤矿依法进行生产而制定的。该办法对行政处罚的原则、具体处理决定以及行政处罚行为、罚款额度等做出了具体规定。2008 年 8 月,国家发展改革委公布了《我国煤炭法规体系架构方案》(征求意见稿)拟对《煤矿安全监察行政处罚办法》进行修订,修订的内容包括处罚主体、种类、程序、执行备案、对处罚的救济等;另外,拟将 2007 年 10 月 8 日国家安全生产监督管理总局公布的《安全生产行政复议规定》和 2007 年 11 月 30 日国家安全生产监督管理总局公布的《安全生产违法行为行政处罚办法》中的部分内容吸收到修订的《煤矿安全监察行政处罚办法》中。

23.3.3 强化了安全生产责任制度

2001 年 4 月 21 日,国务院公布施行了《国务院关于特大安全事故行政责任追究的规定》。该规定是为有效地防范特大安全事故的发生,严肃追究特大安全事故的行政责任,保障人民群众生命、财产安全而制定的。

该规定是我国第一部专门规范各级人民政府和有关部门安全事故行政责任追究的行政法规。它是社会主义法制建设的重大举措,是安全立法的重大突破。这部行政法规的核心，是建立了事故行政责任追究法律制度，把特大事故责任追究纳入法制化轨道，使之有法可依，是安全生产立法的重大突破。

该规定是在认真分析我国的安全生产现状，深刻反思近几年重特大事故惨痛教训的基础上出台的，具有很强的针对性。对于严肃追究特大安全事故的行政责任，防范特大安全事故的发生，保障人民群众生命、财产安全，实现全国安全生产形势的根本好转，具有十分重要的意义。此外，该规定的实施，规范了各级人民政府和有关部门领导的安全生产行为，增强了安全生产的责任感和使命感，促进了安全生产法制建设，为推动全国安全生产形势的根本好转发挥了不可替代的、重大的作用。

2007年7月12日，国家安全生产监督管理总局公布施行了《〈生产安全事故报告和调查处理条例〉罚款处罚暂行规定》。该规定是为防止和减少生产安全事故，严格追究生产安全事故发生单位及其有关责任人员的法律责任，正确适用事故罚款的行政处罚，依照《生产安全事故报告和调查处理条例》的规定制定的。

该规定明确，对煤矿事故发生单位及其有关责任人员处以罚款的行政处罚，依照下列规定执行：对发生特别重大事故的煤矿及其有关责任人员罚款的行政处罚，由国家煤矿安全监察局决定；对发生重大事故和较大事故的煤矿及其有关责任人员罚款的行政处罚，由省级煤矿安全监察机构决定；对发生一般事故的煤矿及其有关责任人员罚款的行政处罚，由省级煤矿安全监察机构所属分局决定。上级煤矿安全监察机构可以指定下一级煤矿安全监察机构对事故发生单位及其有关责任人员实施行政处罚。

2007年11月30日，国家安全生产监督管理总局新修订并重新公布了《安全生产违法行为行政处罚办法》。该办法是为了制裁安全生产违法行为，规范安全生产行政处罚工作。办法自2008年1月1日起施行。原国家安全生产监督管理局（国家煤矿安全监察局）2003年5月19日公布的《安全生产违法行为行政处罚办法》、2001年4月27日公布的《煤矿安全监察程序暂行规定》同时废止。

新修订的处罚办法的公布实施，是健全安全生产法律法规规章体系，加快形成规范的安全生产法治秩序的重要环节，对于进一步惩治安全生产违法行为，规范安全生产行政处罚，促进安全生产状况稳定好转具有重要意义。

新修订的处罚办法从执法需要出发，本着量化处罚、细化程序、强化执法，增强可操作性的原则，对行政处罚的程序、适用和执行方面做了进一步补充和完善。对法律、行政法规已有明确规定，不需要进一步量化、细化的条文，进行了删简；对法律、行政法规已经做出的处罚规定（如对事故责任者的处罚），做出了衔接性规定。

23.4　煤矿安全生产政策取向

23.4.1　关口前移，预防为主

2005 年 9 月 3 日，国务院公布施行了《国务院关于预防煤矿生产安全事故的特别规定》。该特别规定是针对当时煤矿安全生产中存在的突出问题主要是煤矿重特大事故频繁发生、瓦斯爆炸事故居高不下、小煤矿成为事故多发的重灾区、安全生产基础薄弱、执法不力等问题，为了把预防煤矿生产安全事故进一步纳入法制化轨道，及时发现并排除煤矿安全生产隐患，落实煤矿安全生产责任，保障职工的生命安全和煤矿的安全生产制定的。特别规定对预防煤矿生产安全事故的发生实行更加严格的制度和更加严厉的措施，把煤矿安全生产的关口前移，狠抓事故预防这个煤矿安全生产的关键，通过发现隐患，排除隐患，达到消灭事故的目的。特别规定主要遵循了以下指导思想：一是采取综合措施，建立预防煤矿生产安全事故的长效机制；二是强化源头监管，突出对煤矿生产安全事故的预防；三是抓住关键环节，落实安全生产责任；四是严肃惩处煤矿安全生产领域的腐败行为。对加强煤炭行业管理，防范事故隐患具有重要意义。

2005 年 12 月 14 日，财政部、国家安全生产监督管理总局联合公布了《煤矿企业安全生产风险抵押金管理暂行办法》，自 2006 年 1 月 1 日起施行。该办法是针对当时一些矿主在发生重特大事故后躲藏隐匿，蓄意逃避责任，把抢险、救灾和事故善后处理事宜推给当地政府的实际情况，为保证煤矿生产安全事故应急抢险、救灾和善后处理工作的顺利进行，根据《国务院关于进一步加强安全生产工作的决定》（国发[2004]2 号）制定的，旨在强化煤矿企业安全生产意识，落实安全生产责任，保证煤矿生产安全事故抢险、救灾工作的顺利进行。

该办法对风险抵押金的存储标准做出了规定，风险抵押金实行专户管理、分级管理。

2007 年 12 月 28 日，国家安全生产监督管理总局公布了《安全生产事故

隐患排查治理暂行规定》,自 2008 年 2 月 1 日起施行。该规定是为了建立安全生产事故隐患排查治理长效机制,强化安全生产主体责任,加强事故隐患监督管理,防止和减少事故,保障人民群众生命财产安全。、

23.4.2 配套细则,完善体系

在我国煤矿安全政策中,有相当大一部分内容是国务院有关部门依据全国人大颁布的"基本法"和国务院下发的"通知"而制定的相应的条例、规章、办法、意见等,这些条例、规章、办法、意见等对"基本法"及"通知"进行了细化、补充和完善。

1995 年 2 月 14 日,煤炭工业部公布了《煤炭工业企业职工伤亡事故报告和统计规定》(试行),该规定是为认真执行《统计法》、《矿山安全法》及国务院 75 号令《企业职工伤亡事故报告和处理规定》,及时准确报告、统计煤炭行业职工伤亡事故,分析研究安全生产状况;为进行安全决策、制定安全生产方针政策提供依据而制定的。该规定适用于我国煤炭行业主管部门以及从事煤炭生产、基本建设、地质勘探、机械制造等企业。该规定对伤亡事故的分类、报告、统计、分析计算等内容均做出了详细的规定。

1996 年 10 月 30 日,劳动部根据《安全生产法》制定公布了《安全生产法实施条例》。

2003 年 7 月 4 日,国家安全生产监督管理局根据《安全生产法》、《煤矿安全监察条例》以及有关法律、行政法规的规定制定公布了《煤矿建设项目安全设施监察规定》,自 2003 年 8 月 15 日施行,《煤矿建设工程安全设施设计审查与竣工验收暂行办法》同时废止。该规定对安全评价、设计审查、施工和联合试运转、竣工验收等方面做出了具体的规定。

2004 年 5 月 17 日,国家安全生产监督管理局(国家煤矿安全监察局)根据《安全生产许可证条例》和有关法律、行政法规公布施行了《煤矿企业安全生产许可证实施办法》。该办法从安全生产条件、安全生产许可证的申请和颁发、安全生产许可证的监督管理、罚则等方面对煤矿企业安全生产许可证的颁发管理工作做出了具体的规定。实施煤矿安全生产条件的许可,着眼点是提高煤矿安全生产条件准入门槛,强化煤矿企业安全基础建设,改善煤矿安全生产条件,保障人民生命安全和健康,同时,也是是落实"企业全面负责,部门依法监管"的重要手段。

2004 年 7 月 5 日,国家煤矿安全监察局根据《安全生产法》、《煤矿安全监察条例》等法律法规和《煤矿安全规程》制定施行了《煤矿企业安全生产管

理制度规定》。该规定对煤矿企业必须建立的安全生产管理制度做出了规定,分别是:安全生产责任制、安全办公会议制度、安全目标管理制度、安全投入保障制度、安全质量标准化管理制度、安全教育与培训制度、事故隐患排查制度、安全监督检查制度、安全技术审批制度、矿用设备、器材使用管理制度、矿井主要灾害预防管理制度、煤矿事故应急救援制度、安全奖罚制度、入井检身与出入井人员清点制度、安全操作规程管理制度等。

按照《国务院办公厅关于进一步加强煤矿安全生产工作的紧急通知》(国办发明电[2005]6 号)要求,财政部会同发展改革委、国家安全生产监督管理总局于 2005 年联合下发了《关于调整煤炭生产安全费用提取标准,加强煤炭生产安全费用使用管理与监督的通知》(财建[2005]168 号),对财建[2004]119 号文件有关内容进行了调整和完善,将原标准的高限改为新标准的低限,并允许企业在标准高限基础上适当自主提高提取标准。根据财建[2004]119 号、财建[2005]168 号的规定,煤矿企业按不同井型和矿井灾害程度,按不同标准在成本中按月提取安全费用。对于大中型煤矿,分三类矿井:高瓦斯、煤与瓦斯突出、自然发火严重和涌水量大的矿井吨煤不低于 8 元,其中 45 户重点监控煤炭生产企业吨煤不低于 15 元;低瓦斯矿井吨煤不低于 5 元;露天矿吨煤不低于 3 元。对于小型煤矿,分两类矿井:高瓦斯、煤与瓦斯突出、自然发火严重和涌水量大的矿井吨煤不低于 10 元;低瓦斯矿井吨煤不低于 6 元。《煤炭生产安全费用提取和使用管理办法》下发前,企业若已执行经省级(含省级)以上政府部门制定的安全费用提取标准,与本办法相对照,按执高原则执行,并按规定程序备案。煤炭生产安全费用的使用范围为:矿井主要通风设备的更新改造支出;完善和改造矿井瓦斯监测系统与抽放系统支出;完善和改造矿井综合防治煤与瓦斯突出支出;完善和改造矿井防灭火支出;完善和改造矿井防治水支出;完善和改造矿井机电设备的安全防护设备设施支出;完善和改造矿井供配电系统的安全防护设备设施支出;完善和改造矿井运输(提升)系统的安全防护设备设施支出;完善和改造矿井综合防尘系统支出;其他与煤矿安全生产直接相关的支出。

《关于规范煤矿维简费管理问题的若干规定》规定,企业根据原煤实际产量,每月按下列标准在成本中提取煤矿维简费:河北、山西、山东、安徽、江苏、河南、宁夏、新疆、云南等省(区)煤矿,吨煤 8.50 元;黑龙江、吉林、辽宁等省煤矿,吨煤 8.70 元;内蒙古自治区煤矿,吨煤 9.50 元;其他省(区、市)煤矿,吨煤 10.50 元。煤矿维简费主要用于煤矿生产正常接续的开拓延深、技术改造等，以确保矿井持续稳定和安全生产，提高效率。煤矿维简费的使用范围是：矿井（露天）开拓延深工程；矿井（露天）技术改造；煤矿固定资产更新、改造和固定资产零星购置；矿区生产补充勘探；综合利用和“三废”治理支出；大型煤矿一次拆迁民房50户以上的费用和中小煤矿采动范围的搬迁赔偿；矿井新技术的推广；小型矿井的改造联合工程。

2005年9月24日，国家安全生产监督管理总局、财政部联合制定了《举报煤矿重大安全生产隐患和违法行为的奖励办法》（试行）。该办法的制定依据了《安全生产法》、《国务院关于预防煤矿生产安全事故的特别规定》（国务院第446号令）等法律、行政法规和国家有关规定，是为了加强煤矿安全生产的社会监督，鼓励和奖励举报煤矿重大安全生产隐患和违法行为，及时发现并排除隐患，制止和惩处违法行为制定的。该办法的出台对于激励社会监督煤矿安全生产，促使社会力量共同参与煤矿安全生产的监督工作，制约和减少违法行为的发生具有重要的意义。该办法规定，受理的举报经调查属实的，受理举报的部门或者机构应当给予实名举报的最先举报人1 000元～10 000元的奖励，依法免交个人所得税。举报有下列情形之一、经核查属实的，给予举报人奖励：举报非法煤矿的，即煤矿未依法取得采矿许可证、安全生产许可证、煤炭生产许可证、营业执照和矿长未依法取得矿长资格证、矿长安全资格证擅自进行生产，或者未经批准擅自建设的；举报煤矿非法生产的，即煤矿已被责令关闭、停产整顿、停止作业，而擅自进行生产的；举报煤矿重大安全生产隐患的；举报隐瞒煤矿伤亡事故的；举报国家机关工作人员和国有企业负责人投资入股煤矿，及其他与煤矿安全生产有关的违规违法行为的；举报煤矿其他安全生产违规违法行为的。

2005年9月26日，国家安全生产监督管理总局、国家煤矿安全监察局依据《安全生产法》、《国务院关于预防煤矿生产安全事故的特别规定》等有关法律法规同时公布了《煤矿重大安全生产隐患认定办法（试行）》、《煤矿隐患排查和整顿关闭实施办法（试行）》和《煤矿安全培训监督检查办法（试行）》三个办法。这三个办法解决了什么是煤矿超能力、超强度或者超定员组织生产，存在隐患的煤矿如何组织整顿关闭，煤矿安全培训的监督到底由谁来负责等一系列问题。

就应当停止生产、排除隐患的情形，《国务院关于预防煤矿生产安全事故的特别规定》第八条第二款专门列举了15种。此次出台的《煤矿重大安全生产隐患认定办法（试行）》称，“本办法适用于各类煤矿重大安全生产隐患的认定”,并对《国务院关于预防煤矿生产安全事故的特别规定》中所列举的15种情形作了细化和界定,列出了60多种表现形式。例如,对煤矿“超能力、超强度或者超定员组织生产”情形的认定,有以下几种:矿井全年产量超过矿井核定生产能力的;矿井月产量超过当月产量计划10%的;一个采区内同一煤层布置3个以上(含3个)回采工作面或5个以上(含5个)掘进工作面同时作业的;未按规定制定主要采掘设备、提升运输设备检修计划或者未按计划检修的;煤矿企业未制定井下劳动定员或者实际入井人数超过规定人数的。

《煤矿隐患排查和整顿关闭实施办法(试行)》明确了隐患排查,停产整顿、关闭煤矿,联合执法的范围、责任、程序和内容,对整顿什么,怎么整顿,整顿后如何验收,验收合格的如何恢复生产,不合格怎么处置等都做出了具体规定。例如,煤矿企业自接到有关部门下达的停产整顿指令之日起,必须立即停止生产。由煤矿主要负责人组织制定整改方案,落实整改责任人、资金,及安全技术措施和应急预案。整改方案报县级以上人民政府有关部门和机构备案。地方政府应当向被责令停产整顿的煤矿派出监督人员盯守。

《煤矿隐患排查和整顿关闭实施办法(试行)》针对社会经济发展实际情况,提出对本企业安全生产隐患的排查和治理全面负责的除了煤矿企业主要负责人外,还包括一些煤矿企业的实际控制人。办法指明:“煤矿实际控制人是指一些煤矿企业生产、经营、安全、投资和人事任免等重大事项的实际决策人,或者对重大决策起决定作用的人。”

为保证安全培训工作的落实,《煤矿安全培训监督检查办法(试行)》要求:“县级以上地方人民政府负责煤矿安全生产监督管理的部门,应当对井下作业人员的安全生产教育和培训情况进行监督检查。”办法还对监督检查的主要内容做了规定,即包括安全生产教育和培训制度、计划的制定、落实情况;教育和培训活动的记录、档案;煤矿职工安全手册发放等。

2005年2月18日,国家安全生产监督管理局发布了《关于贯彻落实国办发79号文件精神完善煤矿安全监察体制的指导意见》。该意见指出:

(1) 充分认识完善煤矿安全监察体制的重要意义。

(2) 认真履行煤矿安全监察职责,切实做好重点监察、专项监察和定期监察。科学合理地确定三项监察的具体内容,制定三项监察工作计划,落实监察责任。突出重点,加大瓦斯治理的监察力度。

(3) 完善监察执法工作机制,推进工作创新。规范执法行为,确保执法到位。加强执法监督,严格依法行政。加强执法分析,提高执法效能。完善安全程度评估制度。规范监察执法考核制度。

(4) 加强对地方煤矿安全监管工作的检查指导,推进监管体系建设。

(5) 构建煤矿安全监察、监管协调工作机制,推进煤矿安全监察、监管工作有序高效运转。建立协调工作机制的原则和目标。建立工作通报和信息交流制度。建立联席会议制度。建立联合执法制度。

(6) 加强队伍建设,把煤矿安全监察工作做实。转变工作作风,找准工作定位。加强队伍建设,树立执法权威。

2005 年 12 月 26 日,国家安全生产监督管理总局公布施行了《矿山救护队资质认定管理规定实施细则》。该实施细则对《矿山救护队资质认定管理规定》中的规定作了具体细化,更具操作性。

2004 年 5 月 21 日,国家安全生产监督管理局公布了《注册安全工程师注册管理办法》,自 2004 年 10 月 1 日起施行。该办法是为了规范注册安全工程师的注册管理和执业行为,根据《安全生产法》和《注册安全工程师执业资格制度暂行规定》制定的。该办法从初始注册、续期注册、变更注册、执业、权利和义务、罚则等方面做出了规定。

2007 年 1 月 11 日,国家安全生产监督管理总局公布了《注册安全工程师管理规定》,自 2007 年 3 月 1 日起施行,同时废止了国家安全生产监督管理局 2004 年 10 月 1 日起施行的《注册安全工程师管理办法》。该规定是为了加强注册安全工程师的管理,保障注册安全工程师依法执业,根据《安全生产法》等有关法律、行政法规制定的。该规定融合了注册安全工程师执业资格制度实施以来有关规范性文件的主要内容,是关于注册安全工程师注册、配备、执业、继续教育和监督管理的综合性规定。为了保证继续教育的质量和效果,该规定明确了要按注册类别制定继续教育统一大纲,注册安全工程师在注册有效期内继续教育不得少于 48 学时,继续教育必须在具备资质的安全生产培训机构进行。

同时,2004 年的《注册安全工程师注册管理办法》规定对于准予注册的人员颁发中华人民共和国注册安全工程师注册证,为与执业资格制度相一致,该规定将其调整为中华人民共和国注册安全工程师执业证。同时,增加了取得执业印章的要求。一证一章作为注册安全工程师的执业凭证。

该规定将注册有效期适当延长为三年,进一步明确了注册安全工程师的执业范围，包括：安全生产管理、安全生产检查、安全评价或者安全评估、安全检测检验、安全生产技术咨询与服务、安全生产教育和培训以及法律、法规规定的其他安全生产技术服务。

依据《安全生产法》对生产经营单位在安全生产的基础保障、管理保障以及生产安全事故的应急救援与调查处理等方面的规定，该规定明确了生产经营单位在制定安全生产规章制度及规程，排查事故隐患，制定整改方案和安全措施，制定从业人员安全培训计划，选用和发放劳动防护用品，进行生产安全事故调查，制定重大危险源检测、评估、监控措施和应急救援预案等事项应当有注册安全工程师参与并签署意见。此外，还规定了注册安全工程师的八项权利和八项义务。

该规定明确了注册管理机关及工作人员要坚持公开、公正、公平的原则实施注册审批，注册审批结果要向社会公告，接受社会的监督；明确了注册管理机关要对注册安全工程师执业活动进行监督检查。

依据《安全生产法》等法律法规，该规定分别对隐瞒情况或者提供虚假材料的申请人，未经注册擅自以注册安全工程师名义执业的人员，以欺骗、贿赂等不正当手段取得执业证和在执业过程中有不法行为的注册安全工程师，不按规定履行职责的注册机构工作人员，相应设定了不予注册、在一定时间内不得再次申请注册、撤销注册、吊销执业证以及罚款、依照有关规定给予行政处分等行政处罚和行政措施。

2003 年 2 月 18 日，国家经济贸易委员会公布了《安全生产行政复议暂行办法》。该办法是为了规范安全生产行政复议工作，防止和纠正违法或不当的具体行政行为，保护公民、法人或者其他组织的合法权益，保障和监督安全生产监督管理部门依法行使职权，根据《行政复议法》和《中华人民共和国安全生产法》制定的。该办法第二条规定，煤矿安全监察行政复议另有规定的，适用其规定。

2003 年 6 月 20 日，国家安全生产监督管理局公布了《煤矿安全监察行政复议规定》。该规定是为了规范煤矿安全监察行政复议工作，防止和纠正违法的或不当的具体行政行为，保护煤矿和有关人员的合法权益，保障和监督煤矿安全监察机构依法行使职权，根据《行政复议法》、《安全生产法》和《煤矿安全监察条例》制定的。

2004 年 3 月 10 日，国家安全生产监督管理局发布了《关于贯彻落实〈国务院关于进一步加强安全生产工作的决定〉的指导意见》。该意见从抓紧建立健全安全生产监督管理机构，完善监管体系；巩固和完善煤矿安全监察体制，加强煤矿安全监察执法工作；加强安全生产法制建设，认真贯彻实施安全生产许可制度；建立完善并用足用好各项经济政策，强化经济政策的导向、保证和促进作用；广泛开展安全质量标准化活动，强化企业责任主体和安全生产“双基”工作；深化安全生产专项整治，建立和巩固安全生产法治秩序；进一步加强安全生产监管和煤矿安全监察系统队伍建设等方面做出了规定，为全面贯彻落实上述决定明确了方向。

2007 年 10 月 8 日，国家安全生产监督管理总局公布了《安全生产行政复议规定》，2007 年 11 月 1 日起施行。该规定同时废止了原国家经济贸易委员会 2003 年 2 月 18 日公布的《安全生产行政复议暂行办法》和原国家安全生产监督管理局(国家煤矿安全监察局)2003 年 6 月 20 日公布的《煤矿安全监察行政复议规定》。该规定从行政复议范围与管辖、行政复议的申请与受理、行政复议的审理和决定等方面对安全生产行政复议的内容做出了规定。同时，与 2003 年 6 月 20 日国家安全生产监督管理局公布了《煤矿安全监察行政复议规定》相比，取消了罚则的内容。

23.4.3　科学生产，排除隐患

我国煤矿地质条件复杂，国有煤矿中高瓦斯和煤与瓦斯突出矿井约占一半，瓦斯防治工作是煤矿安全生产的重中之重。党和国家领导人多次对瓦斯防治工作做出重要批示。

2005 年，国务院决定成立煤矿瓦斯防治部际协调领导小组，标志着我国煤矿瓦斯防治工作开始由被动治理转向主动防范。

2005 年 1 月 6 日，国家安全生产监督管理局(国家煤矿安全监察局)公布施行了《国有煤矿瓦斯治理规定》和《国有煤矿瓦斯治理安全监察规定》。

《国有煤矿瓦斯治理规定》明确指出：煤矿严禁瓦斯超限作业。采掘工作面及其他作业地点风流中瓦斯浓度达到 1.0%时，必须停止使用电钻；瓦斯浓度达到 1.5%时，必须停止工作，切断电源，撤出人员，进行处理。爆破地点附近 20 m 以内风流中瓦斯浓度达到 1.0%时，严禁爆破。煤矿必须建立运行可靠的监测监控系统。高瓦斯和突出矿井以及有高瓦斯区域的低瓦斯矿井，必须装备运行可靠的矿井安全监控系统，配备经安全培训合格的专职人员 24 小时值班。煤矿必须每年核定矿井通风能力，保证以风定产，严禁超通风能力组织生产。超通风能力生产的矿井、采区、工作面，必须立即减少产量，重新调整生产布局及通风系统，把产量降到核定通风能力范

围内。

《国有煤矿瓦斯治理安全监察规定》明确指出：煤矿安全监察机构应当将国有煤矿瓦斯治理作为安全监察工作的重点，在地方煤矿安全监管机构日常性安全监督检查的基础上，对下列矿井实施重点监察：煤与瓦斯突出矿井；高瓦斯矿井；有瓦斯动力现象的矿井；有高瓦斯区域的低瓦斯矿井；开采容易自燃和自燃煤层的矿井；采用放顶煤开采法开采的矿井。重点监察下列内容：瓦斯治理责任制；安全投入；瓦斯治理机构设立和人员配备；防治瓦斯的管理制度和安全技术措施；瓦斯抽放系统；通风系统；安全监控系统及电气防爆性能；"四位一体"综合防突措施；综合防治煤层自燃的措施；矿井事故应急救援预案。

2009 年 5 月 14 日，国家安全生产监督管理总局公布了《防治煤与瓦斯突出规定》(以下简称《防突规定》)，自 2009 年 8 月 1 日起施行。该规定对防治煤与瓦斯突出工作具有重要作用。一是《防突规定》作为部门规章，提升了法律约束力，对防突工作有更大的推动作用；二是《防突规定》更加严格了区域防治措施，规定区域措施不到位，不得进行采掘作业，对标本兼治，重在治本，源头防治煤与瓦斯突出起到了重要推动作用；三是更加突出了煤矿企业在防治煤与瓦斯突出工作中的主体责任，对发挥企业的主观能动性，结合自身实际，系统性做好防突工作起到了重要推动作用。

23.4.4 完善法律法规，强化标准

随着我国社会主义市场经济的建立和完善，煤炭安全生产面临着许多新情况、新问题，煤矿安全工作体制也发生了重大变化。尽管国务院先后颁布了《关于促进煤炭工业健康发展的若干意见》、《国务院关于预防煤矿安全生产事故的特别规定》等法规，但现有的《煤炭法》、《矿山安全法》、《煤矿安全监察条例》、《职业病防治法》等重要法律法规已不能适应当前的形势，需修订完善，相应的配套法规和实施细则也有待建立，诸多法律的可操作性亟待提高。

需要指出的是，尽管我国煤矿安全生产发展迅速，但标准化工作远远滞后，满足不了安全生产的需要。标准总数少，覆盖面不够，与安全生产关系密切的技术、管理标准更少。在 638 项煤矿安全生产标准中，有 306 项(其中 MT 标准占 193 项)标准 10 多年没修订，被废止的标准就更少。当前，我国煤矿瓦斯事故多，而瓦斯治理标准共计 31 项，其中管理标准 2 项，技术标准 9 项，产品标准 20 项，这种状况显然不利于瓦斯防治工作的开展和防治

能力的提高。这表明，当前的行业技术标准已满足不了生产发展的需要，标准的制修订工作滞后于煤炭工业技术进步的发展。

为了进一步发挥法律法规、标准对煤矿安全生产的推动和支撑作用，加速健全完善煤矿安全生产法规、标准体系迫在眉睫。尽快完善煤矿法律法规体系，积极推进煤矿安全生产、安全管理和安全技术等标准规范的制定、修定，督促煤矿企业健全完善安全生产规章制度，加快修定《矿山安全法》、《煤炭法》和《煤矿安全监察条例》等法律法规，制定、修订有关安全生产部门规章和标准、规程；继续推动地方安全立法和企业安全生产规章制度建设；深入开展安全法制教育，加强新颁布出台的法律、法规、规章、标准的宣传贯彻，增强社会成员安全法制观念；健全联合执法机制和事故责任追究沟通协调机制，依法防范和打击非法违法行为，按照“四不放过”的原则严肃查处事故，提高政府安全监管监察工作的执行力和公信力将成为近一段时期煤炭安全生产政策制定的重要目标。

第四篇

企　业　篇

神华集团公司

神华集团公司成立于 1995 年，是中央直管重要骨干企业，是我国惟一以煤、电、油为主导产品，集矿、电、路、港、油一体化开发、产运销一条龙经营的特大型综合能源企业。也是我国惟一集煤、电、路、港、化一体化开发，实现跨地区、跨行业、多元化经营的特大型能源企业。截至 2008 年底，共有全资及控股子(分)公司 29 家，在册职工 15.9 万人，总资产 4 111 亿元。

神华拥有神朔、朔黄、包神、大准、黄万五条自备铁路，总长度超过 1 360 km，输送能力达到 2.2 亿 t。西起陕西省神木县，东至河北省黄骅港的神黄铁路，是我国西煤东运第二大通道。自营港口黄骅港年吞吐能力达到 8 000 万 t，天津煤炭码头年吞吐能力达到 3 500 万 t。

依托煤炭产业优势，神华大力发展火电机组，电力板块迅速壮大。到 2007 年底，神华所属电力企业运营装机容量达到 2 000 万 kW，旗下国华电力公司已发展成为国内知名的特大型独立发电企业。

从国家能源安全战略出发，神华积极推进煤制油项目工业化建设。总建设规模年产油品 500 万 t 的煤制油工程，是世界第一个大型煤直接液化商业性示范工程，分两期建设。2008 年 12 月 30 日第一次投料试车取得圆满成功，使我国成为世界上惟一掌握百万吨级煤直接液化关键技术的国家。

自成立以来，神华集团大力弘扬“艰苦奋斗、开拓务实、争创一流”的企业精神，特别是党的十六大以来，全面贯彻落实科学发展观，坚持走新型工业化道路，提出“开疆拓土、重整河山，做强做大、打造辉煌”的战略方针，全面建设本质安全型、质量效益型、科技创新型、资源节约型、和谐发展型的“五型企业”，实现超常规跨越式发展。企业不断转换经营机制，深化内部改革，加快建立现代企业制度，资产总量和经营规模迅速扩大，保持了持续快速健康协调的良好发展态势。

神华已经连续10年保持煤炭产销量千万吨级以上增长。2003年,神华原煤产量一举突破亿吨,成为我国首个煤炭产量破亿吨的企业。2006年,原煤产量和商品煤销量双双突破2亿t,成为全球最大煤炭经销商。2007年,神华煤炭产量达到2.35亿t,销量超过2.86亿t。2008年,原煤产量2.82亿t,商品煤销量3.2亿t。

近几年,神华主营业务收入每年以超过25%的速度增长。2006年主营业务收入达到830亿元,实现利润250亿元,分别比集团成立时增长81倍和312倍,利润总额名列中央企业第七位,利润增长率在特大型中央企业中名列第一,企业经济贡献率连续6年列行业第一。2007年主营业务收入突破1 050亿元,实现利润近290亿元,缴纳税费近200亿元。神华主营业务收入突破千亿元大关,进入国内千亿元产值企业大户行列,是神华发展的一个重要里程碑。2008年营业收入1 406亿元,利润在中央企业名列前茅;企业经济贡献率连续8年名列行业第一。

神华集团的主要煤炭生产基地神东矿区是世界第一个年产超亿吨的井工煤炭生产基地,创建了世界上第一个年产千万吨综采队,第一个年产2 000万t矿井,第一个千万吨矿井群(拥有7个千万吨矿井)和煤炭产量突破1亿t的神东矿区,并连续三年实现超亿吨生产。2006年全员工效达到125 t/工,居世界第一,是美国和澳大利亚等主要煤炭企业工效的两倍以上。2006年6月份,美国著名的《福布斯》杂志曾如此赞叹:“中国神华在内蒙建成了世界上名列前茅的煤矿,神东的采矿设备堪与西方媲美。”

神华集团努力建设本质安全型企业,创造了本质安全的发展理念:“一切事故皆可避免,任何风险都能控制”,“煤炭可以做到不死人”、“瓦斯超限就是事故”。始终致力于走生产规模化、装备现代化、管理信息化、队伍专业化的“四化”发展道路,为企业的健康发展提供了可靠的安全保障。

凭借高标准、高要求,神华集团1999年以来,神华煤炭产量在连续实现千万吨增长的情况下,杜绝了3人以上重大人身伤亡事故。2005年7月8日,神华实现了安全生产一周年、产煤13 380万t无死亡的创举。2005年神华生产1.5亿t煤总计死亡3人,百万吨死亡率为0.02,当年安全指标仅为全国平均水平的1/140,超过了国际上同期百万吨死亡率0.024的最先进安全水平,优于世界上最先进采煤国美国和澳大利亚,开辟了中国煤炭企业安全生产的新纪元。

2007 年，神华全年生产原煤 2.35 亿 t，煤矿百万吨死亡率为 0.029，在中国煤炭发展史上又写下了光辉的一页。铁路、港口、电力、煤制油、煤化工等企业杜绝了责任死亡事故和一般以上非伤亡责任事故。路外伤亡事故大幅减少，同比下降 33%，超额完成集团公司下达的 25%的奋斗目标。2008 年原煤生产百万吨死亡率 0.018。

2005 年 6 月 15 日，中国神华能源股份有限公司在香港联交所成功上市，成为全球煤炭企业最大的 IPO。上市以来以优异的股价表现，赢得广大投资者的信赖和高度评价，成为中国最具影响力的海外上市公司。2007 年 10 月 9 日，中国神华回归 A 股，创造 A 股有史以来最大 IPO、2007 年（截止当时）的全球最大 IPO 和全球矿业公司最大 IPO 等多项记录。中国神华将逐步向母公司收购煤矿、电力、煤制油资产，最终实现集团整体上市的目标。

神华坚持走改革发展之路，不仅在三四年时间内，对内蒙古自治区西部困难的“西三局”进行破产重组，使“西三局”脱离贫困，开始显现发展生机；还对多数企业实施主辅分离，辅业改制，精干了主业，提高了效益；还作为第一批实行董事会试点的 7 家中央企业之一，于 2005 年正式启动董事会试点工作。通过建立和完善董事会，较好地实现了董事会决策权与经理层执行权分开，董事会建设取得明显成效。

神东矿区作为神华的核心生产基地，近 5 年多来用于污染治理和生态整治的投入超过 11 亿元，植被覆盖率由开发初期的 3%提高到 60%以上。神华所属煤矿、铁路、港口、电厂均实施了绿色环保建设。神东矿区和准格尔煤田被评为全国环境保护先进企业、国家水土保持示范区。神东煤炭分公司荣获全国环保领域最高奖项“绿色东方一第三届中华环境奖”。

坚持和谐发展，谋求企业与员工、社会的和谐共赢，是神华一直以来所倡导的核心理念。神华积极参加对口援藏建设，先后投入 7 000 多万元帮助西藏建设学校、电厂和公路。神华在西部经济开发中积极发挥带头作用，先后投入超过 1 200 亿元，促进了陕西、内蒙古、河北、山西、宁夏等地区的经济发展，为一些地区脱贫致富做出了贡献。在国家煤炭保障供应中稳定市场，特别是保障国家重要发电企业用煤，在 2008 年南方地区遭受冰雪灾害中全力以赴保障供应，受到国家充分肯定和表扬。以人为本，关注民生，抓好本企业的生活改善，帮扶“西三局”脱贫解困，大力推进“幸福工程”棚户区改造工程，促进了企业和谐发展。

神华的高速发展得到党和国家领导人的充分肯定，神华模式被赞誉为煤炭工业先进生产力的代表，受到社会的高度评价。2004～2006 年，神华连续 3 年被中宣部和国资委树为中央企业先进典型，获得 2004～2006 年中央企业任期考核“业绩优秀企业”，先后荣获全国“五一”劳动奖、“社会责任贡献奖”、“中华社会责任奖”、“中华民族品牌奖”和“中国最佳诚信企业”。

2007 年 12 月 26 日，神华荣获“中国工业大奖”表彰奖。这是建国以来工业奖励的最高奖项，也是神华成立以来取得的最大荣誉。神华还先后被评为“最大 500 家企业集团”、“百家领先企业集团”、“中央企业竞争力前 10 名”。

新形势下，神华集团面临新的发展机遇和挑战，神华集团正按照“十六字方针”和“五型企业”目标，又好又快地发展，将进一步发展和完善煤、电、油、运一体化循环经济体系，通过激活、纳新与扩张，保持煤炭产销量每年继续以千万吨量增长，“十一五”期末年产量达到 4 亿 t、电厂装机容量达到 3 000 万 kW、神华铁路发送量达到 2.5 亿 t、港口吞吐量达到 1.3 亿 t、煤制油与煤化工产品 400 万 t，全面提升企业国际竞争力，冲击世界煤炭行业第一、能源行业领先地位。

大同煤矿集团公司

大同煤矿集团有限责任公司的前身大同矿务局成立于1949年8月30日，2000年7月改制为大同煤矿集团有限责任公司（以下简称同煤集团）。公司现有总资产750亿元，职工20万，矿井54对，分布在山西和内蒙古，东西跨度300多km、南北跨度600多km的区域内。2008年煤炭产销量1.22亿t，已连续四年突破亿吨。现已形成以煤炭为主，电力、化工、冶金、机械制造等多业并举的特大型综合能源集团。正在建设的晋北煤炭基地是国家规划的13个大型煤炭基地之一。

同煤集团有着悠久的开采历史，在明末清初就有了一定规模的开发和利用。企业成立60年来累计生产煤炭17亿t，上交利税340多亿元。同煤集团开采技术先进，创造了不同地质条件下煤炭开采的技术和装备等“11个全国第一”；企业文化底蕴深厚，人才、管理、队伍等方面在同行业具有明显优势；产品过硬，大同煤发热量高、灰分低，是工业食粮中的精品，畅销全国电力、冶金、建材等多个行业，并远销日本、韩国、印度、土耳其等多个国家。产品被列为“中国十大世界影响力品牌”、“世界市场中国十大年度品牌”、“国家免检产品”。企业曾荣获全国“五一”劳动奖状、“金马奖”等多项荣誉。2008年在中国500强大企业排序中排名114位。

国务院总理温家宝2009年7月5日视察同煤集团时如此评价：“它的功绩应该写在历史上，不仅写在中国煤炭工业的历史上，而且也写在中国工业和经济发展的历史上，写在共和国的历史上。”

60年前，大同矿务局正式成立，成为新中国重点建设的煤炭基地和共产党领导下最早的工业企业之一。大同矿务局成立60年来，同煤集团经历了全面复产、快速攀升、徘徊求进、调整重组和跨越发展等重要历史阶段，见证了由计划经济到市场经济的曲折历程，发生了由工厂制到公司制的深刻变革。企业从小到大、由弱到强，吹响了一次次进军号角，奏响了一曲曲壮丽凯歌。60 年来，大同煤矿为国民经济建设做出了突出贡献，为社会创造了巨大财富，也留下了一部光辉灿烂的企业奋斗史，树起了一座雄姿屹立的历史丰碑。

从企业成立之初的几口简易煤井、3 000 名职工，年产煤炭 8 万 t、工业总产值 144 万元，经过一代代矿工艰苦创业、顽强拼搏，发展成为地跨两省八市，拥有 54 对矿井、70 万员工家属，销售收入 500 亿元以上、总资产 750 亿元、煤炭产销量过亿吨的特大型综合能源集团。被列为国家规划的十三个大型煤炭基地之一。60 年发展变化翻天覆地，企业实力和抗风险能力今非昔比。在百年未遇的金融危机挑战中，同煤集团认真贯彻落实党和政府的重要指示和决策部署，科学举措，抢抓机遇、逆势而上、继续保持了强劲的发展势头。历经 60 年风雨，同煤集团更加青春勃发，与时代同行。

经过一次次的改建、扩建和兴建新矿井，革新生产技术，改进采煤方式，同煤集团生产能力逐年提高，煤炭产量不断攀升。1959 年突破 1 000 万 t，1976 年突破 2 000 万 t，1985 年突破 3 000 万 t。改制重组为大集团后，从 2005 年开始，煤炭产销量连续 4 年突破亿吨。特别是近年来，同煤集团全力建设综合能源大集团，加快重点项目建设，推进资源扩张，形成了以煤为主、多业并举的发展格局。同煤集团致力图强，步入了科学发展的快车道。

同煤集团发展史，是中国煤炭科技发展的一个缩影。企业成立之初，靠手工打眼放炮、锹挖镐刨采煤，单工效率仅为 0.12 t。勤劳智慧的大同矿工在艰苦环境中不断探索实践，从试验单一长壁采煤法、使用第一代采煤机——康拜因联合采煤机起，在国内第一次把锚杆用于采煤工作面，投用了国内第一台浅截滚筒式联合采煤机，研制了国内第一台薄煤层交流电牵引采煤机、第一套液压支架，装备了国内第一个普采工作面、第一个综采工作面……每一次采煤方式的变革、装备的进步，都带来生产力的极大跨越。60 年间，同煤集团在煤炭开采技术和装备上创造了 32 个“全国第一”，荣获了 146 项国家和省部级科技进步奖，被评为“中国煤炭采选大王”。同煤集团采煤和掘进机械化程度达到 99.85％和 100％，建成了全国最大、世界一流的井工矿井塔山矿，建成了全煤行业第一个循环经济园区塔山工业园区，在中国煤炭发展史上不断书写新的篇章，留下浓墨重彩的一页。

60 年来，同煤集团立足企业实际，把握客观规律，勇于开拓创新，在煤矿安全生产、经营管理上探索形成了一系列经验、制度和做法，为全煤行业规范管理做出了积极贡献，荣获了中国企业管理最高奖“金马奖”。进入新世纪，按照现代企业制度要求，同煤集团完成了公司制改造，重组了大集团，构建了母子公司体制，实现了股票上市。不断推动机制创新，浓缩 60 年管理文化，实现了制度管企、文化管人。现在的同煤集团，管理日趋成熟，机制更加灵活，发展更具活力。

1953 年，大同动力煤首次销向国外，开创了晋煤出口的先河，打出了大同煤炭这块响当当的品牌。60 年来，同煤集团诚信铸企，大同煤炭以过硬质量享誉中外，被称为工业食粮中的“精粉”，被列为“中国十大世界影响力品牌”、“世界市场中国十大年度品牌”、“国家免检产品”。同煤集团因煤而生、因煤而兴，是名副其实的“煤海”和“共和国煤都”。

作为国家重要的能源基地，同煤集团 60 年来始终受到党和政府的关怀重视。曾有 38 位党和国家领导人视察大同煤矿。朱德委员长、周恩来总理，以及彭德怀、贺龙、叶剑英等老帅，改革开放总设计师邓小平，都曾来同煤视察。江泽民总书记 10 年内两次考察同煤。近年来，胡锦涛总书记、吴邦国委员长、温家宝总理、贾庆林主席、李克强副总理、张德江副总理等都先后到同煤集团考察。

60 年来，同煤集团牢记党和政府的关怀，忠诚履行职责、报效国家，累计生产煤炭 17 亿 t。从抗美援朝，到唐山抗震救灾，到过去一年抗击南方冰雪灾害、支援汶川抗震救灾、支持北京奥运会，同煤集团都彰显国有企业政治本色，做出了积极贡献。温家宝总理考察同煤时指出：“如果没有大同煤矿，国家建设需要的煤炭就会失去控制。在国家现代化建设中，也凝聚了大同煤矿工人的汗水，这一点，人民忘不了，历史忘不了。”

60 年来，同煤集团以博大的胸怀迎纳来自祖国四面八方的建设者，为共和国煤炭事业培养了一批又一批杰出人才。从这里，走出了十多名省部级领导，培养出了三百多位厅局级干部。产生了连续 12 次破全国掘进纪录的“马连掘进组”以及以国家命名的“张万福采煤队”、“韩福采煤队”等英雄群体，涌现出了马六孩、连万禄、王凤梧、张万福、李满仓等一大批闻名全国的先进英模，培育出了 46 年如一日学雷锋、做好事的“好矿嫂”、“兵妈妈”欧学联。近年来，又从同煤集团产生了党的十六大代表梁宏伟、十七大代表杨存智、全国劳动模范田利军等先进代表。回首企业 60 年，同煤集团是星光闪耀的集体，是先进英模的摇篮。

60 年磨砺，60 年传承，培育了同煤人坚韧不拔、自强不息的优秀品质；培育了同煤人战天斗地、开荒拓土的英雄豪情；培育了同煤人“勇于奉献、争创一流”的崇高精神；培育出一代又一代英勇顽强、锐意进取的大同煤矿工人。近年来，深入开展社会主义荣辱观主题实践活动，同煤集团受到中央领导的充分肯定，被作为重大典型在全国宣传。总结 60 年的精神成果，凝练了“爱企敬业、创新发展”的企业精神。文明和谐创建硕果累累，上万名精神文明建设先进个人和两千多个先进集体受到表彰，建成了 38 个全国、省、市级文明单位。特别是同煤集团被破格评为“全国精神文明建设先进单位”，是全煤行业惟一获此殊荣的企业。

60 年前的大同矿区，破坏严重、一片荒凉，条件极为艰苦。60 年后，企业面貌发生了翻天覆地的变化，员工生活得到了根本改善。特别是正在实施的采煤沉陷区治理和棚户区改造工程，是同煤集团历史上最大的搬迁工程，将使 10 万户员工家庭、30 多万员工群众由山沟迁入新城。建成了晋北地区最大的、占地千亩的平旺公园和一大批设施一流、环境优美的安居小区、园林绿化景点。现在的大同矿区，环境优美、物阜民丰、日新月异，以崭新的姿态迎接八方来宾，把科学发展的成果展示给全世界。

60 年来，同煤集团党的队伍历经磨炼，不断壮大。从建企之初的 1 个党委、14 个党支部、225 名党员，发展为今天 116 个基层党委、2 331 个基层党支部、47 000 多名党员。一代代共产党员怀着坚定信念，扎根煤海、建设矿山、奉献人民。用忠诚、智慧和汗水书写党的光荣，树立党的形象，赢得了员工群众信赖。当前，党的坚强已经融入大同矿工的躯体和灵魂，凝结成“特别能战斗、特别能奉献、特别能吃苦”的崇高精神；党的光荣已经成为同煤集团讲政治、讲大局、讲责任的源泉动力；党的宗旨已经扎根在各级党组织、广大共产党员的思想和行动中，成为忠诚实践和恪守的信条；党的目标和理想已经流淌在同煤人的血液里，注入到推进企业科学发展的伟大实践中。

近两年来，同煤集团深入贯彻落实党的十七大和十七届三中全会精神，以科学发展观为指导，确立了“树立新思想，实施新战略，建设新同煤”的总体发展思路，开创了发展速度最快、经营效果最好、员工得到实惠最多、整体工作成效最显著等“十个历史之最”的崭新局面，经营业绩节节攀升。

“新思想”就是以科学发展观统领各项工作。

“新战略”就是“81620”：8 字奋斗目标是“做强同煤，造福员工”；16 字发展方略是“心齐人和、重建扩源、创新提升、共同富裕”；20 字员工行为要求是

"尽心履职责、主动抓工作、提高执行力、落实全过程"。

"新同煤"就是：建设和谐美好、强势竞争、充满活力、殷实小康的新同煤。

今后五年同煤集团的奋斗目标是"5322"：做强做优五大产业，实现三个跨越、两个翻番和两个提升。即：做强做优煤炭、电力、化工、冶金、煤机制造五大产业。实现由传统资源型企业向综合能源集团跨越、由传统发展模式向新型工业化跨越、由粗放管理向精细化管理文化强企跨越。到2012年，企业总资产翻一番，由2007年的490亿元达到1 000亿元；煤炭产销量翻一番，由2007年的1.1亿t达到2亿t；销售收入大幅提升，由2007年的351亿元达到600亿元；员工生活质量大幅提升，人均年收入由2007年的2.7万元达到4万元。

60年拼搏创造卓越，60年奉献彪炳未来。在科学发展观的指引下，同煤集团70万煤海儿女正向着更加美好的明天拼搏奋进！一个"发展更强劲、实力更雄厚、技术更先进、管理更科学、环境更秀美、生活更富裕、风尚更文明、秩序更良好"的新同煤正以崭新的姿态光耀世界！

中国平煤神马能源化工集团有限责任公司

中国平煤神马能源化工集团有限责任公司(以下简称中平能化集团)是在原平煤集团和神马集团的基础上重组整合而成,是跨区域、跨行业、跨所有制、跨国经营的特大型能源化工集团,总部位于河南省平顶山市,拥有平煤股份和神马实业两家上市公司、两个国家级技术中心和博士后工作站。2008 年,实现销售收入 681.34 亿元,利税总额 75.81 亿元,位居 2009 中国企业 500 强第 80 位、中国企业效益 200 佳第 92 位。

原平煤集团的前身是平顶山矿务局,始建于 1955 年 9 月,是新中国成立后自行开发建设的第一个特大型煤炭基地,是国家规划建设的十三大煤炭基地之一,是我国中南地区最大的焦煤生产基地,世界先进、全国最大的超高功率石墨电极生产基地,拥有全国最大的焦炭生产企业、全国最大的甲醇生产企业、全国最大的碳化硅精细微粉生产企业。50 多年来,累计生产原煤 7 亿多吨,冶炼精煤 9 000 多万 t,为缓解国家能源紧缺局面、促进国民经济发展做出了重要贡献,被誉为“中原煤仓”。先后荣获全国重合同守信用企业、煤炭行业质量信得过单位、全国五一劳动奖状、全国资源综合利用先进企业、全国企业文化优秀奖、全国模范劳动关系和谐企业、全国煤炭系统和河南省优秀思想政治工作企业、全国先进基层党组织和河南省先进基层党组织等荣誉称号。

原神马集团 1978 年筹建,是改革开放后首批国家工业化重点项目。1994 年,神马实业成为河南省第一家在上海证券交易所上市的公司。长期以来,与 40 余家世界 500 强企业建立了合作、贸易关系,产品行销 30 多个国家和地区。进入新世纪,企业加快推进产业、产品、产权、资本、市场结构调整,在科技创新、质量管理、队伍建设、企业文化等方面富有特色,国际化经营富有成效，2008 年跻身中国企业 500 强。先后荣膺企业管理最高奖一金马奖、全国五一劳动奖状、全国质量管理先进企业、全国优质产品奖等荣誉称号。

2008 年，为打造航母级企业，提高产品竞争力，河南省委、省政府决定对同在一个城市的原平煤集团和原神马集团进行了战略重组。中平能化集团组建后，通过对现有产业进行重新梳理，依托平顶山地区的区位优势和丰富的煤、岩盐、水等资源优势，合理优化配置集团各类有形和无形资源，利用平煤股份和神马实业两个上市公司平台，加大资本运作和战略协作力度，形成了“5＋4”产业格局，即大力发展煤炭采选、尼龙化工、煤焦化工、煤盐化工、煤电 5 大核心产业和现代物流、高新技术、建工建材、机电装备 4 个辅助产业，形成相互支持、相互补充的产业新体系。

煤炭采选产业将在现有 4000 多万 t 煤炭产能的基础上，稳步提升本部产能，加快开发西部资源，努力建设一批规模大、效率高的现代化矿井。在现有 840 万 t 洗精煤能力的基础上，加快配套洗煤厂建设，使原煤入洗率达到 90％以上。到 2012 年，原煤产量突破 5 000 万 t，洗精煤能力突破 1 000 万 t，煤炭采选业实现营业收入 330 亿元。“十二五”末，原煤年产量突破 8 000 万 t（省内 5 000 万 t，陕西彬长矿区 1 000 万 t，新疆哈密2 000 万 t），向亿吨级煤炭企业进军；洗煤能力达到 1 500 万 t，成为全国第二大炼焦煤生产基地，全国重要的化工煤生产基地和辐射中南地区的动力煤生产基地。

尼龙化工产业将依托集团现有技术和规模优势，发挥资金优势，进一步拉长尼龙 66 盐产业链。大力调整产业结构，做大做强尼龙 66 盐、工业丝（帘子布）、工程塑料三大主业，巩固我国最大的尼龙化工生产基地地位。加快建设安全气囊丝项目，巩固我国第一的气囊丝生产基地地位。用三年左右的时间，使尼龙化工产业营业收入突破 200 亿元，尼龙 66 工业丝（帘子布）规模稳居世界前列，尼龙 66 盐和工程塑料达到亚洲最大、世界第四的地位。

煤焦化工产业将依托集团丰富的煤炭资源优势，通过煤焦化、煤气化工艺和手段，到 2012 年形成焦炭产能 1 400 万 t，巩固全国最大焦炭生产企业地位，不断延伸煤焦产业链，稳步提升煤焦油、粗苯等产能。实施煤气化多联产、合成氨原料本地化，充分利用富余的合成氨变换气生产甲醇、联碱，使煤化、盐化工有机地结合起来，提高资源利用率。在现有 80 万 t 甲醇产能基础上，加快技改项目建设，提升甲醇及二甲醚产量规模；利用甲醇生产丙烯腈、己二腈，解决尼龙化工的原料，形成完整的产业链。到 2012 年，煤化工产业实现营业收入 300 亿元。

煤盐化工产业将依托平顶山地区丰富的岩盐资源和集团已拥有的 50.5 亿 t 储量，整合集团及周边叶县、舞钢盐化工产业，统一规划，优化布局。加快氯碱发展 30 万 t 烧碱和 PVC 树脂以及氯碱股份 30 万 t 烧碱和 PVC 树脂等项目建设，同时对开封东大化工公司充分利用现有的公用工程，开发氯碱下游产品，建立新的氯碱平衡。到 2012 年，形成工业盐 120 万 t、烧碱70 万 t、联碱 30 万 t、PVC 树脂 50 万 t、氯乙酸 6 万 t、氯化亚砜 4 万 t 的产能，盐化工产业实现营业收入 100 亿元，打造全国最大的盐化工基地。

煤电产业将在集团目前全资、控股、参股发电厂共 12 座，总装机容量 1 412 MW，年消耗低热值煤 500 万 t 的基础上，加快发展大容量高参数燃煤发电机组和大型热电冷联产机组，充分利用低热值煤和洗选副产品，大力发展坑口电厂和资源综合利用电厂，做大做强电力板块，同时大力开展利用煤层气（瓦斯）发电，实现安全生产，减少瓦斯排空对空气造成的污染。采取与大电力集团合作方式，着重通过“重组、参股、控股”的方式实现快速发展。到 2012 年，电力板块实现总装机容量 2 732 MW，营业收入达 120 亿元，打造在全国具有重要影响的综合利用煤电一体化企业。

现代物流产业将充分发挥现有优势，进一步整合集团内部物资采购、仓储配送、铁路公路运输、港口、流通加工等物流资源，不断优化企业物流资源配置和物流产业链，实现物流和贸易规模的扩张。发挥物资采购配送、大宗产品外运、铁路港口中转等优势，大力整合区域运输资源，发展大宗产品的物流贸易。利用武汉两个港口资源，发挥路矿港航厂一体化优势，发展沿江市场和水陆联运通道，搭建更多双边、多边贸易平台，稳定上下游企业多项目供应链。到 2012 年，煤炭运销量 6 000 万 t，焦炭运销量 100 万 t，铁矿石运销量 60 万 t，现代物流产业实现营业收入 200 亿元。

高新技术产业将推进开封炭素超高功率石墨电极和平顶山三基炭素协同发展，形成从高端到低端的系列化石墨产品链条，巩固世界先进、国内最大、替代进口的超高功率石墨电极生产企业地位；加快易成公司碳化硅精细微粉三期和青海原材料基地建设，探索挺进光伏产业，不断向光伏产业下游产品链条延伸，巩固中国最大碳化硅精细微粉及制品生产企业地位；加快整合上海、苏州等地糖精钠产业，稳步提升产能，进一步巩固亚洲最大的糖精钠生产企业地位。重点扶持 SAL 特种纤维，加快推进具有世界领先水平和自主知识产权的 SAL 特种纤维(对位芳纶)项目,早日实现规模化生产。2012 年,形成 5 万 t 超高功率石墨电极、糖精钠及其中间体产品年产量达到 1.45 万 t、碳化硅精细微粉 8 万 t、SAL 特种纤维 1 180 t 的产业规模,销售收入突破 80 亿元。

建工建材产业将进一步整合内部资源,按照专业化、规模化的要求,加快形成以工程总承包、房地产开发、设计咨询为主的经营格局,建成主业突出、结构合理、品牌支撑、行业一流的总承包企业。集团大力整合内部资源和社会资源,形成各业务板块相互依托、相互支持、共同发展的架构,培育核心竞争力;积极开拓外部市场,扩大外部市场占有率,向高产出、高效益业务领域扩展,实现规模化、多元化经营。至 2012 年,年巷道施工进尺 34 000 m,建筑面积 110 万 m^2,房地产开发 12 万 m^2,年生产水泥 580 万 t、砌块砖 50 万 m^3、矸石砖 50 000 万标块、水泥熟料 310 万 t,建工建材板块实现销售收入 60 亿元。

机电装备产业将形成以矿用机电机械产品研发制造、绿色照明、节能环保工程和通风安全产品为主导的产业格局。以矿用机电设备制修产业为主,以安全和新型环保工程设计、施工,以及矿区废旧设备、金属回收利用和新型绿色照明灯具制造产业为“两翼”,建成本地区最大、中部一流的煤矿机电设备制修检测研发中心、绿色照明研发制造中心、环保节能工程中心。到 2012 年,年制造液压支架 2 800 架,带式输送机 1 714 台,管道 286 万标米,液压支架修理 3 200 架,环保工程实现销售收入 5 亿元,机电装备板块实现销售收入 60 亿元。

河南煤业化工集团

河南煤业化工集团有限责任公司(以下简称河南煤业化工集团)是2008年12月经河南省委、省政府批准,在永煤集团、焦煤集团、鹤煤集团、中原大化集团、河南省煤气集团的基础上强强联合,战略重组的国有独资公司。公司注册资本金122亿元人民币。按照"集团相关多元化、业务单元专业化"的管理战略,已形成煤炭、化工、有色金属、装备制造、物流贸易等为重点业务发展的格局,是目前河南省规模最大的企业,现有员工18万人,下属202家控股参股子公司、127家直属单位和分支机构,被河南省委书记徐光春称为河南最大、最强、最具活力和成长性企业。

河南煤业化工集团的战略重组,既是河南省委、省政府顺应国内外产业发展趋势,加快转变经济发展方式的必然要求,也是深入学习实践科学发展观活动的重要成果,对于积极应对当前复杂多变的经济形势,打造推动新崛起新跨越的强大战略产业支撑,具有十分重要而深远的意义。2009年全国"两会"期间,河南煤业化工集团的成功重组和快速发展得到了李长春、李克强等党和国家领导人的亲切关怀与充分肯定。中共中央政治局委员、国务院副总理张德江在视察河南工业发展时,对河南煤业化工集团工作做出了重要指示。2009年4月27日,河南省委书记徐光春就河南煤业化工集团一季度经济运行态势再次做出批示:河南煤业化工集团第一季度,认真谋划,逆势而上,发挥优势,再创佳绩,值得祝贺。2009年4月30日,河南省委常委、常务副省长李克,副省长史济春带领省直有关部门及相关地市领导,到河南煤业化工集团现场办公,要求河南煤业化工集团要在加快结构调整、转变发展方式、做大做强上做榜样,在河南全省经济发展中当好"排头兵"。

河南煤业化工集团实施战略重组以来,在河南省委省政府的正确领导下，在中国煤炭工业协会的指导帮助下，认真贯彻落实河南省委八届九次全会精神和河南省委、省政府关于国有企业战略重组的重大战略决策，坚持“有利于优势互补，深层融合；有利于资源整合，集约利用；有利于产业链接，循环发展；有利于优化布局，兼顾各方；有利于形成合理规模，争取国家支持”的“五个有利于”原则和“统一人事管理、战略规划、财务管理、资源配置、市场布局、技术开发”的“六统一”目标，紧紧围绕把河南煤业化工集团打造成全省最大、最强、最具活力和成长性的能源化工企业这一宏伟目标，全面贯彻中央和河南省委、省政府一系列“保增长、保民生、保稳定”的要求和部署，迅速落实河南省委省政府战危机、保增长的“十项措施”和决战二季度的“八项举措”，进一步解放思想，抢抓机遇，危中求机，创新发展，把抓战略、调结构、控成本、抢资源作为集团各项工作的主攻方向，更加注重科技进步和自主创新，更加注重职业经理人团队建设，致力于企业做大、做强、做优、做久，打造百年基业，集团整体经济运行逆势上扬、领跑中原，呈现扎实稳健的良好开局和崭新的发展姿态。

2008 年集团实现营业收入 821 亿元、利税 94 亿元、利润 56 亿元，生产原煤 4 465 万 t，销售煤炭 4 209 万 t，各项经济指标位列河南工业企业第一、中国煤炭工业百强第三。2009 年 1～6 月，集团资产总额超过 1 000 亿元，率先在河南实现千亿企业“零”的突破，与重组时相比增加 284 亿元；实现营业收入 477.21 亿元，增幅 35.71%，年内将在河南首家突破千亿；实现利税 55.06 亿元，增幅 24.35%。其中利润 27.36 亿元，增幅 5.84%；完成煤炭产量 2 583 万 t，增幅 48.7%，年内将突破 5 000 万 t，实现河南煤炭大省历史性突破。

依托煤炭及其他矿产资源优势，实施大矿业、大化工（化肥）、大装备、大物流战略，科学梳理产业板块，加快推进深度融合，构建了以煤炭、化工、有色金属、装备制造 4 个板块为重点业务发展平台和物流贸易、矿山建设、实业管理 3 个板块为新业务培育和存续业务管理平台的“4＋3”业务板块整合格局，形成了主导产业优势突出、支柱产业增长强劲、新兴产业快速成长、产业间相互耦合、产业链完整闭合的多元化互补产业结构体系。2009 年 6 月，成立了煤炭、化工、有色金属、装备制造、物流贸易、矿建、实业 7 个专业化集团公司（事业部），圆满完成了河南省委省政府提出的半年内完成产业板块深度融合的任务目标，为企业长远发展奠定了科学、合理的产业发展支撑平台。

按照“前期项目抓开工、在建项目抓进度、续建项目抓竣工、竣工项目抓投产”的项目工作“四抓法”，坚持“项目多、投资大、进展快、结构好、投资省”的原则，强力推进项目建设。2009 年，河南煤业化工集团共安排建设项目 73 个，概算总投资 620.68 亿元，年内计划投资 127.89 亿元，其中投资上亿元项目 30 个。2009 年 4 月一次集中启动了 15 个重大项目建设，包括 4 个重点煤矿项目、9 个重点化工项目、2 个其他重点项目，概算总投资 223.67 亿元，项目全部投产后新增销售收入 150.97 亿元、利税 48.1 亿元，将在豫东、豫北、豫西等地迅速形成煤炭、化工、有色金属和装备制造等产业集群，对优化产业结构、提升产业层次、实现科学发展提供了坚强支撑。

集团确立了 2009 年“51130”的工作目标：即煤炭产量 5 000 万 t；营业收入 1 000 亿元；实现利税 100 亿元；投资 128 亿元，开工新建 30 个上亿元大项目；树立安全“零”理念，杜绝重大事故。响亮提出“五个不”，即：发展不减速、项目不放缓、企业不裁员、员工不减薪、安全不放松。实施“两调整、两提高”发展战略，即调整优化产业产品结构，全面提高经济效益和质量；调整优化人力资源结构，全面提高员工综合素质。省委省政府对集团“五个不”承诺和“两调整、两提高”发展战略给予高度评价，主流新闻媒体对此作了深入报道。积极推进战略合作，先后与中国银行河南省分行、中国信达资产管理公司等单位分别签署了战略合作协议，为加快项目建设、调整优化产业结构、促进产业集聚区发展提供了重要保证。通过全面推行内部市场化管理，促使企业内部各生产要素全部按照市场规则运作，进一步强化成本管理，实行成本倒排，严格控制非生产性支出，集中人力、物力、财力开足马力进行生产，确保了企业各项生产经营指标大幅增长。

牢固树立科学先进的安全管理理念，深化对生命的认识，真正处理好安全与发展、安全与生产、安全与效益的关系，坚持从零开始，向零奋斗，坚决不要一两带血的煤，带着良心、责任心、事业心和对职工兄弟般的感情切实抓紧、抓好、抓牢安全生产管理工作。遵循科学发展规律，坚持以人为本，构建“集团公司－子公司－矿（厂）”三级安全监管模式，切实发挥集团公司安全管理资源优势，推广普及“两述法”和准军事化管理，努力做到安全理念、管理机制、考核体系三个统一，全面建立安全结构工资、“双基”建设、安全责任追究三项制度，构筑瓦斯、水、火等重点灾害防治效果评价、安全培训效果评价、安全投入效果评价、隐患排查治理和事故应急救援四个体系。截止 2009 年上半年，集团累计投入 7.1 亿元，加强瓦斯抽放、矿井通风系统改造、机电设备更新、防治水、安全监控和安全培训教育等方面管理，全面加强“双基”建设和安全管理，形成了“比、学、赶、帮、超”的良好氛围，安全百万吨死亡率下降至 0.19。

重组以来，集团逐步建立了以业绩为导向的干部任用新机制，提出了“四不用、三优先、三鼓励”的干部使用标准。“四不用”即不思进取、不干实事者不用；品头论足、到处逢迎、善于“公关”者不用；不敢负责、不敢碰硬、绕着矛盾走的不用；搞花架子、虚报浮夸、善于作秀的不用。“三优先”即优先从一流的团队选拔干部，从做出一流业绩的员工中选拔干部，从艰苦地区工作过的员工中选拔干部。“三鼓励”是指鼓励机关和本地区干部到艰苦地区工作，鼓励专家型人才进入技术或业务型职业发展，鼓励干部向技术化和职业化转变。通过建立“四三三”标准在集团内部树立一种积极的用人导向，鼓励干部职工把心思全部用在事业上。按照这一标准，对永贵能源、洛阳LYC 轴承公司等业绩突出的单位和个人进行了重奖，形成了人人争到基层、争到艰苦地方干事创业的局面；大力推行了公开竞聘和竞争上岗，2009 年初，对集团机关 11 个部室 33 个领导岗位和 96 个主管岗位，面向 5 个成员企业公开招聘。分别组织了宝雨山煤业总经理、古汉山矿长、义马气化厂厂长等 10 多场公开竞聘。通过公开竞聘，真正让那些想干事、会干事、能干成事的干部走上了各级领导岗位，极大地激发了广大干部员工干事创业的积极性。

通过开展“大集团、大战略、大目标”大讨论、演讲比赛、巡回宣讲、深入学习实践科学发展观等一系列活动，迅速将广大干部员工凝聚到河南煤业化工集团的战略目标上来。注重用先进文化感召人、先进事业吸引人、先进事迹激励人，不断增强员工的荣誉感、归属感和认同感，努力形成风清气正、激情工作、干事创业的良好氛围，推动企业健康、有序、快速发展。牢牢坚持发展为了职工、发展依靠职工、发展成果由广大职工共享，时刻关心、关注职工群众所想、所需、所盼，使广大职工群众看到了企业发展的希望，体验到了企业发展的速度。目前，集团公司改革、发展、稳定各方面态势良好，广大干部员工拥护重组、关心发展、支持改革、用心做事，干事创业的氛围已经形成。

兖矿集团

兖矿集团地处“文化发祥之地、孔孟桑梓之邦”的山东省邹城市。是山东省属国有重点煤炭企业，矿区开发建设始于 20 世纪 60 年代末期，1976 年成立兖州矿务局，1996 年整体改制为国有独资公司，1999 年成立兖矿集团。2008 年，销售收入 460 亿元，利润总额 65 亿元，上缴税金 62 亿元。截至今年 7 月末，企业总资产 688 亿元，在册职工 9.4 万人。先后获得全国优秀企业（金马奖），中国质量效益型先进企业特别奖，“五一”劳动奖状。被授予全国重合同守信用企业、全国先进基层党组织、全国国有企业创建“四好”领导班子先进集体和山东省改革开放 30 年功勋企业。兖矿“峄山牌”尿素被评为“中国名牌产品”。控股子公司——兖州煤业股份公司，上市 10 年来连年名列我国上市公司 50 强。

近年来，兖矿集团以党的十七大精神为指导，认真落实科学发展观和国家宏观调控政策，结合企业实际，扎实推进各项工作，在企业发展模式、技术研发创新、产业结构调整、省外和国外资源开发等方面取得了显著成绩。形成了以“四个三”为主要内容的发展格局：即调整战略布局，做强做大煤炭、煤化工、电解铝及机电成套装备制造“三大主业”；优化产业结构，重点建设鲁南、兖州、邹城省内煤化工“三大化工园区”；开发储备能源，加快推进贵州、陕西、新疆省外煤电化“三大基地”建设；创新发展模式，着力打造责任型、创新型、和谐型“三型企业”。

兖矿集团本部拥有 8 对矿井，核定生产能力 3865 万 t/a。近年来，兖矿集团着眼企业可持续发展，严格按核定能力组织生产，实施薄厚煤层配采，最大限度延长矿井服务年限。2008 年，采区采出率达到 81.16%。充分利用国际国内两个市场、两种资源，建立“12345”煤炭营销模式，实现产量不增效益增。同时，抓住国家西部大开发和山东省突破菏泽机遇，积极实施“走出去”战略。2000 年以来，在菏泽、贵州、陕西、山西、新疆和澳大利亚等地，取得 17 个矿井和 2 个井田探矿权，拥有煤炭地质储量 239.4 亿 t。

兖矿集团积极适应时代发展、科技进步和石油紧缺的新情况，加快推进煤化工核心技术工业化，成功研发出煤炭间接液化、粉煤气化、低压羰基醋酸合成等多项具有自主知识产权的核心技术，形成以醋酸、甲醇、焦炭、尿素等为主导产品的煤化工产业群。2008 年完成煤化工产品产量 350 万 t，其中尿素 110.53 万 t、甲醇 60.38 万 t、醋酸 27 万 t、焦炭 140.41 万 t。

在煤电铝产业方面，发挥煤电综合效益优势，投资 34 亿元建成 14 万 t 电解铝项目，2003 年投产，2008 年全面达产。投资 28.25 亿元建设年产 14 万 t新型工业铝型材项目，该项目瞄准航空航天器材、动车组制造等高端市场，拟从德国引进 150 MN 挤压机，是目前国内最大吨位、国际一流水平的铝挤压设备。项目已于 2008 年 6 月 13 日举行项目奠基仪式，2009 年 3 月份熔铸棒材试生产。项目投产后，兖矿将成为我国乃至世界规模最大、装机水平最高的铝挤压材生产基地。在机电成套装备制造方面，按照山东省委省政府要求，抓住建设制造业强省机遇，编制《机电成套装备制造发展规划》并通过专家论证。兖矿机电装备制造工业园区 2009 年 5 月 18 日开工奠基。

1999 年 12 月 31 日，兖矿集团兼并鲁南化肥厂，充分发挥其煤化工技术、人才优势，积极推进“三个化工园区”建设。到目前，已经建立起以煤气化及多联产为主线建设鲁南化工园区、以坑口高硫煤洁净利用为主线建设邹城化工园区、以煤炭焦化及下游产品加工为主线建设兖州化工园区。

目前，鲁南化工园区的鲁南化肥厂“双结构”调整项目建成投产，10 万 t 醋酐项目开工建设。国泰公司一期 20 万 t 醋酸及新型气化炉、10 万 t 醋酸技改项目已建成投产，二期 30 万 t 醋酸和 10 万 t 醋酸乙酯项目系统建成。2009 年 4 月 18 日，投资 36.8 亿的国泰三期 40 万 t 醋酸项目正式奠基，该项目建成后国泰公司将成为中国醋酸行业的“龙头老大”。

邹城化工园区国宏公司一期 50 万 t 甲醇投产，二期 100 万 t 甲醇项目已完成备案，峄化公司 20 万 tDMF 项目举行奠基仪式。

兖州化工园区国际焦化公司 200 万 t 焦炭及 20 万 t 甲醇项目已建成投产，该项目利用了德国凯撒斯图尔焦化厂焦炭装置，两座焦炉炭化室高度均为 7.63 m，是亚洲目前最大的焦炉。

兖矿集团以技术、管理、人才输出为依托，实施“走出去”战略，积极推进贵州、陕西、新疆“三个基地”建设。在贵州能化基地已经拥有青龙煤矿、发耳煤矿两对生产矿井，控股在建小屯矿井，筹备磨盘山、龙凤两对矿井，勘探王家坝、岔河两块井田，筹备建设开阳50万t合成氨项目。去年5月8日吴邦国委员长视察贵州青龙煤矿，对兖矿贵州资源开发给予充分肯定。在陕西能化基地，以41%股权比例控股开发的榆树湾煤矿，一期60万t甲醇项目试生产，二期180万t甲醇项目进入前期工作，100万t煤制油项目通过国家发改委组织的专家评审。在新疆能化基地，取得新疆吉木萨尔火烧山西和奇台县将军庙136亿t煤炭资源探矿权，以51%股权比例重组硫磺沟煤矿和力拓公司。目前，硫磺沟矿井试生产，古新矿井今年6月份试生产，现首采工作面完成主要井巷工程。年产60万t醇氨项目举行奠基仪式。

同时，兖矿集团在国内外其他项目建设中也取得新进展。菏泽赵楼矿井今年3月份实现联合试运转；山西天池煤矿去年生产原煤111万t，天浩10万t甲醇项目去年生产甲醇1.69万t；澳大利亚澳思达煤矿去年生产原煤186万t，实现利润8 422万澳元，创出运营以来最好水平。

兖矿集团以创建“三型”企业为总抓手，潜心探索国有大型煤炭企业的责任型、创新型、和谐型发展模式，在全球经济一体化和内需市场的风浪中，辟出一条平稳较快发展的新途径。

创建顾客满意的企业。一是强化质量管理。大力开展以“工作零缺陷、产品零杂物、用户零投诉”为主要内容的“三零工程”建设，实行煤炭和非煤产品质量责任追究制，建立全员、全方位、全过程的质量管理与控制体系。兖矿集团获得首届全国煤炭工业质量奖。二是开展质量体系认证。以全面质量管理为主导，以管理现代化为手段，在全国煤炭系统率先开展质量体系认证。集团公司及所属单位共取得50张质量体系证书。三是创建名牌产品。实施名牌战略，“兖矿煤”入选首届中国品牌500强名列第68位，品牌价值123.6亿元。兖矿“峄山牌”尿素被评为全国名牌产品。15个产品和服务被评为省级名牌。

创建员工满意的企业。兖矿集团坚持以人为本，落实职工的主人翁地位，调动了广大职工的积极性。一是推动企业安全发展。2003年～2008年，兖矿集团原煤生产百万吨死亡率为0.067。截至2009年3月25日，连续安全生产1 000天。二是提高职工队伍素质。关心职工成才成长，建立适应市场经济要求的人才引进、培养、使用、激励机制。推进“泰山学者”、“首席技师”和“金蓝领工程”，每两年举行一次岗位技能比武和优秀技术技能人才评选活动，对评选出的优秀技术技能人才分别给予500～3 000元不等的津贴。兖矿集团被评为全国创建学习型组织先进单位，获得全国技能人才培育突出贡献奖。三是强化企业民主管理。坚持以职代会为主要形式的企业民主管理制度，全面推行厂务公开，创建劳动关系和谐企业。兖矿集团被评为全国厂务公开民主管理先进单位。

创建社会满意的企业。一是依法诚信纳税。依法诚信纳税是企业应尽的法定义务。兖矿集团坚持依法照章纳税，树立了良好的纳税人形象。2008年，上缴税金63.25亿元。二是注重环保。坚持把环保节能摆在事关企业生存发展的重要位置，落实责任，强化措施，各项工作成效显著。投资2.7亿元，完成32个南水北调污水治理项目，目前39套污水处理设施、145套废气处理设施实现稳定运行、达标排放。加大塌陷地治理力度，"十一五"以来累计利用1 390万t煤矸石充填塌陷区，矿区塌陷区综合利用率达到80％。2008年完成33个节能改造工程，9个建设项目节能评估。3年累计投资7 492.40万元，全面完成高耗能设备淘汰更新任务。积极推进循环经济建设试点工作。实施一批矿井水、生活污水深度治理和复用工程，集团公司矿井水复用率达到91％，生活污水复用率达到70％。2008年，SO_2、COD、氨氮分别比计划多减排93.5％、37.28％和55.65％；节能7.05万t，超额完成山东省下达的指标。兖矿集团被评为"中华环境友好型煤炭企业"。三是参加公益事业。组织"慈心一日捐"、"红十字会捐款"等慈善捐款活动。2008年支援抗震救灾捐款3 340.43万元。

创建投资者满意的企业。全力提高经营管理团队的战略决策能力、加快发展能力、市场竞争能力、经营管理能力、化解风险能力、克服困难和应对复杂局面能力，积极推进主辅分离辅业改制，开展"大清理、大回收、大提高、大改观"四大活动，企业经济效益和质量不断稳步攀升，获得了国资委和投资机构的高度评价。下一步，兖矿集团将按照"十一五"规划"建成主业突出、核心竞争力强、国际化企业集团"总体目标，在2010年实现销售收入和利税总额在2003年基础上翻两番，实现年人均可支配收入5万元以上，构建起循环经济体系，矿区经济、社会、环境和谐发展，实现"1426313"战略规划目标。

坚持"自主创新、重点跨越、支撑发展、引领未来"方针，始终把提高自主创新能力作为增强企业核心竞争力的关键环节和可持续发展的重要战略。

一是建立健全技术研发创新体系。目前，兖矿拥有水煤浆气化及煤化工国家工程研究中心、上海兖矿能源科技研发中心2个中心、1个博士后科研工作站、30个专业技术研究所和7个校企共建研究机构。水煤浆气化及煤化工国家工程研究中心通过国家发改委验收,被科技部列为首批国家技术转移示范机构。博士后科研工作站被评为山东省优秀博士后工作站。

二是加大核心技术研发创新。“十五”以来,共获得省部级以上科技进步奖209项,国家专利授权157项,完成3项“十五”国家“863”课题、1项国家科技攻关计划课题,“十一五”又承担了6项国家“863”课题。2008年,实施科技项目140项,获省部级以上科技成果奖47项,授权专利35项。煤炭间接液化低高温费托合成技术达到国内领先、国际先进水平,为推进煤制油技术产业化奠定坚实基础。研制成功粉煤加压气化技术,兖矿成为国际上惟一同时拥有水煤浆气化和粉煤气化技术的企业。

三是加快科技成果转化。研发成功世界上第一套两柱掩护式放顶煤支架,与DBT公司签订专利技术有限使用权转让合同,实现我国向发达国家输出采矿技术的历史性突破。新型水煤浆气化技术向9家,醋酸技术向2家国内外企业有偿转让,累计获技术转让费2.58亿元。“十五”以来,80%以上成果实现向生产力转化。兖矿集团被评为全国企事业知识产权示范创建单位、中国煤炭工业科技进步十佳企业。

兖矿集团始终把安全工作摆在高于一切、重于一切、先于一切、影响一切的重要位置,确保以关爱生命为天的人本和谐。在实际工作中,集团提出“十个必须、十个坚持”安全工作总要求,“十荣十耻”安全工作荣辱观和“劝君工作莫三违,父母妻儿家待归”等亲情教育理念,制定出台“一个决定三个细则”,提出“十深化、十确保”工作措施。创新安全思想教育,加强传统文化和国学教育,引导干部职工算好“五笔帐”,以“仁爱之心”和对自己、对家人、对企业、对社会负责的精神抓好安全生产。深化“四五级联动”安全培训,推广“三为六预”、“兴隆鼎”、“手指口述”安全确认和阳光预控管理文化,职工自动自发抓安全意识明显增强。牢固树立“安全工作一切从严”思想,对事故苗头和安全隐患,坚持“四不放过”,从严分析,从严追究,公开警示。截至7月31日,连续安全生产1128天,安全产煤1.08亿t。

讲文明树新风,营造积极向上的社会和谐。集团通过开展社会主题荣辱观主题教育活动,评选表彰敬业爱岗、创新创效、廉洁奉献、公共道德、孝老爱亲五个方面道德模范,孕育知荣辱、讲正气、树新风、促和谐的文明风尚和家庭和睦、邻里融洽、尊老爱幼、扶贫济弱、礼让宽容的人际关系,形成齐心追求和谐、众志维护和谐的良好局面。

坚持以人为本，通过认真学习贯彻党的十七大及全国、全省“两会”精神，开展“十比十赛”实践科学发展观竞赛活动，强化职工对企业广泛认同的内心和谐。落实党委工作责任制和创新工作实践，加强和改进党的建设、“四好”领导班子建设、党风廉政建设和职工民主管理工作。“四位一体”企业文化和精神文明建设富有成效，保持9个省级文明单位。改善职工生活，2003年以来，通过企业发展创造就业岗位15 074个。实施温馨家园建设，投资4.4亿元，建设一批福利和公共设施。2008年，在岗职工人均收入44 919元，是2002年的2.38倍。关心弱势群体，健全扶贫帮困救助体系，走访慰问困难职工8 500人次，发放救助金490万元，帮扶支出12 082万元。

山西焦煤集团公司

山西焦煤集团有限责任公司是国务院规划的全国 13 个大型煤炭基地之一，是全国最大的炼焦煤生产企业和炼焦煤市场的主供应商。公司下辖西山煤电集团、汾西矿业集团、霍州煤电集团、华晋焦煤四个煤炭子公司，一个煤焦化子公司山西焦化集团以及煤炭销售总公司、国际发展公司、国际贸易公司、投资有限公司、财务公司（正在筹建）等子分公司，拥有西山煤电和山西焦化两个 A 股上市企业。

公司以煤炭开采加工、发供电、焦炭化工、物流贸易为主业，兼营建筑建材、机电修造等产业，是主业突出、综合发展的多元化大型企业。现拥有 34 座生产矿井、24 座洗煤厂、2 个焦化园区、1 个大型中煤坑口电厂和 6 个煤矸石综合利用电厂，分布在山西省 7 个地市的 26 个县区。截至 2008 年底，职工总人数 15.98 万，企业资产总额 820 亿元。

2008 年，公司原煤产量完成 8 029 万 t，精煤产量完成 3 771 万 t，焦炭产量完成 268 万 t，发电量完成 61.3 亿度，销售收入 706.6 亿元，实现利税 144.5 亿元，其中利润 48.1 亿元。截止 2008 年底，公司煤炭产量排名全国第三，其中炼焦煤市场供应量全国第一，占到全国炼焦煤市场需求供应量的 10%，占到全国 18 大重点钢厂焦煤供应量的 20%。

站在科学发展观和全局发展、长远发展的角度上，山西焦煤加大了以瓦斯治理为重点的“安全专项整治”，召开安全工作座谈会并提出了大兴八种风气，推动三个安全的安全生产治本之策，各级领导干部的安全理念有了新的转变，安全责任心有了新的提高，安全基础和保障能力有了新的巩固和提高。以安全生产为依托，积极推进技术改造，不断优化布局结构，稳步提升产能效率，2008 年山西焦煤原煤产量完成 8 029 万 t，同比增加 791 万 t，增长10.94%。在山西省临汾新塔矿业特别重大尾矿库溃坝事故后，针对安全生产外部形势，提出了安全生产的六条思路和四条措施，组织开展了安全生产"大学习大讨论"，落实了集团领导和部门联点包矿制度，出台了安全生产的八项特别规定，全面落实了省委省政府的各项要求，进一步形成了从严的安全生产格局。2008年，山西焦煤原煤生产百万吨死亡率为0.149，全年未发生3人及以上重特大事故，安全与生产呈现出相得益彰、互相促进的良好态势。

2008年，山西焦煤遵循市场经济发展规律，抓住煤炭价格走高的黄金点，先后于4月份和8月份两次上调了产品销售价格，商品煤平均售价由年初的417元/t增加到1 003元/t。建立并坚持了逐日的产运销协调会议制度，做到生产单位与销售部门零距离接触，保证了产运销的有序衔接。依托煤炭市场，大力发展非煤和贸易产业，稳步提高管理创效水平，经济运行显现出外部市场与内部调整相得益彰的喜人局面。2008年，实现销售收入706亿元，较上年增加335亿元，增长90.3%；实现利润48.1亿元，较上年增加32.1亿元，增长200.6%。主要经济指标大幅增长，企业综合实力跃上新的台阶。在煤炭市场出现下滑动向后，又本着灵活审慎的态度，制定了"两定、两择、两全"的营销策略，提出了以款定销、以销定产、降价择稳等思路。在2008年煤钢战略合作伙伴研讨会上，山西焦煤一次性降价30%～35%，赢得了用户信任，巩固了与下游企业战略合作关系，并且争取到了与煤炭用户订货的主动权。

按照十七大报告中"深化国有企业公司制、股份制改革，健全现代企业制度，优化国有经济布局和结构，增强国有经济活力、控制力、影响力"的要求，山西焦煤举办了现代企业制度高级研修班，先期开展焦化产业专业化重组论证，实施专业化重组、集约化管理、投融资创新、大集团文化建设课题研究，相继成立了投资有限公司、财务公司、新闻中心，建立了住房公积金和企业年金集中对外的工作机制。加快整体上市进程，与信达公司就股权重组、债转股上市路径以及采矿权价款等问题进行深入探讨并达成一致意见。组织实施运销物流产业化专业化提升、辅业和新型产业板块集成创新发展攻坚，为非煤产业奠定了坚实的发展基础。随着体制转型的深入推进，机关部门管宏观运行、抓核心监管、牵头统一对外、服务经营主体的职能定位逐渐明晰，人力资源、计划投资、经营监管、目标责任管理得以调整充实并进一步引深提高，大集团活力得到了不断的激发。

基于国家加快煤炭资源整合兼并重组小煤矿的政策导向，山西焦煤明确了资源整合兼并重组小煤矿工作规划、目标和措施，走访了运城、临汾、忻州、吕梁等地市，主动配合地方政府开展资源整合。年内与 58 座地方煤矿达成兼并重组协议，有 28 座得到省有关部门批复，有 10 座矿井开始改造扩建。拓宽发展视野，积极参与到全球性资源整合和战略扩张中来，先后北移西进，到内蒙、新疆等地调研考察煤炭资源情况，确定了挺进新疆的资源扩张战略；南下北上，在澳大利亚、俄罗斯寻求煤矿项目开发。发挥自身优势，大力实施煤钢、煤电、煤港联盟，与国内重点用户、战略合作伙伴太钢、宝钢、首钢、鞍钢、武钢、华能、华电等洽谈更加紧密的产权、资本和项目合作，目前已与首钢签订了合作曹妃甸一期 420 万 t/a 的焦炉项目，与武钢防城港、鞍钢新建项目达成了合作意向，与太钢联合组建能源投资公司的前期工作也已经完成。2008 年，山西焦煤资源扩张和对外发展势头强劲，为大集团的突破和未来发展奠定了扎实的基础。

在两级集团公司和广大工程技术人员、建设者的共同努力下，西山斜沟千万吨级矿井、霍州庞庞塔千万吨级矿井、华晋王家岭 600 万 t 煤矿等重点项目全面开工建设，目前工程进展顺利；古交发电厂二期 2×60 万 kW 工程 8 月份正式开工，有望于 2010 年 8 月份竣工；兴县矿区苛瓦铁路主体工程全部完工，工程验收和线路接入进入倒计时阶段；山西焦化 20 万 t 甲醇项目顺利投产，150 万 t/a 焦炉扩建二期工程 5＃、6＃炉开始烘炉，2009 年 3、4 月中旬可分别投产。此外，一批改扩建矿井、选煤厂技改、瓦斯综合利用、矿井环节能力改造等项目也较好完成了年度工程计划量，煤炭生产能力和安全保障水平又有了新的提高。2008 年，山西焦煤共安排重点工程 15 项，计划投资 65.13 亿元，全年实际完成投资 59.8 亿元，投资规模创出历史最高水平。进一步深化两个国家级循环经济试点单位工作，规划安排并着手推进了六大循环经济园区的建设，一批相关联的重点项目和重点工程在资源审核、核准立项、证照办理方面纷纷取得突破性进展，循环经济建设获得了丰富的项目支撑，总体发展构架基本形成。

山西焦煤两级集团公司领导身体力行，始终把工作的出发点和落脚点放在职工群众身上，尽心竭力为职工办实事、解难事、做好事。稳步提高职工收入水平，2008 年职工人均收入达到 45 000 元，较上一年度增长 28.6%。集中精力解决矿区职工家属最现实最直接最迫切的住房、医疗、就业、上学等问题，棚户区改造累计开工面积 253.17 万 m^2、30 687 户，竣工面积

163.62 万 m^2、18 743 户，13 000 余户职工乔迁新居。关注弱势群体和困难职工基本生活，处级以上干部全部与困难职工结成了稳定的帮扶对子。全面推进以西山矿区为重点的环境综合整治与城市化建设，各项公益设施和生活配套设备完成升级改造，环境污染问题得到有效遏制，矿区人居环境发生了质的变化。大力开展精神文明创建活动，涌现出党素珍、王福兴、廉爱新等一批模范典型和先进人物。丰富职工群众文化生活，在山西焦煤首届职工体育运动会上，广大参赛选手展现出了良好的团队精神和进取精神。

近年来，山西焦煤两级党委和各级党组织以改革创新的精神，不断推动了思想建设、组织建设、廉政建设、文化建设、宣传教育、信息公开、督查督办等工作。组织实施"32255"发展战略学习教育，部署开展学习实践科学发展观活动，奠定了转型跨越的思想基础。全面加强"四好班子"建设，规范"三重一大"决策程序，提高了各级领导班子民主管理、科学决策水平。强化信访稳定预控机制和应急预案的建立健全，在大事多、要事多的大环境下，全年没有发生一起重大上访事件。对照中纪委"七不准"规定组织自查自纠，深入开展煤焦领域反腐败斗争，建章立制 166 项，立案侦察 8 件，处理相关人员 30 名。以纪念改革开放三十周年活动为契机，利用鲜活的事例展示了大集团优势之明显、平台之广阔，增进了"上下一盘棋"的意识。在抗击南方雨雪冰冻灾害、抗震救灾和迎奥运保电煤等活动中，广大党员以实际行动体现了自强不息、顽强拼搏的精神，引领职工群众圆满完成各项任务，履行了大集团应尽的社会责任，展示了山西焦煤良好的社会形象。

淄博矿业集团

淄博矿业集团(以下简称淄矿集团)是一个具有百年历史的老企业,1904年开始规模开采,1953年建立淄博矿务局,2002年整体改制为淄矿集团。现有6个分支机构、10个控股子公司、9个参股公司和6个文教卫生单位,涉及煤炭、电力、化工、新材料、建材、机械制造等多个产业。主要生产经营单位分布在山东、陕西、贵州三省的淄博、济南、济宁、咸阳、兴义五市。总部座落在世界短篇小说之王蒲松龄的故里——淄博市淄川区。集团现有职工2万多人。具有各类专业技术职称人员4 300余人。可以说百年淄矿的发展历程,是中国煤炭工业发展的缩影。

作为百年老企业,淄博矿业集团历史包袱沉重,企业的各种矛盾和问题尤为突出。靠改革增强企业活力,解决问题成为必然选择。回顾淄矿的改革发展历程,大体经历了三个改革阶段。

一是化解老企业难题。针对落后体制、机制制约生产发展的问题,从1981年,淄矿首先在西河、寨里、龙泉煤矿实行了经济承包,并在全局逐步推行各种形式的经济责任制。1988年淄矿在全国煤炭系统率先实行集团承包经营与局长负责制,广泛引入竞争机制,调动了企业和职工的积极性,产生了显著的经济效益;针对生产发展后劳动力短缺的问题,积极探索用工制度改革,从1988年起,将农民包工队引进煤矿,充实采煤生产队伍。此后,一万余名农民工走进矿区,成为煤炭生产一线的主力军,使煤炭产业工人的队伍结构发生了历史性变化,在缓解企业用工矛盾的同时,为社会消化了农村剩余劳动力。同时,对采掘区队进行班长转变职能的改革,由负生产安全全责转为抓质量安全,这一做法受到国家领导人的充分肯定。为加快住房建设,解决建房资金不足和职工住房紧张状况,1986年,率先对职工住宅实行商品化改革,有效缓解了职工的住房矛盾。

二是激发扭亏解困活力。20 世纪 90 年代初,在邓小平同志南巡讲话精神的鼓舞下,淄矿按照《全民所有制工业企业转换经营机制条例》要求,加快经营机制转换,加大改革力度。实行了多种形式的经营责任制,精简机构、精简人员、打破干部职务终身制、推行岗位技能工资。从 1996 年起,在深化内部改革上,采取了一系列重要举措。推行煤炭生产、非煤生产、生活后勤"三条线"的核算和管理,打破了三万多人混吃煤炭大锅饭的局面。实行劳动、人事、分配"三项制度"改革,建立起了管理人员能上能下、员工能进能出、收入能升能降的用人机制,调动了劳动者的积极性。自下而上进行了产权制度改革。1997 年,在全国煤炭企业率先实行了股份合作制改造,大大激发了企业发展的活力,促进了企业经济形势好转,为企业整体改制奠定了基础。

三是推动企业科学发展。进入新世纪,特别是 2002 年整体改制以后,继续把深化改革作为企业发展的源动力,建立了以董事会为核心的法人治理结构,制定了董事会议事规则、党委会议事规则、总经理议事规则以及相关制度规定,建立起了组织结构、内部管理、战略研究、技术创新、资本运营、人力资源开发、营销及企业文化等八大支撑体系。充分利用国家政策,稳步实施债转股、衰老矿井关闭破产、主辅分离和剥离企业办社会职能等改革。先后实施了 7 对矿井的关闭破产和 13 个辅业改制单位的主辅分离,13 所中小学顺利移交地方。近几年来,有 2 万多人从集团母体上分离出去,得到妥善安置,既提高了集团公司的竞争力,又使重组企业轻装上阵,也很好地维护了职工群众的切身利益。目前,重组的宇峰公司、坤升公司、广通公司、珑山公司等企业都成为地方经济发展的主力军,集团公司也以优良的资产、优秀的文化、优异的业绩赢得了全国"最具成长性"企业的殊荣。当前,淄矿正在全公司推行全面预算管理、风险管理和"三项"制度改革,改革的步伐继续加大。

淄矿自建立以来,走的就是一条在探索中发展、在发展中调整、在调整中完善的道路。20 世纪 80 年代,面对资源枯竭困境,努力寻求接替资源和替代产业。"九五"期间,转产和转移并重,大打扭亏解困攻坚战。2002 年企业改制后,制定新的发展思路,稳步实施煤炭主业跨区域外拓和非煤产业调优调强战略。目前,淄矿集团已经发展成为一个横跨山东、陕西、贵州、云南、内蒙古五省区,以煤为主、多元发展的大型现代企业集团,企业发展后劲和核心竞争力大大增强。

煤炭主业是淄矿集团生存和发展的根本。但在相当长的一段时期内，淄矿一直倍受资源枯竭的困扰。在矿井资源枯竭比较集中的 1987～2000 年的 14 年间，淄矿先后有 11 对矿井被注销生产能力。为阻住产量逐年下降的势头，淄博老矿区通过引进新技术，找煤扩量、精采细掘，解放受水威胁煤炭，在 20 世纪 80～90 年代中后期，一直将煤炭产量维持在 500 万 t 左右。为突破资源枯竭的瓶颈，彻底扭转被动局面，自 80 年代中期淄矿就多次向上级反映，要求解决新矿区接替问题。1991 年 8 月，能源部批准将济(宁)北矿区作为淄博矿区的接替矿区。但由于资金困难等原因，济北矿区的筹建工作进展缓慢。1996 年 6 月，淄博矿务局发动广大职工自募资金 4 028 万元，启动了被称为“救命工程”的济(宁)北新矿区建设。1996 年 6 月，济北矿区第一个矿井——许厂矿井开工建设，拉开了新矿区加快建设的序幕。从 1996～2005 年 10 年时间内，淄矿集团在济宁东部矿区兖新铁路以北先后建起了许厂、岱庄、葛亭、唐口四矿和一条铁路专用线，建成了第一个千万吨煤炭生产基地。2001 年，全公司煤炭产量首次突破千万吨大关。2002 年在全省煤炭企业中率先走出山东，进入西部地区开发煤炭资源。2005 年，在陕西省长武县建设的年产量 300 万 t 的亭南煤矿建成投产，年设计生产能力 240 万 t的贵州普兴矿区糯东矿井开工建设，近几年先后在陕西、贵州、云南、内蒙古等省区获取煤炭资源量近 40 亿 t，使淄矿集团的煤炭资源占有量由改制之初的不足 9 亿 t 提高到 54 亿 t。在此基础上，按照梯次推进、滚动发展的模式，在山东济北、陕西彬长、内蒙古鄂尔多斯着力打造三大千万吨级的煤炭生产与深加工基地，全面提升淄矿集团的主业优势。在稳步推进跨区域扩张的同时，淄矿集团注重安全发展。通过扎实推进安全文化建设，不断深化现场精细化管理，持续提升现代化装备水平，实施职工素质提升工程，安全生产取得了丰硕成果。在 2003 年以来煤炭生产百万吨死亡率连续 4 年低于 0.3 的基础上，从 2006 年 4 月以来，全公司安全产煤 3 000 多万 t。截至 2008 年 9 月底，济北矿区实现安全生产 1 778 天。

淄矿非煤产业的发展，起步于 20 世纪 80 年代末。目前，集团公司主要非煤厂点经营规模过 5 000 万元的达到了 16 个，比“十五”期间增加 1 倍多，实现了规模调强；调整产业布局，加快产业集聚，增强产业集中度。“煤电材”产业链构架已基本形成，并具备了做强做大的条件。通过加大外部市场开发力度，逐步摆脱了对内部市场的过度依赖。

站在新起点，实现新发展成为淄矿集团不懈的努力和追求。淄矿集团正以科学发展观统领全局，继续突出发展主题和结构调整主线，以深化改革为动力，以结构调整为主线，根据企业发展实际，进一步优化调整产业结构。坚持突出主业、发展主业、做强做大主业不动摇，对现有产业进行整合，集中优势资源加快优势主业发展。到 2010 年基本形成四个煤炭生产及深加工基地、三大循环经济园区和一个总部经济圈的产业布局。

淄矿集团将坚持把煤炭产业作为核心主业加快发展，增强企业的综合竞争力。预计 2010 年原煤产能将达到 2 100 万 t，原煤产量 1 600 万 t。同时，将继续加大煤炭主业基本建设投资，2008～2010 年，完成煤业项目投资 433 873 万元。在"十二五"期间，增加产能 1 100 万 t。到"十二五"末，全面建成山东济北、陕西彬长、内蒙古鄂尔多斯、云贵等四个矿区，总产能达到 3 200 万 t/a左右。

回顾过去，展望未来，淄矿人坚信，只要坚持科学发展，不断深化企业改革，必定能够激发出源源不断的发展活力，创造百年淄矿更加辉煌的新百年。

淮南矿业集团

淮南煤矿已有百年开采历史，20世纪50年代就成为全国五大煤矿之一。1998年3月，由淮南矿务局改制成淮南矿业集团，同年7月下放到安徽省管理，是中国企业集团500强和安徽省17家重点企业之一，2008年初被安徽省政府命名为“安徽省高新技术企业”。2004年10月，国家发改委批准淮南潘谢矿区总体规划，获得煤炭资源量285亿t。并被国家列为13个亿吨级煤炭基地、6大煤电基地和行业首批循环经济试点企业之一。

目前，淮南矿业集团正在推进企业第二轮发展，总体发展目标是，2009年煤炭产量6 800万t，2012年煤炭产量达到1亿t，电力总规模确保1 000万kW，争取1 500万kW，建成以煤电为主具有金融功能的新型能源企业。

历史上，淮南矿业集团是瓦斯事故重灾区，1980～2002年共发生瓦斯爆炸事故17起，死亡392人。历史上平均百万吨死亡率为4.01。几年来，淮南矿业集团杜绝了瓦斯爆炸事故，百万吨死亡率2008年为0.13，下降30倍以上。淮南矿业集团治理瓦斯成为全行业典范，在国际上占有一席之地，受到了吴邦国委员长、温家宝总理等党和国家领导人的肯定。这几年，职工得到的最大实惠、最大福利，就是安全生产。

淮南矿业集团的职工长期以来收入低，带来了一系列的问题。这几年，职工充分享受发展和改革的成果，在岗职工年均收入，2001年为9 717元，2008年达到62 700元（不含住房公积金和年金），从长期排行业后几名上升到全煤行业前列。收入提高了，人才竞相汇聚于淮南矿业集团，职工增强了对国企前途和改革开放的信心，促进了企业内部和谐，人们从此告别了经济困窘所造成的压抑，感到扬眉吐气了。同时，也繁荣了地方经济，增强了社会稳定。

由于历史的原因，长期以来淮南矿业集团的职工几代人无房住、住房难、住房差，现在这种状况得到了初步转变。淮南矿业集团用五年时间盖了500万 m^2 住房，2000栋楼，把矿工几代人盼望已久的梦想变成了现实。淮南矿业集团是行业解决棚户区投入最多、成果最大、职工得实惠最多的企业之一。居住条件的改善，提高了职工的生活质量，增添了职工家庭的欢乐与和谐，极大地凝聚了职工的心。按照集团整体规划，2009年开工180万 m^2，2010年开工170万 m^2，共计350万 m^2。连同已经建成的500万 m^2，基本解决职工的住房问题。

淮南矿业集团率先在全省和全行业内顺利完成了规模最大的主辅分离、辅业改制任务，共涉及4.5万人。企业主业突出，轻装上阵，力量集中，在激烈的市场竞争道路上迅跑。血浓于水，情重于山。淮南矿业集团恪守对分离改制单位给予后续支持的承诺，他们也大大增强了市场竞争能力。2008年分离改制单位销售总收入63.8亿元，是分离改制前的2.14倍，职工收入也走在同行业前列。这是对母体企业、分离改制企业、地方经济三方都有利的大好事。

构建循环经济产业链，新井建设废气废水废渣综合利用工程，同步规划，同步建设，同步运营，矿区循环经济和"三废一沉"治理处在行业高端地位。建成瓦斯发电站8座，装机规模2.4万kW。民用燃气已建成6座储配站，输配能力23万 m^3，能满足10万户需求，目前用户4.5万户。锅炉改造先后完成6台24 t。电厂、选煤厂用水，全部实现闭路循环零排放，现有矿井水处理站8座，在建4座，矿井水利用率60%以上，到2010年利用率95%以上，每年节约水资源3 000万t以上。历史上煤矸石堆存量约4 000万t，已消化一半以上，新建矿井消灭了矸石山。建成煤矸石砖生产线6条，规模4亿块，到2008年底已形成8.4亿块能力。实施了张集、新庄孜和潘一矿3个矿山地质环境治理示范工程项目，土地复垦总投资3 400多万元，治理总面积1 511亩。

泉九资源枯竭矿区生态环境修复。遵循自然生态规律，顺应地形地貌之势，沿山脉水脉修复环境，宜山则山，宜水则水，宜林则林，主动对这一已报废30年共22 km^2 的老矿区进行生态修复。总投资100亿元，生态环境恢复面积约占70%，公共设施建设约占30%，建成以"山水林居"为特征的煤矿最佳人居环境和中国煤矿资源枯竭矿区生态环境修复示范区，已被国家列入循环经济试点项目。这在其他矿区是没有的。到 2008 年底，完成环境修复 24.2 万 m^2，完成市政基础设施建设 8.36 万 m^2，水库生态区、山林生态区、湿地生态区基本完工。到 2010 年，完成大通湿地生态区、九龙岗生态区等环境修复面积 642 公顷。

统筹矿区新村镇建设。淮南矿业集团把新农村建设、城镇化建设、煤矿塌陷搬迁三件事统筹起来，在不压煤的地方，并村入镇，并村扩镇，并村建镇。建设成本三家抬，市矿统筹解决。这样对社会、农民和企业都有利，农民一次性实现城镇化，彻底改变了居住条件和生活条件。政府有塌陷补偿资金支撑，大量节约新农村、城镇化建设成本，宅基地节约 50%以上。煤矿提前解放了村庄压煤量，充分发挥生产能力。统筹建设的颍上县迪沟镇，被评为 10 个"国家园林城镇"之一，五年间，农民人均收入由 400 元增加到 2008 年的 3 436 元，镇财政收入由统筹前的 28 万元增加到 2008 年的 406 万元，生产总值增加到 2.88 亿元。

实施绿色工程。淮南矿业集团把植树作为节能减排、循环经济、生态保护的重点工作之一，以"绿色、植树、自然、简单"为主题，在资源枯竭矿区、塌陷区等大量植树，能栽尽栽、全面覆盖。矿区目前已有树林 20 km^2，到 2010 年约 40 km^2，建成绿色矿山、绿色矿城。已完成绿色工程一期，种植乔灌木近 200 个品种超过 20 万株，完成投资 2 600 万元。绿色工程二期预算投资 2 087 万元，2009 年内完成。

淮南矿业集团被命名为安徽省高新技术企业，拥有第一个煤矿瓦斯防治国家工程研究中心，瓦斯治理和利用、深厚流砂层建井、地温治理、地压治理、铁路下水体下采煤和生态保护等六个方面的技术，有的处在国内先进水平，有的处在世界领先水平。新矿井和所有电厂的装备处在国内一流、国际先进水平。煤矿主体专业人才数量、质量在全行业处于领先。前几年困难的时候，本科以上专业人才流失 586 人，2003 以来，已有 3 292 名高校毕业生、1 万多名高职和中专毕业生来这里创业，还有大批电力人才汇聚企业，把自己的根深扎于淮南这片充满希望的热土，书写人生最绚丽的篇章。在发展煤电产业的同时，淮南矿业集团已经培育了做资本的产业基础和人才队伍。淮南矿业集团已经在全国第一个成功地进行了资源作资本的尝试，促成了煤电一体化体制创新。电力参股的实业资本运作初具规模，在淮南本土以外的房地产金融资本获得实质性突破，并且在内部银行运行，兴办其他金融机构和开展各种类别的金融资本运营方面，积累了知识，寻找了方向，为将来把金融资本逐步成长为企业一个重要产业奠定了基础。下一步，淮南矿业集团将把电力、金融、房地产、物流、煤机等新产业的创业型人才队伍组织好、培养好，继续把煤炭主业的复合型经营者队伍、创新型技术队伍、高素质的班队长队伍、高技能的技师队伍组织好、培养好，处在行业领先地位。

对待职工利益，淮南矿业集团坚持有政策的用足用活，没有政策的积极争取，在企业力所能及又不致于引起连锁反应的前提下，主动解决职工的实际困难，坚决不用职工吃饭钱搞发展。2003 年，实行工资制度改革，集中解决企业内部收入差距过大的问题。2004～2006 年，集团为平衡各方面利益关系，新、老矿井职工收入由 2002 年的 1.35 倍缩小到 2007 年的 1.04 倍，生产矿正职年薪与职工年收入由 2003 年的 9.42 倍降低到 2006 年的 6.72 倍，子分公司由原来的 9 倍调整到 7 倍以下，均低于上级规定标准。

自 2004 年开始，按月对退休职工、下岗职工、伤残职工、伤病亡遗属约 10 万人发放救济金，每年约 1.5 亿元。对 6.8 万退休人员，每人每月补助 100 元。对工残人员发放护理费，每年约 100 万元。对 1195 名伤残人员补发一次性伤残补助金 1 190 万元。按照政策规定，提高了 16 219 名伤病亡遗属抚恤金。建立大病生活困难救助基金，每年救助 1 000 余人，约 500 万元。“两节”期间，为困难职工和特困群体发放慰问金，年支出约 800 万元。自 2008 年起，各项慰问金翻一番，年均多支出 1 300 万元。

开展育才关怀活动，对特困职工子女 12 300 人，年均发放助学金 550 万元；对伤病亡职工子女年满 18 周岁目前仍在校就读的学生，按原标准进行困难补助，直到完成学业；对伤病亡遗属中的残疾子女，年满 18 周岁以上无就业能力的，继续享受抚恤金待遇。

优先考虑职工子女就业，并对工亡职工子女招聘考试予以加分，分 5 批共招聘职工子女 3716 人就业。分 7 批共招聘下岗职工 17 317 人返岗工作，下岗职工由原来的 2.1 万人减少到目前的 3 683 人。

经过近几年工作，历史沉积的不稳定因素基本得到化解，集团公司由 2004、2005 年连续两年省重点管理的信访稳定工作单位，转变成 2006、2007 年连续两年的“优秀单位”，步入稳定和谐发展的新阶段。

具有淮南煤矿特色的企业文化框架初步形成。“一切为了发展，一切为了职工”的企业宗旨，在行业内外都有很大的影响。以“可保尽保、应抽尽抽”为核心的瓦斯安全文化，以“发展先进生产力，保护生命，保护资源，保护环境”为核心的发展文化，以“煤矿经营的本质是经营资源”为核心的资源文化，以“变被动治理环境为主动经营环境”为核心的环境文化等有实践有成果。“善待职工、严管干部、转变作风”三项政治要求已经落地生根。干部讲境界、长本事和职工职业道德荣辱观等逐步养成。这些理念文化，已经得到政府和社会的关注与认可，有的已经上升为行业行为。

随着企业发展，淮南矿业集团对社会的贡献越来越大。淮南矿业集团的电力已送往上海、浙江；煤炭源源不断地输向浙江、江苏、江西、上海、福建、湖北、广东等省市，煤炭省内供应量占全省总量的50%以上；上缴税费2001年为3.9亿元，2008年达26亿元，增加了5倍。

陕西煤业化工集团有限责任公司

陕西煤业化工集团有限责任公司(以下简称陕西煤业化工集团)是陕西省人民政府从落实西部大开发战略,充分发挥煤炭资源优势和行业整体优势,培育壮大以煤炭开采、煤炭转化为主的能源化工支柱产业出发,在2004年2月整合省属十个煤炭生产开发单位组建的陕西煤业集团公司的基础上,按照现代企业制度,于2006年6月与省内三个大型煤化工企业重组成立的大型能源化工企业。集团的成立,掀开了陕西煤炭工业发展史具有划时代意义的一页。近五年来,陕西煤业化工集团坚持战略引领、深化改革、创新发展,积极投身陕北能源化工基地建设,时刻不忘企业自身的责任,在资源整合、兼并重组、结构调整、产业升级、基地建设、安全生产、科技创新、节能降耗、社会责任等方面做了大量工作,煤炭产量、煤化工产能、营业收入和实现利润快速增长,综合实力显著提升。集团煤炭产量由2004年组建初期的2 000万t增长到2008年的6 040万t,取得了四年增长两倍的好成绩;实现销售收入从2004年的67亿元,到2006年的112亿元,再到2008年的234亿元,呈现出两年翻一番的跨越发展态势。

陕西位居我国东西部结合地带,煤炭资源丰富,含煤面积约5.7万km^2,约占全省面积的1/4左右,优质煤炭资源占全国探明优质煤炭储量的50%。在国家规划建设的13个大型煤炭基地中,陕西占有神东、陕北、黄陇3个。陕西省委、省政府为了充分发挥煤炭资源优势,发展能源化工支柱产业,提出了“三个转化”,即:煤向电转化,煤向化工转化,煤电向工业转化。陕西煤业化工集团实施大基地、大集团建设,推进新项目进度,整合内部共性产业,重组外部优势企业,拉长产业链,形成了“以煤炭开发为基础,以煤化工为主导,多元发展”的产业格局,形成了七个产业板块。集团产业格局和产业板块的形成，沉淀着所属单位的历史文化，历经着艰辛的扩张整合，体现着政府的关怀支持。

陕西煤业化工集团“十一五”规划提出了“15558”战略目标。即“十一五”末煤炭产能达到1亿t，煤化工产能达到500万t，电力装机容量达到500万kW，销售收入突破500亿元，利税80亿元。

未来三到五年，集团以“抓资源，抓项目，抓融资，抓市场，确保可持续发展”作为工作重点。通过积极争取发展资源，完善煤化、盐化、焦化、油化产业链延伸；通过积极选择多元化项目，实现建设一批、争取一批、储备一批的持续发展；通过抓紧沿海、沿江和沿河的物流基地建设，努力改善运输环境；通过股票上市、融资租赁、发行债券，扩展融资渠道；通过构建循环经济体系，落实节能减排要求，努力打造主业突出、核心竞争力强的一流安全节能环保能源化工企业集团。

郑州煤炭工业(集团)有限责任公司

郑州煤炭工业(集团)有限责任公司(以下简称郑煤集团)总部位于郑州市内,始建于1958年,1996年改制为公司制企业,2002年与中国信达、中国华融资产管理公司组建为产权多元化公司,是国家大型一类企业、中国500强企业、河南百强企业、改革开放三十年河南省功勋企业、中国国有煤炭首家上市公司、全国规划的亿吨级豫西大型基地重要组成部分。

郑煤集团所辖企业分布于河南郑州、平顶山、漯河、山西平陆等地,煤炭储量丰富,煤质优良,主要销往湘赣、湖北、华东、河南等地区。公司现有职工4.5万人,资产总额185亿元;直管生产矿井12对,生产能力1 245万t/a;基建矿井3对,设计能力585万t/a;整合矿井44对,技改全部完成后,生产能力1 200万t/a以上。

近年来,郑煤集团以科学发展观为统领,以执行力建设为主线,坚持管理创新,加快结构调整,提高发展质量,促进了企业又好又快发展。郑煤集团将以国家实施中部崛起战略和建设大型煤炭基地为契机,大力实施"以煤为主,相关多元"发展战略,以增强企业综合实力和可持续发展能力、全面建设和谐郑煤为目标,以体制、技术、管理创新为手段,以资源整合、资本运作、产权调整为保障,做强做大煤炭采选业,加快发展电力、铝、建材、化工、物流、铁路运输、机械制造和建筑施工等多种经营,坚定不移地走资源利用率高、安全有保障、经济效益好、环境污染少的新兴工业化和循环经济发展道路。规划用三年时间,煤炭产量达到3 000万t,销售收入突破300亿元,利税实现30亿元,在此基础上再利用两年时间,煤炭产量达到5 000万t,销售收入突破500亿元,利税实现50亿元,建成主业突出、实力雄厚、核心竞争力强、具有较大影响力的综合发展的现代能源集团。

1958 年,郑煤集团的前身——新密矿务局成立,当时总生产能力只有 57 万 t/a。老一代矿工艰苦创业,先后自行设计建设了 9 对小矿井,使生产能力达到了 118 万 t/a。20 世纪 60 年代,开始兴建裴沟、米村、王庄、芦沟等中型矿井,使生产能力达到 227 万 t/a。20 世纪 70 年代,对生产矿井进行挖潜改造,生产能力提高到 468 万 t/a。十一届三中全会之后,投资兴建了超化、大平、告成等现代化矿井,增加生产能力 500 多万 t/a。进入 21 世纪,白坪、赵家寨、李粮店等股份制矿井相继投建,整合郑州矿区煤炭资源,煤炭产量稳定在 1 000 万 t/a 以上,2008 年达到 1 669 万 t。在煤炭生产建设发展日益壮大的同时,逐步向以煤为主、多元经营发展,电力、建材、铁路和机械制造等多种经营稳步壮大,项目涵盖 10 多个行业,经营网点 200 多个。目前拥有生产矿井 10 对,生产能力 1 300 万 t/a 以上;整合矿井 43 处,技改后新增生产能力 1 300 万 t/a 以上;在建矿井两对,设计生产能力 480 万 t/a;自备电厂装机总容量 10 万 kW,自备电网供电能力 10 万 kW;机械制造能力 15 000 t/a;自、联营铁路 103 km。2008 年销售收入完成 135.6 亿元,资产总额达到 165.5 亿元,实现了郑煤梦想多年的"双百亿"目标,阔步迈入了国家特大型企业行列。

51 年的发展,是郑煤科技进步、革故鼎新的历程。51 年来,我们坚持把科学技术作为第一生产力,大力实施"科技兴企"战略。1980 年在米村矿安装了全公司第一套综采设备,此后陆续上马了高档普采机组、综采机组及综合掘进机、液压钻车等,实现了采掘机械化、支护钢铁化、装备系列化。深入持久地开展质量标准化矿井建设,打造本质安全型矿井,安全装备水平向现代化迈进,总体抗灾害能力不断增强。坚持自主研发、产学研合作开发,全方位开展技术攻关,攻克了豫西"三软"不稳定厚煤层机械化开采的难关,取得了"三软"突出煤层瓦斯治理的重大突破,助推了郑州矿区安全生产跨上了一个新台阶。畅通人才培养和引进渠道,科技队伍不断壮大,从建局之初工程技术人员只有 72 人、1 名工程师,到如今全公司拥有博士、硕士和大学生等各类专业技术人才 4 551 人,其中享受国务院政府特殊津贴工程技术专家 13 人,各类高级技术人才 275 人。51 年来,完成科技成果 758 项,其中地市级以上科技成果 210 项,成为"中国煤炭工业科技进步十佳企业"、"中国煤炭工业科技创新优秀企业"。

51 年的发展,是郑煤坚持改革、勇于探索的历程。纵观郑煤集团的发展史,实质上是一部不断深化改革的历史,郑煤人坚定不移地走改革开放之路，由点到面，由浅入深，留下了一串串闪光的足迹。党的十一届三中全会之后，实施吨煤工资包干等一些改革措施，增强了企业活力。1985 年，推行经营承包责任制，增强了企业自我发展能力。20 世纪 90 年代，采取了“二级单位模拟法人运转”、“股份制试点”等一系列改革措施，提高了经济效益。1996 年，在全煤行业首家改制为国有独资公司。1998 年，成功上市“郑州煤电”国有煤炭企业第一股，并实施了股权分置改革。2002 年，通过债转股组建多元股东的有限责任公司，现代企业制度管理框架真正确立。近年来，推行了两级机关机构改革，公务用车改革、辅业单位分离改制、劳动用工制度改革等，逐步实现了企业运行机制的优化配置，为企业发展奠定了基础。

51 年的发展，是郑煤严格管理、品位提升的历程。建制以来，企业管理机构日趋完善，管理水平不断提高，安全、生产、经营、党建等各个系统，逐步形成了全方位、系统化的管理体制。20 世纪 80 年代，学习和发扬石圪节艰苦奋斗、勤俭办矿的精神，在经营管理上精打细算，努力提高劳动生产率和经济效益。20 世纪 90 年代，面对国家抽回财政补贴、让煤炭企业走向市场的机遇和挑战，内抓管理，外拓市场，大力推行目标成本管理，促进了企业的经营方式由粗放型向集约型转变。近年来，坚定不移地加强执行力建设，实施全方位制度化管理，初步形成了独具特色的郑煤执行力文化。连续推行“基础”、“系统”和“精细”管理，构建目标任务分解、流程运转顺畅、决策计划精确、控制考核严密的管理模式，企业管理水平和管理理念得到有效提升，综合业绩达到全省 A 级水平。

51 年的发展，郑煤创造了巨大的物质和精神文明。51 年来，郑煤集团累计生产煤炭 3 亿多 t，实现利税 40 多亿元，是“河南省诚信纳税大户”50 强之一。职工生活与企业经济效益保持同步增长，2007 年推行岗效工资后，职工人均收入达到 27 000 多元，住宅面积不断扩大，单身职工全部住进了标准化宿舍，医疗卫生机构设施先进，体育馆、俱乐部、文化馆等相继投建，职工群众的物质文化生活水平逐年提高。党的建设不断加强，由建局之初只有 3 个党总支、7 个党支部、388 名党员，发展到目前基层党委（总支）51 个，基层党支部 440 个，党员 9 468 人，企业党委连年被评为优秀和先进党组织。企业文化和精神文明建设成果卓著，涌现出一批国家和省、市级文明单位，集团公司连年荣获文明或先进单位光荣称号。51 年来，从各条战线涌现出一大批劳动模范和先进人物，其中有 4 人获全国劳动模范和全国五一劳动奖章，32 人获省、部级劳动模范称号。

51年的发展，郑煤积累了宝贵的经验财富。历届领导班子结合郑煤实际，牢牢抓住改革开放、结构调整、企业改制、建设小康矿区等几次大的历史性机遇，采取了一系列重大举措，使郑煤从小到大、由弱到强，成为极具发展活力的特大型企业。51年来，我们始终不渝地抓好煤矿的安全生产，充分实现了煤矿工人的生命价值；始终不渝地把改善民生作为工作的出发点和落脚点，让职工充分享受到了改革发展的成果。经过几代郑煤人的实践和努力，形成了与时俱进、开拓进取的创新精神；脚踏实地、崇尚科学的求实精神；追求卓越、敢为人先的创业精神；严中求治、强化执行的改革精神。依靠这种精神，郑煤人牢牢掌握了自己的命运，以极大的理论创新勇气和实践创造能力，历史性地改变了自己！

51年的发展，凝聚了各级领导和社会各界的关怀和厚爱。郑煤集团这51年取得的成就，是河南省委、省政府，郑州市委、市政府和省、市各部门正确领导的结果，是股东单位、兄弟单位、电力部门、重点用户、供货单位以及铁路、银行、大专院校、新闻单位等密切合作、无私帮助的结果，是郑州市各县区政府鼎力支持的结果。特别是新密市委、市政府及新密市的75万广大群众，在郑煤集团成长壮大的岁月里，为郑煤创造了良好的发展环境，给予了郑煤无尽的理解和关心，做出了巨大奉献。郑煤51年的发展历史记载了新密父老乡亲的浓厚情谊，郑煤人永远不会忘记，历史永远不会忘记！

2008年进入中国企业500强，名列第446位，2009年名列397位。

2008年荣获“全国第15届现代化创新成果”二等奖。

2008年度荣获“改革开放三十年河南省功勋企业”荣誉称号。

2008年度河南工业企业100强第18位。

2008年度荣获“2007河南工业最具影响力企业”荣誉称号。

2008年度荣获“全国内部审计工作先进单位”荣誉称号。

2008年度荣获“河南工业节能减排成效显著单位”荣誉称号。

2009年度荣获“郑州市跨越式发展先锋企业”荣誉称号。

2009年度河南工业企业100强第15位。

四川省煤炭产业集团有限责任公司

四川省煤炭产业集团有限责任公司(以下简称川煤集团),是四川省委、省政府认真贯彻国务院[2005]18号文件精神,为加快全省大中型煤矿建设,优化调整煤炭工业结构,促进煤炭工业健康发展,以省内国有重点煤矿为基础,于2005年8月28日组建的大型企业。

川煤集团注册资本30亿元,拥有攀枝花煤业公司、芙蓉公司、华蓥山广能公司、达竹公司、广旺公司、川南煤业公司、威远煤矿、四川煤炭工业供销总公司、勘测设计院等9个子公司,煤炭营销、物资供应等2个分公司,现有员工62 000多人,其中专业技术人员7 000多人;有煤炭生产矿井24对,基建矿井3对,技改矿井1对,年设计生产能力1 538万t,核定生产能力1 763万t;除煤炭外,还有水泥及煤矸石、瓦斯发电等产业。

川煤集团成立以来,煤炭产销量增长显著,项目建设颇具成效,科技水平长足进步,安全状况总体稳定,规模经济优势明显。目前,集团正按照"大集团、大基地、大战略"思路,依靠科技进步,走一条资源利用率高、环境污染少、安全有保障、经济效益好的可持续发展道路,争取发展成为四川省综合实力最强、规模最大、科技领先、具有全国影响的煤炭能源企业集团。

川煤集团组建以来,紧紧围绕省委、省政府确立的四川省煤炭产业"加快发展、优化整合、做大做强"的发展战略,按照"突出发展煤炭主业、提高产业集中度、增强资源控制力、提高企业抗风险能力、走可持续发展和循环经济的新型工业化道路,实现煤炭产业集团跨越式发展"的总体要求,在促进全省煤炭工业健康发展中的重要作用日益显现。基本构建了"两千万吨煤炭、千万吨水泥、百万吨焦炭、百万千瓦装机发电"的产业格局。

自2005年8月组建至2008年年底,原煤产量由970万t增加到

1 300.1 万 t，增长 34%；企业收入由 36.93 亿元增加到 73.51 亿元，实现翻番；资产由 66 亿元增加到 163 亿元，增长 147%；利润由原来的 0.54 亿元增加到 1.7 亿元，增长 216%；员工年均收入由原来的 1.57 万元增加到 2.53 万元，增长 61%；综合机械化水平由原来的 33% 增加到 58.6%，增长 77.6%；重点项目立项 34 项、开工 24 项、竣工投产 6 项。

川煤集团以构建创新型企业为目标，加大科研和技术创新能力，使企业科技实力和自主创新能力增强，各种产业对科技的依存度提高。2005～2008 年，川煤集团获四川省科技进步奖 41 项，获国家煤炭科技进步奖 3 项；申请国家专利 12 项（已获专利权 6 项），申报立项省（部）级科技支撑计划和国家安全科技项目 15 项。集团和其下属广能公司还被列为四川省创新型试点企业，集团技术中心及攀煤、广能、广旺三个子公司已建成省级技术中心。近些年，集团每年投入研究开发经费几千万元，每年开发技术项目超过 100 项。川煤集团广能公司攻克了 35 度以上大倾角综采这一世界性难题，该项大倾角综采技术达到了国内领先、国际先进水平，获得四川省科技进步一等奖，国内外三十多家大型煤炭企业参观、引用；集团自主研发具有自主知识产权的“嘉华牌”急倾斜（60°）综采液压支架填补了国内外采煤机械制造空白，获得四川省科技进步及中国煤炭科技进步一等奖。

近年来，川煤集团以“双基”（基层、基础）工作为重点，加强了基层队伍建设、安全监督机制完善、安全制度落实、生产现场管理和煤矿专业人才、技工培养，提高了安全生产保障水平，24 对煤炭生产矿井质量标准化全部达标，完成了省政府下达的安全生产任务。李子垭矿、斌郎矿、李子垭南矿等多对矿井实现安全生产周期 1 000 天以上，赵家坝煤矿安全周期曾达到 10 年。

2007 年，集团公司对全部高瓦斯矿井制定了治理方案，并通过了专家评审，已一一进行实施。集团 12 对矿井建立了永久瓦斯抽放系统，4 对矿井建立了移动瓦斯抽放系统。2008 年全年抽采瓦斯 7 600 万 m^3，比上年增加 21%；瓦斯利用 4 050 万 m^3，比上年增加 13%；已运行瓦斯发电机组 30 台，总装机容量达到 15 MW。2008 年、2009 年为集团专门的瓦斯治理年，2010 年是瓦斯转向治理质量提升年。

按照建设资源节约型、环境友好型社会要求，集团大力发展煤炭循环经济，提高煤炭洗选加工能力，发展洗煤和配煤技术，开展煤矸石、煤泥、粉煤灰、瓦斯、矿井排放水以及与煤伴生资源的综合开发与利用，积极开展矿区环境保护和治理。认真研究煤炭就地转化问题,形成了煤电、煤冶、煤化工、煤建材等一体化发展。

集团公司按照省委、省政府要求,千方百计保障四川电煤生产供应。经过三年的运行,产能占全省产能的比率由原来的12%达到了22%,提高了四川电煤保障度。目前销售电煤比成立初的2005年增长42%,供应四川主网电厂电煤占全省的58.82%,比2005年增长30%。供应电煤量占主网电厂到煤量的37.72%,充分发挥了国有大型煤炭企业的主力军作用。

汶川大地震发生后,整个广旺矿区和攀枝花矿区也受到严重的灾害影响,直接损失2.9亿元。与此同时集团公司积极参与抗震救灾,矿山救护队伍屡建奇功。集团有1个国家救援基地、5个救护大队、2个矿山救护直属中队,共970余名指战员,川煤集团矿山救护队是川煤和四川省安全生产、抢险救灾的重要保障力量。集团在组织灾后重建以及安全生产方面没有发生一起自然灾害、没有牺牲一个同志。

川煤集团在积极开展抗灾自救的同时,认真履行国企职责,勇担政治责任和社会责任,大力援助重灾区,先后派出各类救援人员307人,出动车辆259台次赴绵竹汉旺镇、德阳、青川、什邡和平武等一线参与抗震救灾,共抢救出幸存者64人,配合其他救援队伍抢救352人;安全转移受灾群众2 773人,收治受伤群众5 247人,转移较重病员214人;挖掘遇难者遗体124具,协同挖掘遗体66具;抢救上交现金42万余元,抢救生活物资折合价值200多万元;抢通道路18.5 km。集团还组织了1 237.8万元的爱心捐赠款和价值73万余元的救援物资送到了重灾区。充分发挥了国有企业的社会作用,提高了川煤的美誉度和知名度。在抗震救灾中,集团有24个集体、112名个人先后受到表彰;芙蓉、达竹公司救护队被全总授予“全国五一劳动奖状”。

伊泰集团

内蒙古伊泰集团有限公司(以下简称伊泰集团)是以煤炭生产、经营为主业,以铁路运输、煤制油为产业延伸的大型现代化企业。公司为中国企业500强(第398位)、全国煤炭企业百强(第21位)、铁道部确定的百家运输大客户和内蒙古自治区煤炭50强之首,被内蒙古自治区人民政府确定为到2010年煤炭产销超过5 000万t的重点企业,被国务院列为全国规划建设的13个大型煤炭基地骨干企业之一。

伊泰集团现有总资产260亿元,下属内蒙古伊泰煤炭股份有限公司、伊泰准东铁路有限责任公司、呼准铁路有限责任公司、伊泰煤制油有限责任公司、中科合成油技术有限公司、伊泰药业有限责任公司等直接和间接控股公司22家。伊泰煤炭股份有限公司为煤炭行业首家B股上市公司。"伊泰"商标为煤炭行业第一枚"中国驰名商标"。

伊泰集团现有大中型煤矿14座。所生产经营的煤炭具有低灰、特低磷、特低硫、中高发热量等特点,是天然的"环保型"优质动力煤。公司现已建成全长72.6 km准东电气化铁路(运输能力3 100万t/a)、124 km呼准铁路和122 km曹羊公路(复线)、26.8 km的酸刺沟煤矿铁路专用线;正在建设全长65.5 km的准东铁路二期工程。公司在秦皇岛、天津、京唐等港口设有货场和转运站,在北京、天津、上海、广州、秦皇岛等地设有销售机构,形成了产、运、销完整的体系。

伊泰集团成立20多年来,乘着改革开放的东风,由一家仅靠5万元开办费起家的地方小企业,发展壮大成为资产逾260亿元、进入中国500强、销售过百亿的企业。

伊泰集团由小到大、由弱变强、由落后到先进的演变,究其原因就在于寻找到了一条适合自己发展的路子。回顾伊泰发展历程,党的十一届三中全会确定的以经济建设为中心和改革开放的好政策为伊泰的发展创造了良好的大环境；内蒙古自治区、鄂尔多斯市党政历任领导及各有关部门思想解放、敢为人先的支持和发展理念为伊泰壮大起到了巨大的推动作用；伊泰人艰苦奋斗、坚韧执着、不屈不挠的品质成就了今天的事业。

伊泰集团创立以来，始终坚持发展是硬道理，在自治区和鄂尔多斯市党政的领导下，在各有关部门的大力支持下，推进以煤炭为主业，多元发展、量力而行，不断提升专业化水平和竞争实力的发展道路，取得了巨大成绩。

作为公司的主营业务，煤炭生产销售增长迅速，为公司的又好又快发展提供了有力的保障。2007 年公司生产原煤 1 768.26 万 t，销售煤炭 3 032.16 万 t，销售是成立初期 1988 年的 1 579.25 倍；

资产规模不断扩大，经济效益增势强劲，综合实力大幅提升。截止 2007 年底，公司总资产达到 160 亿元，是 1988 年的 14 000 倍，是 2001 年公司转制时的 6.67 倍；2007 年实现销售收入 102 亿元，实现销售收入分别是 1988 年、2001 年的 6 455.7 倍、8.67 倍，实现利税 33.11 亿元，其中，实现税金 13.02亿元，实现利税分别是 1988 年、2001 年的 7 044.69 倍、19.36 倍。2008 年销售收入将达到 140 亿元，实现利税将突破 50 亿元；集团公司 1999 年跨入全国 520 户重点企业行列，2002 年列为自治区 20 户重点培育的大型企业之一，2007 年列全国 500 强企业第 398 位，全国煤炭行业百强第 21 位，成为内蒙古自治区最大的地方煤炭企业。被内蒙古自治区人民政府确定为到 2010 年煤炭产销超过 5 000 万 t 的重点企业，被国务院列为全国规划建设的 13 个大型煤炭基地骨干企业之一。

坚持诚信经营，加强质量管理，不断提高“伊泰”品牌形象。“伊泰”商标成为全国煤炭行业首件“中国驰名商标”，“伊泰精煤”被国家质量技术监督管理局认定为“国家免检产品”，集团公司总经理被评为“全国用户满意杰出管理者”。

在科学发展观的指导下，伊泰集团按照自治区、鄂尔多斯市人民政府“打好地方煤矿改变生产工艺、提高煤炭资源采出率三年攻坚战”的有关精神，加快实施煤矿技改、传统采煤工艺下技术攻关，大型高产现代化矿井建设和煤制油发展战略。原有 27 座矿井整合为 13 座进行技术改造，采用综采工艺进行回采。新建年产 1 200 万 t 的酸刺沟机械化矿井。新建我国拥有完全自主知识产权的第一条年产 16 万 t 的煤间接液化示范生产厂。建成了国内目前装机最大的 255 kW 太阳能光伏示范电站。这些项目引进了国内外先进技术和生产装备，开创行业的先河，生产水平达到或超过国内甚至国际领先水平。

创造了连续生产20年，平均百万吨死亡率仅为0.04的全国较好水平。特别是2001年以来的七年中，连续生产原煤6 000多万t，百万吨死亡率为零，取得了行业内领先的安全生产记录，达到世界先进水平。真正做到了以人为本，共享和谐。

伊泰集团形成了一个完善、便捷、科学的现代化产运销体系。成为铁道部确定的运输大客户，铁路运输计划在国家发改委、铁道部单列。目前，伊泰集团控股经营、建设的铁路里程达289.16 km，控股参股铁路的输送能力达5 800万t，基本实现铁路与煤矿生产配套，为下一步煤炭的出区运输、销售创造了条件，奠定了基础。

伊泰集团紧紧围绕自治区和鄂尔多斯市政府的要求，结合公司的实际，制定出“十一五”期间进一步扩大煤炭生产规模，力争达到5 000万t生产能力；进一步加大铁路和管网建设力度，为今后发展打好基础；加快煤制油项目建设力度，在完成16万t示范项目后，尽快启动350万t规模建设项目的工作思路。

酸刺沟煤矿项目目前已建成投入试生产，争取尽快完成项目竣工验收，投入生产，形成1 200万t/a的生产能力。同时配套的酸刺沟2×30万kW矸石电厂也于2008年6月10日由国家发改委以“发改能源字[2008]1380号”文核准开工建设，力争2010年建成并网发电。

红庆河乃马岱矿井设计生产能力为1 200万t/a，服务年限112年，总投资35亿元，采用立井开拓方式，计划布置两个综采工作面。项目已被列为国家《煤炭工业发展“十一五”规划》2008年新建煤矿备选项目(发改能源[2007]69号)。国家发改委已下发开展前期工作的通知，力争2008年核准开工建设，2010年建成投产。

东胜煤田塔拉壕矿井设计生产能力为600万t/a，总投资10.77亿，采用斜井开拓方式、综采回采工艺。项目已被列为国家《煤炭工业发展“十一五”规划》2009年新建煤矿备选项目(发改能源[2007]69号)。争取按规划2009年核准开工建设，2010年建成投产。

到2010年底，伊泰集团按照内蒙古自治区人民政府要求，建成煤炭产销超过5 000万t/a的重点企业。

伊泰集团年产16万t煤基合成油示范项目，是我国煤炭间接液化完全自主技术产业化第一条生产线。我们提出“成功、速度、效益”六个字的建设指导方针，即首先保证核心技术及系统技术集成的成功，在此基础上利用具有完全自主知识产权的间接法技术建成国内首个生产油品的工厂，最终实现示范放大并盈利的目的，形成以合成油品为主导产品的煤化工产业基地。

项目于 2006 年 5 月开工建设，到 2008 年 9 月所有的土建、设备安装都已完成。目前该项目正在全面进行单体调试和联动调试，调试进展非常顺利，力争年内进行投料生产、正式出油。

500 万 t 煤制油项目规划于 2007 年底由中国石油和化工规划院编制完成，并由自治区发改委以“内发改能源字[2007]2243 号”《关于上报伊泰集团公司 500 万 t/a 煤制油一体化项目规划方案的请示》上报国家发改委。项目拟分三期建成。

一期：2009～2012 年，建设 350 万 t/a 煤制油生产装置；

二期：2013～2015 年，建设 150 万 t/a 煤制油生产装置；

三期：2015～2020 年，依托间接液化生产的优质石脑油原料资源，建设蒸汽裂解制乙烯联合装置，延伸石油化工产业链，提高产品附加值。

目前，年产 350 万 t 煤制油项目的前期工作已经启动。自治区发改委于 2008 年 3 月，以“内发改能源字[2008]348 号”向国家发改委上报《关于内蒙古伊泰集团有限公司开展 350 万 t 煤制油项目前期工作的请示》，争取尽快得到批复。

中煤张家口煤矿机械有限责任公司

中煤张家口煤矿机械有限责任公司(以下简称张煤机)是隶属于中国中煤能源集团公司所属中国煤矿机械装备有限责任公司的全资子公司。前身是张家口煤矿机械厂,始建于 1926 年,1949 年后成为我国三大采煤机械生产制造企业之一。2000 年 5 月 18 日改制设立为国有独资公司。2003 年 2 月张煤机公司整体并入中国中煤能源集团公司。从此走上了大集团发展之路。目前中煤张家口煤矿机械有限责任公司是国内规模最大、实力最强、集产品研发、设计、制造、销售、服务于一体的煤矿专用装备制造企业,属国有大型一档企业,煤矿装备制造业惟一的国家一级企业,是中国煤矿机械装备有限责任公司的主体制造厂。

张煤机在经历计划经济向市场经济过渡及煤机市场起伏多变的艰难历程后,形成了自己独有的经营应变战略模式以及实施战略的运作方法,为了实现公司的跨越式发展,在对国际国内煤炭市场及煤机市场等外部环境和企业内部条件分析的基础上,按照中煤集团公司三年滚动发展规划及“3221”战略,结合张煤机实际制定了企业“121”发展战略。即:一个主业:煤矿机械装备;两个突破:实现企业技术创新和管理创新的突破;一个目标:到 2009 年基本实现“国内第一、世界领先”的现代化煤机制造企业目标。确立了“提升水平,精益管理”的指导思想和“发展和谐化、运作规范化、管理四精化、产品名牌化”的发展思路。构建发展格局,成为引领张煤机未来发展的经营发展纲领。

2000 年公司组建技术中心,同年跨入省级技术中心行列;与 4 所高等院校合作建立研究室,以产品为对象、以新技术、新工艺、新材料应用为实践课题,广泛开展产学研合作研究; 2004 年,成立了煤机行业首家博士后科研工作站及煤机行业首家国家认定技术中心；下属的测试中心成为煤机行业首家国家认可实验室；组建了“计算机仿真设计室”；2006年，斥资700万元购置开发软件，选用和部署PTCPro/ENGINEER来开发和设计煤机行业领先的煤矿设备。通过PTCPro/ENGINEER强大的3D建模功能的应用，不仅改进了现有的产品设计，确保设备部件能够承受实际工作环境中的巨大压力，而且在提高了设计工作效率和质量的同时大大缩短了产品创新周期，技术创新机制在不断的实践中得到完善。2007年，在参评的438家国家级企业技术中心中，排名第188位。

张煤机先后承担过国家攻关项目11项，省部级科研项目27项。自1964年成功研发中国第一台使用圆环链的SGW－44型可弯曲刮板输送机起，先后开发研制了SGW－150型、SGZ630/220型、SGZ730/320型、SGZ764/264型、SGZ764/400型、SGZ800/2×400型、SGZ900/2×525型等系列刮板输送机；2000年起，先后开发研制了SGZ1000/2×700型、SGZ1000/3×700型、SGZ1250/3×1000型长运距、大功率、高可靠性、智能化重型刮板输送机成套输送设备等重大新产品，多项产品填补了国内空白，多项技术获得国家专利。主导产品“张垣牌”刮板输送机获“全国用户满意产品”和“省名牌产品”。

以提升质量水平为核心，系统提升制造能力水平。

“八五”到“十五”期间，张煤机先后进行了大规模的技术引进和技术改造，形成了颇具特色的工艺体系，一些高精尖设备在国内堪称一流，技术装备水平和生产能力位居同行业之首。

从2005年起，张煤机根据产品升级和企业发展的需要，组织实施了圆环链系列产品技术改造、减速器生产技术改造、煤机重大装备本地化制造和收购英国帕森斯公司制链装备及技术等四项重大技术改造项目。随着四项技术改造项目的完成，产品主要部件的核心装备水平达到国际同行业领先水平，形成了年产300套以上中、重型刮板输送机的生产能力。

技术装备水平的提升必须与具有操作水平的员工相结合，才能发挥其效应。为此，张煤机以知识、技能、态度的素质三要素为基本内容进行培训。

第一，进行知识和操作方法的培训。针对张煤机技术改造后形成的集群数控和加工中心装备系统、锻造和铸造流水线，举办数控设备原理与知识的培训，同时开展实地演练的职业能力培训，形成一支知识化的操作员工队伍和管理队伍。

第二，进行工作态度的教育和理念的培训。积极开展员工素质工程建设，进行分层次的全员培训，教育员工用积极的态度来对待工作，训练员工用较高的技能来胜任工作。用“第一次就把事情做对”的做事理念来改造职工的做事方式。化质量理念为正确行动，认真地做对每一件事情，用心地做好每一件事情。

第三，建立技师协会，为操作方法的研究和加工工艺的改进提供一个技术平台。充分发挥技师的作用，将过去自发的小改小革、技术革新改变为现在有组织、有目标、有系统的技术和工艺研究。

第四，与地方劳动局联合组织开展具有职业鉴定职能的技能运动会。用运动会的形式来推动工人学技术，使运动会的过程与职业鉴定过程连为一体，取得名次的职工同时可根据技能水平达到的标准得到高级工、技师、高级技师的职业鉴定。

公司 1997 年开始贯标，1998 年通过了 ISO9001:94 版质量管理体系认证；2002 年 7 月，又顺利通过了 ISO9001:2000 版质量体系换版认证。在质量管理体系运行方面，张煤机严格按标准程序办事，强化质量管理手册宣贯，实行全过程质量控制。

实施“质量上水平工程”，把提升产品质量作为一项系统工程来抓。研究制定了《质量上水平工程实施方案》。对国际领先水平的刮板输送机、转载机、破碎机成套输送设备的结构参数、性能指标、质量指标按整机及对整机性能和使用可靠性有重要影响的元部件分别进行量化和分解，达到“质量上水平”要实现的目标，制定质量总目标和整机及各关键部件的 21 项分目标，33 项技术改进措施。通过实施，产品质量达到了预定的目标要求。

在强化企业管理，提升执行力方面，公司主要做了以下几项工作：

(1) 推进精细化管理，成为易于做生意的企业。以“交货期、质量、成本、服务”四个要素为对象按照流程要精细、信息要精确、管理要精益、质量要精良的精细化管理要求实施效率倍增计划，在满足用户质量需求的前提下加快产出速度。按照产品发送、到达、安装、调试、使用等需求节点形成的物流过程确定每个细节精细化管理内容，涵盖整个流程，每个细节都有服务标准、操作标准、考评标准、奖惩标准，形成系统的业务规范，提高服务水平。保持对客户始终如一的态度，为客户解决从产品到服务的所有问题。

(2) 以信息化推动管理现代化。企业信息化建设项目，经过几次大的信息化管理改造，建成了 ZMJ 制造业信息化工程系统网络环境。覆盖张煤机各分厂车间和职能部门。实现了产品设计数字化，企业管理数字化和生产过程数字化。从 2004 年开始张煤机连续三年进入中国企业信息化 500 强。

(3) 不遗余力地深化 6S 现场管理，以"先进的工艺系统，标准的作业系统，整洁的环境系统，匹配的资源系统，快速的物流系统，完善的保护系统，醒目的标志系统，规范的定置系统，精确的信息系统"的现场系统改善为目标，全面展开现场管理，实现安全文明有序有效的生产。合理利用资源，科学创造资源，尽力节约资源。加大节能减排的激励力度，努力创建节约型和环境友好型的和谐企业。

2003 年以来，张煤机在中国煤矿机械装备有限责任公司正确的发展战略指导下，销售收入每年以 30.9%平均增长速度向前发展。2007 年实现的产品销售收入和利税总额分别为 2003 年的 3.84 倍和 9.05 倍；企业步入了快速发展轨道，积淀了深厚的工业制造底蕴和集约经营的经验。经过中国机械企业管理协会按照 CVA 企业竞争力评测模型的严格评审，从 2003 年开始张煤机连续 5 年进入中国机械企业 500 强，张煤机也由此成为煤机行业的领军企业，在用户心目中享有诚信极品的信誉，已经成为中国煤矿机械装备制造领域经久不衰的领头兵。

参考文献

[1]《中国煤炭志·综合卷》编纂委员会. 中国煤炭志:综合卷[M]. 北京:煤炭工业出版社,1999

[2] 王显政. 2008 中国煤炭工业高产高效矿井建设年度报告[M]. 北京:煤炭工业出版社,2009

[3] 陈佳贵. 2008 年中国经济形势分析与预测[M]. 北京:社会科学文献出版社,2009

[4] 中国煤炭工业协会,中国煤炭学会. 中国煤炭工业科技创新成果 2007[M]. 北京:煤炭工业出版社,2009

[5] 中国煤炭工业协会,中国煤炭学会. 中国煤炭工业科技创新成果 2006[M]. 北京:煤炭工业出版社,2007

[6] 王安建等. 能源与国家经济发展[M]. 北京:地质出版社,2008

[7] 国家煤矿安全监察局. 中国煤炭工业年鉴(2004)[M]. 北京:煤炭工业出版社,2005

[8] 中国煤炭工业协会. 中国煤炭工业统计资料汇编·1949～2004[G]. 北京:煤炭工业出版社,2006

[9] 中华人民共和国国家统计局. 中国统计年鉴(1996)[M]. 北京:中国统计出版社,1996

[10] 中华人民共和国国家统计局. 中国统计年鉴(1998)[M]. 北京:中国统计出版社,1998

[11] 中华人民共和国国家统计局. 中国统计年鉴(2002)[M]. 北京:中国统计出版社,2002

[12] 中华人民共和国国家统计局. 中国统计年鉴(2004)[M]. 北京:中国统计出版社,2004

[13] 中华人民共和国国家统计局. 中国统计年鉴(2006)[M]. 北京:中国统

计出版社,2006

[14] 中华人民共和国国家统计局. 中国统计年鉴(2008)[M]. 北京:中国统计出版社,2008

[15] 中华人民共和国国家统计局. 中国统计年鉴(2009)[M]. 北京:中国统计出版社,2009

[16] 中国水泥协会. 中国水泥年鉴(2007)[M]. 北京:中国建材工业出版社,2008

[17] 石洪卫. 中国钢铁工业年鉴(2008)[M]. 北京:《中国钢铁工业年鉴》编辑部,2008

[18] 阎三忠. 中国化学工业年鉴(2008)上卷[M]. 北京:中国化工信息中心,2008

[19] 中国煤炭工业协会. 中国煤炭经济研究[M]. 北京:煤炭工业出版社,2009

[20] 中国煤炭工业协会. 2008 中国煤炭工业发展研究报告[M]. 北京:中国矿业大学出版社,2008

[21] 中国煤炭工业协会. 2007 中国煤炭工业发展研究报告[M]. 北京:中国矿业大学出版社,2007

[22] 中国煤炭工业协会. 煤炭产业政策文件汇编[M]. 北京:华艺出版社,2009

[23] 刘修源. 加强科学技术研究发展我国综合机械化采煤技术[J]. 煤矿机电,2001(1)

[24] 郭忠钢. 新会计准则对煤炭企业经营的影响分析[J]. 当代经济,2008(12)

[25] 任玉良. 浅论增值税转型对煤炭企业的影响及建议[J]. 会计之友,2009(5)

[26] 曹海霞. 煤炭价格市场化改革历程及发展趋势研究[J]. 经济问题,2008(9)

[27] 中国煤炭运销协会. 中国煤炭供需产业分析月报[R]. 中国煤炭运销协会,2009(2)

[28] 中国煤炭运销协会. 中国煤炭供需产业分析月报[R]. 中国煤炭运销协会,2009(6)

[29] 杨显峰. 煤炭营销手册[M]. 北京:中国矿业大学出版社,2008